차동엽 신부의 주일 복음 묵상 나해

마음을 여시어

(루카 24,45)

차동엽 신부의 주일 복음 묵상 나해

마음을 여시어

(루카 24,45)

나의 마음을 여시는 주님의 말씀

어떻게 하면 우리는 주님께 대한 사랑으로 불타오를 수 있을까요? 또 주님의 한없는 은총 속에서 행복할 수 있을까요? 저는 이 질문에 대한 해답을 故 차동엽(노르베르토) 신부님의 복음에 대한 열정에서 찾을 수 있었습니다.

미래사목연구소장직(2019년)을 맡으면서 차 신부님이 그동안 충실히 행하셨던 여러 업무들을 파악하게 되었습니다. 곧 사목과 관련된 다양한 책을 집필하고 잡지의 기획과 출판, 수많은 강연 활동에 대한 업무들이었습니다.

그중에서도 오랜 시간 동안 신부님이 무척이나 열정을 가지고 행하셨던 작업이 있었습니다. 그것은 다름 아닌 주님의 기쁜 소식(복음)을 전하는 일이었습니다. 신부님의 모든 일에서 '복음 선포'의 사명이 뚜렷이 나타나지만, 특별히 ('사명'이라 부르고 싶은) 이 일을 통해 신부님은 '주님 말씀의 체험'을 많은 사람에게 전하고 그것을 뜨겁게 나누고 싶었으리라 생각합니다.

그 이유는 복음을 묵상하고 선포하는 일이 무엇보다 신부님께서 매 강연과 저서에서 그토록 강조했던 '희망'의 근원이었기 때문입니다. 또한 신부님 자신이 복음을 통해 주님의 현존을 뜨겁게 체험했고, 주님을 충실히 따르는 이에게 약속하신 구원을 확신하셨기 때문입니다. 그리고 말씀을 통해 주님께 받은 충만한 위로와 기쁨의 체험이 복음을 전하고자 하는 마음을 불타오르게 했을 것이기 때문입니다.

실제로 차 신부님은 2005년부터 『차동엽 신부의 '신나는' 복음 묵상』을 통해 복음 말씀을 전하셨고, 2019년 11월 선종하시기 전까지도 원고를 집필하며 녹음까지 충실히 마치셨습니다. 신부님은 이렇게 14년간을 한 주도 빠지지 않고 오직 복음에 대한 열정으로 수많은 사람들과 소통하며 주님 말씀을 기쁘게 전하는 데 최선을 다하셨습니다.

하지만 『차동엽 신부의 '신나는' 복음 묵상』은 아쉽게도 회원제로 전달되어 단행본으로는 출간되지 않았습니다. 그런데 신부님의 업무를 이어받아 『신나는 복음 묵상』의 원고를 작성하고 녹음하면서 그동안 쌓인 신부님의 귀한 원고를 열람할 수 있었습니다. 그 원고들을 보면서 신부님이 주님을 얼마나 사랑하셨으며, 복음에 대한 열정으로 얻게 된 체험을 사람들과 얼마나 나누고 싶어 하셨는지를 깊이 느낄 수 있었습니다. 차 신부님의 이러한 복음 사랑과 그 열정을 더 많은 사람들과 함께 나누고 싶어서 신부님의 '주일 복음 묵상집'을 엮게 되었습니다.

이번 묵상집은 첫 번째 묵상집 『눈이 열려』(루카 24,31)에 이은 두 번째 묵상집으로, 제목은 『마음을 여시어』(루카 24,45)입니다. 이 제목은 부활하신 예수님께서 제자들에게 나타나시고 그들의 마음을 여시어 성경을 깨닫게 해 주신 이야기(루카 24,36-49 참조)를 토대로 하고 있습니다. 이 이야기에서 예수님께서는 두려움에 떨고 있었던 제자들에게 평화와 함께 부활하신 당신임을 알게 해 주시면서, 그들의 마음을 열어 성경 말씀을 더 깊이 깨닫도록 이끌어 주셨습니다. 우리도 성경을 통해 우리의 마음을 열게 해 주시는 주님께 우리 자신을 온전히 맡겼으면 좋겠습니다. 또한 이 묵상집이 주님의 말씀과 함께 그 말씀을 더 깊이 깨닫는 데에 분명히 도움이 되리라 믿습니다.

묵상집은 각 주일의 복음 내용을 전체적으로 볼 수 있습니다. 그리고 이 묵상집은 복음의 맥을 짚는 '말씀의 숲'과 렉시오 디비나Lectio Divina를 통해 선택된 해당 주일 복음의 세 문장에 대한 깊은 묵상이 담겨 있는 '말씀 공감', 그리고 차 신부님의 특별한 '기도'로 구성되어 있습니다.

차동엽 신부님의 주일 복음 묵상집 『마음을 여시어』(루카 24,45)를 통해 많은 분들이 복음의 맛을 깊이 느끼고 주님께 대한 사랑이 불타오르길 간절히 소망합니다. 이 묵상집은 분명 복음 말씀을 통해 주님께 더 가까이 가는데 길잡이 역할을 해 줄 것입니다. 끝으로 주님께서 복음 말씀을 깊이 맛 들이고 그 말씀대로 충실히 살아가는 이들에게 내리시는 은총이 여러분에게 충만하길 진심으로 기도합니다.

엮은이 김상인

목차

나의 눈을 여시는 주님의 말씀 ·· 5

대림 제1주일_ **깨어 있어라** ·· 12
대림 제2주일_ **복음의 시대** ·· 22
대림 제3주일_ **너희가 모르는 분** ··································· 31
대림 제4주일_ **피에타** ··· 43
주님 성탄 대축일 - 밤 미사_ **아나빔** ································ 54
예수, 마리아, 요셉의 성가정 축일_ **독한 모정** ························ 65
주님 공현 대축일_ **나를 이끄는 별** ·································· 76
주님 세례 축일_ **베일에 싸인 분** ··································· 88
연중 제2주일_ **메시아를 만났소** ···································· 96
연중 제3주일_ **부르심** ··· 107
연중 제4주일_ **새롭고 권위 있는 가르침** ···························· 116
연중 제5주일_ **복음과 치유** ·· 127
연중 제6주일_ **연민 어린 손길** ···································· 136
연중 제7주일_ **지붕을 뜯어낸 믿음** ································ 146
연중 제8주일_ **새 포도주와 새 부대** ······························· 157
사순 제1주일_ **광야에서** ··· 169
사순 제2주일_ **구름 속에서** ······································· 181

사순 제3주일_ 올바른 경배	192
사순 제4주일_ 높이 들린 사람의 아들	204
사순 제5주일_ 필사즉생	215
주님 수난 성지 주일 - 주님의 예루살렘 입성 기념 복음_ 호산나!	225
주님 부활 대축일 - 파스카 성야_ 여인들이 목격한 빈 무덤	235
부활 제2주일_ 저의 주님, 저의 하느님!	246
부활 제3주일_ 마음을 여시어	258
부활 제4주일_ 목자의 마음	268
부활 제5주일_ 포도나무와 풍성한 열매	279
부활 제6주일_ 목숨까지 내놓는 사랑	289
주님 승천 대축일_ 하느님의 위대한 증인들	299
성령 강림 대축일_ 성령을 받아라	310
지극히 거룩하신 삼위일체 대축일_ 아버지와 아들과 성령의 이름으로	320
지극히 거룩하신 그리스도의 성체 성혈 대축일_ 주님의 몸과 피	329
연중 제11주일_ 겨자씨	338
연중 제12주일_ 풍랑 속에서도 믿음으로	345
연중 제13주일_ 탈리타 쿰!	356
연중 제14주일_ 문 두드리시는 예수님	366
연중 제15주일_ 제자들이 지닌 유일한 것	377
연중 제16주일_ 주님께서 지니신 마음	385
연중 제17주일_ 감사 기도	394
연중 제18주일_ 영원한 생명을 누리게 하는 양식	404
연중 제19주일_ 하늘에서 내려온 빵	411
연중 제20주일_ 세상에 생명을 주는 나의 살	422

연중 제21주일_ 영원한 생명의 말씀	**433**
연중 제22주일_ 하느님의 계명	**445**
연중 제23주일_ 에파타!	**455**
연중 제24주일_ 주님을 따르는 길	**467**
연중 제25주일_ 꼴찌의 역설	**477**
연중 제26주일_ 주님 편에 서는 자	**488**
연중 제27주일_ 서로 사랑해야 할 이유	**497**
연중 제28주일_ 가장 큰 보물	**506**
민족들의 복음화를 위한 미사 - 전교 주일_ **천국 시민의 에티켓**	**517**
연중 제29주일_ 수단 목적과 가치 목적	**529**
연중 제30주일_ 다시 보게 되었다	**537**
연중 제31주일_ 가장 중요한 것	**548**
연중 제32주일_ 모두 다 넣었다	**560**
연중 제33주일_ 결코 사라지지 않는 주님 말씀	**570**
온 누리의 임금이신 우리 주 예수 그리스도왕 대축일_ **그리스도왕**	**579**

대림 제1주일: 마르 13,33-37

깨어 있어라

"깨어 있어라"(마르 13,35).

1. 말씀의 숲

대림 제1주일을 맞이하며 주일 복음 말씀으로 듣는 마르코 복음 13장은 마르코 복음서 중 4장의 비유 말씀에 이어 두 번째로 긴 예수님의 말씀으로, 그리스도의 재림 또는 종말에 대하여 말하고 있습니다.

마르코 복음 13장은 예루살렘 성전 파괴에 대한 예수님의 말씀(마르 13,1-2 참조)으로 시작합니다. 그리고 뒤를 이어 4절에서 제자들(베드로, 야고보, 요한, 안드레아)은 그때가 언제 일어나며, 그때 일어날 징조에 대하여 질문을 합니다. 그러자 예수님께서는 먼저 5절부터 31절에서 '그때' 일어날 징조에 대하여 말씀을 해 주십니다. 그리고 오늘 복음 말씀인 33절부터 37절에서는 '그때'가 언제 닥칠지에 대하여 대답을 해 주시는 것입니다. 그러나 그때와 시간은 아버지 이외에는 아무도 알 수 없다고 말씀하십니다.

놓치지 말아야 할 대목은 제자들의 '언제'라는 질문에 예수님께서는 아무도 모른다고 말씀하시는 대신 제자들이 묻지 않은 '어떻게'에 대해서 응답하고 계신다는 사실입니다. 곧 예수님께서는 "깨어 있어라."라고 경고하고 계시는 것입니다. '언제'가 중요한 것이 아니라 '어떻게'가 중요한 것입니다.

예수님께서는 언제 당신이 재림하실지 모르기 때문에 조심하고 깨어 있으라고 제자들에게 당부하셨습니다(마르 13,33 참조). 그것은 예상할 수 없는 집주인의 귀향을 깨어 기다리는 문지기의 비유로 설명되었습니다. 집을 떠나 기약 없이 여행길에 나선 집주인이 '자기 종들에게 권한을, 각자에게 제 할 일을 맡기고, 문지기에는 깨어 있으라고 명령'했습니다(마르 13,34 참조). 이 집주인은 죽음의 길을 가신 인자를, 집으로 돌아오실 주인은 재림하실 인자를, 집은 교회 공동체를, 종들은 공동체 안에서 책임을 맡은 제자들을 암시합니다. 문지기의 구실은 밤에 깨어 있으면서 언제 돌아올지 모르는 집주인의 귀환을 기다리는 것입니다. 공동체의 모든 구성원들은 자기의 사명에 충실하면서 인자의 오심을 준비하고 있어야 한다는 것입니다. 우리는 각자의 사명과 책임을 얼마나 충실하게 수행했는지를 언제 재림하실지 모르는 인자께 보고해야 한다는 것을 잊지 말아야 합니다.

오늘 복음은 다섯 절에 불과하지만, "깨어 있어라."라는 말씀이 세 번 쓰이고(마르 13,33; 35; 37 참조) 깨어 있는 것이 명령의 목적어가 되는 것까지(마르 13,34 참조) 합하면 전부 네 번이 언급되고 있습니다. 이를 통하여 이 구절에서는 바로 '깨어 있음'을 강조하고 있다는 것을 알 수 있습니다.

세상 종말의 때는 아무도, "하늘의 천사들도 아들도 모르고 아버지만"(마르 13,32) 아십니다. 그때와 시간을 모른다는 것은 주님의 재림을 기다리는 초대 공동체에게는(로마 13,11; 1코린 11,26; 16,22; 1테살 5,6; 묵시 22,20 참조) 난감한 일이었습니다. 그러나 마르코 복음은 주님의 재림의 시간을 모른다고 하여도 어떻게 준비할 수 있는지를 13장 33절부터 37절에서 보여 주고 있는 것입니다. 그것은 깨어 있음을 통해서 가능합니다. 깨어 있으면 떠나간 주인이 돌아와서도 어떤 잘못도 발견할 수 없게 됩니다.

그렇다면 예수님의 재림이 언제일까 하는 물음은 필요가 없습니다. 항상 주인이 있을 때와 다름없는데 그가 언제 오든 무슨 상관이 있겠습니까? 깨어 있음은 주인의 부재를 메울 수 있는 일입니다.

주님이 계시지 않는 동안 제자들은 지상에 있는 하느님의 재산을 관리해야 합니다. 그 모든 권한이 그들의 몫으로 주어져 있기 때문입니다. 집주인은 떠나면서 종들에게 권한을 주어 각자 할 일을 맡겼지 않습니까? 종들은 각자 고유한 관리의 몫을 가지고 있으니….

그중에서도 주님의 오심을 빨리 눈치채야 하는 문지기는 집안의 종들이 일을 잘할 수 있도록 격려해야 할 것입니다. 이 문지기의 모습은 모든 시대의 교회와 모든 그리스도인들의 이미지입니다. 문지기는 조심해서 잘 살펴보고 깨어 지켜야 할 것입니다. 주님의 오심을 철저히 대비하기 위해서 말입니다. 이 문지기는 곧 그대 자신입니다.

"내가 너희에게 하는 이 말은 모든 사람에게 하는 말이다. 깨어 있어라"(마르 13,37).

대림 시기는 '깨어 있는 시기'입니다. 자신이 정한 시간의 주기를 그 하느님이 언제고 오셔서 활동하셔도 되는 터로 만드는 시기입니다. 이것은 12월 25일로 정해진 예수 성탄을 준비하는 기간이지만 '깨어 있는 자세'를 통하여 대비하고 있는 대상은 외형적 성탄 대축일 행사로 다 끝나거나 해결되지 않습니다. 정해진 외형적 축일이 언제 어떻게 올지 모르는 예수님의 원형일 뿐입니다. 언제 올지 모르니 어떤 모습으로 올지도 모릅니다. 예수님의 탄생은 역시 언제 어떻게 올지 모르는 하느님의 오심의 전형입니다. 예수님의 탄생이 당시에도 인간의 지혜로 계산된 시간에 오신 것이 아니었습니다. 그렇게 보면 성탄을 기다리는 대림 시기 때 신자의 자세는 12월 25일에 매이지 않는 자세로 12월 25일을 맞이해야 합니다. 언제 어떻게 올지 모르는 하느님께 대한 준비의 자세기 때문입니다.

이런 자세는 어떤 틀 속에 들어갈 수 없는 하느님께 대한 응분의 태도입니다. 달리 말하면 하느님의 방식대로 하느님을 기다리는 것입니다. 결국 깨어 있다는 것은 '어떤 하느님을 기다리고 있느냐'는 물음의 답으로 바꿀 수 있습니다. 하느님을 제외하고서는 깨어 있음이 무의미합니다. 깨어 있음은 자신이 하느님을 바라보는 관점을 정리하는 때임을 알리고, 그 하느님을 '당신'(2인칭)으로 여기고 사는 것을 말합니다.

2. 말씀 공감

■ 뚝심기도

> "너희는 조심하고 깨어 지켜라"(마르 13,33).

독일에서 오랫동안 전해 내려오는 민담을 하나 소개합니다. 옛날 어느 지역에 포악한 폭정을 펼치는 무서운 공작이 있었습니다. 공작의 가족과 부하들은 물론, 그 지역에 사는 모든 백성들이 그를 두려워했습니다. 사람들에게 가혹한 세금을 징수하고, 사소한 일에도 무거운 엄벌을 내리는 등 폭군이 따로 없었습니다. 그런 그가 어느 날 무슨 바람이 불었는지, 오랜만에 성당을 찾아 기도를 했습니다. 그런데 3이라는 숫자가 언뜻 보이며, 그 시간이 지나면 심판을 받을 것이라는 메시지를 받았습니다.

공작은 자기가 삼 일 안에 하느님의 심판대에 설 것이라고 생각해 두려움에 떨었습니다. 그간 자기가 저지른 폭정을 생각하니 자신은 분명 무거운 심판을 받을 것이라고 생각했지요. 영지민들의 고혈을 쥐어짜고, 숱한 피를 보아 왔다는 것을 자기 자신이 잘 알고 있었습니다.

그러나 공작은 곧 생각했습니다.

'나에게 이런 계시가 내려졌다는 것은 아직은 수습할 시간이 있다는 것이 아니겠는가!'

그날부터 공작의 삶이 달라졌습니다. 그는 자기 가족과 부하, 백성들 모두에게 아예 딴 사람이라도 된 양 선정을 베풀었습니다. 달라진 그를 보며 사람들은 어리둥절했습니다. 대체 공작에게 무슨 일이 있었길래 저러는지 의아해하면서요.

그렇게 삼 일이 지났는데, 아무 일도 생기지 않았습니다. 공작은 다시 생각했습니다. '삼 일이 아니라 석 달이었구나.' 그리고 또다시 석 달 동안 선정을 베풀었습니다. 그동안 그 지역 사람들의 얼굴에는 웃음이 돌아왔습니다. 그리고 석 달 뒤에 공작은 자기가 죽지 않은 것을 보고, '석 달이 아니라 삼 년이었구나.' 하고 다시 삼 년 동안 사람들을 착하게 대했습니다.

공작은 어느새 성군으로 칭송받고 있었고, 나라 안에 그의 선정에 대해 소문이 쫙 났습니다. 그렇게 그는 나중에 황제로 추대되기까지 했다고 합니다.

이 이야기에서 중요한 것은 '주님의 시간'에 대한 기다림입니다. 그가 성군이 될 수 있었던 것은 선행 때문이었고, 그가 선행을 했던 것은 바로 '기다림'입니다.'

우리는 오늘 대림 제1주일을 맞이했습니다. 대림 시기는 기다림의 시기입니다. 좁게는 아기 예수님의 탄생을 기념하는 성탄절을 준비하는 시기이며, 넓게는 왕으로 오실 예수님의 재림을 기다리는 시기입니다.

기다림은 지혜요 미덕입니다. 하지만 안타깝게도 오늘날 우리는 점점 이 기다림의 능력을 상실해 가고 있습니다. 오늘날 우리는 마치 손에 든

핸드폰 하나면 온 세계가 연결되듯이 거의 모든 것을 즉석에서 편리하게 처리할 수 있는 소위 유비쿼터스의 시대를 살고 있습니다. 그러기에 점점 더 조급해지고 인내할 줄 모릅니다. 이런 현상은 특히 우리 자녀들 세대에서 더 심하게 나타납니다.

이는 불행한 결과를 초래하고 있습니다. 고난과 역경이 엄습했을 때 가장 강력한 무기가 기다림이요 인내심이거늘, 사람들은 이 능력이 바닥이 나서 너무도 쉽게 절망하고 체념하는 것입니다.

대림 시기는 바로 이 기다림을 훈련하는 시기요 실습하는 시기입니다. 이제 다시금 우리는 기다림을 연습하고 기다림을 실행해야 하겠습니다.

기다림은 희망의 발로입니다. 어떤 경우에도 우리는 희망을 거두어들일 수 없습니다. 그래서 기다리고 기다리고 또 기다리는 것입니다.

하염없이 기다려 봅시다. 사랑하는 우리 주님의 오심을 기다려 봅시다. 말씀으로, 기도 응답으로, 위로로, 평화로, 기쁨으로, 그분은 지금 우리에게 오십니다. 아멘, 할렐루야.

■ **그리움만으로 두근거리게**

> "주인이 갑자기 돌아와 너희가 잠자는 것을
> 보는 일이 없게 하여라"(마르 13,36).

예고 없는 출현만큼이나 당혹스러운 것이 또 있을까요. 그런데 요즘 우리 사회를 보면, 대다수 중장년층 사이에서 이러한 습격을 당하고 있는 모습들을 봅니다.

요즘 서점가엔 중년 이후의 남성들로 북적댄다고 합니다. 불과 얼마

전만해도 30-40대 여성들이 책을 가장 많이 읽는 독서층으로 집계되었는데, 그것이 점점 50-60대 남성들에 의해 추월되고 있다고 하니 반가워해야 할 일인지 의아해해야 할 노릇인지 도통 모르겠습니다. 놀라운 것은 그들이 즐겨 읽는 책이 실용적인 장르의 것들이 아니라 주로 시와 소설류라는 사실입니다.

인문학 서적이라! 혹여 이는 학창 시절을 종료하고 곧바로 생존의 전선에 뛰어들어 치열하게 달려오다가 홀연 '은퇴'라는 당황스런 상황에 내몰리게 된 저 남정네들이 오랜 세월 가슴에 묻어두었던 '인생' 관련 물음들을 끄집어내어 다시 소년처럼 만지작거리고 있다는 예후가 아닐까요.

'죽기 살기로 질주해온 그 파란만장한 삶의 궤적에 황당하게 들이닥친 멈춤, 그리고 아, 이 낯설기만 한 허무는 뭐지?'

'도대체 인생이란 무엇인가?'

'나는 어디서 와서 어디로 가는 존재이며, 내 인생의 종착지는 과연 어디일까?'

모르긴 모르겠으되 그들은 하릴없이 읽는 책갈피에서 문득 이런 식의 물음들에 맞닥뜨리지 않을까요.

저는 그 방증을 얼마 전 만난 대기업 임원에게서 보았습니다. 지인의 소개로 주선된 그 만남의 자리에 그는 저의 저서 수십 권을 들고 나왔습니다. 주변에 선물하겠다며 사인을 청하기 위함이었습니다. 대동한 부인의 말을 따르면, 그가 갑자기 독서광이 된 것은 바로 최근 이 책 저 책 가리지 않고 읽다가 무슨 영문인지 저의 충실한 애독자로 굳혀졌다는 것입니다. 옮기기 남세스럽지만, 그는 저의 저술들에서 인생고뇌의 출구가 보였기 때문이라고 그 까닭을 밝혔습니다.

인생고뇌의 출구! 말이 그렇지 그 진짜 출구는 우리 인생 끝자락에 있습니다. 아마도 그가 '보였다'고 표현한 것은 '어렴풋이 나아갈 방향이 감 잡혔다'라는 의미였을 터입니다.

하여간 인생 느즈막이 찾아온 인생의 의미, 본질, 영원 등에 대한 물음….

일생을 하느님 모르고 살아온 이들에게는 낯설고 어렵기만 한 주제들일 것입니다. 그나마 하느님 안에서 성찰과 깨달음을 얻기를 반복하는 우리들에게는 어렴풋하게나마 익숙한 주제들이지요.

그런 우리들을 향해 오늘 복음에서 예수님께서는 더욱 정진할 것을 말씀하십니다.

"주인이 갑자기 돌아와 너희가 잠자는 것을 보는 일이 없게 하여라"(마르 13,36).

어떠한 순간이 닥치더라도 당황치 않고 준비된 그리스도인으로서 하늘의 기쁨을 누릴 수 있도록 대비하게 해 주시는 예수님의 저 말씀 속에서 진한 사랑의 기운을 느낍니다.

■ 깨어서 사귄 말씀

> "깨어 있어라"(마르 13,37).

초기 교회 시절 신앙의 모범과 저술로써 당대에 영적 리더십을 행사하고 후세에 신앙의 한 수를 남긴 인물들을 교부라 일컫습니다. 그들 덕에 교회는 숱한 박해를 견뎌내며 신앙의 보고를 대물림했다고 해도 과언이 아닙니다. 특히 그들은 역사의 과도기에 교회가 나가야 할 길을 제시하는 예지력을 발휘했다는 점에서 후대 소명자들에게 무궁한 지혜의 원천이기도 했습니다.

저는 개인적으로 성경 다음으로 교부들의 저술을 중히 여깁니다.

오늘 나해 대림 첫 주에 우리가 주님으로부터 들은 말씀 "깨어 있어라."를 곰곰 묵상하다가 문득 교부들은 이와 관련하여 무엇을 강조했는지가 궁금해진 것도 바로 이 때문입니다.

"깨어 있어라."

사실 이 말씀이 무엇을 뜻하는지는 누구나 어렴풋이 알고 있습니다. 깨어 있음은 각자에게 각자의 방식으로 이루어집니다. 여기에는 틀리고 맞고가 없습니다. 다만 강조점이 다를 뿐입니다. 이는 교부들에게도 매한가지입니다.

종래에는 히브리어와 그리스어로만 기록되었던 성경을 라틴어로 번역하는 위업을 이룬 성 예로니모 St. Hieronymus 는 교회 역사상 가장 위대한 성서학자로 통합니다. 그는 신앙생활의 기본은 당연히 성경 말씀에 있다고 가르쳤습니다.

그에게 '깨어 있다'는 것은 성경을 공부한다는 것을 뜻했습니다. 왜냐하면 성경 말씀을 읽다 보면 저절로 깨어 있는 삶을 살게 되기 때문이었습니다.

그는 말합니다.

> 최선을 다해 자주 성경을 읽고 모든 것을 배우십시오. 그대의 손에 성경이 들린 채 잠드십시오. 잠들 때에는 거룩한 말씀이 그대의 머릿속을 사로잡도록 하십시오(「편지」, 22,17).[2]

이 말씀은 특히 수도자들을 위한 권고입니다. 당시만 해도 모든 신자들에게 수도자적인 삶을 살기를 권하였을 때이니, 결국엔 신자들에게도 유효한 훈육이라 하겠습니다.

'모든 것'을 성경에서 배우고자 하는 자세는 오늘 우리에게 더욱 요구되는 지혜라 하겠습니다.

성경을 읽다가 성경을 들고 잠들며 잠자는 중에도 거룩한 말씀이 우리의 무의식을 사로잡도록 하라! 엄청난 요구입니다. 하지만 이것이 하느님의 관심과 사랑을 얻어 내는 특급 비법입니다. 하느님께서 감동하시면 어떤 은총인들 아니 주시겠습니까.

성 예로니모의 권고는 계속됩니다.

성경을 사랑하십시오. 그러면 지혜가 그대를 사랑할 것입니다. 성경을 사랑하십시오. 그러면 성경이 그대를 보호해 줄 것입니다. 성경을 흠모하십시오. 그러면 성경이 그대를 감싸 줄 것입니다. […] 그리하여 그대의 혀는 그리스도 외에 아무것도 알지 못하고 거룩한 것들이 아니라면 아예 입에 올리지도 않을 것입니다(「편지」, 130,20).[3]

함께 기도하시겠습니다.

주님, 저희로 하여금 잠자듯 사는 인생으로 더 시간을 허송하기 전에 벌떡 일어나 주님 앞에 무릎을 꿇고 기도하게 하소서.

주님, 저희로 하여금 세상의 오락물에 홀려 더 깊은 타성의 늪에 빠지기 전에 문득 그 공허를 깨닫고 다시 주님 말씀에 희망과 기쁨을 걸게 하소서.

주님, 저희 가슴으로 하여금 그 무엇에도 마음 설레이지 않되 오로지 주님 사랑을 갈급하는 그리움만으로 두근거리게 하소서.

우리 주 예수 그리스도를 통하여 비나이다. 아멘!

대림 제2주일: 마르 1,1-8

복음의 시대

"너희는 주님의 길을 마련하여라. 그분의 길을 곧게 내어라"(마르 1,3).

1. 말씀의 숲

오늘 나해 대림 제2주일을 맞이하면서 우리가 듣는 복음 말씀은 마르코 복음입니다. 방금 우리 앞에 마르코 복음서의 첫 페이지가 펼쳐졌습니다. "하느님의 아드님 예수 그리스도의 복음의 시작"(마르 1,1).

첫 번째 문장부터 심상치 않습니다. '복음의 시작'이라고 했습니다. 이는 통상적으로 접하기 어려운 표현입니다. 어떤 전기도 흔히 노래나 율동을 할 때처럼 '시작'이라고 하면서 첫출발을 하지 않는 것이 통례입니다. 문체상 이는 대단히 유치하게 보일 수가 있습니다. 그런데 '시작'이라고 했습니다. 바로 이점이 성령께서 마르코 복음의 서두에서 겨냥하고 있는 의중입니다. 이 표현을 우리는 창세기 1장 1절의 "한처음"(브레쉿!), 그리고 요한 복음 1장 1절의 "한처음"이라는 단어와 같은 격에서 이해할 필요가 있습니다.

"한처음에 하느님께서 하늘과 땅을 창조하셨다"(창세 1,1).

"한처음에 말씀이 계셨다. 말씀은 하느님과 함께 계셨는데 말씀은 하느님이셨다"(요한 1,1).

"하느님의 아드님 예수 그리스도의 복음의 시작"(마르 1,1).

이는 대단한 고백입니다. 곧 예수님의 복음은 천지 창조와 같은 의미를 지닌다는 것입니다. 예수 그리스도의 도래를 통해서 전혀 새로운 시대, '새 하늘 새 땅'이 열렸다는 선언인 것입니다. 결국, 마르코 복음 1장 1절은 첫머리로서 마르코의 지향을 시사하는 동시에 말씀 전체에 대한 요약인 셈입니다. 복음의 내용은 모든 민족(마르 13,10 참조)과 온 세상(마르 14,9 참조)에 선포되시는 하느님의 아들 예수 그리스도의 인격, 십자가에 죽으시고 부활하신 그리스도의 신비에 대한 것입니다. 곧 복음은 하느님이 예수님을 통해 인류를 결정적으로 구원하신 것에 대한 기쁜 소식과 회개를 통해 이 소식을 받아들이라는 예수님의 권유를 가리킵니다(마르 1,14-15 참조).

자, 그러면 이제 마르코는 그 복음의 시작을 어떻게 여기는지 보기로 합시다.

마르코는 예수님을 이야기하기 위해 먼저 두 사람을 무대 위에 올렸습니다. 이사야 예언자와 세례자 요한이 그들입니다. 예수님께서 선포하신 구원은 예언자들을 통해 약속된 것이고, 그 시작은 세례자 요한의 선구자적 구실을 통해 알려졌다는 것입니다.

우선 2절과 3절은 이사야 예언자의 증언을 담고 있습니다. "보라, 내가 네 앞에 내 사자를 보내니 그가 너의 길을 닦아 놓으리라"(마르 1,2). 이사야 예언자는 메시아의 신비를 노래한 가장 대표적인 구약의 인물이었습니다. 그런데 이사야는 이 보내진 사자를 두고 "광야에서 외치는 이의 소리"(마르 1,3)라고 불렀습니다.

그리고 이어지는 4절부터 세례자 요한의 증언을 담고 있습니다. 과연 주님의 길을 마련하고 굽은 길을 바르게 하도록 보내진 심부름꾼인 요한은 광야에서 외쳤습니다. "나보다 더 큰 능력을 지니신 분이 내 뒤에 오신다. 나는 몸을 굽혀 그분의 신발 끈을 풀어 드릴 자격조차 없다. 나는 너희에게 물로 세례를 주었지만, 그분께서는 너희에게 성령으로 세례를 주실 것이다"(마르 1,7-8).

결국 이사야는 요한을 증언하고 요한은 예수님을 증언하면서 복음의 문이 열렸습니다.

그런데 이 복음이야말로 시대를 가르는 분기점입니다. 그래서 처음에 '시작'이라는 표현을 명기한 것입니다. '시작'이라는 단어는 이제 전례력으로 새해를 시작하고 성탄을 준비하는 우리들에게 영적으로도 풍요로운 영감을 제공합니다. 과연 우리 안에서 무엇이 새롭게 시작되어야 할지, 그리고 우리가 어떤 자세로 그것을 준비해야 할지, 여러 가지를 성찰하도록 도와주기 때문입니다.

크게 봤을 때, 오늘 복음에서 우리는 대림 시기를 어떻게 보내야 할지 몇 가지 힌트를 얻게 됩니다. 이 힌트는 세례자 요한의 삶과 메시지에서 발견됩니다.

첫째, 세례자 요한의 삶 자체가 대림을 준비하는 자세라는 것입니다. 그는 광야에서 외치는 이의 소리였습니다. 낙타털 옷을 입고 허리에 가죽 띠를 매고 메뚜기와 들꿀을 먹는 요한의 말을 사람들은 외면하지 않았습니다. 사람들은 광야에서 오아시스처럼 샘솟는 요한의 소리를 놓치지 않고 들었습니다. 다소 미개한 듯, 원시적으로 보이는 요한에게로 사람들은 가서 죄를 고백하며 세례를 받았습니다.

왜 그랬을까요? 광야는 시련과 정화의 장소, 구원을 체험하는 곳을 상징하기 때문입니다(이사 40,3-4; 41,18-19 참조). 광야의 삶 자체가 사람을 순수하게 해 주고, 하느님께 의존하게 해 주는 것입니다.

그래서 세례자 요한은 광야에서 예수 메시아 안에서 하느님의 결정적 구원이 도래한다는 것을 선포함으로써 메시아의 길을 준비하고 있었던 것입니다.

둘째, 세례자 요한이 외친 메시지를 받아들이는 것입니다. 그가 외친 내용은 '주님의 길을 마련하고 그분의 길을 곧게 하라'는 것이었습니다. 이는 회개의 세례를 받음으로써 이루어집니다.

죄를 고백하고 회개의 세례를 받는 것은 우리 자신의 처지를 인정하고 고백하는 것입니다. 하느님 대전에 우리 힘으로 할 수 있는 것이 없다는 것을 드러내는 겸손을 실천하는 것입니다. 그래야 하느님이 하늘을 찢으시고(이사 63,19 참조), 하늘을 기울여 낮추시고(시편 18,10 참조) 우리에게 돌아오실 것입니다.

우리가 회개하고 주님의 길을 곧게 한 연후에 시편 80편 15절의 기도를 바칠 수 있습니다.

"만군의 하느님, 제발 돌아오소서."

우리 안에 하느님께서 할 일은 없다는 생각으로 교만하다면 그분은 오실 수가 없습니다. 그러므로 우리가 먼저 주님께 돌아가야 합니다. 그러면 주님께서 우리에게로 돌아오십니다. "나에게 돌아오너라. 나도 너희에게 돌아가리라"(말라 3,7).

성탄의 열쇠를 쥐고 있는 것은 우리입니다.

2. 말씀 공감

■ 복음의 시작

> "하느님의 아드님 예수 그리스도의 복음의 시작"(마르 1,1).

복음의 시작이라고 했습니다. 참으로 장중한 선언입니다. 창세기 첫 마디 '한처음'처럼, 요한 복음의 첫소리 '한처음'처럼, 그렇게 힘 있는 선언입니다. 말하자면 예수 그리스도의 복음은 '한처음' 창조가 시작된 것과 같은 비중을 갖는 새로운 시작을 의미한다는 것입니다.

'시작'이라는 단어는 그리스어로 '아르케Arche'라고 하는데, 이 단어는 원리Principium, 기원Intitium, 기초Fontamentum, 본질Essentia 등을 의미합니다. 따라서 "하느님의 아드님 예수 그리스도의 복음의 시작"이라는 말씀은 단순한 시작이 아닙니다.

이제 길고 긴 역사의 무대에서 복음의 시대가 열렸다는 것입니다. 이전의 시대는 율법의 시대였습니다. 예수님께서 복음을 가져오시기 전 모든 인류는 모세가 시나이 산에서 받은 율법 아래 있었습니다. 율법 아래서는 스스로 의롭다 할 사람이 없습니다. 하느님의 십계명에 우리 자신을 비춰볼 때 죄 없는 사람은 한 사람도 없습니다. 로마서 3장 23절 말씀처럼 "모든 사람이 죄를 지어 하느님의 영광을 잃었습니다."

그런데 바야흐로 예수 그리스도를 통하여 복음의 시대가 열렸다는 것입니다. 하느님의 아들 예수 그리스도께서는 우리를 위하여 십자가에 못 박혀 죽으셨다가 부활하심으로 우리의 죗값을 치르시고 우리를 구원해 주셨습니다.

예수 그리스도와 함께 신기원이 열렸습니다. 이제 우리는 시나이 산 율법 아래 있는 것이 아니라, 갈바리아 산(골고타 언덕)의 은총 아래 있게 된 것입니다. 율법은 모세를 통하여 왔지만 은총은 하느님의 아드님 예수 그리스도를 통하여 왔습니다. 때문에 하느님의 아들 예수 그리스도는 기쁜 소식의 시작인 것입니다.

하지만 이렇게 전 인류적으로는 구원의 새 시대가 열렸어도, 개인적으로는 그 시작의 시점이 사람마다 다릅니다. 인류 전체에 대한 하느님의 구원 사업은 이미 시작되었지만 개인의 구원은 각자가 하느님의 구원 사업에 동참할 때부터 시작되는 것입니다. 내가 구원의 시작이신 예수 그리스도를 받아들일 때, 그때가 구원의 시작이고 참다운 내 인생의 시작입니다. 예수님께서 내 안에 살기 시작할 때 비로소 내 안에서 복음의 시작이 이루어지는 것입니다.

그러므로 이 복음을 들을 때마다 새로운 처음이 이루어진다고도 할 수 있습니다. 복음 말씀을 자주 그리고 깊이 읽을수록 복음은 우리 각자의 삶에서 더욱 은혜로운 시작으로 체험될 것입니다.

■ 주님께서 기뻐하신다면

> "보라, 내가 네 앞에 내 사자를 보내니
> 그가 너의 길을 닦아 놓으리라"(마르 1,2).

예수님께서 오시기 전, 세상이 그분을 맞을 수 있도록 준비시켰던 사람. 이사야 예언서에서 비롯된 저 말씀 속의 '사자'는 바로 세례자 요한입니다.

오늘날 이 시대의 세례자 요한을 저는 선교 열정으로 가득한 복음 선포자들의 모습 속에서 발견합니다. 비신자들과 예비 신자들이 주님께 다가오도록 열심히 길을 닦아 주는 모양새가 꼭 그러하기 때문입니다.

흔히 복음을 전하는 것은 그리스도인의 사명이라고 말합니다. 또 그리스도인의 의무라고도 합니다. 맞는 말입니다. 하지만 그게 다가 아닙니다. 복음을 전하는 것은 그 이상, 곧 특은입니다. 어떻게 그러한지 여러분과 확인해 보고자 합니다.

어느 날 기도 중에 저는 "주님께는 무엇이 아픔이고, 문제이고, 슬픔입니까?"라고 물은 적이 있습니다. 그랬더니, 침묵 중에 주님께서 영감으로 말씀을 주셨습니다.

"내 아픔이 뭐냐고? 반가운 물음이다. 대답해 주마. 지금 71억이 넘는 나의 자녀들 가운데 3분의 1만 내 품에 남아 있고 3분의 2가 집을 나갔어. 가출! 어디서 뭣들 하고 있는지 돌아오질 않아! 길 잃은 애들, 상처 입은 애들, 비참으로 추락하는 애들 등등 가지각색이야. 그들을 생각하면 내 가슴이 미어지고 슬픔이 북받친다. 이제 내 마음을 알겠느냐?"

이후 저는 나름 최선을 다하여 주님의 마음을 위로해 드리려고 복음을 전하는 일에 혼신을 쏟았습니다. 지금의 천방지축인 제 행보도 사실은 그 일환입니다. 그랬더니 주님께서 어느 날 제게 너무도 생생하게 약속 말씀을 내려 주셨습니다.

"고맙구나, 네가 내 마음을 알아줘서. 고맙다! 네가 내 원을 들어 줬으니, 이제 내가 네 원을 들어 주리라. 무엇이건 원하는 것을 내게 청하거라. 내가 바로 내려 주리라."

말씀하신 그대로, 제가 들은 그대로입니다. 되레 주님께 대한 저의 고마움에 울컥거려 눈물을 주체할 수 없었습니다. 제가 다시 물었습니다.

"주님, 이 약속 말씀 당신의 자녀들과 공유해도 되겠습니까?"

주님께서는 다시 침묵 가운데 애틋한 현존으로 "오냐 오냐" 해 주셨습니다.

여러분! 여러분께서 주님의 마음을 알아드리는 한에서 저 약속은 여러분 한 분 한 분께도 유효할 것입니다. 그리고 이미 꼬박꼬박 복음을 묵상하고, 또 권면의 수고로 '주님의 길을 닦는 것' 자체로 그 자격 속에 있다 할 것입니다.

얼핏 보면 세례자 요한은 비극적인 죽음의 주인공으로 기억될지 모르지만, 그는 지금 하늘에서 '성인 중의 성인'으로 우뚝한 입지를 누리고 있습니다. 그러기에 우리도 언젠가는 지상 약속 실현의 주인공이 될 뿐만 아니라 먼 훗날 천상의 행복 또한 누리게 될 것임을 믿어 의심치 않습니다.

■ 제 사소한 일을 통해서

> "너희는 주님의 길을 마련하여라. 그분의 길을 곧게 내어라"(마르 1,3).

어느 날 눈에 띄는 기사가 하나 있었습니다. 인천 모 병원의 새내기 간호사 두 명이 사람을 구했다는 이야기가 제 눈에 띄었던 것이지요. 제가 인천교구 소속인지라 인천에 있는 병원을 기사 제목으로 마주하자니 아무래도 관심이 안 갈 수 없었나 봅니다.

기사 내용 또한 요즘 보기 드문 훈훈한 미담이었습니다. 두 간호사가 하루 일과를 마치고 퇴근하던 길에 심정지에 빠진 노인을 보고 침착하게 구조하여 노인이 생명을 살렸다는 이야기였습니다. 두 간호사는 자기들의 업적에 우쭐해 할만도 하지만 열심히 해서 더 훌륭한 간호사가 되겠다는 말로 인터뷰를 마무리지었다고 합니다.

요즘 뉴스를 보면 그야말로 세상이 어디로 흘러가는 건지 모를 때가 많습니다. 주님의 가르침에서 등 돌리는 사람들이 갈수록 늘어나는 것이 눈에 보이고 손에 잡히는 듯합니다. 사람 목숨을 살리는 일보다 자기 돈 조금 더 버는 일, 자기 몸 조금 더 편한 것이 훨씬 중요해지고 있는 사회인 것 같습니다. 이런 사회에서 주님의 말씀을 전한다는 것이 어떤 때는 힘에 부친다고 생각될 때도 많습니다.

그런 요즘, 이런 뉴스를 접하면 마음이 훈훈해집니다. 숨어서 주님의 말씀을 실천하는 그런 사람이 아직도 세상에 많다는 그런 생각이 들 때면 저도 더더욱 저 자신을 채찍질하게 됩니다.

오늘 복음에서 세례자 요한은 홀연 광야에 나타나 이렇게 외칩니다. "너희는 주님의 길을 마련하여라. 그분의 길을 곧게 내어라"(마르 1,3).

순수하게 자신의 소임을 다하여 어두운 이 사회에 작은 불을 밝힌 저 새내기 간호사들처럼, 우리 역시 각자의 자리에서 자신의 능력, 마음, 시간을 조금이라도 나누고 비울 때, 그것이야말로 세상을 따사로이 밝히는 지름길이요 주님의 길을 내는 것 아닐까요.

이제 예수님 오시는 그날까지 그 길을 '곧게' 내는 작업만이 우리에게 남은 과제입니다.

함께 기도하시겠습니다.

주님, 오늘 제가 만나는 사람을 위해 제가 무엇을 행해야 주님의 길을 곧게 내는 결과를 가져오리이까.

주님, 제가 오늘 하는 사소한 일을 통해서 주님의 길을 곧게 내는 몫에 동참하게 하소서.

주님, 오늘 제가 하는 말을 통해서 광야에서 외치는 이의 소리에 합창하게 하소서.

우리 주 예수 그리스도를 통하여 비나이다. 아멘!

대림 제3주일: 요한 1,6-8.19-28

너희가 모르는 분

"너희 가운데에는 너희가 모르는 분이 서 계신다"(요한 1,26).

1. 말씀의 숲

아씨시의 성 프란치스코San Francesco d'Assisi에 관련된 일화 하나를 소개합니다.

어느 날 성 프란치스코의 제자 중 한 명이 꿈속에서 하늘 나라에 올라갔습니다. 그곳에서 높은 보좌를 보았는데, 그는 천사에게 그 의자가 누구의 것인지를 물어보았습니다. 그러자 천사는 "그 자리는 프란치스코의 자리다."라고 대답했습니다. 이 말을 들은 제자는 슬그머니 질투가 났습니다.

잠에서 깨어난 그는 프란치스코에게 가서 물어보았습니다.

"스승님, 스승님은 자신을 어떤 사람이라고 생각하십니까?"

프란치스코는 대답했습니다.

"내가 이 세상에서 제일 악한 사람이지."

그러자 제자는 의아해하며 다시 물었습니다.

"스승님, 그 말씀이 진심입니까? 스승님께서 스스로 악하다고 하시면 살인자나, 거짓 증언하는 사람들은 어찌합니까?"

프란치스코는 웃으며 대답했습니다.

"자네가 잘 몰라서 그러네! 만일 내가 받은 은혜를 다른 사람들이 받았으면 그들은 나보다 훨씬 더 좋은 사람이 되었을 걸세. 내가 얼마나 많은 은혜를 받고 사는지 자네는 잘 모르네."

프란치스코 성인의 자기 증언은 오늘 복음서에 나오는 세례자 요한의 증언과 비슷한 면이 있습니다. 프란치스코 성인과 세례자 요한은 모두 자신이 누구인지에 대하여 정확히 알고 있었으며, 결코 자신을 높이려 하지 않았던 것입니다.

오늘 복음 말씀은 세 부분으로 나누어 살펴볼 수 있습니다.
첫째, 요한이 빛에 대해 증언하는 역할을 하려고 왔음을 밝힘(요한 1,6-8 참조).

1장 5절의 말씀인, 빛이 어둠을 비치는데도 어둠이 그 빛을 받아들이지 않으므로 요한이 증언하고 나선 것입니다. 어둠에 빛이 비치면 어둠은 물러가게 되어 있는데 그 빛을 안 받아들인다면, 그 자세를 고치기 위하여 얼마나 큰 증언이 필요하겠습니까?

둘째, 유다인들의 심문과 세례자 요한의 대답(요한 1,19-25 참조).

세례자 요한은 자신이 그리스도도 아니요, 엘리야도 아니요, 그들이 기다리던 예언자도 아님을 고백합니다. 오히려 그는 "광야에서 외치는 이의 소리"라고 자신을 소개합니다.

셋째, 세례자 요한의 예수님 증언(요한 1,26-28 참조).

바리사이들이 세례자 요한의 세례에 대해서 비판을 하자, 요한은 "내 뒤에 오시는 분"(요한 1,27)을 그들에게 소개합니다. 하지만 아직까지 "내 뒤에 오시는 분"은 정확히 누구인지 드러나지 않고 있습니다.

오늘 복음 말씀에서 우리는 세례자 요한의 증언을 듣게 됩니다. 보통 우리는 세례자 요한을 생각할 때, 세례를 베푸는 사람으로 받아들이기 쉽지만, 사실 그는 예수님을 증언하고 알리는 사람이었습니다. 그가 행한 세례 역시 그 증언에 수반된 행위였던 것입니다.

"빛"(예수 그리스도)이 증인을 필요로 한다는 것은 역설적입니다. 예수님의 신원과 정체가 그저 피상적으로 드러나거나, 임의적인 방식으로 예수님께 가까이 갈 수 있는 것이 아니라는 것을 뜻하고, 예수님께서는 그 누구도 강압하거나 강요하지 않는다는 것을 시사합니다. 다만 인간 쪽의 자유로운 결단을 요청할 따름입니다. 따라서 예수님께서는 자신을 위해 증언할 증인을 필요로 한 것입니다. 세례자 요한이 바로 그 첫 번째 증인입니다. 그러므로 그를 신뢰하고 그의 증언을 받아들인 자는 예수님을 믿고 따르게 됩니다.

세례자 요한은 자기가 그리스도도, 메시아와 같은 인물(재림한 엘리야, 오기로 약속된 예언자)도 아니라고 분명히 밝힙니다. 다만 그리스도를 위한 "소리"요, 그분을 증거하는 자며, 그분의 "길"을 준비하는 자라는 것입니다. 그는 "말씀"이 아니라 그 말씀을 듣도록 준비하고 이끄는 "소리"일 뿐입니다. 이와 같이 세례자 요한은 그리스도의 증인으로서만 부각되고 있습니다.

2. 말씀 공감

■ 주님의 용사

> "그는 증언하러 왔다"(요한 1,7ㄱ).

어느 지인을 통해서 두 쪽 분량의 프린트물이 저의 손에 건네졌습니다.

'삼성 이병철 회장이 1987년 타계하기 전 절두산성당 박희봉 신부에게 보낸 질문지'

이렇게 제목이 적혀 있었습니다. 주-욱 훑어보고 있는데 그분이 사연을 말해 주었습니다.

"일방적으로 질문만 있었지, 아마도 답변은 없었던 모양입니다. 어떤 경로인지는 모르겠으나 정○○ 몬시뇰께서 보관하시다 제게 전해 주셨고요."

"질문에 집요하고 날카로운 구석이 있어 답변하기가 쉽지 않았을 듯하네요…."

"…. 하지만 여기 있는 물음들 가운데 우리들이 힘들 때 불쑥 던지는 물음들도 꽤 됩니다. 사실은 우리 모두의 물음들인 셈입니다."

자세히 읽어보니 몇몇 물음들은 예사롭지 않은 물음들이었지만, 그 중에는 우리들이 삶의 롤러코스터 여정에서 무심결에 후렴구로 내뱉는 물음들도 꽤 있었습니다.

"사실 저도 이런 질문을 곧잘 받곤 하는데, 답을 시원스레 주지 못해 찝찝한 적이 많습니다. 누군가가 한 번쯤은 꼭 답변을 통쾌하게 해 줄 필요가 있습니다."

"그런가요? 그러면 좋겠네요."

"말이 나온 김에 신부님께서 해 보시는 것은 어떨지요?"

"예-에?"

"왜요?"

실제로 제가 해왔던 역할에 그런 주제에 대한 저술 활동이 있었던 것은 부인할 수 없는 사실이었기에, 뒤로 빼자니 '위선'이요, 그렇다고 생각 없이 나서자니 '교만'이 될 판이었습니다.

그래서 한 1년쯤 묵혀 두었다가, 마치 밀린 숙제를 하듯이 생각날 때마다 각 물음들에 단상 메모를 하나씩 붙이기 시작하였습니다. 다른 저술에도 많은 시간을 할애해야 했기에, 진도는 지지부진하였습니다.

그러기를 또 반해를 넘길 무렵 무슨 영문인지 조바심이 나기 시작하였습니다. 강박에 밀려 본격적으로 작업에 착수하였습니다.

물음 가운데 몇 가지만 보자면 이렇습니다.

1. 신(하느님)의 존재를 어떻게 증명할 수 있나? 신은 왜 자신의 존재를 똑똑히 드러내 보이지 않는가?
2. 신은 우주 만물의 창조주라는데 무엇으로 증명할 수 있는가?
5. 신이 인간을 사랑했다면, 왜 고통과 불행과 죽음을 주었는가?
6. 신은 왜 악인을 만들었는가? 예: 히틀러나 스탈린, 또는 갖가지 흉악범들.
7. 예수는 우리의 죄를 대신 속죄하기 위해 죽었다는데, 우리의 죄란 무엇인가? 왜 우리로 하여금 죄를 짓게 내버려 두었는가?
8. 성경은 어떻게 만들어졌는가? 그것이 하느님의 말씀이라는 것을 어떻게 증명할 수 있나?
9. 종교란 무엇인가? 왜 인간에게 필요한가?

10. 영혼이란 무엇인가?

11. 종교의 종류와 특징은 무엇인가?

12. 천주교를 믿지 않고는 천국에 갈 수 없는가? 무종교인, 무신론자, 타 종교인들 중에도 착한 사람이 많은데, 이들은 죽어서 어디로 가는가?

14. 인간이 죽은 후에 영혼은 죽지 않고, 천국이나 지옥으로 간다는 것을 어떻게 믿을 수 있나?

15. 신앙이 없어도 부귀를 누리고, 악인 중에도 부귀와 안락을 누리는 사람이 많은데, 신의 교훈은 무엇인가?

16. 성경에 부자가 천국에 가는 것을 약대(낙타)가 바늘구멍에 들어가는 것에 비유했는데, 부자는 악인이란 말인가?

24. 지구와 종말은 언제 오는가?

뭇사람들의 로망, 내로라는 경제인이 하필 왜 이런 물음들을 던졌을까요? 무슨 까닭에 이런 물음들이 만년의 그에게 중요했을까요?

짐작컨대 세상이 최고의 가치로 여기는 부와 명예가 그의 삶에 만족을 주지 못했기 때문일 터입니다. 그는 육감적으로 더 가치로운 그 무엇에 대한 원초적 동경이 그의 가슴 한켠에 휑하니 웅크리고 있음을 감지했던 것입니다.

여하튼, 그는 자신이 처한 '삶의 자리'에서 가장 절박한 물음들을 던졌습니다.

자신이 처한 '삶의 자리'에서 가장 절박한 물음?

맞다, 맞아! 이것이 제가 저 물음 다발 속에서 찾아낸 탐사 코드였습니다. 우리 각자에게는 자신이 처한 '삶의 자리'에서 가장 절박한 물음들이 있습니다.

 그리하여 저는 고 이병철 회장이 작성한 저 물음들을 빙자하여, 우리들이 처한 '삶의 자리'에서 가장 절박한 물음들의 답을 탐사하는 도전에 감히 임하기로 하였습니다. 제목은 『내 가슴을 다시 뛰게 할 잊혀진 질문』(위즈앤비즈 2012)입니다.
 제가 이 질문들에 강박 내지 의무감을 가지고 미흡하게나마 완수한 이유는 오직 한 가지 때문입니다. 하느님의 영광을 위하여, 그분을 증언하기 위하여.
 "그는 증언하러 왔다"(요한 1,7ㄱ).

 여러분도 곧 오실 예수님을 기다리며 삶속에서 그분을 증언하는 작은 증언자들이 되시기를 빕니다.

■ 나는 누구인가?

> "당신은 누구요? […]
> 당신은 자신을 무엇이라고 말하는 것이오?"(요한 1,22)

 성 토마스 아퀴나스 St. Thomas Aquinas 는 성 아우구스티노와 함께 그리스도교 신학의 근간이 되는 사상가로 꼽힙니다. 그는 평생 그리스도교 학문을 연구하였고, 『신학대전 Summa Theologiae』(1273)이라는 책을 저술하기에 이르렀습니다. 그런 그가 만년에 한 고백이 있습니다. 그는 죽기 얼마 전, 미사를 집전하고 난 뒤에 이렇게 말했습니다.

"내가 지금까지 연구한 것과 써낸 저술들은 모두 지푸라기에 지나지 않습니다."

평생에 걸쳐 연구한 것을 '지푸라기'로 말했던 이유가 무엇이었을까요? 그는 머리로 생각하고 연구한 것이 아니라, 마침내 주님을 직접 체험한 것입니다. 그 이후 그는 더 이상 글을 쓰지 않고 믿음으로 살다가 주님 품에 안겼습니다.

오늘 복음에서 유다인들은 세례자 요한에게 "당신은 누구요?"라고 질문을 던집니다. 이 질문에 요한은 "나는 이사야 예언자가 말한 대로 '너희는 주님의 길을 곧게 내어라.' 하고 광야에서 외치는 이의 소리다."(요한 1,23)라고 대답했습니다.

유다인들의 질문은 바로 요한의 정체성에 대한 물음이었습니다. 정체성이란 한 사람의 본 모습에 대한 자기의식이요, 어떤 상황 속에서도 변할 수 없는 자기의식을 말합니다. 그래서 사전에서는 정체성을 '다양한 상황 속에서도 유지되는 자기의식'이라고 정의하고 있습니다.

이러한 물음은 지금 이 시대에도 우리들에게 던져지는 질문입니다. 미국의 어느 초등학교 수업 시간에 있었던 일이라고 합니다.

한 흑인 학생에게 선생님이 물었습니다.
"너는 자신을 누구라고 생각하니?"
이 질문에 그 학생은 답했습니다.
"저는 흑인이며, 저는 좋은 사람이라는 것을 알아요. 하느님은 쓸모없는 사람을 만들지 않으시고, 저는 하느님의 피조물이에요."

그 학생은 자신이 하느님의 피조물이라는 사실을 알고 있었습니다. 그렇기 때문에 자신감을 가지고 자신이 '좋은 사람'이라고 말할 수 있었던 것입니다.

우리가 하느님의 자녀라는 것을 깨닫는다면, 우리도 그 학생과 같이 고백할 수 있게 됩니다.

"나는 하느님의 자녀임을 믿습니다. 또한 하느님은 나를 사랑하고 계십니다. 그러므로 나는 소중한 존재입니다."

그렇다면, 우리의 정체성은 무엇일까요? 우리는 이 학생처럼 스스로를 '하느님의 사랑받는 자녀'로 여기며 그러기에 '소중한 존재'라고 인식할 줄 알아야 합니다. 또 우리는 스스로를 '그리스도인'이라고 당당하게 말할 줄 알아야 합니다. 이는 우리의 특권이요 소명인 것입니다.

■ 여태 몰랐습니다

> "그런데 너희 가운데에는 너희가 모르는 분이 서 계신다"(요한 1,26).

자꾸 질문 공세를 해 대는 바리사이인들에게 세례자 요한은 자신의 존재 이유를 이렇게 밝혔습니다.

"그런데 너희 가운데에는 너희가 모르는 분이 서 계신다"(요한 1,26).

이 말은 묘한 뉘앙스를 풍깁니다. 음미해 보면 말의 속뜻은 다의적으로 읽힙니다.

"너희는 지금 그분이 누구신지 모른다. 내가 아무리 가르쳐 줘도 모를 것이다. 너희의 마음이 맑지 않기 때문이다.

앞으로 그분이 정식으로 커밍아웃하여 공개적으로 활동하시더라도 모를 것이다. 너희가 기득권을 빼앗기지 않으려고 눈이 멀어 있기 때문이다.

이윽고 그분을 모를 뿐 아니라 사형수로 몰아 처형까지 할 것이다. 그리하여 그분이 죽었다가 다시 살아나더라도 모를 것이다. 너희가 적대적인 완악함의 노예가 되어 있기 때문이다."

오늘날도 마찬가지입니다.

예수 그리스도에 대한 정보가 오늘날처럼 쉽게 그리고 풍요롭게 우리들 앞에 펼쳐진 적이 없습니다. 인터넷과 스마트폰에서 검색창에 몇 자만 누르면 그분에 대하여 엄청난 증언과 해설들이 쏟아져 나옵니다. 아무리 그래도 예수 그리스도께서 누구신지 모르는 사람은 계속 모릅니다. 이유는 바리사이들의 사정과 비슷할 것입니다.

예수님과는 비교할 수도 없지만, 우리는 곧잘 우리 주변에 우리와 함께하고 있는 훌륭한 인품의 사람을 못 알아볼 때가 있습니다. 제가 겪은 일입니다.

저는 제 사제직 초기부터 선배나 원로 사제들과 대화 나누는 것을 즐겼습니다. 각각 고유의 덕과 지혜를 배울 수 있는 기회이기 때문입니다. 그래왔는데 제가 비엔나 대학 유학 시절, 그곳 교포사목 사제로 오셨기에 알게 되어 좋은 관계를 이어 오던 대구대교구 원로 신부님께서 연구소를 통하여 연락을 주셨습니다. 용건은 조만간 올라갈 일정을 잡을 테니 시간을 내라는 말씀이었습니다. 만나자는 이유는 그분의 서품 동기들 가운데 인천교구 모 몬시뇰이 계신데, 그분과 화해를 주선하고 싶다는 것이었습니다.

"화해요? 저 그분과 화해할 일이 없는데요! 의 상할 일이 없었는데 무슨 화해요?"

그 원로 신부님은 적당히 넘어가 주지 않았습니다.

"그래도, 만나서 얘기해 보면 그 몬시뇰이 어떻게 불편한 마음이었는지가 밝혀질 거 아냐. 그러니 한 번 봐!"

사연도 사연이고 더구나 그분들이 교회 원로들이라 저는 거절할 수가 없었습니다. 그래서 날짜까지 잡았습니다. 그랬는데 올라오시겠다던 그 원로 신부님의 발목에 이상이 생겨서 못 올라오시게 되었습니다. 약속은 훗날로 미뤄졌습니다.

하지만 저는 차제에 그 몬시뇰께 전화로라도 먼저 소통하는 것이 도리다 싶어 연락을 드렸습니다.

"저, 차 신부예요, 몬시뇰님! 이만저만해서 뵈려고 했는데, 무산되어서 섭섭하게 됐습니다."

"응, 차 신부! 마침 전화 잘 했어! 차 신부가 뭔가 오해하고 있는 것 같아서, 얘기 좀 하고 싶었는데 말야."

"저, 섭섭하게 생각하는 것 없었는데, 무슨 말씀이신지요?"

"아, 그게 뭐냐 하면, 지난 번에 교구 행사 때 차 신부가 보이기에 내가 '차 신부' 하고 크게 소리 질렀잖아. 그때 차 신부가 내가 무슨 야단치는 줄 알지 않았을까 하는 느낌을 받았어. 너무 너무 반가워서 그랬는데 말야."

"아, 그런 적이 있었어요? 제 기억이 가물가물한 것을 보면, 제가 그런 느낌이나 생각을 품지 않았던 것 같은데요. 아, 그리고요, 몬시뇰님! 저 몬시뇰님 존경합니다. 몬시뇰님께서는 항시 맡은 직무에 최선을 다하셨잖아요. 사회적으로나 교회적으로 몬시뇰님 같이 선 굵고도 자상하게 직무에 충실하다는 게 얼마나 귀한 본보기인지 제가 잘 압니다."

"정말 그랬어? 그랬다면 고마워!"

이렇게 대화는 조금 더 인간적으로 진전되었습니다마는, 그 일은 저로 하여금 그분을 다른 눈으로 바라보게 해 주었습니다.

비록 오해에서 출발한 해프닝이었지만, 새파란 후배 사제와 화해를 하시기 위해 그렇게 마음을 쓰시는 모습에서 예수님의 화해 권고를 글자 그대로 충실히 따르려는 한 제자를 보았습니다.

'나는 저 연세에 과연 그럴 수 있을까? 그분 참 훌륭하신 분이시구나. 내가 여태 몰랐네.'

세례자 요한이 주님을 지칭하여 말한 증언은 오늘도 도처에서 여러 양태로 울려 퍼집니다.

"그런데 너희 가운데에는 너희가 모르는 분이 서 계신다"(요한 1,26).

함께 기도하시겠습니다.

주님, 저희로 하여금 겸손을 가장하여 주님을 증언할 기회를 회피하지 않게 하소서.

주님, 저희로 하여금 품위를 내세워 주님을 증언할 기회를 저버리지 않게 하소서.

주님, 저희로 하여금 때와 장소와 분위기를 가리지 않고 주님을 증언하는 용사가 되게 하소서.

우리 주 예수 그리스도를 통하여 비나이다. 아멘!

대림 제4주일: 루카 1,26-38

피에타

"하느님께는 불가능한 일이 없다"(루카 1,37).

1. 말씀의 숲

대림 제4주일입니다. 대림환에 네 개의 촛불이 다 켜져 있습니다. 대림 시기가 시작된 이후 매주 하나씩 켜던 초가 드디어 4개 모두 켜진 것입니다. 그만큼 우리들은 예수님을 기다리는 마음으로 하루하루를 지내며 지금 이 시기에 온 것입니다. 이제 얼마 남지 않았습니다. 지친 무릎에 힘을 주고 일어서야 할 시기입니다.

자, 그러면 오늘 복음 말씀을 묵상하면서 성모 마리아와 함께 주님을 맞이할 마음을 추스르기로 하겠습니다.

예수님의 탄생을 예고하는 오늘의 복음 말씀의 주인공은 다윗 가문의 요셉과 약혼한 한 젊은 처녀 마리아입니다. 이야기의 무대는 예루살렘 성전에서 멀리 떨어져 있는 갈릴래아의 나자렛에 있는 마리아의 집입니다. 구약 시대에는 지엄한 성소 예루살렘이었던 하느님의 활동 무대가, 갈릴래아에 있는 무명의 촌락으로 때와 장소를 옮깁니다.

이렇게 도외시되고 멸시받던 곳이 성령의 힘을 입고 신약 시대의 열림을 시작합니다. 한 사람의 예언자도 배출시키지 못한 곳(요한 7,52 참조), 이런 곳에서 무슨 좋은 소식을 기대할 수 있겠는가(요한 1,46 참조)? 바로 이곳에서 하느님의 아들인 만민의 구세주가 배출될 것이라는 엄청난 소식을 가지고 하느님의 심부름꾼 가브리엘이 마리아를 찾아옵니다.

"은총이 가득한 이여, 기뻐하여라. 주님께서 너와 함께 계시다"(루카 1,28).

자기 백성의 원수를 무찌른 이스라엘의 영웅 야엘 여인은 '모든 여인 중에 복되어라'라는 축복을 받았고(판관 5,24 참조), 나라의 원수를 없애 버린 유딧 여인도 같은 축복의 말을 들었습니다(유딧 13,18).

민족의 영웅들만이 듣던 종교적인 의미를 띤 이 인사의 말씀을 들은 시골 처녀 마리아는 당황할 수밖에 없었습니다.

마리아는 이 말씀을 듣고 놀라는 한편, 그 뜻을 곰곰이 생각합니다. 천사가 설명을 해 줍니다. 마리아는 임신을 하여 아들을 낳을 것이고, 그 이름을 예수(하느님께서 구원하신다, 이사 7,14 참조)라고 부를 것이라는 얘기였습니다. 천사는 이 확신의 힘을 알려 주기 위하여 이사야의 예언이 마리아에게서 이루어지고 있음을 알려 주었습니다. 동정녀가 잉태하여 아들을 낳으리니 그의 이름은 '우리와 함께 계시는 하느님'이라는 말씀입니다(이사 7,14; 마태 1,23 참조).

그러자 마리아는 어떻게 그런 일이 일어날 수 있는지 묻습니다. 이는 이 상징적인 차원을 보장해 주시는 분이 누구인가를 묻는 것입니다. 지금까지 하느님께서 구세사에서 펼치신 일들은 기적으로 하셨습니다. 이사악, 삼손, 사무엘, 세례자 요한과 같은 구세사에 빛나는 인물들은 기적으로 탄생하였던 것입니다. 그러나 이제부터는 전혀 새로운 방법으로 새 역사를 시작하려는 것입니다. 그것을 천사는 마리아에게 알리는 것입니다. 마리아의 동정녀 잉태는 성령, 즉 하느님의 힘으로 이루어진다는 것입니다.

"성령께서 너에게 내려오시고 지극히 높으신 분의 힘이 너를 덮을 것이다"(루카 1,35). 이 말씀이 천사가 예고한 말의 절정입니다. 세상이 창조

될 때에 하느님의 영이 물 위에 내리며 만물이 생겨났습니다.

마리아의 몸 안에 성령이 내려오시면서 구세주 예수님의 생명이 생기는 것입니다. 이것은 새 창조입니다. 이제부터 새 세상이 펼쳐져 나가는 하느님의 경륜은 성령의 활동으로 이루어질 것입니다.

하느님의 메시지가 전달되었습니다. 마리아가 알고 싶었던 의문도 풀렸습니다. 마리아는 확신을 가지게 되었습니다. 남은 것은 마리아의 대답뿐입니다.

아브라함이 하느님의 불림을 받았을 때, "예, 여기 있습니다."(창세 22,1) 하고 명령에 순종하였습니다. 마리아도 주님의 여종으로서 하느님의 전달 말씀에 순종하여 응답했습니다.

"말씀하신 대로 저에게 이루어지기를 바랍니다"(루카 1,38ㄱ).

인류가 구세주를 받아들이는 순간입니다. 우리는 모두 하느님의 손 안에 있는 양순한 도구가 되어야 합니다. 그것은 하느님이 우리가 그토록 기대하는 구원을 실현하실 수 있도록 해 드리기 위함입니다. 그리하여 말씀이 사람이 되셨고(요한 1,14 참조), 구원의 새 장이 열립니다.

"그러자 천사는 마리아에게서 떠나갔다"(루카 1,38ㄴ).

종합해 봅시다. 산간벽촌에 사는 철부지 10대 소녀에게 산신령이나 도사가 찾아와서 '너는 앞으로 대통령을 낳게 될 것이다.'라고 했다면 그 소녀의 반응이 어떠했을까를 생각해 봄직합니다. 마리아의 동의, 즉 "저는 주님의 종입니다."라는 고백은 구약의 '야훼의 종'에 못지않은 하느님과의 친밀성을 나타냅니다. 하느님의 의도가 마리아의 동의로 역사 안에서 가시화합니다.

이 동의에 이르기까지 마리아는 자신의 생각과 관습을 벗어야 하는 현실과 부딪힙니다. 아브라함이 고향을 떠나는 것 못지않은 결단을 내려야 했습니다. 하느님의 은총을 입었지만 당황하는 반응을 보인 것은 은총은 육신의 조건을 무시하지 않는다는 것을 새삼 말하고 있는 것입니다.

마리아는 가브리엘 천사의 인사 내용을 곰곰이 생각하였습니다. 인간의 잣대로 판단하지 않고 기다렸습니다. 인간으로서 하느님께 보여 드릴 수 있는 자세입니다. 마리아는 또 물었습니다. 하느님의 뜻을 찾는 것입니다. 끝에 가서는 자유로이 하느님의 뜻을 받아들였습니다.

신자들에게도 마리아와 같은 길이 열려 있습니다. 세례, 성체성사로 우리를 은총으로 꾸미시고 당신 계획에 참여시키십니다. 각자 자기 삶의 여건 속에서 살면서 그 삶의 내용을 하느님의 계획이 이루어지는 터로 바꿀 수 있도록 불리웠습니다.

우리도 마리아와 같이 당황할 수 있습니다. 그러나 곰곰이 마음에 새겨 두고 기다려야 합니다. 그리고 묻고 찾아야 합니다. 그것은 인간으로서 지녀야 할 겸손의 표현이기도 합니다.

2. 말씀 공감

■ 은총이 도둑처럼

> "은총이 가득한 이여, 기뻐하여라.
> 주님께서 너와 함께 계시다"(루카 1,28).

어느 소아심장과 의사 이야기를 소개합니다. 모 대학 병원 교수로 근무하던 그가, 내면으로부터 어떤 거룩한 충동을 느끼고 중대 결단을 내렸던 사연이지요.

그는 더 큰 병원에서 트레이닝을 밟기로 허락받고, 7년 동안 안정을 누리던 교수직에 사표를 냈었습니다. 그런데 근무하던 병원 측에서 사표를 반려하며 새로운 곳에 못 가게 방해하는 바람에, 이럴 수도 저럴 수도 없이 그냥 쉬고 있는 처지가 되어 버렸던 것입니다. 하지만 그는 더 좋은 의사가 되어 더 많은 사람을 구제하고 싶다는 열망을 누를 수가 없었고 그것을 주님께서 주신 사명으로 받아들였기에 담담한 심정으로 흔들림 없이 기다리고 있다고 했지요.

저는 그 이야기를 듣고 그 묵상 말미에서 "머지않아 주님께서 더 좋은 곳으로 인도해 주실 것을 확신한다."고 말했습니다. 사실 그 말은 예언의 말씀이었습니다. 왜냐하면 그 말을 하는 순간 가슴에서 뜨거운 확신이 일었기 때문이었습니다.

아니나 다를까. 얼마 전, 반가운 소식이 들려왔습니다. 그가 다시 트레이닝을 받기로 했던 병원보다 더 유서 깊은 대학병원에서 교수로 불렀다는 것입니다. 그곳은 바로 그의 모교였습니다. 그야말로 약속을 지키시는 하느님! '할렐루야!'입니다.

그렇습니다. 결과적으로 주님께서는 격무에 시달린 그에게 두 달 반 동안의 알뜰한 휴가를 주시고 더 좋은 곳으로 인도하신 것입니다.

저는 주님만의 전매특허인 이 오묘한 이끄심에 또 한 번 감탄하지 않을 수 없었습니다.

"은총이 가득한 이여, 기뻐하여라. 주님께서 너와 함께 계시다"(루카 1,28).

오늘 복음에서 우리는 하느님의 특별 전갈을 들고 마리아를 찾아온 가브리엘 천사의 저 인사말을 들었습니다. 이는 마리아에게만 해당되는 인사가 아닙니다. 이 복음을 함께 듣고, 이 복음을 함께 묵상하는 우리 모두에게 건네시는 그분의 은총 가득한 안부인 것입니다.

그러니 내 삶의 여건 속에서 믿음으로 살며 하느님의 계획이 실현되기를 꿈꿀 때, 내 모든 불안, 고민, 걱정들은 희망, 기쁨, 축복으로 바뀔 것입니다. 그 여정 중에 저도 함께 응원하겠습니다.

■ 하느님께는 불가능한 일이 없다

> "네 친척 엘리사벳을 보아라. 그 늙은 나이에도 아들을 잉태하였다. 아이를 못낳는 여자라고 불리던 그가 임신한 지 여섯 달이 되었다. 하느님께는 불가능한 일이 없다"(루카 1,36-37).

하느님께는 불가능한 일이 없습니다.

한국 천주교회의 창립자 가운데 하나인 정약종 아오스딩은 그가 쓴 교리서 『주교요지主教要旨』 11조에서 '천주 무궁히 능하시니라'라는 내용을 다음과 같이 설명하고 있습니다.

무릇 사람은 재능이 한이 있어, 가령 무슨 그릇을 만들려 하면 반드시 감을 가지고 연장을 쓰고 힘을 써서 수고하고 때를 허비한 후에야 그릇이 되되, 천주는 능(능력)이 무궁하시어 천지 만물을 만드시되 없는 가운데서 내시고 연장 없이 화성(길러서 자라게 함)하시고, 힘을 수고치 아니하시고 때를 허비치 아니하시어 한 번 명하시매 경각(잠깐) 사이에 이루시니, 만일 이 천지보다 더 크고 기묘한 천지를 무수히 만들려 하시어도 한 번만 명하시면 될 것이요, 또 이 천지 만물들을 모두 없이 하려 하시어도 한 번만 명하시면 없어질 것이다. 이런고로 그 능이 무궁하시다 이르느니라.[4]

물론, 이 설명은 성경이 증언하는 하느님의 전능하심을 우리 식으로 친숙하게 해설한 것입니다. 구약의 옛 시인은 이렇게 노래했습니다.

"우리 하느님께서는 하늘에 계시며 뜻하시는 것은 무엇이나 다 이루셨네"(시편 115,3).

"당신께서는 언제든지 막강한 힘을 발휘하실 수 있습니다. 누가 당신 팔의 힘을 당해 낼 수 있겠습니까?"(지혜 11,21)

그렇습니다. 하느님께는 불가능한 일이 없습니다.

하느님의 이 전능하심은 특히 한 많은 불임의 여성들에게 드러났습니다.

하느님께서는 많은 민족의 아버지가 되게 해 주시겠다던 아브라함과의 약속(창세 12,2; 15,5 참조)을 지키시기 위하여 이미 늙어버린 그의 아내 사라의 몸을 통하여 아들 이사악을 주셨습니다. 또한 이사악의 아내 레베카 역시 아이를 못낳는 여인이었지만(창세 25,21 참조), 하느님께서는 그녀를 통하여 야곱과 에사우를 낳게 해 주셨습니다.

판관 시대에 와서는 임신을 할 수 없었던 마노아의 아내(판관 13,2 참조)에게 삼손을 낳게 하셔서 주변국의 침략으로 고통을 받고 있던 이스라엘 민족을 구원해 주셨습니다.

사무엘의 어머니 한나 역시 아이를 낳을 수 없는 몸(1사무 1,5 참조)이었지만, 주님께서는 한나의 기도를 들어 주셔서 사무엘을 주셨습니다. 그는 외적으로부터 이스라엘 민족을 구해 주었을 뿐 아니라 이스라엘의 첫 왕 사울과 둘째 왕 다윗에게 기름을 부어 왕으로 삼게 하여 이스라엘의 국부國父라는 칭호를 얻게 되었습니다.

이제 신약 시대에 와서는 늙도록 아이를 못낳던 엘리사벳에게서 세례자 요한이 태어나게 하십니다. 그는 앞으로 오실 구세주의 길을 미리 닦으며 준비를 할 인물이었습니다.

그리고 이러한 하느님의 은총은 마리아를 통하여 정점에 이르게 됩니다. 이미 앞에 나온 여인들은 아기를 낳을 수 없는 몸이었지만, 모두 혼인을 한 몸이었습니다. 하지만 하느님께서는 때가 이르렀을 때, 동정녀 마리아를 통하여 장차 온 인류를 구원할 구세주를 탄생하도록 섭리하셨던 것입니다.

이 모두가 믿는 이 가운데 하느님께서 성령을 통하여 몸소 하신 일이었습니다.

오늘도 믿음으로 미래를 꿈꾸고 있는 우리들에게 천사 가브리엘이 희망의 메시지를 전합니다.

"성령께서 너에게 내려오시고 지극히 높으신 분의 힘이 너를 덮을 것이다"(루카 1,35).

■ 이 몸은 주님의 종입니다

> "마리아가 말하였다. '보십시오, 저는 주님의 종입니다. 말씀하신 대로 저에게 이루어지기를 바랍니다'"(루카 1,38ㄱ).

요셉이라는 청년과 약혼을 하고 설렘으로 혼인날을 기다리던 처녀 마리아에게 단꿈을 깨는 사건이 벌어졌습니다. 뜬금없이 천사 가브리엘의 방문을 받고 하루아침에 운명이 바뀌는 고지告知를 받습니다. 이른바 '주님 탄생 예고'였습니다.

당신이 하느님이라면 당신의 외아들을 낳아 줄 처녀로 누구를 간택하였겠습니까? 여염집 처녀는 아니었을 것입니다. 틀림없이 남다른 심성을 지닌 처녀, 기도하는 처녀, 당신의 마음에 쏙 드는 처녀를 찾아가게 했을 것입니다. 바로 그 처녀가 마리아였습니다.

"여섯째 달에 하느님께서는 가브리엘 천사를 갈릴래아 지방 나자렛이라는 고을로 보내시어, 다윗 집안의 요셉이라는 사람과 약혼한 처녀를 찾아가게 하셨다. 그 처녀의 이름은 마리아였다. 천사가 마리아의 집으로 들어가 말하였다. '은총이 가득한 이여, 기뻐하여라. 주님께서 너와 함께 계시다'"(루카 1,26-28).

이 인사말에 몹시 당황하며 두려워하는 마리아에게 천사는 마리아가 메시아의 어머니가 될 것이라는 하느님의 전갈을 전해 줍니다. 이어서 성령으로 인한 잉태에 대해 알려 줍니다.

"성령께서 너에게 내려오시고 지극히 높으신 분의 힘이 너를 덮을 것이다. 그러므로 태어날 아기는 거룩하신 분, 하느님의 아드님이라고 불릴 것이다"(루카 1,35).

여기서 '성령이 감싸준다'는 말은 구약성경의 문맥에서 볼 때 하느님께서 누군가를 부르시어 특별한 사명을 맡기실 때 하느님의 함께하심과 돌보심을 보증해 주는 약속의 말씀이었습니다(탈출 40,37-38; 민수 9,18-22; 10,34). 구약의 마지막 시대를 사신 마리아가 이 말씀의 의미를 확실히 알아들었을 것은 자명합니다.

그렇다 해도 열여섯 살(당시 이스라엘 여인들의 혼인 적령기로 미루어볼 때 이렇게 추정됨)의 처녀 마리아에게 이 소식은 여간 가슴 떨리는 소식이 아니었을 것입니다.

첫째, 성왕聖王의 어머니도 아니고 영웅의 어머니도 아닌 인류를 구원할 메시아의 어머니라니, 보통 부담이 아니었을 것입니다.

둘째, 미혼모가 되어야 한다는 현실, 최악의 경우 요셉과 갈라서고(마리아의 임신을 안 요셉이 파혼을 결심한 사실로 볼 때 이는 개연성이 높았음) 사생아를 홀로 키워야 한다는 사실을 순간적으로 각오하지 않을 수 없었을 것입니다.

그런데 연약한 처녀 마리아는 돌연 마음가짐을 추스르고 믿음의 여인이 됩니다. 그리고 두려움 없이 대답하였습니다.

"보십시오, 저는 주님의 종입니다. 말씀하신 대로 저에게 이루어지기를 바랍니다"(루카 1,38).

이 응답은 마리아 자신의 운명을 바꿈과 동시에 인류의 역사를 근본적이며 극적으로 바꾸어 놓았습니다.

그런데 마리아가 실제로 자신의 삶에서 이 응답을 어떻게 살아 냈는지를 천재적으로 묵상한 이가 미켈란젤로였습니다.

그의 작품 가운데 어머니가 아들의 주검을 두 팔로 지탱하고 한없는 슬픔과 자애의 눈으로 찢긴 아들의 몸을 바라보는 조각이 있습니다. 미켈란젤로는 실제 역사의 한 시대에서 떨리는 두 팔로 아들의 시체를 끌어안고 그 죽음을 비통해 했던 한 여인에게 아름다운 대리석 조각을 바치고 싶어 했습니다. 그가 조각한 것은 죄 없이 비참하게 죽은 아들을 부여안고 말없이 바라봐야 했던 한 어머니, 그녀의 일생에서 가장 고통스러웠던 순간 그녀의 혼신이 발산하는 고결한 사랑이었습니다. 너무 애처로워서 차라리 아름답게 느껴지는 이 조각 선물은 결국 맨 처음 그녀가 하느님의 부르심을 들었을 때 '예'라고 겸손한 믿음의 응답을 드린 것에 대한 선물이었습니다.

미켈란젤로는 이 동상에 '피에타Pieta'라는 이름을 붙였습니다. 피에타는 이탈리아어로 '충실한 믿음'을 뜻합니다. 미켈란젤로는 아들의 시신을 안고 물끄러미 바라보고 있는 이 여인의 시선과 마음과 모습에서 '충실한 믿음'의 전형典型을 보았던 것입니다. 마리아는 자신의 온 마음으로 오직 하느님의 뜻이 이루어지기만을 원하고 그대로 따른 여인이었습니다. 그녀는 비록 자기 자신이 이해하지 못했을 때조차도 하느님을, 하느님께서 그녀를 사랑하고 계신다는 사실을, 그리고 하느님의 지혜와 방법을 굳게 믿었습니다. 그렇기 때문에 그녀는 가브리엘 천사를 통해 하느님의 부르심을 들었을 때 '예'라는 대답이 실상 무엇을 의미하는지, 또 그것이 장차 어떤 일을 가져올 것인지를 온전히 이해하지 못했으면서도 기꺼이 응답할 수 있었던 것입니다. 그리고 그 '예'가 지금 아들의 주검을 끌어안고 부드러운 사랑과 연민으로 내려다보고 있는 것입니다. 미켈란젤로는 마리아 안에서 이루어진 이 엄청난 성취에 대해 가장 적절한 말을 붙여 주었습니다. '피에타!'

함께 기도하시겠습니다.

주님, 저희가 어떻게 살아야 성공된 삶을 살았다 할 수 있을까요?

주님, 주님께서는 오늘 저희에게 성모 마리아를 통해서 그 답을 주셨습니다.

주님께서는 결코 인생의 성공에 대해 말씀하시지 않고 오히려 '충실한 믿음', 곧 피에타에 대해 말씀하고 계십니다.

주님, 주님의 뜻에 대한 충실한 믿음만이 오직 참되고 영원한 성공의 왕관을 약속해 준다는 것을 잊지 않겠습니다.

주님, 훗날 천사가 저희의 비문에도 '피에타'라고 써 줄 수 있도록 저희를 동반해 주시며 지켜 주십시오.

우리 주 예수 그리스도를 통하여 비나이다. 아멘!

주님 성탄 대축일 - 밤 미사: 루카 2,1-14

아나빔

"지극히 높은 곳에서는 하느님께 영광
땅에서는 그분 마음에 드는 사람들에게 평화!"(루카 2,14)

1. 말씀의 숲

예수님께서 탄생하신 이 밤, 하늘의 군대는 우리들에게 참 위로의 말씀을 전해 주고 있습니다. 바로 "땅에서는 그분 마음에 드는 사람들에게 평화!"라는 말이 그것입니다.

프랑스와 독일은 1870년부터 1871년까지 보불전쟁을 치렀습니다. 이 전쟁으로 양국의 수많은 사람이 목숨을 잃었습니다. 그런 치열한 전투 중에도 성탄은 어김없이 다가왔습니다. 성탄 전야를 보내며 병사들은 내일 전투를 준비하고 있었습니다. 성탄이 다가왔는데도 기뻐하지 못하고 전투를 치러야만 하는 현실에 병사들은 슬픈 심경을 감추지 못했습니다.

그들이 할 수 있는 것이라곤 밤하늘을 바라보며 그저 내일의 내가 무사하기를 기도하는 것밖에 없는 것처럼 보였습니다. 그런데 그때 어느 프랑스군 병사가 일어나 성가를 부르기 시작했습니다.

"오 별들이 반짝이는 거룩한 밤, 거룩한 구세주 탄생한 밤이로다."

그 노래 소리를 들은 독일군 병사 한 명도 일어나서 따라 부르기 시작했습니다. 적군과 아군이 함께 예수님을 찬양하는 하모니를 들은 양 진영의 병사들은 모두 오늘 탄생한 아기 예수님을 떠올리며 눈물에 젖은 성가를 합창하였습니다. 그들은 예수님의 사랑이 전쟁터에도 찾아왔음을 느낄 수 있었습니다.[5]

이처럼 성탄절은 모든 이들이 전쟁과 싸움 중에서도 서로 화해하고 평화를 누릴 수 있는 때입니다. 예수님께서는 모든 사람이 당신 안에서 평화를 누리기를 바라십니다. 왜냐하면 하느님께서는 이 세상의 모든 사람들을 사랑하시기 때문입니다.

우리는 오늘 4주간의 대림 시기를 마치고 기쁜 성탄절을 맞이했습니다. 예수님께서는 오늘 우리에게 당신의 진정한 모습을 보여 주고 계십니다. 하늘에 계신 아버지의 사랑하는 외아들이며, 이 세상의 빛과 구원이신 예수님께서는 한낱 갓난아기로 당신의 진면목을 드러내시기 때문입니다. 이 신비 앞에서 그대는 그저 감탄하고 흠숭하며 겸허해질 수밖에 없습니다.

오늘 복음 말씀은 두 부분으로 나눌 수 있습니다.
첫째, 예수님의 탄생에 대한 배경(루카 2,1-7 참조)
이 부분은 예수님의 탄생에 대한 배경이 전해지고 있습니다. 황제가 온 세계에 칙령을 내렸고, 그에 따라 모두들 각자의 본관 고을로 등록하러 갔습니다. 당연히 요셉도 이 호적 등록에 참여하고 있었습니다.
그런데 이야기는 요셉의 본관이 어디인지 주목하고 있습니다. 요셉은 갈릴래아 지방 나자렛을 떠나 유다 지방 다윗의 고을, 곧 베들레헴으로 약혼한 마리아와 함께 갔습니다. 요셉의 본관이 처음부터 강조되고 있는 것은 이 장소, 곧 베들레헴이 이야기의 무대가 되기 때문입니다. 요셉은 다윗 가문의 일족에 속했으므로 이제 태어날 아기도 바로 이 가문에 속할 것입니다. 이야기는 자연스럽게 다윗의 고을, 베들레헴에서 태어나는 아기 예수님의 탄생을 전하고 있습니다.

둘째, 예수님의 탄생에 대한 천사들의 선포와 천상의 찬양(루카 2,8-14 참조)

여기에서 예수님의 탄생에 대한 기쁜 소식은 목동들에게 먼저 전해집니다. 천사는 베들레헴 들판에 있던 목자들에게 예수님의 탄생이 이스라엘에게 약속하신 메시아의 탄생임을 알려 주었습니다.

예수님의 탄생 이야기는 예수님의 유년기 설화로 역사적 기술이 아닌 신학적 종합이며 신화적 형식을 통한 신앙 고백문입니다. 물론 거기에는 역사적 바탕과 전승이 분명히 있습니다. 그러나 표현 자체를 글자 그대로 해석하는 축자영감설이나 근본주의적 맹신은 지양해야 합니다. 중요한 것은 메시지와 교훈을 얻는 일입니다.

예수님의 탄생 설화는 가난하고 소외된 이들을 위한 특별한 복음이기도 합니다. 하느님의 구원이란 극적 전환을 통해 이루어집니다. 그것은 특히 상상을 초월한 뜻밖의 사건으로, 그 어떤 것이든 과거와의 단절을 뜻하는 놀라운 일이며, 바로 그 때문에 하느님께서는 늘 새롭게 이스라엘에게 약속의 실현자로서 그리고 희망의 보증으로 다가오고 계십니다.

2. 말씀 공감

■ 일생일대의 횡재

> "두려워하지 마라. 보라, 나는 온 백성에게 큰 기쁨이 될 소식을 너희에게 전한다"(루카 2,10).

놀랍게도 예수님의 탄생에 대한 기쁜 소식은 목동들에게 먼저 전해집니다.

"두려워하지 마라. 보라, 나는 온 백성에게 큰 기쁨이 될 소식을 너희에게 전한다"(루카 2,10).

천사는 베들레헴 들판에 있던 목자들에게 예수님의 탄생이 이스라엘에게 약속하신 메시아의 탄생임을 알려 주었습니다.

"오늘 너희를 위하여 다윗 고을에서 구원자가 태어나셨으니, 주 그리스도이시다"(루카 2,11).

여기까지의 이야기를 우리는 익히 들어 알고 있습니다. 그러기에 우리는 금세 동의합니다.

"그렇지, 구세주의 탄생, 기쁜 일이지! 그렇고말고!"

하지만 그것은 잠시일 뿐, 혹은 성당에서만, 혹은 머릿속으로만, 혹은 의무감으로 '기쁘다'고 얼버무릴 뿐 실제로는 기뻐하지 못하는 경우가 허다합니다.

왜 그럴까요. 구세주의 탄생 소식이 '그렇다더라'라는 식의 신문 기사 정도로 머물기 때문입니다.

만일 예수님께서 내 머리에서 교리 상으로만 구세주이며, 내게 천당의 영원한 삶을 보증해 주시는 사후의 구세주로만 여겨지고 있다면, 아직 예수님께서는 내 인생의 진정한 구세주가 아닙니다.

오늘 우리는 예수님께 당당히 청해야 합니다.
주 예수님, 우리 자녀들에게 이러저러한 문제들이 있습니다. 이 문제들에서도 구세주가 되어 주십시오.
주 예수님, 저희의 생계가 지금 심각한 곤경에 처해 있습니다. 이 곤경에서도 구세주가 되어 주십시오.
주 예수님, 제가 기왕이면 영적으로도 행복하고 보람된 삶을 살고 싶습니다. 이 바람을 이루는 데도 구세주가 되어 주십시오.

주님께서는 우리 삶의 모든 차원에서 구세주가 되어 주시기를 원하십니다. 그러므로 우리는 주님의 원대로 희망을 가져야 하며, 일단 희망을 가졌으면 그것이 이미 이루어졌다고 굳게 믿어야 합니다.
청하는 것이 우리의 권리라면 믿는 것은 우리의 의무입니다.

이렇게 청하고 믿은 다음에라야, 주 예수 그리스도께서는 우리에게 진정으로 큰 기쁨이 될 수 있습니다. 사실 청함과 믿음과 기쁨은 편의상 순서를 따져 본 것이지, 성령의 역사하심 안에서는 순서가 없습니다. 무슨 얘기인가 하면, 결과와 상관없이 무조건 주 예수 그리스도를 기뻐하자는 것입니다.
그냥 먼저 기뻐하는 겁니다. 싱글벙글 기뻐하는 겁니다. 뭐가 그리도 기쁘냐고 속에서 반문이 떠오르면 이렇게 답하는 것입니다.

'어찌 기쁘지 않으냐. 내겐 모든 것의 궁극적인 답이신 예수 그리스도께서 함께하시니, 어떤 문제와 고통과 바람이 기쁨을 앗아가겠느냐. 그분의 자비와 사랑이 내 죄를 몽땅 용서해 주셨는데, 이보다 더 기쁜 일이 어디 있느냐.'

　무슨 좋은 일이 있는 모양이라고 사람들이 물어 오면 이렇게 답하는 것입니다.

　"그럼요, 있고말고요. 예수님 믿어보세요. 다 해결해 주시고, 다 용서해 주시고, 청하지 않은 것까지 베풀어 주신다니까요. 할렐루야, 아멘!"

■ 황홀한 환희

> "오늘 너희를 위하여 다윗 고을에서 구원자가 태어나셨으니, 주 그리스도이시다"(루카 2,11).

　'구세주 예수님의 탄생'이라는 천사의 외침이 온 세상에 울려 퍼진 오늘, 역사의 무대가 된 그곳, 유다 지방 작은 촌고을 '베들레헴'을 떠올려 봅니다. 당시엔 이름 없는 변방 마을에 불과했지만, 오늘날 그곳은 그리스도인이라면 누구나가 한번쯤 가보고 싶은 1순위 성지이기도 하지요.

　해마다 성탄이 되면 우리는 이 베들레헴에서 나신 예수님을 기억하며 부르는 성가가 있습니다.

　"오 작은 고을 베들레헴 너 잠들었느냐"로 시작되는 가톨릭 성가 108번 '오 작은 고을 베들레헴O Little Town of Bethlehem'. 원래 이 곡의 가사는 '19세기 미국 최고의 설교가'라고 불리는 필립스 브룩스Phillips Brooks가 1865년 성지를 방문했을 때 받은 영감으로 지은 찬양시입니다.

그는 성공회 신부였는데, 성탄 즈음 예루살렘으로 성지 순례를 떠났습니다. 베들레헴의 '예수 탄생 기념 성당'에서 다섯 시간 동안 성탄 미사를 드리면서 그는 뭐라 말할 수 없는 깊은 감동에 빠져들었고, 그 감동을 자신이 사목하는 본당의 아이들에게 전해 주기 위해 찬양시를 썼습니다. 후에 그는 이 찬양시를 성가로 만들기 위해 주일학교 교사이며 오르가니스트인 루이스 레드너Lewis H. Redner에게 작곡을 의뢰했습니다.

작곡을 의뢰받은 레드너는 아무리 생각해도 좋은 곡이 떠오르지 않아 몇 날 며칠을 고뇌했다고 합니다. 그러던 어느 날 밤 그는 하느님께 곡을 달라고 기도하고 잠자리에 들었습니다. 그런데 그날 밤 꿈에서 그는 아름다운 선율로 하느님을 찬미하는 천사들의 꿈을 꾸었다고 합니다. 보통 꿈은 깨어나면 기억이 잘 안 나기 마련인데, 그날 그 꿈과 그 선율은 깨어나고 나서도 선명했다고 합니다. 레드너는 '하느님께서 이 선율을 주셨구나.' 하는 생각이 들어 악보에 기록하기 시작했습니다. 우리가 '오 작은 고을 베들레헴'이라고 부르는 성가는 하느님의 이러한 역사를 통해 우리에게 남겨졌습니다.[6]

어떤 성탄 성가보다도 은은하고 마음을 울리며 신비롭게까지 들리는 '오 작은 고을 베들레헴'.

아름다운 멜로디와 함께 원곡에서는 '오 우리에게 오시어, 우리와 함께 사소서. 임마누엘 주 예수여' 라는 가사로 끝을 맺습니다.

이 아름다운 찬양 비화를 기억하며, 오늘, 우리 안에 오신 주 예수님을 느껴 봅시다.

"오늘 너희를 위하여 다윗 고을에서 구원자가 태어나셨으니, 주 그리스도이시다"(루카 2,11).

■ 묵상하는 그 자체로

> "지극히 높은 곳에서는 하느님께 영광
> 땅에서는 그분 마음에 드는 사람들에게 평화!"(루카 2,14)

하늘의 군대가 합창한 노랫말은 아기 예수님께서 인류에 가져온 선물 보따리에 대한 설명서입니다.

"땅에서는 그분 마음에 드는 사람들에게 평화!"

평화! 평화는 모든 근심과 걱정이 해소되고, 모든 갈등이 풀리고, 모든 화해가 완료되었을 때 실질적으로 누려지는 것입니다. 만일 이 조건이 충족되지 않은 채 평화가 선포되었다면, 그것은 단지 바람에 지나지 않을 것입니다.

하늘의 군대가 이 노래를 부른 것은 아기 예수님께서 바로 이런 평화를 가져올 분임을 미리 찬양한 것이라 볼 수 있습니다. 이 은혜로운 조치는 당연히 하느님께 영광이 돌아가야 할 일입니다. 그러기에 하늘의 천사 군단은 먼저 "지극히 높은 곳에서는 하느님께 영광"이라고 찬미했던 것입니다.

모든 것의 성취요 완성을 전제로 하는 저 평화가 누구에게나 주어지는 것은 아닙니다. 수혜자는 "그분 마음에 드는 사람들"입니다.

'마음에 드는'이라는 뜻의 그리스어 동사 '에우도케오$_{eudokeo}$'는 본디 '기뻐하다', '좋아하다', '인정하다'라는 의미를 지닙니다.

그렇다면 하느님께서 특별히 좋아하시고 기뻐해 주시는 사람은 누구를 가리킬까요? 구약에서는 이들의 대표로 특히 '아나빔$_{anawim}$', 곧 '가난하고 겸손한 이들'을 꼽습니다. 이는 물질적인 조건이기 이전에 영적인 태도를 가리킵니다. 하느님 앞에 언제나 자신의 부족을 인정하고 무릎을 꿇고 의지할 줄 아는 사람들, 그리고 하느님의 명에 즉시 순명할 줄 아는 단순한 이들을 가리킵니다. 요컨대, 경건과 순명의 사람들을 가리킵니다.

이제 오늘 복음 말씀의 의미가 분명해졌습니다.
누가 오늘 탄생하신 주님께서 주시는 평화를 진정으로 누릴 수 있는가?
주님께서 마음에 들어 하는 사람들!
누가 마음에 드는 사람들인가?
언제나 주님 앞에 무릎을 꿇을 줄 아는 경건과 순명의 사람들!

저는 확신합니다. 적어도 그리스도인은 경건과 순명의 사람이라 불릴 조건을 갖추었다고 말입니다. 왜냐하면 저마다들 세상의 지식에 휘둘리고 있는 이 유혹의 시대에 일부러 복음 말씀을 묵상하기 위해 시간을 꼬박꼬박 낸다는 것 자체가 경건이기 때문입니다. 그리고 말씀에 규칙적으로 자주 귀 기울이다 보면, 점점 말씀에 길들여져서 결과적으로 순명의 덕이 형성되기 때문입니다.

경건과 순명의 덕! 이는 누구보다도 저 자신이 복음을 묵상하며 덤으로 얻는 축복입니다.
어느 묵상에서 저는 홀로 라틴어 성경 번역이라는 대업을 이룬 원조 성서학자 예로니모 성인 St. Hieronymus의 말을 인용한 적이 있습니다. 골자는 이랬습니다.

> 최선을 다해 자주 성경을 읽고 모든 것을 배우십시오. 그대의 손에 성경이 들린 채 잠드십시오. 잠들 때에는 거룩한 말씀이 그대의 머릿속을 사로잡도록 하십시오(「편지」 22,17).[7]

특히 자면서도 말씀을 묵상하라는 권고에 저는 자못 신선한 자극을 받았었습니다.

그 시기를 전후해서 저는 잠을 자는데 어려움을 겪고 있었습니다. 어느 경우엔 책을 읽다가, 어느 경우엔 원고를 정리하다가, 어느 경우엔 잠깐 뉴스 본다고 TV를 시청하다가 초저녁 졸음을 넘기는 일이 점점 많아지면서 그랬던 것 같습니다.

그러던 중 예로니모 성인의 권고를 접하게 되어 심히 부끄러움을 느끼게 되었던 것입니다. 그때 마침 영감이 떠올랐습니다.

'그래 맞아! 우리 연구소에서 제작하여 보급하고 있는 말씀 암송 카드를 머리맡에 두고, 한 구절 한 구절 외워 보는 거야. 기왕이면 영어로!'

참고로, 저희가 보급해 온 '말씀 암송 카드'는 성경의 말씀 가운데 교리 이해와 생활에 도움이 되는 말씀들만 선별하여 명함 크기의 카드로 만들었는데, 한쪽 면에는 한글 성구, 그 뒷면에는 영어 성구가 적혀 있습니다.

어쨌든 그날로 즉시 시행했습니다.

머리맡에 불을 밝힌 채 누워서 중얼중얼 말씀을 외워 봤습니다. 놀라운 일이 벌어졌습니다. 카드 한 장의 말씀을 채 외우기도 전에 어느새 비몽사몽 잠에 빠져드는 것이었습니다. 그러면 불을 끄고 곧바로 잠에 듭니다. 어느 경우에는 한참 자다가 선잠 상태에서 불을 끄고 다시 잡니다.

"땅에서는 그분 마음에 드는 사람들에게 평화!"

특히 잠자리에서 누리는 평화, 이 평화야말로 우리의 심신을 삶의 고달픔으로부터 치유해 주는 평화이며, 다음날 새벽부터 또 하루를 너그러움으로 동행해 줄 평화인 것입니다.

함께 기도하시겠습니다.

다윗 고을 베들레헴에서 태어나신 예수님, 그날 그 하늘에 울려 퍼진 천사들의 찬미 노래를 생생히 들은 목동들의 영광을 저희에게도 허락하소서.

작은 고을 베들레헴에서 태어나신 예수님, 초라하고 옹색한 저희 마음에도 강림하소서.

그리하여 오늘 이 성탄의 축제가 영혼 없는 떠들썩거림이 아니라 황홀한 환희가 되게 하소서.

우리 주 예수 그리스도를 통하여 비나이다. 아멘!

예수, 마리아, 요셉의 성가정 축일: 루카 2,22-40

독한 모정

"제 눈이 당신의 구원을 본 것입니다"(루카 2,30).

1. 말씀의 숲

어떤 화가가 있었습니다. 모든 예술가가 그러하듯 그 화가도 자기 대표작을 남기고 싶어 했지요. 그래서 가장 아름다운 것을 그려 내겠다고 길을 떠났습니다.

길을 떠나 처음으로 본 것은 성전 건물이었습니다. 그래서 그는 거기에 들어가 성직자에게 물었습니다.

"세상에서 가장 아름다운 것이 무엇인가요?"

성직자는 대답했습니다. "세상에서 가장 아름다운 것은 믿음이지요. 믿음이야말로 어디에나 있을 수 있고, 하느님을 찬미하는 모든 교회, 모든 제단에 있습니다."

화가는 또다시 길을 떠났습니다. 이번에는 혼인 잔치를 준비 중인 어느 여성에게 물었습니다. 그녀의 아름다운 미소는 시종일관 얼굴에서 떠나지 않았습니다. 옆에 있는 신랑을 바라보는 눈빛에는 사랑이 그득했습니다. 그녀는 대답했습니다. "세상에서 가장 아름다운 것은 사랑이에요. 사랑 없는 아름다움은 없어요. 사랑하기 때문에 모든 게 아름답게 보일 수 있죠."

화가는 여성에게 축하를 건네고 길을 떠났습니다. 그러다 마을 입구로 힘겹게 걸어오는 군인을 마주하고 물었습니다. 생사를 넘나드는 체험을 한 군인이 원하는 것은 무엇일지 궁금했습니다. 군인은 대답했습니다.

"이 세상에서 가장 아름다운 것은 평화입니다. 내 모습을 좀 보세요. 전쟁으로 상처입고, 지저분하고 찢어진 이 군복 말입니다. 나도 옛날에는 참 멋진 모습이었어요. 그런데 전쟁이라는 게 나를 이토록 볼품없이 만들었습니다. 평화만이 온 세상의 아름다움을 드러내지요."

화가는 무엇인가 영감을 얻은 듯했습니다. 믿음, 사랑, 평화…. 이 모든 것을 한 장의 그림에 담아낼 수 있을 것도 같은데, 그것이 무엇인지 왠지 잡힐 듯 잡히지 않았습니다. 그렇게 그는 세 사람과의 대화를 곰곰이 생각하며 길을 걸었습니다.

그런데 마을의 어느 집 창문에 자신이 원하던 것이 보였습니다. 그 집의 가족들이 한데 모여 식사를 하고 있었는데, 그 광경을 본 화가의 머릿속에 꼬였던 실마리가 술술 풀렸습니다. 아이들이 부모를 바라보는 눈 속에 믿음이 있었고, 아이들과 서로를 바라보는 부모의 시선에 사랑이 있었고, 그 식탁 주변에 평화로움이 감돌았습니다.

화가는 지금 본 것들로 그림을 그리기 위해 서둘러 집으로 돌아갔습니다. 그가 깨달은 가장 아름다운 것은 바로 '가정'이었습니다.[8]

성가정 축일을 맞은 우리는 오늘 복음을 통하여 예수님의 성가정에 대한 전형적인 모습을 보게 됩니다. 요셉과 마리아는 아기의 이름을 예수라 정하고(루카 2,21 참조), 예루살렘 성전에서 주님의 율법에 따라 아기를 주님께 봉헌하는 장면입니다. 동시에 이것은 배척당하는 표징이 되는 메시아의 운명을 여는 것입니다.

오늘 복음 말씀을 잘 이해하기 위하여 네 부분으로 나누어 살펴보도록 하겠습니다.

첫째, 정결례와 아기 예수님의 봉헌(루카 2,22-24 참조)

둘째, 시메온의 인사와 예언(루카 2,25-35 참조)

셋째, 아기 예수님께 대한 예언녀 한나의 예언(루카 2,36-38 참조)

넷째, 결론: 귀향과 아기 예수님의 성장(루카 2,39-40 참조)

마리아의 정결례는 곧 예수님의 봉헌식과 연결됩니다. 우리는 이와 비슷한 이야기를 구약에서 찾을 수 있습니다. 곧 사무엘의 부모, 한나와 엘카나가 함께 하느님께 빌어서 얻은 아들인 사무엘을 실로의 성소로 데리고 와서 노사제 엘리를 통해 하느님께 봉헌한 이야기입니다(1사무 1,24-28 참조). 아마도 루카 복음사가는 사무엘의 이야기를 참조하여 자신의 복음서를 서술했을 것입니다.

이러한 논증은 다음과 같은 사무엘 이야기와 예수님의 봉헌에 대한 기록이 병행된다는 사실로 뒷받침됩니다.

첫째, 엘리가 엘카나와 한나를 축복했듯이(1사무 2,20 참조), 시메온도 요셉과 마리아를 축복합니다(루카 2,34ㄱ 참조). 또한 사무엘의 경우 성소의 문에서 봉사하고 있는 여자들이 언급된 것처럼(1사무 2,22 참조), 예수님의 경우에도 성전을 떠나지 않고 단식재를 지키고 기도하며 밤낮으로 하느님을 흠숭한 여예언자인 한나가 등장합니다(루카 2,36 참조). 이렇게 루카 복음사가는 사무엘의 경우를 참조하여 아기 예수님께서 위대하게 되실 것이 시메온을 통해 예고된 것이라고 해석한 것 같습니다.

오늘 복음에서 우리가 염두에 둘 것은, 시메온과 한나의 축복에 이어 마리아가 아들의 운명에 동참하게 될 것을 시메온이 예언한다는 것입니다. "당신의 영혼이 칼에 꿰찔리는 가운데, 많은 사람의 마음속 생각이 드러날 것입니다"(루카 2,35). 이것은 성모님이 예수님께서 겪게 될 적대감으로 인해 마음에 아픔을 간직하며, 그리스도의 속죄의 고통에 참여함을 암시합니다.

2. 말씀 공감

■ **오늘의 시메온과 한나**

> "예루살렘에 시메온이라는 사람이 있었다. 이 사람은 의롭고 독실하며 이스라엘이 위로받을 때를 기다리는 이였는데, 성령께서 그 위에 머물러 계셨다"(루카 2,25).

시메온과 한나는 예수님 시대에 신심 깊은 사람들의 대명사입니다. 그들은 언제나 하느님께 의지하는 삶을 살았습니다. 오늘날에도 '시메온과 한나'와 같이 하느님을 의지하며 살아가는 사람들이 많이 있습니다. 저는 그러한 분을 만났습니다. 주○○ 님을 소개하겠습니다.

오늘도 날이 밝기 전 잠에서 깨어, 기도 테이블에 놓인 초에 불을 붙이니 온 방안이 환해진다. '아, 오늘도 하느님께서 나의 길을 밝혀 주시니 감사합니다' 하며 성호를 긋고, 삼종 기도와 『매일 미사』에 나오는 아침 기도와 '바오로께 드리는 9일 기도'를 바치며 감사의 하루를 시작했다.

수시로 화살기도를 쏘면서 공부와 선교, 그리고 전구의 수단으로 유익한 글과 묵상 글을 편집해서 인터넷으로 양 떼들에게 돌리는 일이 요즘 내 즐거움이다. 낮에는 30분 정도 근처 공원을 한 바퀴 돌며 묵주기도 5단을 천천히 바친 뒤, 벤치에 앉아 잠시 묵상하고 귀가한다. 레지오 마리애 협조단원이어서 정해진 기도를 비롯해 짬짬이 묵주를 돌리다 보면, 보통 하루에 20단 정도 바치게 된다. 저녁에는 식사를 간단히 하고 아내 마르타와 함께 땅거미 지기 전에 『매일 미사』의 저녁 기도와 '바오로께 드리는 9일 기도'를 올리고 감사의 하루를 마무리한다. 늘 드리던 성무일도는 현재 외국 여행 중이어서 결하고 있다. 가족을 위해 청하기만 하던 기도에서 늦게야 정신이 들어, 어느덧 남을 위하고 나라를 위하고 세계 평화를 위한 전구로 지향을 돌렸고, 범사에 감사하는 나날을 보내고 있다.[9]

주○○ 님은 본래 유교 집안에서 성장했습니다. 젊은 시절 가톨릭에 입교하기를 원하여 신앙 서적을 구해서 읽기는 하였지만, 쉽게 신앙을 가지지는 못했습니다. 그러다가 1986년 심장병 수술을 하면서 세례를 받게 되었고, 하느님의 자비로 치유를 받는 은총을 누리게 되었습니다. 하지만 그분도 처음부터 열심한 신앙생활을 했던 것은 아닙니다. '겨우 주일 미사만 지키는 의무 신앙 정도'의 믿음을 지니고 있었음을 스스로 고백했던 것입니다.

그러다가 1999년에 또다시 심한 요통을 느껴 약 2주간 누워 있으면서, 그동안 자신만만했던 인간적 오만의 한계를 체험하고 5년 동안 거의 매일 새벽 미사를 거르지 않으며 주님 사랑을 느끼기 시작했습니다. 주○○ 님이야말로 이 시대의 '시메온과 한나' 같은 분이라 감히 말할 수 있겠습니다. 또한 주○○ 님 뿐 아니라 언제나 주님 안에서 신앙생활을 하면서 언제나 평화롭고 행복한 삶의 기쁨을 누리는 모든 분들이 바로 이 시대의 '시메온과 한나'입니다. 그러한 분들께 성령께서 함께하시기를 기도드립니다. 아멘.

■ 엇갈린 운명

> "보십시오, 이 아기는 이스라엘에서
> 많은 사람을 쓰러지게도 하고 일어나게도 하며,
> 또 반대를 받는 표징이 되도록 정해졌습니다"(루카 2,34).

오늘 복음을 묵상하자니 두 가지 서로 다른 이야기가 떠오릅니다.

첫 번째 이야기입니다.

우리는 노벨 문학상을 받았던 헤밍웨이Ernest Hemingway를 알고 있습니다. 그가 쓴 『누구를 위하여 종은 울리나For Whom The Bell Tolls』(1957)는 불후의 명작으로 꼽히고 있습니다. 그는 경건한 그리스도교 가정에서 태어났습니다. 그의 아버지는 의사로서 평생 동안 선교의 꿈을 버리지 않고 살았던 신실한 그리스도인이었습니다. 그리고 어머니는 자식들을 신앙으로 키우려고 애썼습니다. 그래서 헤밍웨이는 어린 시절에 주일학교 성가대 복을 입고 충실하게 신앙생활을 했습니다.

그러나, 그는 자라서 어른이 되면서 신앙에서 이탈했고 급기야는 하느님 없이 제멋대로 사는 사람이 되고 말았습니다. 결국 그는 위대한 소설가로서는 세상에 남았을지 몰라도, 하늘 나라의 역사에는 아무것도 남길 수 없는 생활을 했고 결국 자신의 목숨을 자기 손으로 끊는 삶을 살았던 것입니다.

두 번째 이야기입니다.

에릭 리델Eric H. Liddell이라는 육상 선수가 있습니다. 그는 스코틀랜드의 아주 독실한 개신교 신자였습니다. 그는 1924년 파리 올림픽에 출전해 100m가 주 종목이었던 그가 당연히 결승에 진출할 것이고, 당연히 금메달을 딸 것이라고 모두가 예상했습니다. 그런데 대망의 결승전이 주일에 잡혔습니다. 그러자 리델은 출전을 포기했습니다.

모두가 의아해했고, 특히 그의 조국인 영국 국민들은 그에게 엄청난 비난을 쏟아냈습니다. 그러나 리델은 '주일을 지키는 것은 내 삶의 원칙'이라며 출전 포기를 번복하지 않았습니다. 그런데 마침 400m 결승이 평일에 열리게 되었고, 400m 선수가 부상을 얻어 경기에 출전할 수 없게 되었습니다. 에릭 리델은 본인의 주 종목이 아니었음에도 불구하고 출전했습니다. 400m 예선도 간신히 통과했기 때문에 사람들은 그가 메달을 딸 것이라는 기대는 하지도 않았습니다.

그런데 이게 웬일일까요. 결승전에서 그는 '인간의 속도가 아니다'라는 평가를 받을 만큼 빠른 속도로 당당히 1등을 하고 금메달을 목에 걸었습니다. 그는 우승 후 인터뷰에서 자기가 그런 일을 해낸 것은 오직 하느님 덕분이라고 대답하였습니다.

리델은 나중에 중국 선교사로 활동하기도 했고, 그의 삶은 '1982년 아카데미 작품상'을 수상한 〈불의 전차 Chariots of Fire〉(1981)라는 제목으로 영화화되기도 했습니다.

오늘 복음 말씀에서 시메온은 예수님을 두고 엄청난 예언을 합니다.

"보십시오. 이 아기는 이스라엘에서 많은 사람을 쓰러지게도 하고 일어나게도 하며, 또 반대를 받는 표징이 되도록 정해졌습니다"(루카 2,34).

시메온의 이 예언은 말 그대로입니다. 우리가 예수님을 믿고 의지하느냐 배척하느냐에 따라서 우리가 쓰러질 것인지, 아니면 일어설 것인지가 결정된다는 말입니다. 앞에서 소개한 첫 번째 이야기에서 헤밍웨이는 주님이신 예수님을 맞아들이지 않았습니다. 그 결과 그는 소설가로서 명성을 누렸지만, 영적인 안식을 누리지 못했던 것입니다. 하지만 두 번째 이야기에서 에릭 리델은 올림픽 금메달리스트라는 명예를 차지하려고 노력하기보다, 주일을 거룩히 지내라는 주님의 계명을 충실히 지켰습니다. 비록 그는 그 일로 주 종목에서는 금메달을 목에 걸지 못했지만, 자신의 온 삶을 통하여 주님을 증거하며 살았고, 결국에는 자신의 삶이 영화화되는 또 다른 명예를 누렸습니다.

이처럼 우리는 주님을 맞아들이냐 아니면 배척하느냐에 따라서 일어살 수도 있고, 쓰러질 수도 있습니다. 그렇다면 지금 우리는 과연 어떠한 선택을 해야 하겠습니까? 언제나 우리의 힘과 위로가 되시는 주님께 온전히 의탁한 삶을 살아야 할 것입니다.

■ 독한 모정

"그리하여 당신의 영혼이 칼에 꿰찔리는 가운데, 많은 사람의 마음속 생각이 드러날 것입니다"(루카 2,35).

아기 예수님을 봉헌하기 위해 예루살렘 성전으로 올라갔던 요셉과 마리아는 시메온이라는 사람을 만납니다. 그는 "의롭고 독실하며 이스라엘이 위로받을 때를 기다리는 이"(루카 2,25)였다고 복음서는 전합니다. 그는 아기 예수님을 보자마자 즉시 찬미했습니다.

"주님, 이제야 말씀하신 대로 당신 종을 평화로이 떠나게 해 주셨습니다. 제 눈이 당신의 구원을 본 것입니다"(루카 2,29-30).

이어 놀라워하고 있는 어머니 마리아에게 이렇게 말했습니다.

"당신의 영혼이 칼에 꿰찔리는 가운데, 많은 사람의 마음속 생각이 드러날 것입니다"(루카 2,35).

아직 마리아와 요셉은 이 예언의 말뜻이 무엇인지 잘 모릅니다. 그러기에는 이루어진 사건이나 정보가 거의 전무합니다. 하지만 그들은 직감했을 터입니다. 아기의 장차 구원 활동은 엄청난 저항과 반대에 부딪힐 것이고, 그것은 고스란히 부모의 운명이 되어야 한다는 것을!

그래도 그렇지 그 고통을 왜 하필이면 '영혼이 칼에 찔리는 고통'이라 표현했을까요. 이것이 마리아와 요셉이 시간을 두고 곰곰 숙고해야 할 물음이었습니다.

문득, 역사 속 두 모성이 뇌리에 떠오릅니다.

먼저 마카베오기 하권 7장에 나오는 일곱 형제의 어머니입니다. 그녀는 그리스 왕국 안티오코스 에피파네스 왕이 율법에 금지된 돼지고기를 먹도록 강요하면서 이를 어긴 이들을 가차 없이 사형에 처하는 대박해를 감행하였을 때 끝까지 신앙을 지킨 여인입니다. 그녀는 일곱 아들이 단 하루에 죽어 가는 것을 지켜보면서도, 주님께 희망을 두고 있었기 때문에 용감하게 견디어 냈습니다. 막내가 죽음 앞에 섰을 때 그녀는 말했습니다.

"얘야, […] 이 박해자를 두려워하지 말고 형들에게 부끄럽지 않게 죽음을 받아들여라"(2마카 7,28.29).

다음으로 안중근 토마스의 어머니입니다. 이토 히로부미를 암살하고 여순 감옥에서 형을 기다리고 있는 아들에게 어머니는 말했습니다.

"아들아, 나라를 위하여 당당히 죽어라."

이 두 여인은 높은 가치를 알고 있었기에 독한 모성을 견지할 수 있었습니다.

'영혼이 칼에 꿰찔리는 고통'
마리아를 독한 모성에로 내몬 천명이었습니다.

당신 아드님이신 예수님께서 공생활 3년 동안 "반대를 받는 표징"(루카 2,34)이 되어 배척과 음해, 급기야 십자가형을 받을 때에 이 독하디 독한 모성이 동행했습니다. 늘 뒤에 머무시면서 아드님을 응원하셨습니다. 필경 예수님께서는 고비 때마다 뒤돌아보시며 당신 뒤를 꿋꿋이 따라오시는 어머니의 비장하면서도 그윽한 눈빛 속에서 결연한 격려의 음성을 들으셨을 터입니다.

"아드님, 뚜벅뚜벅 곧장 가세요. 당신의 육신 어미, 저는 바로 뒤에 있어요. 당당히 목숨을 내놓고 의연히 피 흘리세요. 그로 인하여 인류를 죽음에로 내몬 죄가 용서된다면, 이 어미의 심장과 영혼도 함께 바치렵니다. 아드님, 여기 당신 십자가 발치 아래, 이 어미, 나무 십자가보다 더 무거운 가슴의 십자가에 짓눌려 육신의 고통보다 더 큰 영혼의 고통으로 피보다 더 짙은 모정을 흘립니다."

이렇게 독하디 독한 모성의 응원으로 예수님께서는 그리스도의 직분을 다할 수 있었던 것입니다.

함께 기도하시겠습니다.

주님, 저희가 저희의 자녀들을 주님께 바치는 것은 저희의 것을 주님께 드림이 아니라 본디 주님의 것을 주님께 다시 돌려 드림이옵니다.

주님, 저희가 무엇이건 주님께 바치는 것은 본래 그것이 주님께서 저희에게 베풀어 주신 은혜이기 때문이옵니다.

주님, 무엇이 아까우며 무엇이 본디 저희 것이었습니까. 받으시옵소서. 저희의 시간, 저희의 능력, 저희의 삶, 무엇이건 주님께서 즐겨 써 주시옵소서.

우리 주 예수 그리스도를 통하여 비나이다. 아멘!

주님 공현 대축일: 마태 2,1-12

나를 이끄는 별

"우리는 동방에서 그분의 별을 보고 그분께 경배하러 왔습니다"(마태 2,2).

1. 말씀의 숲

오늘은 주님 공현 대축일로 제2의 성탄이라고 할 수 있습니다. 주님 공현이란, 말 그대로 주님께서 나타나셨다는 뜻으로, 구원의 빛이신 주님을 온 세상에 드러내 보이는 신비를 말합니다. 교회사에서는 이를 '에피파니아Epiphania'라고 합니다. 이는 세상의 구세주인 예수님의 탄생을 맞아 아기 예수님께 경배 드리고 예물을 바치러 온 동방박사의 방문을 기념하기 때문입니다.

자, 그럼 오늘 복음의 대강의 줄거리를 파악해 봅시다.

먼저 마태오의 기술 방식을 주목하는 것이 좋겠습니다. 마태오는 예수님의 유년기 설화에서 매 사건마다 구약의 성경 구절을 인용하여 바로 구약의 이 예언이 예수 그리스도 안에서 이렇게 분명히 완성되고 성취되었음을 강조하고 있습니다. 마태오의 유년기 사화는 다섯 이야기로 구성되어 있습니다.

첫째, 동정녀 잉태(마태 1,18-25; 이사 7,14 참조)

둘째, 동방박사의 방문(마태 2,1-12; 미카 5,1-3 참조)

셋째, 이집트 피난(마태 2,13-15; 호세 11,1 참조)

넷째, 무죄한 어린이들의 순교(마태 2,16-18; 예레 31,15 참조)

다섯째, 이집트에서 귀환(마태 2,19-23; 탈출 13-14장 참조) 등입니다.

여기서 오늘의 복음은 두 번째 이야기로 동방박사의 방문 부분입니다. 동방에서 온 세 현자가 별의 인도로 베들레헴에 도착했습니다. 이곳은 일찍이 다윗이 사무엘 예언자에 의해 하느님의 백성을 다스릴 왕으로 도유된 곳입니다(1사무 16,1-13 참조).

구원의 별이 떠오르는 것을 보고 동방에서 온 점성가들은 헤로데 왕과 온 예루살렘을 술렁거리게 만들었습니다.

"유다인들의 임금으로 태어나신 분이 어디 계십니까? 우리는 동방에서 그분의 별을 보고 그분께 경배하러 왔습니다"(마태 2,2).

이 말을 들은 헤로데 왕은 당황하였다고 합니다. 예루살렘에는 성경에 정통한 율법 학자들이 우글거렸습니다. 그들은 언젠가는 메시아가 나실 것을 잘 알고 있었고, 유다족이 아닌 에돔족에 속한 헤로데였지만 그도 이 사실을 잘 알고 있었습니다.

헤로데는 왕궁에서 났건 마굿간에서 났건 하여튼 왕王자가 붙은 사람은 자기 외에 없기를 바라고 있었습니다. 그러나 이 이방인들은 유다의 왕이 어딘가에 나셨다는 확신을 가지고 이곳까지 찾아 왔고, 그 왕에게 합당한 경배를 드리려고 하였던 것입니다. 동방의 이방인들은 별을 따라 새로 태어난 메시아를 경배하러 찾아 갔습니다. 예수님께서 탄생한 사실을 예루살렘 시민과 헤로데 왕은 알아채지 못했지만 동방의 이방인 점성가들은 알아보았습니다. 이런 배경에는 마태오가 복음서를 쓸 무렵 유다인들이 예수 메시아를 배척한 반면 이방인들은 예수님을 신봉하였다는 사실이 작용하고 있습니다.

그러나 예루살렘에는 그들이 찾던 왕이 없었습니다. 이때 헤로데는 이 점성가들이 찾는 왕이 그리스도임을 알아들었습니다.

"헤로데는 백성의 수석 사제들과 율법 학자들을 모두 모아 놓고, 메시아가 태어날 곳이 어디인지 물어보았다"(마태 2,4).

이 이방인들을 통해 그리스도의 탄생이 유다인들에게 알려졌습니다. 그러자 그리스도에 대해 기록되어 있는 책이 펼쳐졌습니다.

"유다 베들레헴입니다. 사실 예언자가 이렇게 기록해 놓았습니다"(마태 2,5).

예수님의 탄생지가 베들레헴으로 되어 있는 것도 미카서 5장 1절과 3절의 예언이 예수님에게 성취되었음을 말하기 위한 것입니다. 미카는 이 베들레헴을 다윗이 태어나 목동으로 있던 곳으로 이스라엘을 다스릴 분이 나올 곳으로 단정하였습니다. 구세주는 로마가 아니라 베들레헴에서, 대도시 서울이 아니라 한 지방의 변두리에서 탄생했습니다. 동방의 이방인들은 별을 따라 구세주가 태어나신 베들레헴을 향하였습니다. 거기서 갓난아이를 찾은 후 머리 숙여 경배하였습니다. 도중에 그들이 만난 헤로데도 그 아기에게 경배하고 싶으니 찾거든 알려 달라고 하였지만, 그의 속셈은 따로 있었습니다.

동방의 점성가들에게는 별이 있었고, 예루살렘에는 예언자의 말씀이, 그리고 유다 베들레헴에는 한 아기 왕이 있었습니다. 그 현자들이 새로 나신 왕을 발견했을 때 그 아기는 가난한 어머니와 함께 허름한 헛간에 있었습니다.

오늘 이방인들이 유다인들에게 와서 그리스도를 전해 주었지만, 유다인들은 아무도 그리스도를 경배하러 가지 않았습니다.

당시의 대국 페르시아의 현자들이었으며 당시의 대민족 아라비아인들인 이들이 보잘것없는 작은 나라 유다의 왕이 뭐 그리 대수라고 그

먼 길을 찾아 왔을까요. 그들은 하늘의 표를 읽었기 때문이었습니다.

그리스도의 탄생을 알릴 때 배움 짧은 목동들에게는 하늘의 천사가 직접 알려 주었고, 이방인 철학자들에게는 그들의 능력으로 알아뵐 수 있도록 하늘의 별로써 알려 준 것입니다.

훗날 이방인들의 사도인 바오로가 무아경에 빠져 주님을 뵐 때 이런 목소리를 들을 것입니다.

"어서 빨리 예루살렘을 떠나라. 사람들이 나에 관한 너의 증언을 받아들이지 않을 것이기 때문이다. […] 가거라. 나는 너를 멀리 다른 민족들에게 보내려고 한다"(사도 22,18.21).

하느님의 구원이 이방인들에게 넘어갔습니다. 그리스도는 누구든지 당신을 더듬어 찾으면 발견하도록 하셨기 때문입니다. 그리하여 온 세상에 전해 듣지 못한 이들이 보게 될 것이고 들어보지 못한 이들이 깨닫게 될 것입니다(로마 15,21 참조).

예수님을 경배한 후, 현자들은 왕의 부탁보다도 하느님의 지시를 더 중요시하여 자기 양심대로 다른 길로 해서 고향으로 돌아갔습니다.

2. 말씀 공감

■ 누가 예수님을 만나는가?

> "그러자 동방에서 박사들이 예루살렘에 와서, '유다인들의 임금으로 태어나신 분이 어디 계십니까? 우리는 동방에서 그분의 별을 보고 그분께 경배하러 왔습니다.' 하고 말하였다"(마태 2,1-2).

예수님께서 탄생하셨습니다. 그리고 탄생하신 예수님을 만날 수 있는 기회가 여러 부류의 사람들에게 주어졌습니다.

먼저 그 기회가 헤로데에게 찾아왔습니다. 그는 내심으로 당황하면서도 태연하게 학자들과 대사제들을 불러 놓고 예언된 탄생지에 대해 묻습니다. 그가 예수님을 찾는 목적은 만나서 경배하기 위함이 아니었습니다. 유다인의 왕이라는 자신의 기득권에 침해가 오게 되지 않을까 하는 두려움에 예수님을 제거하기 위해서였습니다. 그랬기에 하느님께서는 그의 집요한 추적을 따돌릴 수밖에 없으셨습니다.

또한 예수님을 만날 기회가 백성의 수석 사제들과 율법 학자들에게 주어졌습니다. 그들은 메시아의 탄생지에 대한 정보를 가지고 있었지만, 메시아 탄생 소식을 듣고 술렁거렸습니다. 잔인무도하기로 소문난 헤로데 왕이 두려웠기 때문입니다. 혹여 헤로데 왕이 참살극을 펴면 그 불똥이 자신들에게 튀지 않을까 하고 잔뜩 겁을 집어먹었던 것입니다. 또한 그들은 메시아 탄생이 그렇게 초라하게 말구유에서 이루어지리라고는 전혀 상상도 못하였습니다. 그것은 세상의 왕으로 태어난 분에게 격에 맞지 않는다는 선입견을 가지고 있었던 것입니다. 이런 이유로 하느님께서는 이들에게 탄생하신 아기 예수님을 만날 기회를 허락하지 않으셨습니다. 예수님의 탄생을 감지할 수 없는 그들의 차가운 마음에 동방에서 온 박사들의 알림은 이방인들의 소음이었을 뿐입니다. 성전 예식과 율법 토론에 온 관심이 집중되어 있던 그들의 곁을 메시아의 탄생 소식은 그냥 스쳐 지나갑니다.

끝으로 동방박사들에게 그 기회가 주어졌습니다. 어디에서 출발했을까? 얼마나 걸어왔을까? 그들은 낯선 곳에서 낯선 이를 찾아 별 하나를 따라왔습니다. 그들은 별을 관측하며 하늘의 조짐을 연구하던 사람들이었습니다. 곧 그들은 하느님이 주시는 징조를 진지하게 탐구하던 사람들이었습니다.

박사들이 떠나온 '동방'은 지금의 이란이나 이라크 지역으로 여겨집니다. 따라서 그들이 그곳에서 별을 보고 예루살렘까지 걸어오는 데는 적어도 3-4개월 걸렸을 것으로 추정됩니다. 낮과 밤을 거꾸로 살며 걸어왔습니다. 하늘이 낸 인물을 만나야겠다는 그들의 열망이 그 험난한 여정을 견뎌낼 수 있게 해 주었습니다. 마침내 찾고자 하는 절박한 마음과 실행은 그들을 아기 예수님에게로 인도해 주었습니다.

오늘 예수님의 탄생이 나를 지나쳐 가고 있는 것은 아닌지 성찰해야겠습니다. 혹시 나는 헤로데처럼 예수님을 자신의 위치에 위협을 주는 두려움의 대상으로 밀쳐내고 있는 것은 아닌지 모르겠습니다. 아니면 수석 사제들이나 율법 학자들처럼 기계적으로 신앙생활을 하면서 세상적인 잣대와 잇속 그리고 자신의 고정 관념에 발이 묶여 예수님과 만날 기회를 놓치고 있는 것은 아닌지 모르겠습니다.

준비된 마음으로 기다리는 이, 주저앉아서 기다리지 않고 찾아 나서는 이, 찾아 나섰다가 금방 포기하지 않고 충실히 걸어가는 이가 바로 동방박사들이었습니다.

우리도 다시 일어나 그들의 발걸음을 따라 걸어가야겠습니다. 막 탄생하신 예수님께서 우리를 만나기 위하여 기다리고 계십니다.

"만나 뵐 수 있을 때에 주님을 찾아라. 가까이 계실 때에 그분을 불러라"(이사 55,6).

■ 나를 이끄는 별

> "그러자 동방에서 본 별이 그들을 앞서 가다가,
> 아기가 있는 곳 위에 이르러 멈추었다.
> 그들은 그 별을 보고 더없이 기뻐하였다"(마태 2,9-10).

소에 멍에를 매어서 밭을 갈던 시절에, 아주 밭을 잘 갈기로 소문난 사람이 있었습니다. 하루는 그의 아들이 밭에 따라나왔는데, 아버지 대신 소에 쟁기를 매고는 밭을 갈았습니다. 정말, 아버지께 인정받고 싶어서 열심히 최선을 다해서 밭을 갈았습니다. 그리고 한 줄을 다 갈고 뒤를 보니까 밭이 삐뚤삐뚤하게 되어 있더랍니다. 그래서 '이상하다…. 아버지가 갈면 저렇게 반듯하게 잘 갈아지는데, 왜 내가 갈면 삐뚤삐뚤하게 되는 것일까?' 생각하고는 아버지께 그 비법을 물어보았습니다.

아버지는 늘 밭 건너편에 있는 기준을 잡아놓고는 그것을 보고 똑바로 나갔다는 것입니다. 그런데 아들은 황소 엉덩이만 쳐다보며 갈았다는 거예요. 황소가 엉덩이를 이리 흔들고 저리 흔드니까 자기도 모르게 쟁기질이 삐뚤삐뚤하게 되었다는 이야기가 있습니다.

옛 사람들은 여행길에서 별을 기준으로 삼고 여행을 하였습니다.

과거에는 별이 바다를 항해하는 선원들이나 사막을 횡단하던 사람들에게 방향을 알려 주는 지표가 되었습니다. 오늘 아기 예수님께 경배를 드리러 온 동방 박사들도 갑자기 나타난 별의 인도로 동방에서부터 유다 땅까지 찾아왔습니다.

우리에게도 별이 필요합니다. 과연 어느 별이 나를 주님에게로 인도해 줄 것인가? 그 별은 안에서 비출 수도 있고, 밖에서 빛을 발할 수도 있을 것입니다.

우선 우리 안을 환히 비추시는 별로서 '양심'이 있습니다. 이것은 하느님께서 모든 사람들에게 주신 별입니다. 이 별은 우리가 가야 할 길과 가지 말아야 할 길을 일러 주며 궁극적으로 우리를 주님에게로 이끌어 줍니다.

또한 성령의 별이 우리 안을 환히 비추어 줍니다. 성령의 별은 우리의 양심이 미처 헤아리지 못하는 것까지 보게 해 줍니다. 그러기에 사도 바오로는 다음과 같이 고백했던 것입니다.

"성령에 힘입지 않고서는 아무도 '예수님께서는 주님이시다.' 할 수 없습니다"(1코린 12,3).

그렇다면 성령님의 인도를 받기 위해서 우리는 어떻게 해야 할까요? 기도를 많이 해야 성령님의 인도를 받을 수 있습니다. 우리가 성령님의 인도를 받기 위하여 부르짖어 기도하면, 성령께서 우리 마음속에 생각의 구름 기둥과 불기둥을 띄워 주십니다. 우리 마음속에 구름 기둥처럼 피어오르고 불기둥처럼 피어오르는 생각을 통해서 성령님이 우리를 인도해 주시는 것입니다. 그러므로 우리는 하느님의 생각을 받아들이기 위하여 많이 회개하고 주님 앞에 깨어져서 부르짖어 기도해야 하는 것입니다. 그럴 때 우리 마음속에 생각의 구름 기둥이 떠오르고 생각의 불기둥이 떠올라서 우리를 이끌어 주는 것입니다.

그리고 우리 밖에서 빛을 발하며 우리 안을 환히 비추어 주는 별이 있습니다. 바로 말씀입니다.

"당신 말씀은 제 발에 등불, 저의 길에 빛입니다"(시편 119,105).

복음 말씀이 많은 사람들에게 빛을 비추어 그들이 하느님께로 돌아올 수 있었고, 지금 우리에게도 전해져서 우리가 하느님께로 나아갈 수 있도록 이끌어 주는 것입니다.

우리가 마음속에 항상 주님의 말씀을 간직하고 생활한다면, 우리는 확실히 이 세상에서 주님을 만나고 기뻐하며 찬미할 수 있을 것입니다.

■ 무엇을 드릴까

> "그리고 그 집에 들어가 어머니 마리아와 함께 있는 아기를 보고 땅에 엎드려 경배하였다. 또 보물 상자를 열고 아기에게 황금과 유향과 몰약을 예물로 드렸다"(마태 2,11).

사막에서 생활하는 어떤 현자를 찾아 나선 세 젊은이가 있었습니다. 현자가 있는 곳에 도달한 그들은 현자에게 자신들을 제자로 받아달라고 청했습니다.

그런데 그들을 본 현자는 대뜸 이렇게 말했습니다.

"그대들이 내 제자가 되기 위해서는 시험을 통과해야 하오. 내년 오늘까지 여기로 돌아와서 내가 가장 마음에 들어 할 것을 가져오시오. 할 수 있겠소?"

제자들은 힘차게 "네!" 하고 대답한 뒤 물러나왔습니다. 그리고 일

년 동안 현자의 과제를 통과하기 위해 저마다 현자의 의도를 짐작하려 무진 애를 썼습니다.

일 년이 지나고 모두 한 자리에 모였습니다. 첫 번째 젊은이는 '제자가 되려면 스승에게 학비를 바쳐야지. 아름다운 보물을 가져다 드려야겠다.' 하고 생각해서 값비싼 보석을 구했습니다. 두 번째 젊은이는 '내가 그분의 제자가 될 만한 지식이 충분하다는 것을 알려 드려야겠어.' 하고 일 년 내내 자신의 지식을 두루마리에 기록하여 가져왔습니다. 그런데 세 번째 젊은이는 아무것도 가지고 오지 않은 빈손이었습니다.

현자의 거처로 갔는데, 현자는 나오지 않고 "그대들이 가져온 것을 놓고 내일 그것이 어떻게 변해 있는지 보러 오시오." 하는 목소리만 들려왔습니다. 첫 번째 젊은이와 두 번째 젊은이는 자신이 구해 온 것을 놓고 거처를 떠났습니다. 그런데 세 번째 젊은이는 그 자리에 못 박힌 듯 서 있었습니다.

다음 날 그들이 현자를 다시 찾았을 때, 보석은 이전보다 더욱 찬란한 빛을 발하고 있었습니다. 그리고 두루마리의 글자는 모두 번쩍거리는 금으로 새겨져 있었습니다. 그런데 세 번째 젊은이가 보이지 않는 것이었습니다. 그들이 고개를 들어 보니, 세 번째 젊은이는 현자의 곁에 있었습니다. 물건이나 업적이 아니라 자기 자신을 온전히 내어놓겠다고 마음먹은 세 번째 젊은이가 현자의 제자가 되어 그의 곁에 머물게 되었던 것입니다.

동방에서 온 박사들이 예수님을 만나 자신이 준비해 온 가장 귀한 선물을 봉헌합니다. 긴 여행으로 지쳐있는 그들의 피곤은 온데간데없고, 간절하던 만남이 이루어진 기쁨만이 자리합니다. 땅에 엎드려 인사합니다.

전 존재로 드리는 경배와 찬양이라 하겠습니다. 그리고 나서 힘들 때마다 꺼내 보며 희망을 키워 왔던 자신들의 선물을 조심스럽게 꺼내 놓습니다.

그들이 준비해 온 선물은 황금과 유향과 몰약이었습니다. 이들 선물의 용도와 의미에 대해서는 이런저런 설명들이 있습니다. 우선 이 세 가지의 선물이 메시아인 예수님의 삶을 상징적으로 드러내 주고 있다고 합니다. 곧 이들 선물이 각각 치유와 봉사의 왕직, 속죄의 제사를 드리는 사제직, 말씀을 선포하고 말씀을 성취하는 예언직을 나타낸다고 합니다. 일리가 있는 설명입니다.

여기에 또 실용적인 설명이 있습니다. 예수님께서 성장하는데 긴요하게 쓰일 비상금조로 예물을 봉헌했다는 것입니다. 당시 황금, 유향, 몰약은 물물교환에 가장 많이 사용되던 것이었습니다. 이런 이유로 하느님께서는 동방박사들을 통하여 이제 곧 헤로데가 유아 학살 명령을 내릴 것을 알고 계셨으므로 예수님 일가가 이집트 땅으로 피신하여 생활할 비용으로 그것들을 주셨을 것이라는 설명입니다. 이 또한 일리가 있는 설명입니다.

어떤 의미로 알아듣든 이 선물들은 예수님에게는 귀한 선물이 되었음에는 틀림없습니다.

오늘 우리는 예수님의 탄생을 축하드릴 수 있도록 초대받았습니다.

나는 과연 예수님께 어떤 선물을 준비했고 또 드렸는지 살펴봅시다.

동방박사는 황금과 유향과 몰약만을 선물로 드린 것이 아니었습니다. 위험을 무릅쓰고 별을 따라 달려오는 여정에서 그들은 자신들의 땀과 시간을 함께 바쳤습니다. 결국 그들은 그들의 인생을 선물로 드린 셈입니다. 사도 바오로가 우리에게 권고합니다.

"그러므로 형제 여러분, 내가 하느님의 자비에 힘입어 여러분에게 권고합니다. 여러분의 몸을 하느님 마음에 드는 거룩한 산 제물로 바치십시오. 이것이 바로 여러분이 드려야 하는 합당한 예배입니다"(로마 12,1).

하느님의 마음에 드는 거룩한 산 제물, 이것이 우리가 드릴 진정한 예물입니다.

우리는 오늘 동방박사를 통해서 참된 예배의 모습 세 가지를 배웠습니다. 헌신 없는 예배는 예배가 아닙니다. 예물이 없는 예배는 예배가 아닙니다. 순명이 없는 예배는 예배가 아닙니다. 참된 예배는 여기에서부터 시작됩니다. 우리도 동방박사와 같이 온전히 주님을 경배하는 축복을 누릴 수 있어야 할 것입니다.

함께 기도하시겠습니다.

주님, 가톨릭 성가 100번 '동방의 별' 가사를 음미해 봅니다.

하늘에 빛나는 찬란한 별빛/ 어두운 밤길을 밝혀 주며/ 지평선 저 너머 동방의 별이/ 주님께 우리를 인도하네.[10]

주님, 그 별빛을 제게 비추어 주소서.

때로는 양심의 별로, 때로는 성령이 주시는 영감의 별로, 때로는 말씀의 별로 저를 주님께 인도해 주소서.

주님, 주님께로 향한 길이라면 제가 별빛의 안내를 따라 어떤 험난한 길도 끝까지 따라가게 하소서. 그리하여 저 동방박사들처럼 마침내 주님과의 만남에 감격의 눈물로 기뻐하게 하소서.

우리 주 예수 그리스도를 통하여 비나이다. 아멘!

주님 세례 축일: 마르 1,7-11

베일에 싸인 분

"너는 내가 사랑하는 아들, 내 마음에 드는 아들이다"(마르 1,11).

1. 말씀의 숲

오늘 우리는 주님 세례 축일을 맞이했습니다. 오늘 복음 말씀에서 예수님께서 세례를 받으실 때 성령이 내려오셨습니다. 또한 성부 하느님의 말씀이 들려왔습니다. 이렇게 예수님께서 세례를 받으시는 자리에 성부, 성자, 성령이 함께하셨습니다. 이는 삼위일체의 근거가 되기도 합니다. 또한 예수님께서는 언제나 성령의 인도를 받아서 구원 활동을 하시게 됩니다.

여기서 우리는 성령의 인도하심에 대하여 묵상해 보는 시간을 가지고자 합니다.

현대 성령 운동의 물꼬를 튼 신학자로 유명한 사람을 꼽는다면 토레이  목사를 꼽을 수 있습니다. 그중에서 토레이 목사가 날마다 하루도 빠짐없이 기도했던 내용은 우리에게 성령에 대하여 영감을 줍니다.

성령님, 제가 성령님을 떠나서는 살 수 없습니다. 제가 성령으로 충만하다고 느끼지 않았을 때는 말하지 않게 도와주십시오. 왜냐하면 성령 충만 없이 말할 때 저는 너무나 많은 실수를 하기 때문입니다. 또

한 주님, 제가 성령 충만하다고 느끼지 않을 때는 인생의 중요한 결정을 하지 않게 도와주십시오. 저는 너무나 자주 그릇된 결정을 할 가능성이 있기 때문입니다. 성령님, 저를 붙들어 주십시오.[11]

우리는 오늘 예수님께서 세례받으신 사건을 기억하며 주님 세례 축일을 지내고 있습니다. 오늘 복음 말씀을 우리들이 잘 이해하기 위해 두 부분으로 나누어 볼 수 있겠습니다.
첫째, 세례자 요한의 선포(마르 1,7-8 참조)
둘째, 예수님의 세례(마르 1,9-11 참조)
오늘 우리가 들은 마르코 복음에서는 드디어 베일에 싸인 분이 공식적으로 등장하고 있습니다. 그동안 세례자 요한의 선포를 통하여 증언된 예수님께서 사람들 앞에 나타나신 것입니다.

2. 말씀 공감

■ 더 큰 사랑을 구하게

> "나보다 더 큰 능력을 지니신 분이 내 뒤에 오신다"(마르 1,7).

여기서 "더 큰 능력을 지니신 분"이라는 이 말은, 단순히 '힘이 센 분'이라는 말이 아닙니다. 그것은 '더 큰 사랑을 지니신 분'이라 바꿔 말할 수 있는 것입니다.

'더 큰 사랑'이 '더 큰 힘'을 발휘합니다. 꼭 '더 큰 힘'에서 '더 큰 사랑'이 나오라는 법은 없습니다. 하지만 '더 큰 사랑'에서는 항상 '더 큰 힘'이 나옵니다. 마치 엄마가 자식을 사랑하여, 아무리 약한 여자라도 엄마가 되면 나온다는 힘, 곧 '엄마 에너지'를 만들어내는 것처럼, '사랑'은 '힘'보다 우선합니다.

우리가 어릴 때 늘상 듣던 말이 있습니다.

"부모가 되어 봐야 부모 마음을 안다."

물론 사제인 저는 그 마음을 절대로 다는 알 수 없겠지요.

마냥 철없게만 보이던 청년들이 결혼을 하게 됩니다. 그리고 자녀를 출산하지요. 자녀를 출산하게 되면 철없던 청년은 비로소 부모가 됩니다. 오감을 다 동원해서 밤중에도 자녀의 상태를 살피며, 자녀가 밤에 울며 깨면 같이 깨어 다시 토닥여 재워 주고, 대소변을 못 가려 기저귀에 실례를 하면 손수 닦아 주고 갈아입혀 줍니다. 이 시간이 물론 행복하지만, 육체적으로는 분명 엄청나게 고된 시간입니다.

그러면서 젊은 부모는 생각하게 됩니다.

'우리 부모님도 나 키우시면서 이렇게나 고생하셨구나.'

그렇게 젊은 부모는 성숙한 부모가 되어 가며, 드디어 자기 부모를 이해하고 감사와 죄송함의 눈물을 흘리고, 부모의 사랑을 깨달아 자녀에게 그 사랑을 쏟게 됩니다.

우리 모두는, 부족했건 차고 넘쳤건 사랑으로 이만큼 성장한 이들입니다. 언젠가 이 세상에서 만난 가장 큰 사랑, 그것은 무한한 사랑을 지니신 하느님 임재의 한 찰나를 만난 것입니다. 그 하느님께서 오늘 우리 곁에 오십니다.

"나보다 더 큰 능력을 지니신 분이 내 뒤에 오신다"(마르 1,7).

내 뒤에서 든든하게 받쳐 주시는 그분을 생각하며, 자꾸 '더 힘이 센 자'가 되려 하지 말고 '더 큰 사랑을 지닌 사람'이 되기를 다짐해 봅시다.

■ 성령께서 하시는 일

> "그분께서는 너희에게 성령으로 세례를 주실 것이다"(마르 1,8).

바오로 사도는 그리스도인들을 박해하던 사람이었지만, 후에 이렇게 고백하는 사람이 되었습니다.

"나에게 이롭던 것들을, 나는 그리스도 때문에 모두 해로운 것으로 여기게 되었습니다. 그뿐만 아니라, 나의 주 그리스도 예수님을 아는 지식의 지고한 가치 때문에, 다른 모든 것을 해로운 것으로 여깁니다. 나는 그리스도 때문에 모든 것을 잃었지만 그것들을 쓰레기로 여깁니다. 내가 그리스도를 얻고 그분 안에 있으려는 것입니다"(필리 3,7-9).

그리스도인을 박해하던 그가 이처럼 변화될 수 있었던 것은 과연 무엇 때문일까요? 저는 그 변화의 원천은 다름 아닌 성령이라고 생각합니다. 성령께서 그로 하여금 예수 그리스도의 말씀을 믿게 하였던 것입니다.

오늘 복음 말씀에서 세례자 요한은 바로 이런 성령이 우리에게 임하도록 해 주시는 분이 바로 예수님이시라고 선언합니다.

"그분께서는 너희에게 성령으로 세례를 주실 것이다"(마르 1,8).

어느 날 예수님께서는 이 말씀에 맞장구를 치셨습니다. 예수님께서는 니코데모와의 대화에서 다음과 같이 말씀하셨던 것입니다.

"내가 진실로 진실로 너에게 말한다. 누구든지 물과 성령으로 태어나지 않으면, 하느님 나라에 들어갈 수 없다"(요한 3,5).

그렇습니다. 세례자 요한이 준 세례가 단지 예수 그리스도를 맞을 준비를 시키는 세례였다면 예수 그리스도로 인해 비롯된 성령으로 인한 세례는 우리를 하느님 나라의 시민이 되게 해 주시는 것입니다.

그렇다면 하느님 나라 시민이 되는 특권은 무엇입니까? 그것은 성령으로부터 주어지는 능력과 하느님의 돌보심입니다. 한 젊은이의 체험담이 이를 극적으로 보여 줍니다.

1939년과 1940년도 미식축구 최우수 선수로 연달아 선정된 토미 헤이먼은 미시간 대학교의 학생이었다. 제2차 세계 대전이 시작되자 그는 공군 폭격기 조종사로 전투에 참전했다. 어느 날 그는 남태평양 전투에서 일본군의 집중 포화로 어느 섬 정글의 나무 위에 불시착했다. 비행기는 산산조각 났으나 다행히도 그는 큰 부상을 입지 않고 탈출할 수 있었다.

비상식량과 물도 없이 정글에서 살아남는 것은 거의 불가능하다. 정글에는 뱀, 해충, 늪지대가 있고 열대 지방의 폭염 때문에 며칠을 견디는 것도 쉬운 일이 아니다. 그러나 헤이먼은 나침반을 이용해서 해안가로 이동했다.

다행히 미식축구로 단련된 강인한 체력이 큰 도움이 되었고, 그리스도인인 그의 신앙심과 기도는 결정적인 힘이 되었다. 마침내 정글 속에서 사람이 다닌 흔적이 있는 오솔길을 발견하고 마을에 도착했다.

기자들이 "어떻게 그런 악조건에서 살아남을 수 있었는가?"라고 묻자 그는 "견진성사를 통해서 받은 성령님이 나의 마음속에 항상 계신다는 확신을 가졌기 때문에 도와 달라고 계속 기도했다. 묵주기도를 백만 번은 했을 것이다."라고 말했다.[12]

요즘 모든 사람들이 힘들다고 말합니다. 이러한 때일수록 성령을 받은 우리들은 주님께 의탁하여 이 어려운 상황을 인내로써 극복할 수 있는 은총을 청해야 하겠습니다.

경제적인 어려움이든 정신적인 어려움이든 우리는 성령 충만한 기도를 통해서 '하늘 장막'을 뚫는 기도를 할 수 있습니다. 시련의 때에는 기도가 길이며 답인 것입니다. 아멘!

■ **겸손을 배우자**

> "그 무렵에 예수님께서 갈릴래아 나자렛에서 오시어, 요르단에서 요한에게 세례를 받으셨다"(마르 1,9).

슈바이처Albert Schweizer는 오랜 시간 아프리카에서 의료 봉사를 했습니다. 그는 평생을 고통받는 사람들에게 봉사하기 위해 고단한 삶을 살았습니다. 열악한 환경에서 병원을 지으려 할 때 인력이 부족해 그도 직접 병원 공사에 참여해야만 했습니다. 슈바이처는 이것 또한 자신의 사명이라 여기고 묵묵히 작업에 임했습니다.

그런데 어느 날, 힘들게 공사 중이던 슈바이처의 눈에 한 청년이 보여 도움을 요청했습니다.

"젊은이, 잠시만 도와줄 수 있겠나?"

청년은 자기는 인부가 아니라며 거절했지요.

슈바이처는 청년에게 이렇게 말했습니다.

"젊을 때에는 나도 내가 제법 많이 배운 사람이라며 귀한 일만 하려 했지. 그런데 나이를 먹고 보니 이제 이 일도 내가 할 일이 맞더군."

힘들던 차에 자기 부탁을 딱 잘라 거절하는 청년의 말을 듣고 기분이

상했을 수도 있습니다. 그러나 슈바이처에게는 흔들리지 않는 경험과 지혜가 있었기 때문에 겸손한 자세를 견지하며 청년을 부드럽게 설득할 수 있었습니다.

오늘 복음에서 예수님께서는 하느님의 아드님이신 분이 세례를 받기 위해 사람 앞에서 무릎을 꿇음으로써 자신을 낮추셨습니다. 그뿐 아닙니다. 삼 년 후에는 죄 없으신 분께서 죄인처럼 되셔서 십자가에 못 박혀 돌아가시기까지 하셨습니다. 예수님께서는 이러한 겸손을 우리에게 이렇게 권유하셨습니다.

"나는 마음이 온유하고 겸손하니 내 멍에를 메고 나에게 배워라. 그러면 너희가 안식을 얻을 것이다"(마태 11,29).

예수님 말씀처럼 겸손은 우리에게 평화를 가져다줍니다. 스스로를 낮추니 어느 누구와도 갈등이 없게 된다는 뜻입니다. 나아가 겸손은 사람의 마음을 움직이기까지 합니다.

어느 수도자의 이야기를 소개합니다.

어떤 겸손한 노수사가 있었습니다. 그는 말도 많고 탈도 많은 수도원의 새 원장으로 임명되었습니다. 그가 그 수도원에 도착하니, 수사들 몇이 나와서 대뜸 이렇게 말하더랍니다.

"우리 수도원에 다 늙은 수사가 할 일은 없으니, 식당에 가서 접시나 닦으시오!"

도착하자마자 제대로 된 인사도 없이 일부터 시키는 수사들이 마음에 들지 않아 '내가 새 원장인데, 자네들은 원장에게 지금 뭐 하고 있는 겐가!' 하고 원장의 권위로 혼내 줄 법도 하지만, 그 수사는 묵묵히 식당으로 발걸음을 옮겼습니다. 그리고 석 달 동안이나 그 수도원에서 젊은 수사들에게 구박을 들으며 접시 닦는 일을 했습니다.

석 달이 지나 수도원 운영이 조금 나아지고 있는지 본원에서 감독을 나왔습니다. 젊은 수사들은 무엇 하나라도 책잡힐까봐 전전긍긍했습니다. 그런데 감독이 순시하는 동안 원장이 한 번도 나와 보지를 않는 것이었습니다. 그래서 감독은 젊은 수사들에게 물었습니다.

"원장 수사님은 어디 계시오?"

젊은 수사들은 "원장님이요? 우린 아직 새 원장님을 뵌 적이 없습니다."라고 대답했습니다. 그러자 감독이 '석 달 전에 여기 노수사가 원장으로 왔을 텐데, 대체 무슨 소리냐'며 큰소리로 되물었습니다. 그제야 젊은 수사들은 석 달 동안 자기들이 접시를 닦게 하고 구박한 그 노수사가 바로 새 원장임을 알아차렸습니다.

그들은 원장 수사의 겸손함에 감동하여 식당에서 여전히 접시를 닦고 있던 그 앞에 무릎을 꿇었습니다. 그리고 그 후 그 수도원의 다툼과 말썽은 잦아들고, 겸손으로 서로를 섬기는 수도원으로 이름을 날렸다고 합니다.[13]

옆구리 찔린 듯 감동이 느껴집니다. 우리들도 이 겸손을 배워야 하겠습니다. 아멘!

함께 기도하시겠습니다.

주님, 주님께서 저희 죄인들 한가운데로 들어오심으로 저희가 거룩해지고 싶은 발심을 내게 되었습니다. 감사합니다.

주님, 주님께서 낮은 데로 내려오심으로 저희가 귀한 존재로 대접받게 되었습니다. 감사합니다.

주님, 이제 어디로 가시렵니까. 그곳이 어디든 저희가 따르겠나이다.

우리 주 예수 그리스도를 통하여 비나이다. 아멘!

연중 제2주일: 요한 1,35-42

메시아를 만났소

"와서 보아라"(요한 1,39).

1. 말씀의 숲

오늘 복음 말씀은 요한 복음이 전하는 예수님과 제자들 사이의 이야기에는 '구도' 정신이 녹아 있습니다.

겉으로 보기에는 제자들의 부르심에 관한 이야기입니다. 예수님께서는 당신의 사명을 시작하시면서 제자들을 부르시는데, 요한은 이 장면을 아주 특별하고 흥미롭게 이야기하고 있습니다. 예수님께서 누군가를 부르시기도 전에 세례자 요한이 외치자 그의 제자 두 사람이 즉시 예수님을 뒤따라갔습니다.

예수님께서 공생활을 시작하시기 전에 세례자 요한이 회개의 설교를 하면서 그분의 길을 앞서 준비했다는 것은 네 복음서의 공통된 증언입니다. 그런데 요한 복음은 공관복음서에는 없는 세례자 요한이 예수님과 만나는 장면을 상세히 보도하고 있습니다. 요한이 두 번에 걸쳐 예수님을 '하느님의 어린양'이라고 지적하고, 자기의 제자들로 하여금 예수님을 따르도록 인도하는 것을 통하여 그가 예수님의 길을 준비한 사람이라는 것이 확실히 드러납니다.

요한 복음이 예수님과 세례자 요한의 이러한 관계를 매우 강조하고 있다는 것은 서문(요한 1,1-18 참조)에도 잘 나타납니다. 요한 복음의 서문은 창조 이전부터 계셨던 하느님의 말씀이신 예수님에 대하여 증언하고 있는데, 그 사이 1장 6절부터 9절과 15절에서 세례자 요한이 예수에 대하여 증언하는 말씀이 삽입되어 있습니다. 이 구절들은 창조와 육화강생의 신학을 진술하는 서문 전체의 문체에서 매우 벗어나 있습니다. 그럼에도 불구하고 다음에 이어지는 세례자 요한의 증언의 현장(요한 1,19-42 참조)을 서문의 거대한 신학적 전망(?)과 결합시켜 주고 있어서 요한 복음서 저자가 이 점을 매우 의도적으로 보여 주려 하고 있음을 알 수 있습니다.

이제 오늘 복음 말씀에 대하여 간략하게 살펴보도록 하겠습니다.
이야기는 아주 흥미롭습니다. 주님의 길을 준비하고 있던 요한은 예수님께서 걸어가시는 것을 보고 외쳤습니다.
"보라, 하느님의 어린양이시다"(요한 1,36).
반응은 오히려 뜻밖에도 요한의 두 제자에게서 나타났습니다. 요한의 두 제자는 예수님을 따라갔습니다. 그들의 반응은 놀랍습니다. 그들은 어떻게 예수님을 따라갈 수 있었을까요? 이사야 예언자가 예언한 가장 완벽한 하느님의 종, 어린양을 예수님 안에서 보았기 때문입니다.
요한의 말씀이 제자들에게 영향을 미치자 이야기는 더 이상 요한에 대해서 말하지 않습니다. 요한은 자신의 사명을 다했기 때문입니다. "신랑 친구는 신랑의 소리를 들으려고 서 있다가, 그의 목소리를 듣게 되면 크게 기뻐한다. 내 기쁨도 그렇게 충만하다. 그분은 커지셔야 하고 나는 작아져야 한다"(요한 3,29-30).
예수님께서는 당신을 뒤따라오는 제자들에게 물으셨습니다. "무엇을 찾느냐?"

그러나 제자들은 대답 대신에 "라삐, 어디에 묵고 계십니까?"(요한 1,38) 하고 여쭈었습니다.

예수님께서는 그들을 초대하셨습니다. "와서 보아라"(요한 1,39).

이에 그들은 같이 가서 그분이 머무시는 것을 보고 그날 그분과 함께 지내게 되었습니다.

그러자 이야기는 처음으로 예수님을 따라간 두 제자 중 한 사람의 이름을 밝혔습니다. 그는 안드레아인데 시몬 베드로의 동기였습니다. 그는 시몬에게 가서 증언했습니다. "우리는 메시아를 만났소"(요한 1,41).

그리고 시몬을 예수님께 데려갔습니다. "너는 요한의 아들 시몬이구나. 앞으로 너는 케파라고 불릴 것이다"(요한 1,42). 시몬은 베드로가 되었습니다.

첫 장면에서는 세례자 요한과 그의 제자들이 함께 있습니다. 그런데 세례자는 예수님을 보자 그분을 들어 이야기를 하고, 그 이야기를 들은 제자들은 예수님을 뒤따라갑니다. 예수님께서는 그냥 걸어가시는 길이었습니다. 어디에서 오셔서 어디로 가시는지 모릅니다. 항시 이렇게 하시는 예수님이십니다. 예수님께서는 걸어오셔서 지나가시고 사람 몇이 뒤를 따릅니다.

이러한 상황은 부르심이 있을 때 자주 일어나는 일입니다. 누군가 길을 가리켜 보이고, 그래서 예수님을 따라 가게 되며, 필경 그분과 인격적인 상봉을 이루게 됩니다. 여기서 세례자 요한이 하는 일은 길을 가리켜 보이는 것입니다. 하느님의 어린양을 두고 하던 말을 다시 들려줍니다. 그래서 제자들은 세례자 요한을 떠나 예수님을 따라 떠나갑니다. 분명히 이런 이별은 괴로울 것입니다. 하지만 제자들은 그를 버리고 예수님을 따라갔습니다. 제자들은 왜 예수님을 따라갔을까요? 아마도 '이 세상의 죄를 없애시는 하느님의 어린양'이라는 스승의 말에서 무엇인가 짚이는 것이 있었을 것입니다. 세상에 존재하는 죄의 괴로움과 비극을 느껴 아는 사람들이라면 이런 말에서 즉각 와닿는 것이 있었을 것입니다. "하느님의 어린양"(요한 1,36)이라는 저 인물이 자기 한 몸을 바쳐서 만민의 처지를 신비스럽게 바꿔놓을 수 있을지도 모릅니다. 이런 생각만으로도 그들은 예수님께 마음을 사로잡히고도 남았을 것입니다.

2. 말씀 공감

■ 떠나보낼 줄 안 요한

> "예수님께서 지나가시는 것을 눈여겨보며 말하였다. '보라, 하느님의 어린양이시다.' 그 두 제자는 요한이 말하는 것을 듣고 예수님을 따라갔다"(요한 1,36-37).

공성이불거功成而不居!

공을 이뤘으면 거기에 머물지 마라! 노자의 도덕경에 나오는 이 말을 우리는 공을 세웠으면 그 자리를 떠나고, 그 공로 자체를 잊어야 한다는 의미로 알아들을 수 있겠습니다. 공연히 자랑하고 내세워서 까먹지 말라는 속뜻을 지니고 있는 어귀입니다.

옛날 중국에 유방劉邦을 도와서 천하를 통일한 사람으로 한신韓信과 장자방張子房이 있었습니다. 유방이 항우를 이기고 천하를 통일한 후 한신은 유방의 곁에 남아 있었지만, 장자방은 떠났습니다. 그런데 한신은 자신의 부하들을 시기하던 유방에 의해 죽임을 당했고, 반면에 떠나갔던 장자방은 유방에 의해 제후로 책봉되었습니다. 자신의 공을 내세우지 않고 자신이 나설 때와 물러설 때를 알았기 때문에 장자방은 죽음을 면했을 뿐 아니라 후에 유방으로부터 더 좋은 평가를 받을 수 있었던 것입니다. 중국 사람들은 이를 기억하여 공성이불거의 지혜로 여겼습니다.

오늘 복음 말씀에 나오는 세례자 요한이 바로 이 말대로 산 사람이었습니다. 그는 자신이 공들여 키운 애제자들을 예수님께 떠나보낼 줄 알았습니다. 그리고 제자들에 대한 애착이 없지는 않았을 텐데 그는 "보라, 하느님의 어린양이시다"(요한 1,36). '이제는 저분을 따라야 하느니라!' 하며 제자들을 종용했던 것입니다.

사실 당시 세례자 요한의 명성은 하늘을 찌르고 있었습니다. 400년 동안 하느님의 '침묵'에 지쳐 있던 당시의 유다인들에게 세례자 요한의 출현은 신선한 충격이었으며, 그의 메시지는 사람들로 하여금 그를 메시아로 기대하게 만들 수 있었고, 또한 많은 사람들이 그의 제자로 따르고 있던 터였습니다. 반면에 예수님께서는 무명이었습니다.

하지만 세례자 요한은 자신이 맡은 직분에 대하여 잘 알고 있었습니다. 그에게 주어진 사명은 메시아이신 예수님을 사람들에게 소개하는 것이었습니다. 사실 그가 회개의 세례를 선포한 것도 메시아이신 예수님께 사람들의 관심을 끌기 위한 것이었습니다. 그렇기 때문에 결국에는 자신을 따르던 제자들을 예수님께로 인도하였습니다.

세례자 요한, 그는 떠나보낼 줄 알았고 스스로 떠날 줄 알았던 사람이었던 것입니다.

공성이불거!

이 말은 신앙생활에도 필요한 말이고 사회생활에도 필요한 말입니다. 자신이 세운 공에 집착을 하지 말아야 자신도 살고 후진들도 삽니다.

저는 사제들의 인사이동이 있을 때마다 이 말과 더불어 세례자 요한을 기억합니다.

이러한 세례자 요한이었기에 예수님께서는 그를 치켜올리시며 다음과 같이 극찬하셨던 것입니다.

"내가 진실로 너희에게 말한다. 여자에게서 태어난 이들 가운데 세례자 요한보다 더 큰 인물은 나오지 않았다"(마태 11,11).

■ 일생이 아니라 일상에서

> "무엇을 찾느냐?"(요한 1,38)

고2 겨울방학인 1월 중순경 눈발이 내리던 어느 날, 저는 무엇에 필요했는지 주민등록등본을 떼러 관악구청에 다녀오던 길이었습니다. 열두 시쯤엔가 과천에 있는 집에 당도했을 때, 아버지와 어머니가 평소 같지 않게 제 얼굴을 유심히 바라보는 것이었습니다. 약간 수심이 서린 듯도 하고 무슨 비밀을 간직한 듯도 한 눈치였습니다.

당시 과천은 아직 정부종합청사 계획이 서지 않았던 때라 전형적인 농촌 마을이었는데, 저희 집은 대로변에서 구멍가게를 하고 있었습니다. 가게 한복판 뜨겁게 달구어진 연탄난로에 언 손을 녹이는 동안 금세 밥상이 차려졌습니다. 몇 숟가락 먹었을까 했을 때, 아버지께서 어머니에게 눈짓으로 뭔가를 채근하시는 것 같았습니다. 그러자 어머니께서 말문을 열었습니다.

"방금 스님이 다녀가셨다. 연주암 주지 스님이라는 것 같던데."

"왜요?"

"느닷없이 '아드님'을 달라는 거야. 큰 스님이 될 감이라고."

"그 스님이 날 안대요?"

"지나가다가 머리를 빡빡 깍은 너를 본 적이 있대. 그냥 무심코 지나쳤는데, 글쎄 그 이후에 자기 꿈에 세 번이나 나타나더래. 바로 오늘 새벽 세 번째 꿈을 꾸었다는 거야. 그래서 부처님의 점지다 싶어 곧바로 내려온 거래."

당시 저는 진학 공부에 전념하기 위해 겨울방학 동안 머리를 빡빡 밀은 채로 지내고 있었습니다. 그게 지나가던 스님의 인상에 남았던 모양이었습니다.

"그래서 어떻게 되었는데요?"

"그러니 자기에게 보내 주면 잘 가르쳐서 훌륭한 스님으로 양성해 보겠다는 거야."

"어머니는 뭐라고 그랬어요?"

"손으로 저 십자고상을 가리키며, 우리 집은 성당 다니는 집이라고 말해 줬지."

부모님은 몇 차례 이사를 다니던 통에 실제로 성당엔 발을 끊은 지 오래되었지만, 십자고상만은 꼬박꼬박 챙겨서 방 정중앙 잘 보이는 곳에 걸어 두고 계셨습니다.

"스님이 그냥 가시던가요?"

"'아 그러십니까, 그래도 앞으로 두고 보십시오. 아드님은 앞으로 중생을 구제하는 인물이 될 것입니다. 나무관세음보살' 하는 인사말을 남기고 점잖게 물러나시던 걸."

지금 스님이 아닌 신부가 되어 있으니 스님의 예언은 적중한 것일까요? 그래서인지 스님들을 볼 때마다 제 안에선 묘한 정이 새삼 아련해집니다.

시방 저는 묻습니다. 어쩌다 종교인이 되었을까. 대학교 2학년 때부터 꼬박 5년간 엎치락뒤치락하며 몸살 앓듯이 고뇌했던 그 긴 과정을 지나, 저는 '영원한 삶'을 위해 몽땅 거는 도박을 감행했습니다.

"하늘 나라는 좋은 진주를 찾는 상인과 같다. 그는 값진 진주를 하나 발견하자, 가서 가진 것을 모두 처분하여 그것을 샀다"(마태 13,45-46).

이는 바로 저를 위한 말이었습니다. 결단의 시간이 압박감으로 밀려오고 있을 때 저는 진해에서 군복무를 하고 있었습니다. 어느 주말 잠깐 머리를 식힐 겸 밀양행 버스에 몸을 싣고 초연히 표충사로 향했습니다. 만일 거기서 만나는 스님들의 표정에 행복이 가득하면 '올인'이요, 그렇지 못하면 '올아웃'을 결정할 요량이었습니다. 공교롭게도 어렵사리 도착한 때는 날이 이미 저문 늦은 저녁이었습니다. 도량 주변의 그림자만 구경하다가 '에라 모르겠다. 이러면 어떻고 저러면 어떠랴. 모든 것은 내 마음에 달린 것인데. 그냥 못 먹어도 고!' 하는 결론을 얻고 돌아왔습니다.

오늘 복음에서 예수님께서는 당신을 따르기로 작정한 두 사람에게 이렇게 물으십니다.

"무엇을 찾느냐?"(요한 1,38)

이 물음이 지금 제게는 마치 처음 들어보는 물음인 듯이 들립니다. 또 하나의 은총의 이슬방울이 맺히는 순간입니다.

■ 인생 절정의 행복

> "우리는 메시아를 만났소"(요한 1,41).

'메시아' 예수님과의 운명적인 만남이 얼마나 강렬했으면, 안드레아는 자기 형 시몬 베드로를 보자마자 다짜고짜 저 말부터 내뱉습니다.

그토록 만나고 싶었던 그분, 그리고 함께한 꿈같던 시간…. 기대가 확신으로, 꿈이 현실로 변화된 순간, 누구보다 가장 가까운 이와 그 기쁨을 나누고 싶은 것은 당연할 터입니다.

오늘도 진정한 메시아를 만난 이들의 기쁨은 결코 혼자만의 도취로 끝나지 않습니다. 이 베로니카 자매의 고백입니다.

> 친정과 시댁 가족 중에서 제가 제일 먼저 하느님의 자녀로 태어났습니다. 그러나 당시로서는 가톨릭 신자가 저 혼자였고 눈치를 봐야 했으니, 저는 '신앙의 고아'나 다름없었습니다.
> 제 시어머님은 불교 신자입니다. 제가 세례를 받기 위해 11월에 입교하였는데, 그 해 5월 시동생이 사고로 하늘 나라에 가고 말아, 시어머님의 상심이 무척 클 때였습니다. 성당에 다닌다고 하면 충격을 더 받으실까 봐 처음에는 몰래 다니기 시작했습니다.
> 가족 모르게 성당에 다녀야 하니 자주 외출하기가 무척 조심스러웠습니다. 장손 며느리다 보니 명절까지 제사가 1년에 10번입니다. 그럼에도 저는 평일을 주일 미사로 생각하고 미사에 참례하기도 하고, 레지오 마리애, 성체조배, 성경 공부까지 틈틈이 해 나아갔습니다. 마침

내 견진성사를 받던 날, 저는 용기를 내어 남편에게 고백했습니다.

"여보, 나 성당 다녀…. 오늘 견진 받았어요. 그동안 방송국 교양 강좌 들으러 간다 했지만, 실은 견진 교리를 들으러 다닌 거예요. 한복은 교우 집에 맡기고 왔어요."

남편이 처음에는 제 말을 믿기 어려워하더니, 세례식 때의 사진 등을 보여 주자 이렇게 말했습니다.

"정말이네. 당신 참 대단해. 축하해."

그 말을 듣고 저는 답답한 마음에서 해방된 기쁨을 주체할 수가 없었습니다. 움츠렸던 사도들이 성령을 받고 기쁨에 차 밖으로 뛰쳐나가 복음을 선포한 그 마음을 비로소 이해할 수 있었습니다.

교우들에게 '어떻게 성당 오게 되었느냐'는 질문을 많이 받게 됩니다. 그때마다 저는 "미신이 싫고, 성당이 제 마음에 맞아 제 발로 왔어요." 하고 말했습니다.

그런데 어느 날 꿈에 주님께서 제 어린 시절의 모습, 딸이 성당 유치원 다닐 때 수녀님의 입교 권유 모습, 비신자 때 M.E.에 다녀온 모습, 시동생 사고 후 교우들의 입교 권유 모습 등을 보여 주시며 "이래도 네 발로 성당 왔다고 생각하느냐?" 하시는 것입니다.

저는 주님께 엎드리며, "아닙니다. 제가 잘못했습니다. 어떻게 제 모습을 낱낱이 기억하고 계십니까? 증거까지 보여 주시며 변명 한마디 못하게 하십니까?"라고 고백했습니다.

그 후로 저는 "우리 자신은 모르지만 다 하느님께서 부르신 거야."라고 말한답니다.[14]

수많은 장애거리에도 불구하고 결국 가족에게서 당당히 하느님의 자녀로 인정받은 자매, 지칠 줄 모르는 그 용기와 열정 이면에 '참 구원자 예수님'께 대한 확신이 자리하고 있음을 엿볼 수 있습니다. 그 메시아께서 구원의 길을 벗어나지 않도록 언제나 인도하시고 붙잡아 주셨음을 깨닫습니다.

우리 주님께서는 우리 역시 그렇게 인도하시고 붙잡아 주십니다. 그러기에 세상을 향한 우리의 외침 또한 사도들의 그것과 다를 바 없습니다.

"우리는 메시아를 만났소"(요한 1,41).

함께 기도하시겠습니다.

주님, 제 인생 최고의 순간은 메시아이신 주님을 만난 때입니다.
주님, 제 인생 절정의 행복은 메시아이신 주님과의 사귐입니다.
주님, 제 인생 0순위 사명은 메시아이신 주님을 증거하는 것입니다.
우리 주 예수 그리스도를 통하여 비나이다. 아멘!

연중 제3주일: 마르 1,14-20

부르심

"그들을 부르셨다. 그러자 그들은 […] 그분을 따라나섰다"(마르 1,20).

1. 말씀의 숲

복음의 내용이 제시된 다음(마르 1,1 참조) 세례자 요한의 활동과 선포가 복음의 시작 부분을 장식합니다(마르 1,2-8 참조). 예수님께서 그의 세례를 받고(마르 1,9-11 참조) 광야에서 유혹을 받고 나서(마르 1,12-13 참조) 복음을 선포하기 시작하십니다(마르 1,14-15 참조).

이야기는 매우 단순합니다. 요한이 감옥에 갇히자 예수님께서는 갈릴래아로 가셨습니다. 하느님 나라를 선포하기 위해서 말입니다. 예수님께서는 외치셨습니다.

"때가 차서 하느님의 나라가 가까이 왔다. 회개하고 복음을 믿어라"(마르 1,15).

하느님께서 이 땅의 왕으로 다스리실 것입니다. 이제 모든 사람들이 온 힘을 다해 회개하고 복음을 믿어야 할 시간입니다. 예수님께서는 복음을 위해 두 가지를 요구하셨습니다. 회개하는 것과 믿음을 갖는 것이었습니다.

그리고 예수님께서는 갈릴래아 바닷가(길이: 19.3km × 제일 긴 폭: 9.65km)를 지나가시다가 그물을 던지고 있는 시몬과 그의 형제 안드레아를 부르셨습니다(마르 1,16 참조). 예수님께서는 시몬과 안드레아가 그물을 바다에 던지고 있을 때 그들을 부르셨습니다. 그들은 필립보와 함께 벳사이다 출신입니다(요한 1,44 참조). 열두 제자들 가운데서 제일 먼저 부르심을 받은 시몬이 두 번이나 언급될 정도로(마르 1,16 참조) 그의 부르심이 중요했던 것 같습니다. 그는 제자단의 명단에서 제일 먼저 기록되며(마르 3,16 참조) 마지막까지 베드로라는 이름으로 불리었습니다(마르 16,7 참조). 예수님께서는 그를 열두 제자들 가운데서 중추적 위치에 서게 하실 것입니다.

예수님께서는 권위에 찬 시선으로 시몬과 안드레아를 선택하여 부르셨습니다.

"나를 따라오너라"(마르 1,17ㄱ).

그들은 예수님의 권위에 찬 부르심을 받자 그분께 무조건 순종하여 그때까지의 직업과 생활 양식을 버리고 그분을 따라갔습니다(마르 1,18 참조). 훗날 시몬은 예수님께 "보시다시피 저희는 모든 것을 버리고 스승님을 따랐습니다."(마르 10,28)라고 말할 것입니다. 그것은 그가 아버지와 가족을 버리고 예수님을 따랐음을 가리킵니다.

예수님께서는 그들의 순종을 토대로 그들에게 "사람 낚는 어부"(마르 1,17ㄴ)라는 새로운 직업을 약속하셨습니다. 상징적 표현인 이 새 직업의 뜻은 새로운 사명, 즉 예수님과 함께 살고, 그다음에는 하느님 나라의 복음을 선포하도록 파견되는 것을 예고합니다(마르 3,14; 6,7-13.30 참조).

이어 예수님께서는 그물을 손질하고 있는 제베대오의 두 아들 야고보와 요한을 보셨습니다(마르 1,19). 이 야고보는 "알패오의 아들 야고보"(마르 3,18)입니다. 예수님의 형제 야고보(마르 6,3 참조)와 소小 야고보(마르

15,40)와는 다른 대★ 야고보로, 41-44년 사이 헤로데 아그리파 1세의 손에 처형된, 열두 사도들 중에서 첫 순교자입니다(사도 12,1-2 참조).

야고보와 요한은 부르심을 받자마자 즉각 부자 관계와 삯꾼들과 생계 수단인 배를 버리고 무조건 예수님의 뒤를 따라나섰습니다(마르 1,20 참조). 그것은 예수님의 제자가 되는 것이 혈연관계나 재정적 안정보다 더 고귀하다는 것을 인정하고, 그분의 권위에 전적으로 순종하고 스승의 길과 생활 양식을 따랐다는 뜻입니다. 그러나 훗날 그들은 예수님의 오른편과 왼편에 앉는 특권을 예수님께 청하여 부르심의 참뜻을 오해하기도 했습니다(마르 10,35-41 참조).

예수님께서는 베드로와 함께 야고보와 요한을 열두 사도들 가운데서 중추적 위치에 서게 하시고 당신의 복음 선포 활동(마르 1,29-31; 3,16-17; 10,35-45 참조)과 중요한 계시(마르 5,35-43; 9,2-10 참조)와 고난에 참여하도록 부르셨습니다(마르 14,32-42 참조). 역사적으로 베드로와 요한은 초대 교회에서 중요한 구실을 담당했습니다(사도 3,1; 4,13; 8,14; 갈라 2,9 참조).

이렇듯이 마르코 복음사가는 초대 교회로부터 받은 시몬과 그의 형제 안드레아, 제베대오의 아들 야고보와 요한의 부르심에 대한 전통(마르 1,16-20 참조)을 예수님의 복음 선포의 초창기에 속한 사건으로 제시했습니다. 그것은 그의 두 가지 신학적 의도에 기인합니다. 첫째, 시몬, 안드레아, 야고보와 요한은 초창기부터 예수님을 따라다닌 증인이라는 것입니다. 둘째, 그들의 부르심이 암시적으로 복음 선포의 구체적 사례가 된다는 것입니다. 그들이 무조건 예수님의 부르심을 받아들인 것은 그분이 종용하신 회개(마르 1,15 참조)를 받아들인 좋은 사례입니다.

하지만 여기서 확인해 둘 일이 있습니다. 요한 복음 1장 35절부터 51절의 내용을 보건대 이때가 "사람 낚는 어부"가 될 이 어부들과 예수님의 첫 만남일 가능성은 거의 없다는 점입니다. 이것은 오히려 모범적이며 동시에 신학적으로 중요한 의미를 갖는 제자들의 부름이라고 하겠습니다. 그분을 따르라는 부름은 내적으로 부득불 "회개하고 복음을 믿어라."(마르 1,15)라는 요청에 연계되는데, 제자들의 무리는 예수님의 구원 활동의 시초부터 있도록 의도되어 있습니다.

2. 말씀 공감

■ 갈릴래아로 돌아가자

> "요한이 잡힌 뒤에 예수님께서는 갈릴래아에 가시어,
> 하느님의 복음을 선포하시며"(마르 1,14)

갈릴래아, 그곳은 첫 번째로 예수님의 복음이 선포된 곳이었습니다. 이방인의 땅, 아무도 마음 주지 않던 버려진 촌구석, 어둠 속을 헤매는 백성들, 그 후미진 구석구석을 예수님께서 찾아다녔습니다. 사랑과 평화와 위로 가득한 가슴으로, 연민 그득한 눈으로 암-하아레츠Am-Haaretz(땅의 백성)를 바라보며 그들을 두드려 주셨습니다.

2,000년이 지난 오늘 우리에게도 저마다의 갈릴래아가 있습니다. 나만이 알고 있는 갈릴래아, 그곳에서 우리는 예수님을 만났습니다. 감동과 치유와 위로와 평화를 만났습니다. 말 그대로 복음을 체험했습니다.

그런데 세월이 흐르다 보니 갈릴래아가 점점 기억에서 잊혀졌습니다. 예수님과의 관계도 어느덧 멀어져 있는 것입니다. 감동이 사라진 지 오래되어 왠지 서먹하고 시큰둥하기만 한 때도 곧잘 있습니다. 급기야 신

앙이 짐스럽게까지 느껴집니다. 도피 삼아 뉴에이지 운동, 단전호흡, 마음수련, 취미생활로 빠져듭니다.

이럴 때 우리가 다시 신앙의 기쁨을 회복하는 길은 갈릴래아의 추억 속으로 되돌아가는 것입니다.

부활하신 예수님께서는 마리아 막달레나를 통하여 제자들에게 '갈릴래아로 가라'는 전갈을 보내셨습니다. "가서 내 형제들에게 갈릴래아로 가라고 전하여라. 그들은 거기서 나를 보게 될 것이다"(마태 28,10).

왜 그러셨을까요? 예수님을 배반했던 제자들 사이의 분열, 극심한 공포, 패배 의식, 겸연쩍음 등 내부의 상처를 치유하는 것이 무엇보다 시급했기 때문이었을 것입니다.

예수님의 약방문은 명처방이었습니다. 갈릴래아는 그들에게 그리스도를 처음 만난 곳이요, 첫 번째 신앙의 결단을 내렸던 곳이요, 첫 번째 비전이 움트던 곳이었습니다. 예수님께서는 제자들에게서 "처음에 지녔던 사랑"(묵시 2,5)을 되살리고자 했던 것입니다. 그 떨리는 감동을 회복시켜 주고자 하셨던 것입니다.

기억 상실증이나 의욕 상실증에 걸린 사람에게는 쓰던 물건의 냄새가 도움이 된다고 합니다. 옛 정취가 기억과 의욕을 되살려 준다고 합니다. 모르긴 모르되 갈릴래아 호수의 향취를 머금은 바람을 맞으며 제자들의 마음속에서는 다시 사랑이, 다시 믿음이, 다시 꿈이 꿈틀거리기 시작했으리라 생각합니다.

저마다 자신의 '갈릴래아'가 있습니다. 갈릴래아로 돌아갑시다. 거기서 첫 사랑, 첫 마음, 첫 결심을 만납시다. 첫 믿음, 첫 비전을 일으켜 세웁시다.

■ 때가 차서

> "때가 차서"(마르 1,15)

　영국의 유명한 장군 올리버 크롬웰Oliver Cromwell은 한 전투에서 적이 쏜 탄환에 왼쪽 가슴을 맞았습니다. 쓰러지는 그를 참모들이 부축했습니다. 죽은 줄만 알았던 그는 마치 잠에서 깨어난 사람처럼 부스스 일어났습니다. 그리고 그는 총탄을 맞은 갑옷 부위를 더듬다가 탄환을 찾아내었습니다. 이 탄환은 갑옷 속을 뚫고 들어가다가 그가 늘 몸에 지니고 다니던 성경에 꽂혀 있었습니다. 탄두가 더 이상 뚫고 들어가지 못하고 멈춰 선 부분은 코헬렛 12장 1절이었다고 합니다. 거기에는 이런 말씀이 기록되어 있었습니다.

　"젊음의 날에 너의 창조주를 기억하여라, 불행의 날들이 닥치기 전에. '이런 시절은 내 마음에 들지 않아.' 하고 네가 말할 때가 오기 전에"(코헬 12,1).[15]

　때가 중요한 것입니다. 젊은 시절이 이미 지나가 버렸습니까? 아직 늦지 않았습니다. 우리에게는 여전히 '지금'이라는 선물이 있습니다. 지금 시작할 줄 아는 이에게는 오늘이 내일보다 더 젊은 시절입니다. 오늘 당신에게 주어진 '젊은 시절'을 흘려 보내지 말아야 합니다. 이제부터 성경을 품에 지닙시다. 성경을 읽읍시다. 성경 안에서 당신을 지으신 이를 만납시다.

　오늘 복음에서 "때가 차서 하느님의 나라가 다가왔다."(마르 1,15)고 했습니다.

　'때가 찼다'는 이 말씀은 우리의 관심을 과거가 아니라, 미래가 아니라, 현재에 집중하게 해 줍니다. 그렇습니다. 우리가 최선을 다해 살아야 할 시간은 과거도 아니고 미래도 아닌 바로 현재의 시간입니다. 왜냐하면 현재의 순간순간은 하느님의 나라를 향해 전진하는 시간이요, 내가 사용할 수 있는 유일한 시간이기 때문입니다. 그러므로 현재의 시간은 아무렇게나 살아도 되는 때가 아니라 충만한 은혜를 누리며 살아가야 할 때입니다.

우리는 사도 바오로처럼 살아야 합니다.

"나는 이미 그것을 얻은 것도 아니고 목적지에 다다른 것도 아닙니다. […] 그것을 차지하려고 달려갈 따름입니다. 하느님께서 그리스도 예수님 안에서 우리를 하늘로 부르시어 주시는 상을 얻으려고, 그 목표를 향하여 달려가고 있는 것입니다"(필리 3,12.14).

그리스도인은 내일의 목표가 분명한 만큼 오늘 역동적으로 달리는 삶을 살아야 할 것입니다.

■ 무한의 블랙홀

> "그러자 그들은 아버지 제베대오를 삯꾼들과 함께 배에 버려두고 그분을 따라나섰다"(마르 1,20).

저는 1985년 서울 가톨릭대 신학부 2학년으로 편입했습니다. 신학교 교육은 신학원 생활과 신학 교육으로 나뉘어 이루어집니다. 학부 4년, 연구부 2년으로 이루어진 신학원 생활은 저학년에는 단체 숙식으로 시작해서 고학년으로 올라갈수록 4인 1실, 2인 1실, 이윽고 1인 1실로 바뀝니다.

2학년에게는 10여 명이 함께 쓰는 단체방이 배정되었습니다. 각 방마다 생활 지도를 위하여 연구부 1년생이 배정됩니다. 저희 방에는 춘천교구 소속 신학생이 배정되었습니다. 그는 사회생활을 하다가 비교적 늦게 신학교에 입학한, 이를테면 늦깎이 신학생이었습니다. 저와 연배가 비슷하여 친구처럼 대해 주는 그와 친하게 지내며 둘만의 속 이야기를 많이 나눴습니다.

그가 어느 날 제게 고민을 털어놨습니다.

남미 원주민 선교 활동을 하시는 어떤 신부님을 알게 되었는데, 그 신부님처럼 되고 싶다는 것이었습니다. 그러려면 졸업하기 전에 소속을 바꿔 그곳 교구에 입적해야 하는데, 제 생각은 어떠냐고 물어 오는 것이었습니다. 연로하신 어머니가 걱정되지만 다 하느님께 맡기고, 기왕 사제직을 지원한 김에, 한 걸음 더 오지로 들어가고 싶다고 했습니다.

의논하는 분위기로 속을 털어놨지만, 그의 결심은 거의 서 있었습니다. 제가 딱히 해 줄 말도 없었습니다. 그가 기대했던 것은 공감 내지 격려였을 것입니다.

저는 참 대단한 결단이라고 응원해 주었습니다. 저 자신은 공부를 더 하여 교회에 기여하는 쪽으로 소명을 느끼고 있었기에 함께하지 못했지만, 그의 용단은 제게 일종의 두려움 같은 것을 불러일으켰던 것으로 기억됩니다.

그는 자신의 결심대로 적을 옮겨 그곳에서 사제가 되었습니다. 오늘도 그는 에콰도르 오지에서 원주민과 생활을 같이 하면서 복음을 전하고 있습니다.

10년쯤 전, 저희는 서울에서 만났습니다. 그가 풍토병 후유증으로 심장병이 생겨서 수술 차 귀국했던 것입니다. 옛적에 짧은 기간에 맺은 우정이 되살아나는 듯해서 저희는 포옹했습니다. 독지가들의 정성을 모아 치료비도 대 주었습니다. 연구소 살림을 아껴서 정기적으로 선교 후원금도 보내 주고 있습니다.

선배요 친구요 동료인 그를 생각하면 마치 저희의 복음 사랑이 빛의 속도로 그의 움막으로 날아가는 듯이 느껴져 흐뭇합니다.

'나를 따르라'시는 주님의 부르심에 시몬과 안드레아는 그물과 배를 버리고 따라나섰고, 야고보와 요한은 아버지 제베대오와 삯꾼을 떠나 주님을 따라나섰습니다.

이 사실을 루카 복음서는 "그들은 […] 모든 것을 버리고 예수님을 따랐다."(루카 5,11)고 좀 더 리얼하게 묘사했습니다.

주님을 따르라는 부름은 근본적으로 하느님 나라를 위하여 세상 것들로부터 결별할 것을, 그리고 그 포기를 요청합니다.

다른 것들은 쉽게 버릴 수 있어도 의지할 곳 없는 노모를 버리기는 쉽지 않습니다. 이 결단을 내린 한 신부님! 그 결별의 아픔 못지않은 생명의 위기를 그는 숱하게 겪었다고 재회의 자리에서 제게 들려주었습니다. 그러기에 그가 잊지 않은 모국어는 감사와 은총입니다.

이처럼 극단적이지는 않아도 '나를 따르라'시는 주님의 부르심은 여러분 한 사람 한 사람의 응답을 기다리고 계십니다.

함께 기도하시겠습니다.

주님, 주님께서 복음을 전하는 특은에로 저를 불러 주시니, 고민 없이 지체함 없이 '곧바로' 따릅니다.

주님, 생업의 '그물'까지는 못 버리더라도, 저희의 사사로운 시간을 몽땅 바쳐 주님의 초대에 응합니다.

주님, 갖은 유혹이 손짓을 하지만 좌로도 우로도 한눈팔지 않고 오직 주 '예수님'을 따릅니다.

우리 주 예수 그리스도를 통하여 비나이다. 아멘!

연중 제4주일: 마르 1,21ㄴ-28

새롭고 권위 있는 가르침

"저이가 더러운 영들에게 명령하니 그것들도 복종하는구나"(마르 1,27).

1. 말씀의 숲

오늘 복음은 예수님께서 네 제자들을 부르신 뒤 보이신 첫 활동으로 악령을 쫓는 이야기를 전해 줍니다. 이 기적 이야기는 예수님의 첫 활동이며 동시에 앞으로 예수님께서 하실 여러 가지 활동에 대한 해석을 담고 있습니다. 악령을 쫓는 과정에서 복음은 예수님께서 선교 활동에서 계속 부딪히시게 될 율법 학자들과 비교할 수 없는 권위를 가지신 분이라는 것, 그리고 악령의 입을 통해서이지만 예수님께서 하느님께서 보내신 메시아적 인물이라는 것을 드러내고 있습니다. 이 일화에서 예수님께 적용된 가장 대표적인 단어인 '권위'도 한 번은 그분의 가르침에, 또 한 번은 악령을 쫓는 기적적인 능력에 사용함으로써, 예수님께서 말씀과 행동 모두에서 신적인 권위를 가지신 분임을 선포하고 있습니다.

예수님께서는 당신의 부르심에 응답한 4명의 제자들과 함께 카파르나움으로 가셨습니다. 그리고 유다인들의 관례에 따라 안식일에 회당에 들어가 사람들을 가르치셨습니다(마르 1,20 참조).

유다인들의 안식일 예배는 기도, 축복, 율법서와 예언서 낭독, 강론으로 구성되었습니다. 예수님께서는 이 예배 중에 사람들에게 가르침을 베푸셨습니다. 하지만 그 내용에 대하여 복음서는 알려 주지 않습니다. 다만 예수님께서 하느님 나라의 복음을 선포하셨다는 문맥(마르 1,14-15 참조)을 염두에 두면 그분이 회당에서 사람들에게 이 나라에 대하여 가르쳤으리라고 추측할 수 있을 따름입니다.

회당에 있던 사람들은 이 가르침을 듣고 충격을 받아 넋을 잃을 정도였다고 마르코 복음서는 전합니다. "사람들은 그분의 가르침에 몹시 놀랐다"(마르 1,22ㄱ). 그 이유에 대하여 마르코 복음서는 "율법 학자들과는 달리 권위를 가지고 가르치셨기 때문"(마르 1,22ㄴ)이라고 증언합니다.

율법 학자들은 예수님 시대 바리사이 당파에 속해(마르 2,16 참조) 회당에서 율법을 가르치는 학자들로서 유다에서 정치적, 종교적으로 큰 영향력을 행사한 실력자들입니다. 하지만 그들은 말과 행동이 일치하지 않았기에 예수님과 같은 권위를 가질 수 없었던 것입니다. 후에 이들은 바리사이들(마르 7,5 참조), 수석 사제들(마르 10,33; 11,18; 14,1; 15,31 참조) 그리고 원로들(마르 8,31; 11,27; 14,43.53; 15,1 참조)과 연합하여 예수님을 대적할 것입니다.

이렇게 예수님께서 회당에서 가르치실 때, 더러운 악령에 사로잡힌 사람이 나타납니다. "더러운 영이 들린 사람"(마르 1,23)은 사탄의 조종에 의해 자신의 모든 자유를 빼앗긴 사람, 자신의 말과 생각을 잃어버린 사람입니다. 그는 더러운 영의 힘에 의해 하느님을 등지게 되고, 정신 질환에 빠져 불행한 상태였습니다.

그런데, 악령들은 예수님께서 선포하신 하느님의 나라가 오면 자기의 세력이 섬멸될 것임을 알고 있었습니다(마르 1,24 참조). 이에 악령은 나자렛 예수님께서 하느님의 거룩한 분이심을 폭로하면서 방어 자세를 취하고 예수님을 대적하려 듭니다. 영들은 특별한 지능을 소지하고 있었기 때문에(루카 4,41 참조) 예수님의 신분에 대해 다소 알고 있었던 것입니다(마르 3,11; 5,7 참조).

이러한 악령의 대항에 예수님께서는 "조용히 하여라. 그 사람에게서 나가라."(마르 1,25)라는 한 말씀으로 더러운 영의 활동을 중지시키셨습니다. 이는 더러운 영이 무기나 무력을 쓰지 않고 말로 예수님을 공격했기 때문입니다.

더러운 영은 예수님의 함구령에 복종하여 자기가 사로잡은 사람 안에서 마지막 발악을 하고 섬멸되는 소리를 지른 다음 쫓겨납니다. 예수님의 함구령에 더러운 영이 사람을 떠나간 것은 그가 더 이상 말을 할 수 없게 되었음을 의미합니다. 복음서 안에서 더러운 영이 말을 하는 것은 사람 안에 있기 때문입니다. 또한 예수님께서 한마디 말씀으로 더러운 영을 내쫓으실 정도로 큰 권위를 행사하신 것은 세말에 도래할 하느님의 나라가 당신 안에 이미 현존한다는 것을 가리킵니다.

회당에 있던 사람들은 더러운 영에 사로잡힌 사람에게 온전한 인간성을 회복시켜 주신 예수님의 신적 권능을 '새롭고 권위 있는 가르침'으로 보고 놀랍니다.

"이게 어찌된 일이냐? 새롭고 권위 있는 가르침이다. 저이가 더러운 영들에게 명령하니 그것들도 복종하는구나"(마르 1,27).

이 가르침은 말씀과 활동으로 구성됩니다. 예수님의 가르침의 참신성은 전무후무한 새로운 실재인 하느님의 나라가 당신의 말씀에 힘입은 악령 추방을 통해 임했다는데 있습니다. 예수님께서는 악마가 질병과 온갖 불행을 조장한다고 여긴 당대의 세계관에 따라 병을 고치기 위해 악마를 추방하셨습니다. 예수님의 명성은 즉시 온 갈릴래아 근방 전역에 퍼져 나갔고(마르 1,28 참조) 초대 교회의 선교 활동을 통해 확산되었습니다. 이렇게 예수님께서는 복음 선포의 초창기에 군중들의 인기를 한 몸에 모으셨습니다. 또 회당에 모인 유다인들이 예수님을 경외하였습니다. 그것은 마르코 복음사가의 교회가 수행한 선교적 활동을 암시합니다. 많은 사람들이 초대 교회의 복음 선포를 통해 권능을 행사하시는 예수님을 믿고 따르면서 칭송했던 것입니다. 오늘도 메시아이신 예수님께서는 당신 제자들의 복음 선포를 통해 온전한 인간성을 창조하십니다.

2. 말씀 공감

■ 믿음의 은사를

> "나자렛 사람 예수님, 당신께서 저희와 무슨 상관이 있습니까? 저희를 멸망시키러 오셨습니까? 저는 당신이 누구신지 압니다. 당신은 하느님의 거룩하신 분이십니다"(마르 1,24).

대부분의 신학교에서는 신학생들의 영성지도 과정에 〈이냐시오 영신수련〉을 포함시킵니다. 8일 과정과 30일, 40일 과정이 있는데, 한국에서는 통상적으로 부제품 전에 30일간의 과정을 밟습니다.

저는 오스트리아 빈 교구 신학교에서 대학원 과정을 밟았기 때문에, 그 피정이 선택사항이었습니다. 저 개인적으로는 서품 전 8일 과정을 두 번 밟았고, 서품 후 일반 신자들과 섞여서 40일 과정을 한 번 밟았습니다.

지도는 세 번 다 예수회 소속 노사제가 맡았습니다. 제가 이 수련을 좋아했던 이유는 그 얼개가 전부 구약과 신약의 말씀들로 짜여 있기 때문이었습니다. 성경의 핵심 내용을 묵상하면서 자신의 생애를 더듬어 성찰하고, 현재 영의 상태를 진단하고, 미래를 위한 결단을 꾀하는 작업이 제게는 너무도 만족스런 과정이었습니다.

그 수련 과정을 통해서 제가 배웠던 가장 소중한 것은 영의 식별이었습니다. 예수회의 창설자 이냐시오는 자신이 살았던 시대의 다른 영성가들과는 달리 성경 및 복음을 매우 중요히 여기고, 그에 준하여 영의 식별 지혜를 찾아냈습니다.

그는 특히 사탄의 술책을 집중 탐구하여, 그들의 속셈을 백일하에 드러내어 조목조목 정리했습니다. 다른 서적에서 찾기 어려운 참으로 유용한 특징 묘사가 압권입니다.

예를 들자면, 사탄은 거짓과 속임의 명수입니다. 그러기에 가짜 행복 곧 세상적인 쾌락을 앞세워 진짜 행복을 허물어뜨립니다. 이것이 예수님께서 사탄을 "거짓의 아비"(요한 8,44)라고 폭로하신 까닭입니다.

사탄은 또 과장과 왜곡의 명수입니다. 죄를 선으로 속여서 그것을 확대하여 사람을 꼬드기다가 사람의 양심이 발동되어 죄를 인식하는 순간 그 죄를 마치 용서받을 수 없는 죽을죄로 부각시켜 절망에 떨어뜨립니다.

사탄은 믿음이 강한 자에게는 약하고 믿음이 약하여 겁먹은 이에게는 강합니다. 이것이 사람으로 하여금 부마, 곧 마귀 들리게 하는 이유가 됩니다.

사탄의 목적은 사람을 구원으로부터 멀리 이탈시켜 황폐화시키는 것입니다. 그러기에 예수님께서는 사탄을 "살인자"(요한 8,44)라고 쏘아붙이셨습니다.

이런 악한 술책으로 사람을 휘둘러대던 악령은 오늘 예수님의 정체를 알아보고 이렇게 말했습니다.

"나자렛 사람 예수님, 당신께서 저희와 무슨 상관이 있습니까? 저희를 멸망시키러 오셨습니까? 저는 당신이 누구신지 압니다. 당신은 하느님의 거룩하신 분이십니다"(마르 1,24).

앞에 언급된 특기가 반영된 이 말 속에는 악령의 교활한 의도가 숨겨져 있습니다.

우선 거짓말을 나열합니다.

"당신께서 저희와 무슨 상관이 있습니까?"라는 말은 "저희는 당신의 일을 방해하지 않습니다."라는 의미입니다.

"당신은 하느님의 거룩하신 분이십니다."는 "저는 당신을 존경하니, 제발 나를 괴롭히지는 말아 주세요."라는 식의 고백적 당부입니다.

위기를 모면키 위한 잔꾀, 영적 위장술이 숨겨져 있는 유화적 하소연이라 할까요.

하지만 이런 감언이설에 속아 넘어가실 예수님이 아니셨습니다. 예수님께서는 단호하게 일언지하에 악령을 몰아내셨습니다.

영의 식별과 단호함! 오늘 우리를 호시탐탐 노리는 사탄의 해괴한 논리에 맞서기 위해 우리에게 꼭 필요한 덕목임에 틀림없습니다.

■ 지켜 주시리라

> "예수님께서 그에게 '조용히 하여라. 그 사람에게서 나가라.' 하고 꾸짖으시니, 더러운 영은 그 사람에게 경련을 일으켜 놓고 큰 소리를 지르며 나갔다"(마르 1,25-26).

뉴욕의 차이나타운에서 있었던 일입니다.

미국인 여자가 전기제품을 파는 가게에 들어서더니 '행운의 부적'을 보여 달라고 하였습니다. 이 미국인 여자는 중국인들이 새해가 되면 '복'자니 '길'자니 하는 글씨를 크게 적어 집집마다 벽에 붙여놓는다는 사실을 이미 들었던 것입니다.

이 말에 나이가 지긋해 보이는 중국인 여주인은 의아하다는 듯이 손님의 얼굴을 힐끗 쳐다보고는 자신이 지니고 있던, 중국 전통의 글씨가 적혀 있는 종이들을 진열대 위로 꺼내 놓기 시작하였습니다. 그것들을 살펴보던 미국인은 여주인에게 말했습니다.

"이것들 중 어떤 것이 가장 좋은 것인지 알려 주시겠어요? 정말 효력을 발휘하는 부적이 필요해요. 다름 아니라 우리 아들애가 배를 타고 남태평양에 나가 있거든요. 그래서 그 애들을 보호해 줄 만한 것을 찾고 있는 중이랍니다."

이 말을 다 듣고 난 가게 여주인이 웃으며 입을 열었습니다.

"부인께서 원하시는 것이 있긴 한데 지금 여기에는 없습니다."

"그래요? 제발 부탁이니 그것을 보여 주십시오. 가격이 얼마든지 간에 제가 꼭 사고 싶습니다."

"그렇지만 그것은 돈으로는 살 수 없는 것이랍니다. 바로 하느님이시지요. 내게 있어 하느님만큼 확실하고 효과적인 보호자는 없답니다. 내게는 아들이 세 명 그리고 손자가 세 명 있는데, 그 애들이 태어나자마자 하느님께 맡겼지요. 그러고는 하느님께서 잘 지켜 주시기를 기도해 왔습니다. 물론 하느님께서는 저의 기도에 응답해 주셨고 앞으로도 그러실 거라고 확신하고 있습니다. 부인, 하느님만이 진정한 보호자가 되십니다. 부인께서도 하느님을 믿고 받아들이시도록 진심으로 권합니다."[16]

이 이야기에 나오는 미국 여인은 불안한 마음을 달래려고 개인적으로 중국인들의 전통 부적을 사려 했습니다. 하지만 이 여인은 중국인 여주인으로부터 더 확실한 것을 얻을 수 있었습니다. 바로 그 어떤 부적보다도 하느님께 의지함이 더 효과가 있다는 것입니다.

오늘 복음 말씀에서 권위 있는 예수님의 명령에 더러운 악령들마저도 복종합니다. 이는 예수님께서 악귀는 물론 액운까지 몰아내시는 분이라는 말인 셈입니다.

그러니 주님께서 우리의 빽이 되어 주시면 우리가 무엇이 두렵겠습니까? 캘빈 밀러Calvin Miller의 이야기가 이를 증언해 줍니다.

> 오래 전 어느 겨울날이었다. 바바라와 나는 빙판이 진 네브라스카의 고속도로를 달리고 있었다. 우리가 어느 다리에 접어들 무렵 차가 통제를 벗어나 빙글 돌았다. 나는 공포에 휩싸였다. 핸들은 더 이상 아무 소용이 없었다. 브레이크로도 차를 세울 수 없었다. 내 몸의 모든 뼈마디가 쇠처럼 경직됐다. 지금까지도 차가 그렇게 도는 가운데 어떻게 다리를 건넜는지 알 수가 없다. 내가 전혀 희망이 없다고 느꼈을 때, 차는 마침내 가이드레일을 박차고 튀어나갔다. 우리 차가 고속도로에서 벗어나 도랑에 처박혔을 때, 눈을 감고 느긋한 표정으로 똑바로 앉아 있는 바바라를 볼 수 있었다. 우리가 얼음 덮인 풀밭으로 걸어 나왔을 때, 바바라의 평온함과 나의 긴장이 크게 대조를 이루고 있었다. 아내는 다치지 않았다. 아마도 환경이 그녀에게 긴장을 명령했을 때에도 자신의 불안을 떨쳐버릴 수 있었기 때문이었을 것이다. [⋯]
> 예수께서 거기 계셨다. 그분은 언제나 계신다. 물론 언제나 최선의 해답은 두려움을 믿음으로 바꾸는 것이다.[17]

주님께 의지하는 사람은 아무리 어려운 시련이 닥쳐와도 불안해하지 않습니다. 오히려 주님의 손길 안에서 평안함을 누릴 수 있습니다.

지금 이 시대에도 우리를 둘러싼 환경들이 불안, 초조, 걱정, 시기, 질투 등에 우리를 빠뜨리려고 유혹합니다. 하지만 우리의 든든한 빽이 되어 주시는 주님께 의지할 때, 우리는 그 모든 것을 이겨낼 수 있습니다.

시시때때로 변하고 불안한 이 상황 속에서 우리가 믿고 의지할 분은 바로 아빠 하느님뿐입니다. 그분의 품 안에서 우리는 참 평화를 누릴 수 있기 때문입니다. 아멘!

■ 주님의 수다꾼

> "그리하여 그분의 소문이 곧바로
> 갈릴래아 주변 모든 지방에 두루 퍼져 나갔다"(마르 1,28).

입소문!

그렇습니다. 입소문처럼 무서운 게 없지요. 예수님의 향기는 그렇게 곳곳에 퍼져 나간 것입니다.

우리도 그 입소문의 한 전달자입니다. 이미 받은 예수님의 그 풍성한 은혜를 전하지 않을 수 없는 것입니다. 여기 그 역할을 충실히 해내고 있는 한 사람을 소개합니다. 박 베드로 형제의 사연입니다.

"반갑습니다. 간만에 날씨가 참 좋지요?"

택시기사 박 베드로 씨는 자신의 택시를 타는 모든 손님에게 반갑게 인사를 건넨다. […]

박 씨가 이처럼 손님들과 애써 대화하려는 데는 특별한 이유가 있다. 바로 그리스도의 기쁜 소식을 전하기 위해서다. 몇 마디 주고받는 말끝에 삶의 고단함을 털어놓는 손님에게 박 씨는 그의 신앙 고백을 들려준다. 힘든 순간에 체험한 하느님과 신앙 안에서 변화된 삶에 대해 이야기를 한 후 가톨릭을 소개하는 소책자를 전한다. […]

뒷자리에 비치된 책자도 선교 도우미 역할을 톡톡히 해내고 있다. 홍보 책자꽂이를 본 손님들 중 어떤 이들은 박 씨가 먼저 말을 꺼내기도 전에 "그렇지 않아도 성당 나가려 했는데…" 하고 털어놓아 본론(?)으로 들어가기가 쉽다. 손님 10명 중 1명 꼴로 냉담 교우를 만난다. 성당에 다니길 원하는 비신자나 다시 신앙생활을 하고 싶어 하는 냉담 교우들을 본당과 연결시켜 주는 것도 그의 몫이다. […]

박 씨는 친절하고 따뜻한 말 한마디가 그리스도의 향기를 전할 수 있고, 손님들의 상처까지도 치유할 수 있음을 확신한다. […]

손님 한 명 한 명을 만날 때마다 성령께서 활동하심을 느낀다고 웃으며 말하는 그에게서 선교에 대한 사명과 열정을 함께 확인할 수 있었다.[18]

"그리하여 그분의 소문이 곧바로 갈릴래아 주변 모든 지방에 두루 퍼져 나갔다"(마르 1,28).

이 말씀이 오늘 이 시대에도 그대로 이루어짐을, 주-욱 이루어져 나갈 것임을 믿습니다.

함께 기도하시겠습니다.

주님, 복음을 전하는 제가 행여 복음에서 비껴난 것을 가르치지 않도록 제 생각을 지켜 주소서.

주님, 복음을 선포하는 제가 행여 세상 지식에 현혹되지 않도록 제 마음을 지켜 주소서.

주님, 복음을 변론하는 제가 행여 뛰어난 언변에 의지하려는 유혹에 넘어가지 않도록 제 입술을 지켜 주소서.

우리 주 예수 그리스도를 통하여 비나이다. 아멘!

연중 제5주일: 마르 1,29-39

복음과 치유

"예수님께서는 온 갈릴래아를 다니시며,
회당에서 복음을 선포하시고 마귀들을 쫓아내셨다"(마르 1,39).

1. 말씀의 숲

오늘의 복음은 세 단락으로 구분할 수 있습니다. 즉, 처음 예수님께서 시몬의 집에서 시몬의 장모의 병을 치유해 주시는 부분(마르 1,29-31 참조), 이어 사람들이 병자와 마귀 들린 사람들을 데리고 몰려들고 예수님께서는 그들을 모두 치유해 주시는 부분(마르 1,32-34 참조), 그리고 예수님께서 새벽녘에 기도를 하시다가 인근 다른 동네로 떠나 당신의 일을 계속하시는 부분(마르 1,35-39 참조)으로 연결되고 있습니다.

세 단락 모두 공통적으로 치유와 관련되는 이야기들입니다. 동시에 세 이야기 모두 치유 과정에서 일어나는 대화나 사람들의 움직임 혹은 심리 상태 등의 상황에 대한 묘사는 가능한 한 생략하고, 그 대신 예수님께서 하신 일들을 요약해서 알려 주는 형식의 공통된 문체로 되어 있습니다. 여기에는 복음을 전하는 사람의 의도가 들어 있습니다. 즉 앞으로 자세한 상황 묘사를 갖춘 기적의 이야기들을 전하겠지만, 그러한 일들 이외에도 예수님께서 당신을 찾는 사람들을 오늘의 복음에서와 같이 다 맞이하여 치유해 주셨음을 전하고자 하는 것입니다.

이야기는 시몬과 안드레아의 집에서 먼저 시작됩니다. 마침 시몬의 장모가 열이 나서 누워 있었습니다. 그때 사람들이 그 사정을 예수님께 말씀드렸습니다. 그러나 아무도 시몬의 장모를 낫게 해달라고 말하는 사람은 없었습니다. 사람들은 장모를 낫게 해달라고 청한 것이 아니라 사정을 말씀드렸을 뿐이었습니다.

그러자 예수님께서는 시몬의 장모에게 다가가 손을 잡고는 일으켜 세웠습니다. 그 즉시 열은 시몬의 장모에게서 떠나갔습니다. 예수님께서는 그 어떤 말도 어떤 특별한 행동도 하지 않으셨습니다. 그저 다가가서 손을 잡고는 일으켰습니다. 병상에서 일어난 시몬의 장모는 시중들기 시작했습니다. 예수님께서는 열을 떨어뜨리기 위해 그녀를 일으켜 세웠습니다. 이 치유는 신체적 접촉으로 예수님의 구원의 힘이 그녀에게 전달된 데 기인합니다.

두 번째 대목에서는 "저녁이 되고 해가 지자, 사람들이 병든 이들과 마귀 들린 이들을 모두 예수님께 데려왔다. 온 고을 사람들이 문 앞에 모여들었다."(마르 1,33)고 전하고 있습니다. 사람들이 원하는 것은 치유였습니다. 예수님께서는 그들이 원하는 대로 갖가지 질병으로 앓는 이들을 고쳐 주셨습니다. 그리고 많은 귀신을 쫓아내셨습니다. 하지만 방법에 대해서는 아무것도 말씀하시지 않습니다.

다만 한 가지, 예수님께서는 마귀들이 떠들지 못하게 하셨습니다. 그들이 당신을 알아보았기 때문입니다. 예수님께서는 당신이 하느님의 아들이심을 십자가의 죽음 이후까지 감추려 하신 것 같습니다. 그것은 '메시아 비밀'이라는 초대 교회의 전통이 된 문학적 기법으로 표현되었습니다.

이제 이야기는 세 번째 대목으로 넘어갑니다. 예수님께서는 다음날 새벽 외딴 곳으로 가시어 기도하십니다. 여기서 잠깐, 예수님께서는 중요한 일이 있을 때마다 기도하시는 모습을 보이셨음을 놓치지 말아야 하겠습니다. 예수님께서는 물 위를 걸어가신 기적을 보여 주시기 전에도(마르 6,47 참조) 산 위에 올라가 기도하셨습니다(마르 6,46 참조). 또 생사의 기로에 서신 예수님께서는 세 제자들을 데리고 겟세마니로 가서 아버지께 기도하면서 그분의 뜻을 찾으셨습니다(마르 14,32-42 참조). 수많은 기적을 베푸시는 예수님의 활동 한가운데에는 기도가 있습니다. 그분 역시 하느님으로부터 파견되어 하느님과의 끊임없는 교류를 필요로 하신 분입니다. 파견을 받은 사람은 파견한 분의 뜻에 충실해야 합니다.

교회가 이러한 자기 정체성을 잃어버리거나 혹은 거기에 둔감해지지 않기 위해서는 기도가 모든 활동의 중심에 서 있어야 합니다. 기도는 교회가 하는 여러 가지 활동 중의 하나가 아닙니다. 모든 활동들이 거기로 흘러 들어가서 정화되어야 할 뿐 아니라, 무엇을 해야 하는지도 거기에서 흘러나와야 합니다.

자, 이렇게 기도하시던 중 예수님께서는 베드로 일행으로부터 군중들이 예수님을 찾아 몰려들고 있다는 말씀을 들으십니다. 카파르나움에서 펼쳐지는 이 이야기는 시작에 불과합니다. 나중의 기록은 이렇습니다. "그들은 호수를 건너 겐네사렛 땅에 이르러 배를 대었다. 그들이 배에서 내리자 사람들은 곧 예수님을 알아보고, 그 지방을 두루 뛰어다니며 병든 이들을 들것에 눕혀, 그분께서 계시다는 곳마다 데려오기 시작하였다. 그리하여 마을이든 고을이든 촌락이든 예수님께서 들어가기만 하시면, 장터에 병자들을 데려다 놓고 그 옷자락 술에 그들이 손이라도 대게 해 주십사고 청하였다. 과연 그것에 손을 댄 사람마다 구원을 받았다"(마르 6,53-56).

사람들이 원하는 것은 치유였습니다. 그러나 예수님께서는 더 중요한 사명이 있었습니다. "다른 이웃 고을들을 찾아가자. 그곳에도 내가 복음을 선포해야 한다. 사실 나는 그 일을 하려고 떠나온 것이다"(마르 1,38).

예수님께서 원하시는 것은 오로지 기쁜 소식을 선포하는 것이었습니다. 그다음에야 많은 기적들이 베풀어져야 했습니다. 예수님께서는 어디까지나 말씀이시기 때문입니다. "영은 생명을 준다. 그러나 육은 아무 쓸모가 없다. 내가 너희에게 한 말은 영이며 생명이다"(요한 6,63). 그러므로 말씀의 선포가 우선이고 그다음이 치유였습니다.

교회로부터 파견된 사람은 그 기초를 놓으시고 당신 스스로 그 기초가 되시는 예수님께로부터 파견된 것입니다. 따라서 복음에서 예수님께서 "복음을 선포해야 한다. 사실 나는 그 일을 하려고 떠나온 것이다."(마르 1,38)라고 하신 것처럼, 우리가 하는 일은 모두 사람들에게 하느님 나라의 복음을 전하는 일에 수렴되어야 합니다. 우리가 세우는 사목적 계획들은 처음부터 뚜렷이 이런 지향에서 흘러나오고 있습니까?

2. 말씀 공감

■ 가장 안전한 길

> "시몬의 장모가 열병으로 누워 있어서, 사람들이 곧바로 예수님께 그 부인의 사정을 이야기하였다"(마르 1,30).

1939년 성탄절에 영국 왕 조지 6세 George VI는 곤경에 처한 자기 백성에게 짧은 라디오 연설을 했습니다. 영국은 이미 독일과 교전 중에 있었습니다. 곧 유럽은 야만적이고 무자비한 전쟁의 공포에 빠져들 운명에 처해 있었습니다. 그 왕은 자기 나라 사람들의 불안한 마음을 달랠 수 있기를 바라며, 폭풍의 구름이 몰려들기 시작하는 시점에 사람들에게 용기를 불어넣는 연설을 했던 것입니다. 그는 미니 루이스 하스킨스 Minnie Louise Haskins의 '시간의 문 The Gate of Year'이라는 시를 인용하며 연설을 마쳤습니다.

"나는 시간의 문에 서 있는 남자에게 말했다. '내가 알지 못하는 곳을 안전히 걸어갈 수 있게 내게 빛을 주시오.' 그러자 그는 대답했다. '어둠 속으로 나아가시오. 그리고 당신의 손을 하느님의 손에 맡기시오. 그것이 당신의 빛보다 더 낫고, 당신이 알고 있는 길보다 안전할 것이오.'"[19]

이 얼마나 우리에게 필요한 말입니까. 우리의 손을 전능하신 하느님의 손에 맡기고 그리하여 하느님이 우리와 함께하신다면 미래를 두려워할 필요가 전혀 없는 것입니다. 주님과 함께 걷는 것은 세상에서 가장 큰 기쁨이며, 그것은 이미 알려져 있는 길보다 훨씬 더 안전한 것입니다.

오늘 복음에서 시몬의 장모가 병으로 누워 있을 때, 주변에 있던 사람들이 예수님께 그 부인의 사정을 이야기했습니다. 그들은 자신이 필요한 것을 주님께 요청했던 것입니다. 이는 사실 예수님께서 제자들에게 가르쳐 주신 그대로였습니다.

"청하여라, 너희에게 주실 것이다. 찾아라, 너희가 얻을 것이다. 문을 두드려라, 너희에게 열릴 것이다. 누구든지 청하는 이는 받고, 찾는 이는 얻고, 문을 두드리는 이에게는 열릴 것이다. [⋯] 너희가 악해도 자녀들에게는 좋은 것을 줄 줄 알거든, 하늘에 계신 너희 아버지께서야 당신께 청하는 이들에게 좋은 것을 얼마나 더 많이 주시겠느냐?"(마태 7,7-8.11)

그러므로 우리에게 어려운 일이 닥치면, 우리는 그 해결 방법을 다른 곳에서 찾으려 하지 말고 주님께 청원함으로 해결해야 할 것입니다. 더 정확히는 그 일을 해결할 힘을 주님께 청하며 우리에게 닥친 상황에서 최선을 다해 노력하는 모습을 보여야 할 것입니다. 그렇게 할 때 주님께서는 우리의 기도에 꼭 응답을 주실 것입니다.

이때는 '과연 주님께서 우리에게 응답을 주실까?'라는 의심을 버려야 합니다. 우리는 단지 주님께서 우리의 기도에 응답을 주실 것이라는 믿음을 지녀야 합니다.

"'하실 수 있으면'이 무슨 말이냐? 믿는 이에게는 모든 것이 가능하다"(마르 9,23).

■ 기도의 동력

> "예수님께서는 갖가지 질병을 앓는 많은 사람을 고쳐 주시고 많은 마귀를 쫓아내셨다"(마르 1,34).

예수님께 모여든 이들은 저마다 자신들의 문제를 안고 사는 사람들이었습니다. 그 문제는 신앙적인 차원이나 영적인 차원의 것이 아니었습니다. 말 그대로 생존 차원의 문제들이었습니다. 우리 가톨릭 교회에서 관행상 일컫는 '기복 기도'의 내용이 될 만한 것들이었습니다.

이들을 예수님께서는 '기복 기도는 안 된다'며 거절하지도 돌려보내지도 않으셨습니다.

"예수님께서는 갖가지 질병을 앓는 많은 사람을 고쳐 주시고 많은 마귀를 쫓아내셨다"(마르 1,34).

여기서 더 나아가 예수님께서는 우리의 끼니까지도 염려하시고 챙겨 주십니다. 한 번은 군중의 배고픔을 가엾이 여기시며 이렇게 말씀하셨습니다.

"저 군중이 가엾구나. 벌써 사흘 동안이나 내 곁에 머물렀는데 먹을 것이 없으니 말이다. 길에서 쓰러질지도 모르니 그들을 굶겨서 돌려보내고 싶지 않다"(마태 15,32).

이 연민 깊은 마음으로 주님께서는 빵을 불리는 기적을 행하시어, 내세에서의 영원한 생명뿐 아니라 현세의 필요도 챙겨 주셨습니다.

주님은 주시고자 하십니다. 하지만 우리는 시큰둥합니다. 기성 교회로부터 그러도록 훈련받았기 때문입니다.

주님은 우리 세상살이에서도 우리의 주님이 되시기를 원하십니다. 하지만 우리는 세상살이에서 만큼은 스스로 주인이 되고자 합니다. 기성 교회로부터 그렇게 배웠기 때문입니다.

주님은 청하라 하십니다. 하지만 우리는 세계 평화, 인류 복음화, 세계 인권 등 거창한 것들만 청합니다. 기성 교회로부터 '이기적인 기도는 안 된다'는 말을 이골이 나도록 들었기 때문입니다.

■ 무의식 발걸음

> "다른 이웃 고을들을 찾아가자. 그곳에도 내가 복음을 선포해야 한다. 사실 나는 그 일을 하려고 떠나온 것이다"(마르 1,38).

작년 12월 초 프란치스코 교황님은 미얀마를 방문하셨습니다. 군부 독재정권에 의한 잔혹한 학살의 희생자 로힝야족(Rohingya)을 위로하기 위해서였습니다.

방문 직후 교황님은 '중국을 방문하고 싶다'고 공개적으로 말씀하셨습니다. 수십 년간 종교 탄압을 받아온 중국 그리스도인들이 눈에 밟혀서였을 것입니다.

몸의 움직임이나 눈빛에서 한 해 한 해 연로해 가시는 티가 역력히 나지만, 그의 선교 열정만은 여전히 청춘의 그것입니다.

교황님을 생각하면 엉거주춤한 저의 내면이 슬그머니 부끄러워집니다.

저를 부끄러움으로 모는 또 한 분의 인물이 있습니다.

바로 故 송해붕 세례자 요한입니다. 옛적에도 몇 번 밝혔습니다만, 저는 그가 남긴 선교 유훈을 외고 있습니다.

> 삼천리 강산 동포의 무리를 진리의 성신으로 성화시키기 위하여서는
> 첫째, 보통이 아닌 초자연적인 열성,
> 둘째, 예수 성심에 취한 열성,
> 피눈물 섞인 고통과 희생의 정신이라야 할 것이다.

지금 다시 생각해 봐도 엄청난 기개입니다. 송해붕 세례자 요한은 이 정신을 적어서 고촌 공소의 신자들과 어린이들에게 외우고 실행할 것을 권했습니다. 삶의 반경이라고 해봐야 고작 김포 일대에 제한되었던 그 시절, 그는 '삼천리 방방곡곡 동포의 무리'를 가슴에 품었습니다.

과욕, 허풍, 과대망상이라고 놀림받아도 할 말이 없을 저 포부 지평. 그는 이를 위해 고신극기하며 기도했습니다. 그러면서 때가 오기를 기다렸습니다. 하지만 그는 6·25 전쟁 와중에 순교하면서 그 꿈은 세상에 남겨 두고 떠났습니다.

비록 못 이룬 꿈이지만 그의 선교 기백 앞에 저는 부끄러움을 금치 못합니다.

바라건대, 그로부터 감동받은 한 사람 한 사람이 뜻을 합치면 그의 꿈은 머지않아 실현될 것입니다. 통일 선교, 북한 선교 말입니다.

그의 뜻을 따르고자 하는 형제자매들 위에 하늘로부터 그의 전구 은혜가 내려질 것을 믿어 의심치 않습니다.

"다른 이웃 고을들을 찾아가자. 그곳에도 내가 복음을 선포해야 한다. 사실 나는 그 일을 하려고 떠나온 것이다"(마르 1,38).

예수님의 이 말씀은 송해붕 세례자 요한의 열정, 프란치스코 교황님의 그것을 넘어 우리들을 통해서도 이루어져야 합니다.

함께 기도하시겠습니다.
주님, 저희가 어떤 상황에서도 항상 기도의 사람이 되게 하소서.
주님, 저희가 어떤 문제이든지 그 답을 주님 안에서 찾게 하소서.
그리고 저희가 언제나 "예수 그리스도가 답입니다!"라고 외치며 살 수 있도록 체험과 확신을 주소서.
우리 주 예수 그리스도를 통하여 비나이다. 아멘!

연중 제6주일: 마르 1,40-45

연민 어린 손길

"예수님께서 가엾은 마음이 드셔서
손을 내밀어 그에게 대시며 말씀하셨다"(마르 1,41).

1. 말씀의 숲

지난주까지 우리는 마르코 복음을 따라 예수님께서 더러운 악령을 쫓아내시고(마르 1,21-28.32-34 참조), 베드로 장모의 열병을 치유해 주시고(마르 1,29-31 참조), 수많은 군중의 질병을 치유해 주셨음을(마르 1,35-39 참조) 보았습니다. 오늘 복음에서는 나병 환자의 병을 고쳐 주시는 활약을 통하여 이런 일련의 치유의 대미를 장식하게 해 줍니다.

나병 환자의 치유는 예수 그리스도의 능력을 가시화한 구체적 계시 사건이며 하느님의 나라와 그 전권이 예수님 안에 있음을 확인시켜 주고 예수님께서 바로 하느님 나라의 화신(化身)임을 입증하고 있습니다.

이 이야기는 인물 즉 치유자와 환자(마르 1,40 참조), 치유(마르 1,41-42 참조), 치유의 증명(마르 1,43-44 참조), 치유받은 자의 반응(마르 1,45 참조) 등 일반적인 기적 이야기들이 포함하고 있는 요소들을 잘 갖추어 전해 주고 있습니다.

이야기에는 의미심장한 절차가 있습니다. 이 단락의 첫 부분은 나병 환자가 예수님을 찾아가는 데 초점을 모읍니다. 마지막에 가서 나병 환자는 예수님을 떠나가서 온 사방에 알리기 시작합니다. 그 결과 예수님께서는 치유된 나병 환자의 행동으로 인해 활동에 어려움을 겪고 더 이상 고을로 들어가지 못하게 됩니다. 이 단락을 상세히 검토해 봅시다.

먼저 나병 환자가 예수님을 찾아가는 첫째 움직임이 있고, 이어서 그의 세 가지 행동이 전개됩니다. 무릎을 꿇고, 간청하며, 말합니다(나중에 이 동사는 다시 사용됩니다). "스승님께서는 하고자 하시면 저를 깨끗하게 하실 수 있습니다"(마르 1,40).

본래 나병 환자는 그 질병 때문에 사회에서 완전히 버림받을 수밖에 없었습니다. 그 누구에게도 다가갈 수 없었습니다. 그가 다가가면 사람들이 돌을 던졌기 때문입니다. 그런데도 불구하고 그는 예수님께 와서 무릎을 꿇고 간청했습니다.

이어서 예수님의 반응이 있고, 예수님께서 그를 '가엾게' 여기십니다. 예수님에 대해서도 세 가지 행위가 묘사됩니다. "손을 내밀어 그에게 대시며 말씀하셨다"(마르 1,41ㄱ). 이 대칭 구조를 살펴보면, 간청하는 나병 환자의 세 가지 행위와 이에 응답하는 예수님의 세 가지 행위는 그분의 의지가 드러나도록 합니다. "'내가 하고자 하니 깨끗하게 되어라.' 그러자 바로 나병이 가시고 그가 깨끗하게 되었다"(마르 1,41ㄴ-42).

예수님께서는 단장斷腸의 아픔을 느끼며 손을 펴서 만져 주셨습니다. 다른 사람들과는 전적으로 다른 새로운 행동, 아무도 상상할 수 없었던 행동이었습니다. 예수님께서는 하느님으로부터 파견을 받으신 분, 구세주로서 행동하셨습니다. 불결한 나병 환자와의 신체적 접촉은 유다인들의 정결 규정에 저촉됩니다. 그러나 예수님께서는 이 규정을 초월하여 참된 정결과 구원을 창조하셨습니다. 나병 환자는 이제 예수님께 대한 믿음에 힘입어 하느님과 일치하고 건강한 시민들과 친교를 맺을 수 있게 되었습니다.

그다음에 또 다른 예수님의 말씀이 이어집니다. 예수님께서는 나병 환자를 엄히 경고하고 떠나보내며 말씀하십니다. "누구에게든 아무 말도 하지 않도록 조심하여라. 다만 사제에게 가서 네 몸을 보이고, 네가 깨끗해진 것과 관련하여 모세가 명령한 예물을 바쳐, 그들에게 증거가 되게 하여라"(마르 1,44ㄴㄷ). 예수님께서는 나병 환자에게 치유 사실을 사제에게 보고하여 공적 확인(레위 13,6 참조)을 받으라고 명하심으로써 율법의 정결 규정을 무시하지 않으셨습니다. 이 율법 규정은 나병 환자가 사회로 돌아가서 정상 시민으로 살 수 있게 하는 것입니다.

하지만 치유된 나병 환자는 예수님의 명령을 어깁니다. "그러나 그는 떠나가서 이 이야기를 널리 알리고 퍼뜨리기 시작하였다"(마르 1,45ㄱ). 그 결과 예수님께서는 더 이상 고을로 들어가실 수 없었지만, 복음서 저자는 "그래도 사람들은 사방에서 그분께 모여들었다."(마르 1,45ㄷ)라고 덧붙입니다.

결국 움직임은 앞의 구조를 완벽하게 되풀이합니다. 나병 환자가 그에게 찾아왔습니다. 사람들이 사방에서 그를 찾아왔습니다. 바깥 외딴곳에 머물러 계심에도 불구하고 예수님께서는 움직임의 원천이요 사람들이 찾아 나서는 기원이며 결론이십니다. 외딴 곳에 머물러 계시지만 사람들의 눈길을 끌고 그들을 인도하실 수밖에 없습니다.

2. 말씀 공감

■ 겸손한 영혼의 몫

> "어떤 나병 환자가 예수님께 와서 도움을 청하였다. 그가 무릎을 꿇고 이렇게 말하였다"(마르 1,40).

나병 환자는 절실했습니다. 그렇지 않고서 그가 어찌 무릎을 꿇지 않을 수 있었겠습니까. 당시 날로 인기가 하늘을 찌르던 예수님께는 그야말로 수많은 사람들이 몰려와 자신들의 아픔을 호소했을 것입니다. 그 가운데서도 유독 예수님께서 이 나병 환자에게 주목하실 수밖에 없었던 건, 그가 당신 앞에 무릎까지 꿇어 가며 내뱉은 절실함 때문이 아니었을까요.

우리의 모습을 되돌아봅니다. 말로는 '힘들다, 힘들다', 말로는 '아프다, 아프다' 해도 정작 주님 앞에 무릎을 꿇은 날은 얼마나 될까요.

여기 주님께 엎디어 응답받은 한 젊은 자매의 사연이 있어 소개합니다. 이름을 밝히지 않고 편지로 전해 온 사연입니다.

> 신부님, 저는 대구 모 본당, 30대 초반의 신자입니다. 부끄럽지만 용기를 내어 작년에 겪은 제 작은 체험을 고백하고 싶어 이렇게 펜을 들었습니다.
>
> 가을로 넘어가는 늦은 여름, 성지 순례를 갔다가 국제 미사 성체조배에 참여했을 때였습니다. 그쯤 저에겐 고민거리가 하나 있었습니다. 오래 사귄 남자 친구와 계속 만나야 할지 헤어져야 할지, 서른넷의 남자 친구는 주변에서 계속 언제 결혼할지 물어 와 스트레스를 받고 있었고, 본인도 결혼을 원했습니다. 하지만 저는 결심이 서지 않았습니다. 딱히 그 사람

이 싫었던 것은 아니었지만 결혼에 대한 확신이 없었습니다. 너무 오래 만나 서로를 습관처럼 생각하는 것도 제겐 불만이었습니다. […]

심사숙고 끝에 남자 친구와 헤어지는 게 서로를 위해 좋은 일 같았습니다. 하지만 헤어지기는 쉽지 않았습니다. 그래서 그날은 그 고민을 위해 절실히 기도해 보자고 마음먹었습니다.

마침 주변을 둘러보니 함께 미사 보는 외국인들이 많았는데 그들은 특이하게도 대다수가 무릎을 꿇고 기도하고 있었습니다. 장궤틀도 없었는데 말입니다. 그 모습이 하도 거룩해 보여 저도 그들처럼 이 시간만큼은 무릎을 꿇고 끝날 때까지 절대 일어나지 않겠다고 다짐했습니다.

바닥이 딱딱해 금세 무릎이 시리고 아팠습니다. 그렇지만 저는 더욱 간절히 기도에 집중했습니다. 이렇게 기도하는데도 답을 주지 않으시겠냐며. 그렇게 미사를 마치고 순례를 마쳐갈 때쯤 제가 얻은 답은 이것이었습니다.

'네가 어떤 선택을 하든 너에게 은총을 주겠다.'

사실 저는 더 명확한 답을 원했습니다. '헤어져라' 혹은 '결혼해라.'

감사한 응답이면서도 한편으론 너무 모호한 답이었습니다. 결국 저는 남자 친구와 헤어졌습니다. […]

하지만 막상 헤어지고 나니, 마음이 뜻대로 움직이지 않았습니다. 단칼에 잘라버리기에는 그간의 시간이 너무 길었나 봅니다. 저희는 다시 만나 그동안 서로 참아 왔던 말들을 몇 시간 동안 나누었습니다. 그리고 서로 약속을 했습니다.

'다시 한번 만나 보되, 서로가 변화되지 않으면 결혼 얘기는 하지 말자.'

감사한 건, 그 이후 놀랍도록 서로가 변화되고 있다는 것입니다. […] 십 년 넘게 피우던 담배도 끊었습니다. 무뚝뚝하던 사람이 몰래 이벤트를 준비하기도 합니다. 매일 묵주기도도 하고, 레지오 활동도 시작했고, 성령세미나도 빠지지 않습니다. […] 얼마 전엔 남자 친구가 제게 이렇게 말하는 것이었습니다.

"요즘 너무 행복해. 기뻐."

담배 끊은 지 얼마 되지 않아 한참 예민해져 있을 시기인데, 그 말을 듣는 순간 저는 깨달았습니다. '주님께서 내게 당신만의 방법으로 응답을 주셨구나!' 진심으로 감사와 영광을 올릴 따름입니다.

■ 그네들의 기도

> "예수님께서 가엾은 마음이 드셔서 손을 내밀어 그에게 대시며 말씀하셨다. '내가 하고자 하니 깨끗하게 되어라'"(마르 1,41).

2017년 2월 연구소에 비보가 날아왔습니다. 초창기부터 저희와 함께했던 한 자매의 교통사고 소식이었습니다. 자매는 개인적인 사정으로 직장을 옮겼지만, 저희 연구소 가족들과는 좋은 관계를 지속하던 중이었습니다. 그랬는데 새 직장 출근길에서 교통사고를 당하여 응급조치 후 곧바로 중환자실에 의식불명 상태로 입원하게 되었다는 것이었습니다.

제게도 보고가 되었습니다. 자매의 엄마도, 대전교구 신학생인 남동생도 제가 잘 아는 사이였기에 더 자세히 알아보도록 인편으로 병문안을 시켰습니다.

그 경황에 남동생이 메신저에 올린 사진 한 장과 기도 요청이 저희 마음을 더 간절히 기도하도록 움직였습니다. 그 사진은 감실 등 은은히 퍼진 성체조배실 전면, 자비의 공간을 담고 있었습니다. 글은 지극히 절제된 한 문장 "기도 부탁드립니다."였습니다.

저는 곧바로 쾌유를 비는 미사를 봉헌해 주었습니다. 미사 끝에 자매를 위해 기도하는데 "소녀야 일어나라, 탈리타 쿰!" 하는 영감이 힘 있게 제 가슴을 울렸습니다. 저는 당시 사정상 병문안을 할 수 없던 처지라, 또 인편으로 병문안을 보내어 귀에다 대고 "소녀야 일어나라, 탈리타 쿰!"을 속삭여 주라고 시켰습니다. 그대로 행했다는 보고를 받고 주님께서 주신 말씀이니 곧바로 좋은 소식이 있겠거니 하고 기다렸습니다.

하지만 저희가 지속적으로 기도해 주면서 관심을 기울였음에도 상태는 호전될 기미가 없었습니다.

그러나 저희는 낙심하지 않았습니다. 말씀을 믿었기 때문입니다. 과연 주님의 자비는 침묵하지 않았습니다. 결국 그 자매가 의식을 되찾아서 재활병원에서 회복 중이라는 소식을 들었습니다.

"예수님께서 가엾은 마음이 드셔서 손을 내밀어 그에게 대시며 말씀하셨다. '내가 하고자 하니 깨끗하게 되어라'"(마르 1,41).

오늘도 이 말씀은 눈물로써 기도하는 우리 교우들에게, 간절한 기도가 바쳐지는 가정에, 그리고 목소리조차 내지 못하고 눈조차 뜨지 못하지만 오롯이 하느님 자비만을 바라보고 있는 마음들에게 구원의 약속으로 선언됩니다. 절망의 순간에도 이 말씀을 굳게굳게 믿어야 하겠습니다.

■ 당신을 위한 희망의 편지

> "그러나 그는 떠나가서 이 이야기를 널리 알리고
> 퍼뜨리기 시작하였다"(마르 1,45).

　예수님께서는 숨어 일하고자 하셨지만 그는 가서 세상에 알렸습니다. 사랑은 숨으려 하고 사랑을 입은 사람들은 그것을 알리려 합니다.
　똑같은 일이 얼마전 소록도에서 일어났습니다. 2005년 11월 21일 한센병 환우들이 모여 사는 전남 고흥군 도양읍 소록도 전체가 슬픔에 잠겼습니다. 그 이유는 바로 43년간 그곳에서 봉사를 해온 '파란 눈의 간호사' 마리안느Marianne Stoger 자매님과 마가렛Margaritha Pissarek 자매님이 21일 이른 아침 아무 말도 없이 고향 오스트리아로 떠났기 때문입니다. 그리스도왕의 시녀회 소속인 두 분이 소록도에 들어온 것은 1962년 6월, 간호사 자격을 가진 20대 후반의 젊은 나이였습니다. 그 당시만 해도 한센병 환우들은 고칠 수 없는 '천형天刑', 곧 문둥병이라는 사회적 편견 때문에 외진 곳에 집단 수용된 채 죽음을 기다리던 상황이었으며, 국내에서도 그들에 대한 관심이 전무한 실정이었습니다.
　하지만 두 자매님들은 60년대 초부터 모국 오스트리아 가톨릭 부인회에서 보내준 의약품과 지원금 등으로 환우들에게 예수 그리스도의 사랑을 전했습니다. 지원금은 주로 쓰러져 가는 초가를 현대식 주택으로 개량하는 데 썼습니다.
　어느덧 두 자매님은 구수한 전라도 사투리를 잘 하는 할머니가 되었습니다. 실제로 주민들은 70이 넘은 두 자매님을 '할매'라고 불렀습니다.
　소록도병원에 근무하는 김 제노비오 씨는 "두 할매는 빗자루가 망가지면 청테이프를 붙여 사용할 만큼 청빈하게 살면서 환우들에게 사랑을 쏟았다."며 "종교를 초월해 사랑의 손길을 내미는 그들은 살아 계신 성모 마리아 모습 그대로였다."고 회상합니다.

그 사이 시련도 있었습니다. 3년 전에는 마리안느 자매님이 대장암 진단을 받아 한국과 오스트리아를 오가며 3번이나 수술을 받아야 했던 것입니다. 마리안느 자매님은 그때를 회상하며 다음과 같이 말하였습니다. "많이 아팠어요. 그래도 소록도 사람들이 기도해 준 덕분에 나았지요."

자매님들은 자신들의 이야기가 세상에 알려지는 것을 극구 꺼려했습니다. 그들의 헌신적인 봉사를 기리는 수백 장의 감사장과 공로패가 전달됐지만 되돌려졌습니다. 다만 1996년 국민훈장 모란장이 겨우 안겨졌을 뿐입니다.

그들은 떠나기 하루 전 병원 측에 이를 알렸습니다. 43년 생활을 마감하는데도 그들의 귀향길엔 소록도에 들어올 때 가져온 다 헤진 손가방 하나만 달랑 들려 있었다고 합니다. 이들은 병원 측에 헤어지는 아픔을 줄까봐 말없이 떠나게 됐다면서 환우들에게 A4 용지 2장짜리 편지를 남겼습니다. 그 편지에서 자매님들은 '이제 우리가 없어도 환우들을 잘 보살펴 주는 간호사들이 있기에 마음 놓고 떠난다'며 '부족한 외국인에게 보내준 여러분의 사랑과 존경에 감사한다'고 말했다고 합니다.

예수님 시대에도 그랬지만, 지금 우리들이 살아가는 이 시대에도 한센병 환자, 곧 나병 환자에 대한 인식은 좋지 않습니다. 아니 오히려 그들을 지정된 장소에 격리를 시켜놓고 우리들의 기억에서 지워내고 있는 실정입니다. 하지만 예수님께서는 그러한 문둥병자에게 손을 내밀어 치유를 해 주셨고, 지금 이 시대에는 마리안느 자매님과 마가렛 자매

같은 겉으로 드러나지 않는 많은 봉사자들을 통하여 그들에게 사랑의 손길을 내밀고 계신 것입니다.

함께 기도하시겠습니다.

주님, 주님께서는 사람들의 폐부를 진동시키는 공감 연민으로 사방에서 사람들을 끌어들이셨습니다.

주님, 오늘 주님의 그 연민 어린 손길을 갈급하는 허기진 영혼들의 초점 잃은 눈빛들이 도처에서 어슬렁거리고 있습니다.

주님, 그가 실은 저이오니, 그저 단 한 번이라도 보듬어 주시고 어루만져 주시고, 일으켜 세워 주소서.

우리 주 예수 그리스도를 통하여 비나이다. 아멘!

연중 제7주일: 마르 2,1-12

지붕을 뜯어낸 믿음

"이제 사람의 아들이 땅에서 죄를 용서하는 권한을 가지고 있음을
너희가 알게 해 주겠다"(마르 2,10).

1. 말씀의 숲

마르코 복음 1장은 거의 승리가와 같은 기록입니다. 예수님의 세례 장면, 성령과 하느님의 현현, 그 장엄한 증언, 네 제자의 선발과 추종, 무엇보다도 치유 기적을 통해 하느님의 나라가 가까웠음을 선포하고 있습니다. 그런데 마르코 복음 2장 초반부의 오늘 복음에 언급된 중풍 병자의 치유는 갈등을 가져옵니다. 치유의 주인공인 예수님께서는 이때부터 칭송이 아니라 당시 지도자들인 율법 학자들의 반대에 부딪히게 됩니다. '갈릴래아 분쟁' 사건입니다. 이들은 예수님의 사죄 선언에 대해 놀라면서 이의를 제기하고 있습니다. 하지만 그는 백성들의 대표와 바리사이파 사람들의 반대를 불러일으켜 그들이 적개심을 가질 정도로 과감하게 행동합니다. 어쨌든 오늘 복음의 주제는 바로 중풍 병자를 치유코자 하는 백성들의 소박한 염원과 진실한 믿음이 강조됩니다. 그러나 아무리 좋은 지향에도 늘 반대는 있게 마련입니다.

앞에서도 치유 이야기를 다뤘는데 그것과 뭔가 다른 점이 눈에 띕니다. 먼저 이 대목은 이상하리만치 자세하고 생생하게 묘사되어 있어 독자들에게 현장에 있는 듯한 느낌을 줍니다.

예수님께서 전교 여행을 마치고 카파르나움으로 돌아오셨다는 소문이 돌자, 사람들이 벌 떼같이 모여듭니다(마르 2,1-2ㄱ 참조). 예수님께서는 여느 때와 같이 그들에게 하느님의 복음에 관해 가르치고 계셨습니다(마르 2,2ㄴ 참조).

그러는 중에 분위기를 깨는 한 사건이 생깁니다. 어떤 네 사람이 중풍 병자를 떠메고 왔다가 인파 때문에 가까이 갈 수 없게 되자, 그 집의 지붕을 뚫고 그분 앞에 달아 내려 보낸 것입니다(마르 2,3-4 참조). 팔레스티나에서는 지붕에 대들보를 놓고 그 사이에 갈대, 풀, 짚과 나뭇가지를 엮어 얹고 그 위에 진흙을 덮었습니다. 이러한 가옥 구조 때문에 그들은 지붕에 구멍을 낼 수 있었습니다.

예수님께서는 당신께 낫기를 청하는 이들의 '믿음'을 보십니다(마르 2,5ㄱ 참조). 여기서 믿음이란 예수님께서 치유의 기적을 행하실 수 있으며, 또 자비롭게 그렇게 해 주실 것이라는 신뢰입니다. 그런데 예수님께서는 엉뚱하게 치유의 말씀 대신 "애야, 너는 죄를 용서받았다."(마르 2,5ㄴ)라고 말씀하십니다. 기대에 어긋난 이 말씀은 일대 파문을 일으킵니다.

율법 학자들 가운데 몇 사람이 예수님께서 죄를 사하시는 것을 보고서 하느님의 특권인 사죄권을 가로채고 하느님을 모독한다고 생각했습니다(마르 2,6-7 참조). 이 특권을 찬탈하는 모독죄는 유일신 신앙에 저촉됩니다. 율법은 하느님을 모독하는 자를 사형에 처하라고 규정했습니다. 이때 예수님께서는 율법 학자들의 마음을 간파하셨습니다(마르 2,8 참조). 그것은 예수님께서 모든 사람의 마음을 꿰뚫어 보시는 하느님을 닮으셨음을 뜻합니다. 예수님께서는 율법 학자들의 항의에 대해 죄 사함과 치유 기적 가운데서 어느 것이 더 쉬우냐고 그들에게 되물으셨습니다

(마르 2,9 참조). 그 대답은 본문에는 제시되어 있지 않지만 눈에 보이지 않게 실현되는, 확인할 필요가 없는 죄 사함이 중풍 병자가 일어나 걸어가는 것을 눈으로 확인해야 하는 치유보다 더 쉽다는 것은 자명합니다.

예수님께서는 한마디 말씀의 힘으로 중풍 병자를 건강한 사람으로 재창조하고 그를 집으로 보내셨습니다(마르 2,11 참조). 그는 초라한 침상을 걸어 들고 거기에 있던 모든 사람들 앞을 걸어갔습니다(마르 2,12ㄱ 참조). 그것은 그가 치유되었다는 것을 그들에게 과시하는 것입니다. 사람들은 죄 사함과 파격적 치유 기적을 체험하고서 예수님 안에서 드러난 하느님의 권능을 경탄했습니다(마르 2,12ㄴㄷ 참조). 이야기는 매우 생동감이 넘치고 있습니다. 이야기 끝에 가서 사람들은 모두 넋을 잃고 하느님을 찬양했습니다. "이런 일은 일찍이 본 적이 없다"(마르 2,12ㄷ).

결국 오늘 말씀은 자기 공동체의 그리스도인들에게 예수님께서 치유와 죄 사함을 통해 사람들을 신체적 차원에서뿐 아니라 영적 차원에서 구원하셨음을 제시함으로써 예수님을 하느님의 나라를 드러내시는 메시아로 믿고 따르라고 가르칩니다.

이렇게 하느님의 나라는 율법 학자들의 저항에도 아랑곳없이 실현되고 맙니다. 그들은 하느님이 예수님 안에서 죄를 사하고 결정적 구원을 베푸신다는 것을 인정하지 않았습니다. 그들이 예수님을 하느님 모독자로 간주한 것은 그분을 같은 죄목으로 처형하기로 결정한 최고 의회의 소송을 예고합니다(마르 14,64 참조).

2. 말씀 공감

■ 들것을 든 사람들

> "그때에 사람들이 어떤 중풍 병자를 그분께 데리고 왔다.
> 그 병자는 네 사람이 들것에 들고 있었는데"(마르 2,3)

인터넷 즐거운 편지(www.beautifulstory.org)라는 홈페이지에서 '밥 한 그릇의 사랑'이라는 글을 통하여 친구의 우정을 느꼈습니다. 함께 그 내용을 나누어 보겠습니다.

취직도 안 되고 거기다 빚까지 지게 된 나는 달랑 가방 하나만 메고 서울로 왔다. 달리 갈 곳이 없었던 나는 무작정 중학교 친구가 자취하는 곳을 찾아갔다. 하지만 그 친구 역시 대학 친구 다섯 명과 단칸방에서 북적거리며 살고 있던 터라 나의 등장은 결코 달갑지 않은 일이었다. 며칠 뒤부터 나는 낮에는 식당에서 일하고 밤에는 광고를 돌렸다. 빚진 돈을 갚기에 턱없이 모자랐지만 나는 희망을 버리지 않았다.

하지만 추운 겨울, 감기에 걸려 가면서까지 고생스럽게 뛰었던 아르바이트비를 한 푼도 받지 못하는 사태가 벌어지자 눈앞이 캄캄했다.

'왜 살려고 발버둥치는 내게 이런 일이 생기는 걸까?' 갑자기 맥이 풀리면서 나는 3일 동안 심하게 앓았고 내내 잠만 잤다. 친구는 이런 내 모습을 말없이 바라보며 안타까워했다.

사흘 만에 기운을 차린 나는 늦은 오후가 되어서야 겨우 자리에서 일어났다. 그동안 아파서 제대로 먹지 못한 탓에 배가 몹시 고팠다. 간신히 일어나 부엌으로 갔는데, 국수와 밥이 나란히 놓인 상이 차려져 있고 쪽지가 하나 놓여져 있었다.

"많이 힘들지? 아파도 힘들어도 열심히 살려는 네 모습 참 보기 좋았어. 이번 일은 나도 마음이 아파. 그러나 이 정도로 쓰러진다면 천하의 네가 아니잖아? 힘내라. 얼른 훌훌 털고 일어나야지. 맛있는 거 만들어 주고 싶었는데…."

친구는 나를 위해 집에 남아 있던 마지막 쌀과 반찬으로 상을 차린 것이었다.

그날 나는 눈물을 흘리며 친구의 사랑으로 꽉 찬 밥을 배부르게 먹었다.[20]

이 얼마나 멋진 우정입니까? 자신도 어려운 상황이면서도, 절망에 빠진 친구를 위해 국수와 밥을 지어 놓다니 말입니다.

오늘 복음 말씀에서 우리는 우정 깊은 네 사람을 만납니다. 이들은 중풍에 걸린 친구를 집에서부터 들것에 이고 예수님께 데려왔습니다. 그리고 예수님께서는 그들의 믿음을 보시고 중풍 병자의 병을 치유해 주셨습니다.

종종 예수님께서는 병자의 믿음이 아니라 주변 사람의 믿음을 보시고 병을 치유해 주십니다. 카파르나움에서 백인대장의 종을 고쳐 준 경우(마태 8,5-13 참조), 거룩한 변모 이후 더러운 영이 들린 아들을 데려온 아버지의 경우(마르 9,14-29 참조)가 그 예입니다.

여기서 우리는 다른 이들을 위하여 바치는 우리가 믿음의 기도가 필요함을 느낍니다. 사실 신앙생활은 개인이 혼자만 하는 것은 아닙니다. 오히려 주위에 같이 있는 사람들의 기도와 도움으로 함께 나아가야 하는 것입니다. 우리 자신이 다른 사람의 기도가 필요하기도 하지만, 우리들이 다른 사람들을 위하여 기도해 줄 수 있어야 합니다.

여러분도 서로가 서로를 위해 기도해 주는 마음 따뜻한 사람들이 되기를 축복합니다.

■ 그래서 용서했습니다

> "얘야, 너는 죄를 용서받았다"(마르 2,5).

오늘 복음에서 일어난 사건을 통해서 우리는 한 가지 사실을 확실하게 깨닫습니다. 우리는 먼저 주님으로부터, 하느님으로부터 용서받은 존재들입니다. 주님께서는 '우리가 서로 용서해야 된다'라는 말씀을 주시기 전에, 우리의 죄를 먼저 용서하시는 선언을 하셨습니다.

여기 중풍 병자가 죄를 용서받은 사건은, 그 속에 모든 죄인들이 초대받은 사건임을 우리는 기억할 일입니다. 주님은 우리의 죄를 먼저 용서하셨습니다. 그리고 이 용서받은 은혜를 바탕으로 우리끼리 서로 지은 죄, 서로 준 상처를 용서할 것을 명하십니다. 이제 우리가 용서할 차례입니다.

'죄의 용서.'

오늘 예수님께서 중풍 병자를 향해 하신 저 말씀을 통해 우리 역시 주님께 용서받은 자들임을 깨닫습니다. 우리 역시 삶 속에서 용서하는 사람이 되어야 함을 다시금 다짐해 봅니다.

저의 졸저, 『잊혀진 질문』 속에 용서에 대한 저의 단상이 실려 있습니다. 그 일부를 소개합니다.

'용서'라는 말뜻이 재미있습니다.

한자로 '용서容恕'는 받아들이고 소화하고 수용하는 것을 의미하는 '容'과 헤아려서 이해하는 것, 그 마음을 알아주는 것(如心)을 의미하는 '恕'의 합성어입니다. 그러니까 동양적인 의미에서 용서는 소화하고, 헤아려 주고, 마침내 상대방의 입장이 되어 주는 것을 의미합니다.

영어로 용서는 'forgive'입니다. 이는 '위한다'는 'for'와 '주다'는 뜻의 'give'의 합성어입니다. 또 'pardon'이라는 단어로도 쓰이는데 여기서 'don'은 라틴어 'donum', 즉 선물을 의미합니다. 그러니까 무조건, 거저 베푸는 것이 용서라는 것입니다.

우리는 여기서 동양적 사고방식과 서양적 사고방식의 차이를 엿볼 수 있습니다.

동양에서는 보다 근원적인 방법을 제시하였다고 보입니다. 소화하고, 헤아려 주고, 상대방의 입장이 되어 주면 사실 모든 것이 끝납니다. 다 청산됩니다.

그런데 서양에서는 실용적인 방법을 제시합니다. 소화하고 헤아리다가 오히려 미움의 수렁에 빠질 수 있기 때문입니다. 말하자면, 이렇습니다. 용서치 못할 합당한 이유가 있다고 하자. 좋다. 옳다. 인정한다. 그러나, 그래도 선물처럼 거저 베풀어라 이겁니다. "그까짓 거 그냥 줘 버려!"라는 식입니다. 제 생각에 여기에는 아무래도 그리스도교의 복음 사상이 깔려 있는 것 같습니다. [⋯]

용서해야 속박에서 자유로워집니다.

신약에서 가장 빈번하게 사용된 '용서'라는 그리스어 단어를 문자 그대로 풀어 보면 '자신을 풀어 주다, 멀리 놓아주다, 자유케 하다'라는 뜻입니다. 상처가 영원히 아물지 못하도록 과거에 매달려 수없이 되뇌며 딱지가 앉기 무섭게 뜯어내는 것이 '원한'입니다.

용서하지 않을 때 스스로 '과거의 감옥'에 갇히게 됩니다. 그것은 용서를 할 수 있는 '통제권'을 타인, 즉 원수에게 내어 주고서, 자기 자신은 상대방의 잘못으로 입은 상처에 대하여 미움의 속박까지 당하는 운명을 자초하는 것이나 마찬가지입니다. […]

넬슨 만델라Nelson Mandela는 이러한 용서의 철학을 보다 깊이 터득한 인물이었습니다. 미국 제42대 대통령 빌 클린턴Bill Clinton이 기억하는 그는 용서의 대장장이였습니다.

클린턴의 자서전에는 그 두 사람이 나눈 대화가 이렇게 기록되어 있습니다. 클린턴이 만델라에게 물었습니다. "취임식에 대통령을 가뒀던 교도관들을 초대한 건 정말 훌륭한 일이라고 생각합니다. 하지만 정말 그들을 미워하지 않습니까?" 만델라가 대답했습니다. "미워했지요. 아주 오랫동안 말입니다. 그러다 어느 날 채석장에서 망치질을 하다가, 그들이 내 정신과 마음 말고는 모든 걸 가져갔다는 것을 깨달았습니다. 나는 그것만은 내 주지 않으리라 결심했습니다."

클린턴이 다시 질문했습니다. "마지막으로 감옥에서 나올 때, 속에서 다시 증오가 솟아오르지 않던가요?"

"그랬지요. 그러다 생각했습니다. '이 사람들은 나를 27년이나 가두었다. 그들을 증오한다면 나는 계속 갇혀 있는 거나 다름없다.' 나는 자유롭고 싶었습니다. 그래서 털어 버렸지요."

1918년 템부족 족장의 아들로 태어난 넬슨 만델라는 1993년 노벨평화상을 수상했으며, 1994년 남아공 첫 흑인 대통령에 선출되었습니다. 그는 취임 후, '진실과 화해 위원회'를 결성하여 보복이 아닌 용서와 화해에 주력했습니다.[21]

■ 내가 말한다

> "내가 너에게 말한다.
> 일어나 들것을 들고 집으로 돌아가거라"(마르 2,11).

오늘 복음 말씀에서 우리는 또 한 번 예수님 말씀의 권위를 보게 됩니다. "내가 너에게 말한다. 일어나 들것을 들고 집으로 돌아가거라."(마르 2,11)라는 예수님의 말씀 한마디에 중풍 병자는 일어나 곧바로 들것을 가지고 모든 사람이 보는 앞에서 밖으로 걸어 나갔던 것입니다(마르 2,12 참조).

예수님의 말씀에 이처럼 기적을 일으키는 각별한 힘이 있었던 것도 사실이지만, 실제로 모든 말은 힘을 지니고 있습니다. 긍정적이고 위로를 주는 말씀은 그것을 듣는 이들로 하여금 힘과 위로를 얻게 합니다. 반면 부정적이고 모욕적인 말은 그와 반대로 상대방으로 하여금 의지를 꺾고 그 사람의 미래를 어둡게 만드는 경우가 있습니다.

요즘은 외모 관리가 아주 중요한 시대가 된 것 같습니다. 시기별로 유행하는 옷을 차려 입지 않으면 곧 뒤쳐진 사람이 되어 버리지요. 사실 옛날부터 지금까지 예쁘고 추한 것에 기준은 늘 바뀌어 왔습니다. 그 시대 사람들 눈에 미웠으면 곧 추한 것이라고 말하기도 했지요.

어떤 소년의 이야기입니다.

그 소년도 누군가가 생각 없이 '못생겼다'고 내뱉은 말을 듣고 크게 상처를 받았습니다. 그러나 머리가 아주 좋았지요. 그는 나중에 미국으로 유학도 가게 되었습니다. 유학 중에도 그는 어릴 적부터 들어온 '못생겼다'는 말 때문에 자신감을 점점 잃어 가고 있었습니다. 그런데 어느 날, 생면부지의 누군가가 자기에게 '잘생겼다'고 진심을 담아 말해 주었던 것입니다. 이 말을 듣고 그는 삶 전체에 걸쳐 자신감을 되찾았습니다. 그리고 열심히 공부해 박사 학위까지 취득하고, 후에 아주 훌륭한 목사가 되었습니다. 그분의 이름은 문동환으로, 현대 민주화에 많은 힘을 쏟은 것으로 유명한 문익환 목사의 친동생입니다.

다른 사람의 말로 자신의 삶을 바꾼 사람의 이야기는 또 있습니다.

어떤 구걸하는 노파가 있었습니다. 그녀는 늘 같은 자리에 나와 구걸하며 누군가 틈틈이 주는 돈으로 연명하고 있었습니다. 그녀의 표정에는 생기가 하나도 없었고, 누가 돈을 주어도 고맙다는 인사 또한 없었습니다. 어느 날 신사 두 명이 길을 가다 이 노파를 보았습니다. 그중 한 명은 노파에게 돈을 주었습니다. 그러나 다른 한 명은 돈을 주지 않고 그대로 돌아갔습니다. 다음 날, 그들은 같은 길을 걷다 다시 그 노파를 만났습니다. 그런데 돈을 주지 않은 신사가 이번에는 그녀에게 장미꽃 한 송이를 주는 것이었습니다. 노파는 그것을 받아 들고는 한참 바라보더니, 곧 일어서서 자리를 뜨는 것이었습니다. 그리곤 며칠 동안 그 자리에 나오지 않았습니다. 며칠 뒤 두 신사는 노파를 다시 만났습니다. 그런데 노파는 전혀 다른 사람인 것처럼 표정에 힘이 있었고, 웃음을 되찾은 것이었습니다. 노파는 장미꽃을 준 신사에게 이렇게 말하고 떠났습니다.

"당신이 준 장미는 내가 구걸하며 받은 모든 돈보다 가치 있었어요. 고마워요."

처음 돈을 주었던 신사는 장미꽃을 준 신사에게 물었습니다.

"이보게, 저 노파가 며칠 만에 어떻게 저렇게 다른 사람이 될 수 있었는가?"

장미꽃을 준 신사는 말했습니다.

"사랑의 힘으로!"

장미꽃을 준 신사는 돈이 아니라 장미꽃에 '당신은 여전히 아름다운 사람이며, 사랑받을 가치가 충분합니다.'라는 말을 담아서 준 것이었습니다. 장미꽃을 준 이 신사는 바로 오스트리아 출신의 유명 시인인 라이너 마리아 릴케Rainer Maria Rilke입니다.

일반 사람의 말에도 이처럼 힘이 있는데, 주님의 말씀이야 더할 나위 있겠습니까. 주님의 말씀은 그 어떤 말보다도 '살아 있고 힘이 있습니다'(히브 4,12 참조).

우리가 주님의 말씀에 희망을 걸고 그 말씀을 따라 생활한다면 틀림없이 주님께서는 우리의 발걸음을 지켜 주실 것입니다.

지금 많은 이들이 어렵다고들 합니다. 하지만 언제나 주님의 말씀에 의지하여 살아가는 그리스도인들은 언제나 주님의 은총으로 이 어려움 가운데에서도 희망을 잃지 않을 것입니다.

함께 기도하시겠습니다.

주님, 저희가 주님께 받은 은총을 이웃들에게 전하는 희망의 메신저가 되도록 해 주소서. 그리하여 많은 이들이 저희를 통하여 주님께 모여와 함께 은총을 누리게 하소서.

주님, 저희가 어려운 이웃들을 위하여 기도할 수 있는 마음 따뜻한 사람이 될 수 있도록 도와주소서.

주님, 저희는 당신의 말씀 한마디 한마디 모두가 살아 있고 힘이 있음을 깨달았습니다. 그러니 이제 저희가 언제나 주님의 복음 말씀을 붙들고 살아가게 하소서. 그리하여 당신의 복음 말씀 안에서 이 어려운 시기를 이겨낼 수 있는 힘을 얻게 하소서.

우리 주 예수 그리스도를 통하여 비나이다. 아멘!

연중 제8주일: 마르 2,18-22

새 포도주와 새 부대

"혼인 잔치 손님들이 신랑과 함께 있는 동안에
단식할 수야 없지 않으냐?" (마르 2,19)

1. 말씀의 숲

오늘의 복음 말씀에서 단식재에 대한 바리사이의 전통적인 입장과 이에 대해 근원적인 의미를 제시하는 그리스도의 가르침이 서로 부딪히고 있습니다.

'단식'은 '구제'와 '기도'와 함께 유다교의 3개 경건 요소인데, 예수님께서는 이러한 경건 요소들이 외식外式으로 행해지고 있다는 것을 알고 계셨습니다(마태 6,1-8.16-18 참조). 유다교는 종교의 마지막 함정인 '외식', 즉 '위선'으로 전락함으로써 그 종교적 생명이 죽어 있었던 것입니다. '외식'과 '진실'은 하나가 될 수 없습니다. 이처럼 '위선'으로 죽은 낡은 유다교와 하느님의 아들에 의한 새로운 생명의 복음은 하나로 조화될 수가 없다는 것을 예수님께서는 말씀하신 것입니다.

바로 앞 절에서 예수님께서 당시 소외받고 죄인 취급당하던 세리들과 함께 식사하시자 율법 학자들과 바리사이파 사람들이 예수님을 비난하였습니다. 우리는 오늘 복음에 나오는 단식에 관한 논쟁을 통해서, 당시 사람들의 일반적인 생각과 메시아 시대에 가져야 할 생각이 완전히 다르다는 것을 알 수 있습니다. 일주일에 두 차례 규칙적으로 단식을 하는 바리사이파 사람들의 제자들과 요한의 제자들의 예를 들면서, 왜 선생님의 제자들은 단식하지 않느냐고 사람들이 예수님께 질문하였습니다. 아마 그들은 단식을 '종교적인 경건성'의 상징으로 간주하면서, 예수님과 제자들을 경건하지 못한 부류에 속한다고 비난하려는 의도가 있었던 것 같습니다.

예수님께서는 논쟁에 휩싸이지 않고 비껴가시면서, '혼인 잔치에 초대받은 손님들과 신랑의 비유', '낡은 옷과 새 천 조각의 비유', 그리고 '새 술과 새 부대의 비유'(마르 2,19-22 참조)를 통해 간접적으로 자신이 구세주이시라는 점과 메시아가 도래한 새 시대에는 율법을 형식적으로 준수할 필요가 없다는 것을 말씀하십니다. 율법을 완성하러 오신 그리스도께서 율법 준수에 대해 새로운 시각을 보여 주시고, 혼인 잔치의 주인공인 신랑을 빼앗길 날이 온다는 비유를 통해서 당신 자신의 십자가상 수난과 죽음을 미리 예고하신 것입니다.

이야기를 자세히 읽어 보겠습니다.

유다교의 단식재는 구약성경에 뿌리내린 오랜 전통으로서 참회와 애도의 표시, 하느님의 뜻을 승복하고 겸손한 태도를 드러내는 뜻으로 단식을 했습니다. 이스라엘 백성들은 율법의 규정에 따라 매년 세 번 속죄의 날, 새해와 국가의 재앙(유배, 성전 파괴)을 애도하는 날 실시해야 하는 단식재와 개별적으로 자유로이 하는 단식재로 구별했습니다. 바리사이들 중에는 단식재를 하느님께 나아가기 위한 중요한 신심 행위로 여기고 매주 월요일과 목요일마다 단식하는 사람들도 있었습니다. 또 광야에서 고행자로 살면서 회개를 선포한 세례자 요한의 제자들은 회개를 입증하는 방법으로 단식재를 지켰습니다.

그런데 예수님의 제자들은 단식하지 않았습니다. 사람들은 그 이유를 물었습니다. "선생님의 제자들은 어찌하여 단식하지 않습니까?"(마르 2,18)

이것은 큰 사건이었습니다. 그러나 예수님께서 단식을 거부하신 것은 아니었습니다. 단지 지금은 때가 아닐 뿐이었습니다. 예수님께서는 이유를 차례대로 대셨습니다.

첫째, 신랑이 혼인 잔치의 손님들과 함께 있을 때 그들은 단식을 하지 않는다(마르 2,19-20 참조).

예수님께서는 당신 자신을 신랑으로, 제자들을 신랑과 함께 있는 신랑 친구에 비유하셨습니다. 유대인들은 결혼식을 마친 후 잔치를 일주일 동안 계속 열었으며, 신랑 친구들은 잔치 마지막 날 밤 신랑을 신부방으로 인도한 후 잔칫집을 떠났습니다. 그런데 잔치가 열리는 동안에는 단식일이 있어도 신랑 친구들은 단식하지 않았습니다. 예수님께서는 당시의 이러한 풍습을 비유로 들어 제자들이 예수님과 함께 있는 동안에는 단식할 필요가 없다고 말씀하신 것입니다.

이제 예수님께서는 같이 있던 신랑을 빼앗기는 날에는 제자들도 단식을 해야 한다고 말씀하셨습니다. 예수님께서는 바리사이인들과의 짧은 단식 논쟁에서 당신이 구원 사업을 위해 십자가에 못 박혀 죽게 될 것을 암시하셨습니다.

둘째, 새 천 조각이 헌 옷에, 새 포도주가 헌 가죽 부대에 적당하지 않다(마르 2,21-22 참조).

'새 옷과 새 포도주'는 '예수 그리스도의 복음'을, '낡은 옷과 낡은 부대'는 '유대인의 의식'을 의미합니다.

예수 그리스도의 복음은 하느님께서 그리스도를 통하여 사람의 죄를 용서하시고 구원해 주시며 병든 자를 고쳐 주시고 저주에서 해방시켜 주시는, 영혼이 잘됨 같이 범사가 잘 되고 강건하며 생명을 넘치게 하는 기쁜 소식입니다. 때문에 예수 그리스도의 복음은 타락한 인간을 하느님의 형상과 모양대로 지음받은 인간 본래의 모습으로 회복시켜 줍니다.

낡은 옷은 탄력성이 약하므로 탄력성이 강한 새 천 조각으로 기우면 낡은 옷이 찢어집니다. 또한 신축력이 약한 낡은 부대에 발효성이 강한 새 포도주를 담으면 낡은 부대가 새 포도주를 감당하지 못하여 터지고 맙니다. 그러므로 유대인의 낡은 의식은 생명력이 넘치는 예수 그리스도의 복음을 감당하지 못하는 것입니다. 예수님께서는 이 사실을 비유로 말씀하심으로 유대인들의 낡은 의식을 깨우쳐 주셨습니다.

낡은 옷과 낡은 부대는 옛 시대를, 새 옷과 새 포도주는 새 시대를 상징합니다. 그러므로 예수님께서 이 땅에 오심으로 새로운 시대가 전개된 것입니다.

분명히 예수님께서는 헌 옷에다 꿰맬 수 없는 새 천 조각이고, 헌 가죽 부대에 담을 수 없는 새 포도주였습니다. 그러나 때가 되면 혼인 잔치 손님들은 신랑을 빼앗기게 될 것입니다. 그때 단식의 의미는 달라질 것입니다. 새로운 단식, 그리스도인다운 단식이 시작될 것입니다. 주님의 수난과 죽으심에 연결된 단식 말입니다. 그 옛날 뉘우침과 회개의 단식을 선포했던 사람들과는 달리 말입니다.

예수님의 십자가 죽음은 그리스도인들이 지키는 단식재(사도 13,2; 14,23; 27,9 참조)의 토대입니다. 1세기 말에서 2세기 초 시리아에서 쓰이고 1875년에 발견된 「열두 사도들의 가르침Didache」 8장 1절을 보면, 그리스도인들이 예수님의 죽음을 기억하여 매주 수요일과 금요일 단식재를 지키는 관습이 있었습니다. 그들과는 달리 회당의 유다인들은 매주 월요일과 목요일에 단식을 했습니다.

시간이 흘러 신랑을 빼앗기게 될 때, 신랑은 혼인 잔치 손님들에게 말할 것입니다. "모두 이 잔을 마셔라. 이는 죄를 용서해 주려고 많은 사람을 위하여 흘리는 내 계약의 피다. 내가 너희에게 말한다. 내 아버지의 나라에서 너희와 함께 새 포도주를 마실 그날까지, 이제부터 포도나무 열매로 빚은 것을 다시는 마시지 않겠다"(마태 26,27-29).

2. 말씀 공감

■ 우리들의 단식

> "그러나 그들이 신랑을 빼앗길 날이 올 것이다. 그때에는 그들도 단식할 것이다"(마르 2,20).

오늘 예수님께서는 단식을 반대하시는 말씀을 하시지 않으셨습니다. 사실은 예수님께서도 공생활을 시작하시기 전에 40일 동안 단식하셨습니다. 다만, 제자들이 예수님과 함께 있는 동안은 마치 결혼식에서 '신랑'과 함께 있는 기간과 같기 때문에 그 축제적인 분위기를 유지하기 위하여 '단식'을 관면받는 것이라 하셨습니다.

이제 '신랑'은 우리 곁에 없습니다. 그러니 우리에게는 '단식'이 필요합니다. 그래서 교회에서는 전통적으로 대축일을 준비하는 기간이나 사순 시기 등의 절기에 단식을 실천해 왔고, 성체성사를 앞두고 공복재를 지켜 왔습니다.

수도자의 아버지 베네딕토 성인과 프란치스코 성인도 단식기도를 자주 하였다고 합니다.

단식하는 것은 육체나 영혼에게 아주 좋은 것입니다.

또한 사순 시기 전례 기도문들은 단식이 그리스도인들의 기도 생활에 큰 무기가 되는 것을 드러내 줍니다.

"주님, 그리스도를 믿는 저희가 거룩한 재계로 악의 세계와 맞서 싸우려 하오니 극기의 보루를 쌓게 하소서"(재의 수요일 본기도).

"아버지께서는 저희가 지키는 육신의 재계로 악습을 고쳐 주시고 영혼을 깨끗하게 하시며 […]"(사순 감사송 4)[22]

이렇듯이 단식은 탐욕과 죄로부터 정화되는 우리들을 위한 치료약이기도 한 것입니다.

게다가 사순절 기간에 하는 단식에는 특별한 의미가 있습니다. 이 기간에 우리는 예수 그리스도의 십자가의 수난을 묵상하며 인류의 죄를 대속하신 은혜를 깊이 깨달을 수 있습니다.

아래는 필자의 글 중 단식과 관련한 일부를 발췌한 것입니다.

"주님의 말씀이다. 그러나 이제라도 너희는 단식하고 울고 슬퍼하면서 마음을 다하여 나에게 돌아오너라"(요엘 2,12).

기도를 잘하려면 어떻게 해야 하는가. 예언자가 가르쳐 준 것은 첫 번째, 단식하고 참회하는 기도를 하라는 것이다. 요즘 기도 열심히 하는 사람들이 이것을 잘한다. 단식하고 참회한다. […]

왜 단식을 하라고 그럴까? 이것은 해 봐야 안다. 단식을 하지 않때는 나의 일부분만 기도한다. 그런데 단식을 하면 기도가 내 몸 전체로 쩔어든다. 한번 굶어 봐야 알 수 있다.

일반적으로 사람들은 "배가 부르고 기운이 있어야 기도하지." 하는데, 사실 굶어 보면 오히려 몸 전체가 통으로 움직이기 때문에 단식할 때 기도가 더 잘 된다. 기운이 없을 때 잘 된다.

필자는 살다 보니 별별 사람을 많이 만나는데, 어떤 재미난 사람을 만났다. 여태 살아 오면서 단 한 끼도 안 굶어 봤다는 사람이었다. 어떻게 단 한 끼도 거르지 않을 수 있었는지, 그것도 대단한 것이다.

허파로 말하던 것이 온몸으로 말하게 된다.

하찮아 보이던 것이 대수롭게 보인다.

당연했던 것이 감사로워진다.

느슨했던 것이 비장해진다.

그래서 굶어 보라는 것이다.[23]

■ 내 신앙의 '새 포도주'

> **"새 포도주"**(마르 2,22)

한마디로 '새 포도주'는 새로운 비전을 가리킵니다. 우리는 신앙으로도, 사업에 있어서도, 인간관계에 있어서도, 삶에 있어서도 새로운 비전을 가져야 합니다. 그래야 새로운 미래가 성취될 수 있습니다.

그런데 그리스도인이 바라보는 비전은 세상 사람들이 바라보는 비전과 다릅니다. 세상 사람들이 바라보는 비전은 오로지 자신의 노력에만 근거한 비전이지만, 그리스도인이 바라보는 비전은 믿음에 근거를 둔 비전입니다. 곧 하느님의 초자연적인 개입을 믿는 믿음에 토대를 둔 비전이라는 것입니다.

그리스도인의 비전이 어떤 것인지를 보여 주는 대표적인 예가 민수기에 나오는 가나안 정탐꾼들의 이야기(민수 13-14장 참조)입니다.

힘든 싸움이 되리라 예상한 모세는 전투에 앞서 적을 알고 지형을 파악하기 위해 12명의 정탐꾼을 가나안 땅으로 보냈습니다. 6주 후에 정탐꾼들이 정보를 입수하여 돌아왔습니다.

일단 그들 모두의 입에서 반가운 소식이 나왔습니다. "우리가 듣던 대로 정말 훌륭한 땅입니다."

그러자 온 무리가 입을 모아 대답했습니다. "아멘!"

정탐꾼들의 말이 계속 이어졌습니다. "정말 젖과 꿀이 흐르는 땅입니다. 이 포도송이와 석류를 보십시오. 우리가 본 과일 중에서 가장 크고 맛이 좋습니다. 그뿐입니까? 여기 꿀도 맛보세요. 맛이 기가 막힙니다"(민수 13,27 참조).

이번에도 모두 입을 모아 기뻐했습니다. "아멘!"

그런데 마지막 소식이 영 떨떠름했습니다. "하지만 그 땅에는 거인들이 있더군요. 그들에 비하면 우리는 메뚜기 떼에 지나지 않습니다."

모든 사람들 입에서 탄성이 흘러나왔습니다. "오, 저런!"

계속해서 정탐꾼 열 명이 말했습니다. "젖과 꿀이 흐르는 땅이지만 우리에겐 그림의 떡일 뿐입니다. 우리는 그 거인들을 물리칠 수는 없어요. 너무 크고 강하다고요. 우리 눈에도 우리 자신이 메뚜기 같이 보였습니다"(민수 13,31-33 참조).

여기서 우리는 그들이 내뱉은 "우리 눈에도 우리 자신이"라는 말에 주목해야 합니다. 그들 앞에 놓인 적과 장애물에 비해 그들의 자아상은 너무나 작고 초라했습니다. 그들은 적이 몰려오기도 전에 스스로 무력하게 쓰러지는 무력한 메뚜기 떼와 똑같았던 것입니다.

이 열 명이 부정적인 보고를 한 이유는 겉으로 보이는 상황에만 초점을 맞췄기 때문입니다. 이래서는 전쟁이 시작되기도 전에 이미 패한 셈이었습니다.

하지만 나머지 두 정탐꾼, 여호수아와 칼렙의 보고는 완전히 달랐습니다. 분명히 정탐하고 온 땅은 똑같았는데 여호수아와 칼렙은 마치 다른 땅을 다녀온 것처럼 말했습니다.

"모세, 우리는 충분히 그 땅을 차지할 수 있습니다. 물론 거기에 무시무시한 거인들이 사는 것은 사실입니다. 하지만 하느님은 그들보다 훨씬 크십니다. 하느님이 계시기에 우리는 할 수 있습니다. 어서 가서 그 땅을 차지합시다"(민수 14,7-9 참조).

이 얼마나 위대한 믿음입니까? 우리는 여호수아와 칼렙 같은 사람이 되어야 합니다. 우리도 할 수 있습니다. 우리가 강해서가 아니라 우리의 하느님이 지극히 강하시기 때문입니다. 아무리 큰 고난과 시련이 닥쳐와도 우리에겐 하느님이 계시니 그것들을 극복하고도 남을 자신감과 능력이 있습니다.

이것이 비전입니다. 이스라엘 민족은 결국 이 비전으로 가나안 땅에 들어가는데 성공했습니다.

우리는 비전을 가져야 합니다. 새로운 일을 꿈꾸고 새로운 인간을 꿈꾸어야 합니다. 이것을 우리는 "새 포도주"라고 부르는 것입니다.

예수님께서는 우리가 꾸어야 할 새로운 꿈은 궁극적으로 '하느님 나라'라고 가르치셨습니다.

사도 바오로는 우리에게 새로운 인간이 되기를 다음과 같이 권합니다.

"옛 인간을 벗어 버리고, 여러분의 영과 마음이 새로워져, 진리의 의로움과 거룩함 속에서 하느님의 모습에 따라 창조된 새 인간을 입어야 한다는 것입니다"(에페 4,22-24).

■ 새 부대

> "새 포도주는 새 부대에 담아야 한다"(마르 2,22).

하느님께서는 이사야 예언자를 통하여 의미심장한 메시지를 전해 주셨습니다. "보라, 내가 새 일을 하려 한다. 이미 드러나고 있는데 너희는 그것을 알지 못하느냐?"(이사 43,19)

하느님께서 하시려는 "새 일"은 바로 하느님께서 우리에게 제시하시는 새 비전이었습니다. 하느님은 우리 삶을 통해 새로운 일을 행하시기 위해 언제나 만반의 준비를 하고 계십니다. 새 포도주를 빚고 계십니다.

그런데 조건이 있습니다. 하느님께서 물으셨습니다. "너희는 그것을 알지 못하느냐?"

이 말을 우리는 이렇게 바꿀 수 있습니다. "마음에 충분한 그릇을 준비해 놓았느냐? 변화를 기대하느냐? 성장을 믿느냐? 직장에서 두각을 나타낼 줄 믿느냐? 뛰어난 리더와 훌륭한 부모가 되리라 확신하느냐? 과연 긍정적으로 생각하고 그것을 확신하느냐?" 곧 새 포도주를 담을 그릇을 준비하라는 말씀입니다.

일단 새로운 비전이라는 '새 포도주'는 그것을 담아낼 '새 부대'를 필요로 합니다. 아무리 좋은 꿈도 낡은 사고방식 속에서는 실현되지 못합니다.

우리는 틈만 나면 옛 방식과 생각에 틀에 빠집니다. 낡은 가죽 부대는 버려야 합니다. 사고방식 자체를 바꾸어야 합니다. 과거의 틀에서 벗어나 하느님이 우리 삶 속에서 행하실 크신 일을 기대할 줄 알아야 합니다.

조엘 오스틴 Joel Osteen 의 『긍정의 힘 Your Best Life Now』(긍정의힘 2009)이라는 책에 다음과 같은 이야기가 나옵니다.

40대 후반인 브라이언은 세상이 무너지고 무거운 짐이 어깨를 짓누르는 상황에 빠졌다. 사업은 부도났고 가정은 박살났으며 몸도 갈수록 나빠졌다. 이전에는 엄청 잘나갔던 적도 있었다. 그러나 지금은 기쁨도 평안도 열정도 없었다. 죽지 못해 산다는 표현이 딱 어울렸다.

어느 날 브라이언을 진심으로 사랑하는 친구가 말했다. "사랑하는 친구, 부정적인 면에서 눈을 거두게. 잃어버린 것을 보지 말고 남은 것을 보게." 그는 브라이언이 한걸음 더 나아가길 원했다. "상황이 좋은 쪽으로 바뀌고 있다는 것을 믿게. 자네는 그런 복을 받을 만하다네. 무엇보다도 하느님이 당신을 깊이 사랑하시니까."

친구의 말에 브라이언은 정신이 깨어났다. 그는 친구의 조언을 서서히, 하지만 분명히 삶에 적용하기 시작했다. 브라이언은 삶의 패턴을 새롭게 했다. 매일 아침에 자리에서 일어나기 전에 감사한 이유를 열 개씩 쓰고 틈만 나면 그것을 묵상했다. 그의 이런 습관은 하루 이틀에 끝나지 않고 몇 달 동안 지속되었다.

브라이언은 마음의 프로그램을 짜고 있었던 것이다. 그는 낡고 부정적인 습관을 깨버리고 믿음의 태도를 기르기 시작했다. 몇 달이 지나지 않아 상황이 호전되기 시작했다. 먼저 기쁨이 돌아왔고, 건강과 활력이 그를 뒤따랐다. 곧 일도 다시 시작하게 되었고 끊어졌던 많은 관계가 회복되었다. 무엇보다도 브라이언은 삶을 되찾았다! 그가 부정적인 마음가짐에서 벗어날 수 있었던 것은 기대 수준을 높였기 때문이다. 높은 기대를 품는 순간부터 잃어버린 것이나 과거의 실수, 실패가 눈에 보이지 않고 하느님의 선하심이 그를 지배하기 시작했다. 브라이언의 마음은 희망과 믿음의 승리로 가득 찼고, 상황이 나아지리라는 기대와 비전이 그를 움직였다. 그러자 그의 인생의 방향이 180도 바뀌었다.[24]

함께 기도하시겠습니다.

주님, 주님께서 저희를 위해 준비하신 은총이라는 '새 포도주'를 마시려면 저희에게 '새 부대'가 필요합니다.

주님, 저희가 늘 긍정적인 사고방식이라는 새 부대, 은총을 기대하고 확신하는 믿음의 새 부대, 항상 좋은 결과를 입으로 고백하고 시인하는 언어의 새 부대를 준비하게 하소서.

주님, 제가 준비한 생각의 새 부대, 믿음의 새 부대, 언어의 새 부대에 주님께서 예비하신 새 포도주를 가득 부어 주소서.

우리 주 예수 그리스도를 통하여 비나이다. 아멘!

사순 제1주일: 마르 1,12-15

광야에서

"성령께서는 곧 예수님을 광야로 내보내셨다"(마르 1,12).

1. 말씀의 숲

오늘 복음의 이야기는 두 장면으로 펼쳐지고 있습니다. 공간의 변화가 생기기 때문입니다. 12절에서 13절까지는 광야가 무대였습니다. 그리고 나머지 부분은 갈릴래아가 배경입니다. 광야는 예수님께서 세례를 받으시자마자 영이 인도하신 장소입니다. 반면에 갈릴래아는 예수님께서 스스로 찾아가신 장소입니다. 바로 그곳에서 예수님께서는 광야도 갈릴래아도 아닌 새로운 공간, 곧 하느님 나라를 선포하실 것입니다.

예수님께서 요르단 강에서 물로 세례를 받으실 때 내려오신 성령께서 예수님을 광야로 몰아내셨습니다. 이 광야는 악마들이 창궐하는 유혹의 장소요 야수들이 서식하는 곳입니다. 세례자 요한 앞에서 겸손한 자세를 취하신 가운데 하느님의 아들과 메시아로 계시되신 예수님께서는 사탄의 시험을 받는 비하의 길을 가셨습니다.

우리에게도 성령이 임하시면 때로 우리를 광야로 몰아내실 때가 있습니다. 신앙이 성장하기 위해서는 반드시 광야의 시험이 필요하기 때문입니다. 성령께서는 우리에게 복을 주시기도 하지만 때로는 깊은 광야로 몰아내 시험을 당하게 하기도 하십니다. 이는 우리의 믿음을 강하게 하셔서 어떤 환난 가운데서도 이길 수 있는 힘을 주시기 위한 것입니다. 그러므로 우리는 믿음으로 강하고 담대하게 시험을 이겨 내야 합니다.

예수님께서는 사십 일 동안 내내 사탄의 유혹을 받으셨습니다(마르 1,13 참조). 유혹의 내용이 무엇인지는 제시되지 않았습니다. 사탄은 예수 메시아를 광야로 내보내 유혹을 받게 한 영을 적대시하는 힘, 그리스도의 적수로서 그분의 구원 활동을 방해하는 세력입니다(마르 3,23.26; 8,33 참조). 예수님께서는 사탄의 유혹을 이기셨습니다. 그것은 예수님께서 천사들의 시중을 받고 계셨다는 말로 드러납니다.

또 예수님께서는 유혹을 받으시는 동안 야수들과 함께 지내셨습니다(마르 1,13 참조). 그것은 낙원에서 아담이 범죄하기 전 동물과 우호적 관계를 맺고 산 시절(창세 1,28; 2,19-20 참조)을 연상하게 합니다.

예수님께서는 들짐승과 함께 지내셨고, 천사들이 그분을 시중들었습니다. 예수님께서는 가장 동물적인 야생 짐승들과 가장 영적인 천사들 사이에서 지내셨습니다. 예수님께서는 온갖 육체적인 위험과 초자연적인 보호 사이에서 사셨습니다. 한마디로 예수님께서는 모든 창조의 극한 상황 속에서 사셨습니다. 가장 육적이고 가장 영적인 피조물들과 함께 예수님께서는 가장 인간적인 삶을 보내셨습니다.

천사들은 사십 일 동안 예수님께 음식을 드려 그분을 보호했습니다. 그것은 천사가 사십 일 동안 아담과 하와에게 음식과 음료를 제공했다는 라삐들의 신학적 전통을 연상하게 합니다. 아담이 죄를 짓자 천사들이 그를 낙원에서 쫓아내고 그에게 낙원의 음식을 더 이상 제공하지 않았다는 것입니다. 아담이 하느님께 불순종하여 유혹에 지고 그 결과로 피조물 사이에 적대 관계를 초래한 것과는 반대로, 그리스도께서는 하느님께 순종하여 사탄의 유혹을 이기고 피조물 안에 우호 관계를 회복하셨습니다. 그리스도는 아담이 저질러 놓은 불행에서 우리를 구원하는 '새로운 아담'이십니다('원형-예형 신학', typology). 그것은 세말을 여시는 예수님께서 원초의 낙원의 행복을 회복하시는 메시아이심을 뜻합니다. 이렇게 예수님의 유혹 묘사의 가르침은 예수 메시아의 신분을 신학적으로 설명한 것입니다.

요한이 잡히자 예수님께서는 마치 기다리셨다는 듯이 갈릴래아로 가셨습니다. 그리고 외치기 시작하셨습니다. "때가 차서 하느님의 나라가 가까이 왔다. 회개하고 복음을 믿어라"(마르 1,15). 예수님께서는 다가온 하느님 나라에 사람들이 응답하기를 요구하셨습니다. 회개와 믿음으로써 말입니다. 예수님의 이 첫 번째 설교는 언제나 마지막 가르침이 될 것입니다. 복음은 바로 이것 하나뿐이기 때문입니다.

그런데 예수님의 공생활 시작은 세례자 요한과 관련이 있습니다. 이는 세례자 요한이 잡힌 후에 비로소 예수님께서 활동을 시작하셨음을 통해 알 수 있습니다. 세례자 요한이 잡힌 것은 하느님께서 그에게 명하신 사명을 그가 완수하였고 이제는 예수님께서 활동하실 때가 왔음을 알리는 것입니다. 예수님께서는 이때까지 공식적인 활동의 때를 기다리셨습니다.

하느님께서는 때를 따라 일하시는 분입니다. 무슨 일이든지 하느님의 정하신 때가 되어야 이루어집니다. 예수님께서도 바로 그때를 기다려 때가 이르매 일하기 시작하신 것입니다. '때가 찼다'는 말은 예수님께서 구원의 약속을 성취하시고 사람들로 하여금 그 구원의 복음을 받아들일 수 있도록 하는 결정적인 기회를 맞이하신 것을 말합니다.

예수님께서는 갈릴래아로 오셔서 '하느님의 복음'을 선포하셨습니다. "주님께서 나를 보내시어 가난한 이들에게 기쁜 소식을 전하고"(이사 61,1) '기쁜 소식을 선포하다'라는 말은 하느님께서 주시는 복음으로서 예수 메시아께서 하느님의 왕권, 즉 세말의 결정적 구원을 베푸시는 행위에 적용되었습니다. 복음의 내용은 "때가 차서 하느님의 나라가 가까이 왔다. 회개하고 복음을 믿어라."(마르 1,15)라고 서술되었습니다.

2. 말씀 공감

■ 성령께서 이끄시는 대로

> "그 뒤에 성령께서는 곧 예수님을 광야로 내보내셨다"(마르 1,12).

예수님께서 광야로 가신 것은 성령의 이끌림을 받아서였습니다. 그것은 저항할 수 없는 충동이었습니다.

기도하는 사람 안에서 성령께서는 이렇게 이끄시고 충동하십니다. 때로는 일 속으로, 때로는 고독 속으로, 때로는 선행을 하도록, 때로는 묵상을 하도록 우리를 내보내십니다. 때로는 가던 길을 바꾸도록 이끄시기도 합니다.

마더 데레사 St. Teresa of Calcutta 수녀님은 자신이 소명을 받은 날을 선명하게 기억하신다고 고백하셨습니다. 어느 날 수녀님은 기차를 타고 캘커타 Calcutta에서 다르질링 Darjeeling으로 이동하는 중에 소명을 느끼셨다고 합니다. 그 소명은 자신이 평생 몸담아 온 수도회를 떠나서 가난하고 병든 사람들에게 봉사하라는 소명이었습니다. 수녀님이 느끼기에 그 소명은 선택이 아니라 하느님의 명령이었습니다.

그 후에 수녀님은 우리가 모두 알고 있듯 인도의 캘커타에서 가장 가난한 사람들과 평생을 함께했습니다. 비록 여러 난관이 닥쳤지만, 그녀를 가난한 이에게 봉사하도록 부르신 하느님께서도 항상 수녀님과 함께하며 갈 길을 제시하고 도움을 주셨습니다.

사순 첫 주입니다. 예수님을 광야로 내모신 성령께서 우리를 똑같이 광야로 이끄시는 시기입니다. 거친 광야에서 고독 속에서 단식하며 지내는 광야 시기는 우리를 억압하는 사탄의 정체를 인식하고, 하느님과 깊이 일치하며 자신의 소명을 재확인하고 심화시키는 시기입니다. 이 시기는 그만큼 유혹과 시련도 많은 위기의 순간이기도 합니다. 예수님께서도 유혹을 받으셨습니다. 예수님께서 성령의 도우심과 말씀의 능력으로 유혹을 물리치셨듯이 우리도 그렇게 할 수 있어야 하겠습니다.

우리는 지난 재의 수요일에 이마에 재를 받으면서 모든 일을 잠시 멈추고 깊이 생각했습니다.

"사람아, 너는 먼지이니, 먼지로 돌아갈 것을 생각하여라"(창세 3,19 참조).

성령께서는 우리 일상의 삶에 제동을 걸면서 삶의 기원과 목적을 깊이 생각하도록 요구하고 있습니다. 일의 순서와 이미 설정한 가치 순위가 과연 올바른가를 재고하도록 우리를 몰아가고 있습니다.

재의 수요일, 사순 시기, 이러한 교회 전례력은 신앙인인 우리에게 큰 사건입니다. 매일 먹고 마시고 일하며 즐기고 잠도 잘 자는 우리에게 그 반대의 것을 한번쯤 깊이 생각해 보라고 호령하고 있는 것입니다. 한 줌의 재, 단식, 금육, 희생, 자선, 기도 이 모든 것이 사순 시기의 특징과 주제로서 우리가 묵상하고 실천해야 할 내용들입니다. 성령께서는 이 시기에 우리가 잠시 일손을 멈추고 보다 깊이, 보다 진지하게, 보다 심각한 마음으로 이 모든 것을 생각하도록 이끄십니다.

성령께서는 우리 영혼에, 마음에, 의식 속에 현존하십니다. 성령의 부르심에 응답할 수 있도록, 성령의 목소리를 잘 들을 수 있도록 항상 기도하는 그리스도인의 삶을 살아야 합니다.

예민한 영적 촉각으로 성령의 감도하심을 받아들이십시오. 그리고 응답하십시오. 당신의 인생이 바뀔 것입니다.

■ 유혹을 받을 때

> "예수님께서는 광야에서 사십 일 동안 사탄에게 유혹을 받으셨다"(마르 1,13).

예수님께서는 40일 동안 광야에서 지내면서 사탄에게 유혹을 받고 짐승들과 함께 지내셨습니다. 광야에서 예수님께서는 서로 반대편에 있는 두 적대자들을 보셨습니다. 예수님을 깊은 기도에로 이끄시는 성령과 이를 방해하려는 악마입니다. 악마는 매력 있는 웃음으로 유혹하고 성령은 진리로 이를 타이릅니다. 마르코 복음서는 악마를 사탄이라 했고, 마태오와 루카는 이를 마귀라고 하는 고유명사를 썼습니다. 사탄은 반대자, 훼방자, 거역자란 뜻이고 마귀는 모함자이며 거짓말쟁이이며 해악으로 몰아넣는 모사꾼입니다.

이런 모사꾼이 광야에서 홀로 피정 중이신 예수님께 다가왔습니다. 모든 것을 비우시고 우리와 똑같은 인간이 되신 예수님께서는 참으로 어려운 처지에 놓이게 된 것입니다. 40일 동안 식음을 전폐하시고 금식하신 어려움보다 더 어려운 시험이 그 앞에 엄습한 것입니다. 그것은 배부름의 유혹, 자기 과시의 유혹, 세상 권세의 유혹을 앞에 놓고 선택해야 할 갈림길에 서 있는 어려움입니다.

사기꾼의 속정을 품은 마귀는 예수님께서 곧 세우려 하시는 하느님 나라에 훼방을 놓으려고 단칼에 그 건설자를 베어 버릴 작정을 하였습니다. 그는 40주야 간 재계를 지켜 거의 탈진 상태에 있는 예수님께 가까이 갔습니다. 사탄은 악의 나라의 모사꾼입니다. 악의 나라는 세속입니다. 그러니 하느님 나라를 무너뜨리는 가장 효과적인 무기는 번쩍거리는 세속일 수밖에 없습니다.

첫째, 우선 첫 번째 미끼를 던집니다. 예수님의 약점을 살핍니다. 그것은 예수님께서 40일 동안 굶으셨다는 사실입니다. 허기진 사람은 무엇이건 먹고 싶은 것이 이치요 또 먹을 권리가 있습니다. 악마는 이점을 노려서 성경 말씀을 가지고 덤벼든 것이었습니다. "당신이 하느님의 아들이라면 이 돌들에게 빵이 되라고 해 보시오"(마태 4,3).

마귀는 이스라엘 백성이 이집트를 탈출할 때 40년 동안 광야를 헤멜 때에 지도자 모세 덕분으로 하늘에서 내려온 만나 빵을 먹고 구원된 일을 생각하고 있었습니다. 그러니 예수님께서 만일 새 이스라엘, 즉 하느님 나라의 영도자라면 기적을 행해야 하지 않겠느냐는 경쟁심을 불러일으켰던 것입니다. 그런데 예수님께서는 사탄이 상상도 못했던 방식으로 응수하셨습니다. "성경에 기록되어 있다. '사람은 빵만으로 살지 않고 하느님의 입에서 나오는 모든 말씀으로 산다'"(마태 4,4).

이 말씀의 속뜻은 이렇습니다. "뭐, 빵으로, 물질로, 경제로 세상을 구원하라고? 그거 그럴듯하군. 하지만 이봐, '성령'의 탈을 쓰고 나에게 감언이설을 늘어놓는 자네, 정체를 숨긴다고 내가 모를 줄 아는가, 교활한 사탄! 빵도 무시할 수 없지만 세상 사람들이 진정으로 필요한 것은 말씀의 양식일세. 하느님의 말씀은 생명을 주는 힘을 가지며 그 어느 하나라도 사람을 살리기 위대한 힘을 지니고 있단 말일세. 그러니 썩 물러가게."

둘째, 그렇다고 물러설 마귀가 아니었습니다. 그는 두 번째 미끼를 던집니다. 마귀가 사람을 유혹하는 데는 언제나 정해진 레파토리가 있습니다. 손쉬운 육신에 관한 일에서 실패하면 다음 순서는 공명심을 내세워 공격을 합니다. 그때 예수님께서는 막 세상에 나서려고 하시는 때였고 혈기왕성한 서른 살의 나이였습니다. 이 나이에 세상에 나서려면 이름을 알리는 일을 해야 했습니다. 논어에도 서른 살에 입신(이립而立)한다고 하지 않았습니까? 마귀는 예수님을 성도 예루살렘으로 데리고 가서 성전 꼭대기에 서게 하였습니다. 마귀는 또다시 하느님의 아들이라 추켜세우며 성경 말씀으로 유혹합니다. "당신이 하느님의 아들이라면 밑으로 몸을 던져 보시오. 성경에 이렇게 기록되어 있지 않소? '그분께서는 너를 위해 당신 천사들에게 명령하시리라.' '행여 네 발이 돌에 차일세라 그들이 손으로 너를 받쳐 주리라'"(마태 4,6)

마귀가 인용한 이 말은 시편 91편 11절부터 12절에 있는 말씀입니다. 성경의 이 예언 말씀이 바로 예수님을 두고 하신 말씀이라는 것을 마귀가 해석하고 시인한 셈이 되었습니다. 마귀의 이 유혹은 이제 시작할 메시아의 대업을 모든 사람의 탄성과 박수갈채 속에 화려한 출발을 하는 것이 어떠냐는 극히 세속적인 유혹이었습니다. 이에 대한 예수님의 응수는 간단합니다: "성경에 이렇게도 기록되어 있다. '주 너의 하느님을 시험하지 마라'"(마태 4,7).

이 말씀의 속뜻은 이렇습니다. "사람들이 하느님의 표징이 나타나기를 학수고대하는 예루살렘에서, 많은 눈들이 쏠리는 현장에서 놀라운 기적을 일으켜 먼저 이름을 알리라? 그러면 삽시간에 그 이름은 영웅의 이름이 될 것이고, 하느님 나라를 건설하는 일은 쉬워질 수 있다? 거 그럴듯한 말일세, 성령의 음성을 가장해서 나를 유혹하지만 이번에도 헛일일세, 사탄! 나를 속이지 말게. 내가 먼저 영광을 받으면 나는 더 이상 메시아 본연의 일을 할 수 없어. 내가 수행해야 할 메시아의 사명은 우는 사람들과 함께 울고 마음 아픈 사람들을 어루만지며, 죄인들의 마음을 돌리기 위하여 그들과 모욕을 함께 당하고, 때로는 슬픔을 맛보며 고난의 길을 가는 것이야. 하느님의 영광을 떨치는 일은 나중 일일세. 그러니 훼방하지 말고 썩 물러가라니깐."

셋째, 마귀의 공격은 집요합니다. 2패를 당했지만 마지막 남은 라운드에서 케이오만 시키면 결국 승리하게 되는 것입니다. 결정타를 먹여야 합니다. 견물생심이라 했거늘 마귀는 화려한 세상의 모든 나라와 영광을 보여 주면서 예수님을 유혹합니다. "당신이 땅에 엎드려 나에게 경배하면 저 모든 것을 당신에게 주겠소"(마태 4,9).

그러지 않아도 왕국을 건설하려는 메시아의 사명을 띤 예수님에게 얼마나 구미 당기는 유혹이었겠습니까. 하지만 예수님께서는 의연하게 물리치셨습니다. "사탄아, 물러가라. 성경에 기록되어 있다. '주 너의 하느님께 경배하고 그분만을 섬겨라'"(마태 4,10). 이는 신명기 6장 13절의 말씀이었습니다.

이 말씀의 속뜻은 이렇습니다. "세상의 왕국을 단숨에 장악해서 구원 사업을 펼친다? 일단 필요한 경우 힘과 권력과 유혈로써 세계를 정복한다? 성왕이 되어 통치를 잘하고 훌륭한 법을 제정하여 백성이 모두 하느님을 섬기며 살도록 명한다? 거참 구미가 당기는 말이군. 이번에야 말로 성령의 명령처럼 들리는군. 하지만 나는 알아. 목소리의 주인공 그대는 사탄이야. 썩 물러가. 세상의 권세는 그대들이 장악하고서 배후 조종하고 있지 않은가. 무력과 힘으로 군림하면서 백성들을 도탄에 빠져 신음하게 하는 그대 권력욕의 화신! 그러면서 하느님 자리를 차지하고 하느님께 향한 경배를 가로채는 그대 사탄! 나는 다스리는 왕이 아니라 섬기는 왕으로 왔을 뿐이야. 물렀거라. 어서 나에게서 떠나거라."

유혹자는 다음 기회를 노리기로 하고 일단 물러났습니다. 훗날 이 유혹자는 제자들을 공격하였고, 유다를 넘어뜨렸으며, 베드로의 마음을 타고 들어갔습니다. 명심할 것은 이 유혹은 마치 성령의 음성처럼 들리고 너무도 그럴듯하다는 사실입니다. 오늘도 사탄은 거짓말의 아비요 모사꾼입니다.

■ 가리지 않겠습니다

> "때가 차서 하느님의 나라가 가까이 왔다.
> 회개하고 복음을 믿어라"(마르 1,15).

레오나르도 다 빈치Leonardo da Vinci가 그린 명작 중의 명작, '최후의 만찬 Ultima cena'이라는 그림이 있습니다. 이 그림은 예수님께서 수난하시기 전에 사도들과 함께 파스카 만찬을 갖는 장면을 묘사한 그림입니다. 이 그림이 완성되기 전 예수님의 모습은 지금과는 달랐다고 합니다. 지금 그림에서 예수님의 손은 아무것도 들지 않은 채 식탁에 올라 있습니다. 그러나 처음에 다 빈치는 예수님의 손에 잔이 들려 있는 그림을 그렸는데,

마지막에 지금과 같은 형태로 수정했다고 합니다.

그 이유는 바로 다 빈치의 친구 때문입니다. 그림이 완성되어 갈 무렵에 친구에게 이것을 보여 주었지요. 다 빈치는 최초의 성찬례를 거행하시며 잔을 들고 감사를 드리는 예수님의 모습을 보여 주길 원했는데, 친구는 아쉽게도 평범한 사람의 눈을 가졌던 것입니다. 그래서 그는 예수님보다 더 실제처럼 그린 잔을 먼저 보았습니다. 그리고는 다 빈치에게 말했습니다.

"이 잔은 그림이 아니라 꼭 진짜 잔 같네!"

다 빈치는 그 말을 듣고 자신의 그림에서 예수님보다 더 주목받는 부분이 있어서는 안 된다는 생각에 그림을 지금과 같은 형태로 수정했습니다.

문득 우리 삶의 모습을 되돌아봅니다. 내 인생의 화폭에는 혹시 예수님보다 더 중요하게 도드라져 있는 것은 없는지요?

"때가 차서 하느님의 나라가 가까이 왔다. 회개하고 복음을 믿어라"(마르 1,15).

예수님의 이 간결하고 분명한 메시지는 다시금 우리에게 기회를 줍니다.

그렇습니다. 예수 그리스도보다 더 큰 복음은 없습니다. 그러기에 지금 내게서 예수 그리스도를 가리는 것은 다 치워 버리고 다시 그분을 우리 삶의 중심으로 모셔 오는 것입니다.

이 작업이야말로 진정한 사순 시기의 시작점 아닐까요?

함께 기도하시겠습니다.

성령님, 이번 사순 시기에 제가 머물러야 할 광야는 어디입니까? 제가 광야에서 무엇을 했으면 좋겠습니까?

성령님, 이번 사순 시기에는 우리의 모든 일을 잠시 멈추고, 굶는 사람, 목마른 사람, 실직자, 고통 중에 있는 사람, 불면증에 걸릴 정도로 힘겹고 어렵게 살아가는 처지의 사람들을 깊이 생각해 보겠습니다. 40년 동안 이스라엘이 거쳐 갔던 사막의 여정, 40일간 음식을 전폐하셨던 예수님의 결단과 유혹, 그 의미를 새롭게 되새기고 싶습니다.

성령님, 이번 사순 시기는 이런 고독, 침묵, 묵상 속에서 앞으로 제가 민족을 위해, 교회를 위해, 저 자신을 위해 해야 할 일을 깨닫는 시기가 되게 하소서.

우리 주 예수 그리스도를 통하여 비나이다. 아멘!

사순 제2주일: 마르 9,2-10

구름 속에서

"이는 내가 사랑하는 아들이니 너희는 그의 말을 들어라"(마르 9,7).

1. 말씀의 숲

오늘 복음은 '주님의 거룩한 변모' 이야기를 전합니다. 예수님께서는 측근의 제자 세 사람을 따로 데리고 높은 산으로 올라가 그들이 보는 앞에서 하느님의 영광으로 빛나는 당신의 용모를 보여 주십니다. 그리고 그 자리에서 엘리야와 모세가 나타나서 예수님과 함께 이야기를 나누고 있는 것을 제자들이 목격합니다. 베드로를 비롯한 제자들은 황홀경에 빠져 있고 구름이 그들을 덮으면서 하늘에서 소리가 들려옵니다. "이는 내가 사랑하는 아들이니 너희는 그의 말을 들어라"(마르 9,7).

이 이야기는 예수님께서 정녕 메시아라는 명백한 계시와 그 메시아의 역할은 고난과 십자가의 길을 걷게 되지만 결국은 하느님의 영광에 빛나는 분이라는 것을 제자들에게 보여 주는데 초점이 모아지고 있습니다. 예수님께서 구세주 메시아의 임명장을 받던 세례식 때에도 하늘에서 같은 말씀이 들려왔습니다(마태 3,17 참조). 제자들의 이 천상적 체험은 구약 시대에 하느님이 시나이 산에서 모세에게 나타났던 광경을 구세사의 완성으로 재현하고 있습니다(탈출 24,15-18; 34,29-30; 40,34-38 참조).

모세가 아론, 나답, 아비후를 데리고 시나이 산으로 올라간 것처럼(탈출 24,1.9 참조), 예수님께서는 당신의 측근들인 베드로, 야고보와 요한만을 따로 데리고 높은 산으로 올라가셨습니다(마르 9,2 참조). 엿새 동안 구름이 시나이 산을 덮고 이레째 되는 날, 하느님이 구름 속에서 모세를 부르신 것처럼(탈출 24,16 참조), 예수님께서도 엿새 후에, 즉 이레째 높은 산에서(마르 9,2 참조) 구름이 그분과 제자들을 덮고 하느님의 목소리가 구름 속에서 들렸습니다(마르 9,7 참조).

위의 공통점들은 변모가 구약성경에서 묘사된 하느님의 발현이라는 문학 양식에 따라 쓰인 것임을 가리킵니다.

예수님께서는 엿새 후, 즉 이레째 높은 산으로 올라가셨습니다(마르 9,2). 예수님께서 올라가신 높은 산은 전통적 견해대로 타보르 산인지 헤르몬 산인지는 확인할 수 없습니다. 그 산은 시나이 산을 연상하게 하고, 하느님의 발현 장소를 상징합니다. 구름 속에서 나온 목소리는 세 제자들 앞에서 예수님을 하느님의 아들로 계시했습니다. 그들은 예수님께서 하느님의 아들로 드러나신 것에 대한 증인입니다.

예수님의 변모는 의인들이 죽은 다음 밝은 하늘과 별처럼 영원히 빛난다는 사상(다니 12,3)을 연상하게 합니다. 또 예수님의 옷이 이 세상의 어떠한 마전장이도 그토록 희게 할 수 없을 만큼 새하얗게 빛났는데(마르 9,3 참조), 그것은 그분이 천상적 존재임을 상징합니다.

하느님은 감추어져 있던 예수님의 영광스러운 모습을 미리 베드로, 야고보와 요한에게 잠깐 보여 주셨습니다. 그때 호렙 산에서 하느님의 발현을 체험한 엘리야(1열왕 19,5-8 참조)와 모세(탈출 24,16-18 참조)가 나타나서 예수님과 이야기하고 있었습니다(마르 9,4 참조). 대화 내용은 제시되지 않았습니다. 이미 천상으로 올라간 이 두 인물의 등장은 예수님께서 그들처럼 천상의 세계에 속한다는 것을 가리킵니다. 천상으로 올라간 것으로 여겨진 엘리야(2열왕 2,11 참조)가 세말에 메시아의 선구자로(말라 3,1 참조)로 다시 나타난다는 믿음(마르 1,2; 9,11-13 참조)이 예수님의 변모 때 실현된 것입니다. 그것은 하느님이 예수님의 변모를 통해 세말을 시작하셨음을 가리킵니다.

그때, 베드로는 다른 두 제자들을 대표하여 예수님, 엘리야와 모세를 위해 세 초막을 지어 영광스러운 예수님의 모습에 대한 체험을 연장하려 했습니다(마르 9,5 참조). 베드로가 초막을 지으려 한 것은 이스라엘 백성들의 초막절 축제를 연상하게 합니다. 그들은 모두 이 축제 기간 동안 푸른 나무 가지로 초막을 지어 거처해야 했습니다(레위 23,39-43; 느헤 8,14-15 참조). 훗날 즈카르야서에서는 이 사상이 메시아적 색채를 띠었습니다(즈카 14,16-19 참조). 예언자들은 하느님이 세말에 당신 백성들과 함께 초막을 지어 사실 것이라고 예언했던 것입니다(에제 37,27; 43,7.9; 즈카 2,10-11; 8,3.8; 토빗 13,10 참조).

선택을 받은 사람들이나 의인들은 '영원한 초막', 즉 천상의 영원한 행복으로 들어갑니다(루카 16,9 참조). 베드로가 지으려 한 초막은 천상적 존재들만 들어갈 수 있는 초막을 생각하게 합니다. 그는 그들 가운데 속하지 않는데도 천상의 지복至福에 집착하여 그것을 이 지상에 끌어내려 연장하려는 잘못을 저질렀습니다(마르 9,5-6 참조).

변모에 대한 제자들의 이해 결여를 반박하기 위해 하느님이 발현하십니다. 구름이 영광스러운 모습으로 변하신 예수님, 엘리야와 모세를 덮었습니다. 구름은 하느님의 현존(탈출 16,10; 19,9; 24,16-17; 33,9; 40,35; 레위 16,2; 민수 11,25 참조)과 계시 행위를 상징합니다(탈출 24,16 이하 참조). 주님의 영광과 구름이 나타난 것은 세말이 왔음을 알리는 현상입니다(2마카 2,8 참조). 구름 속에서 나온 하느님의 목소리인 "이는 내가 사랑하는 아들이니 너희는 그의 말을 들어라."(마르 9,7)는 예수님을 당신의 사랑하시는 아들과 메시아로 계시하신 것입니다. 또 이 목소리는 베드로, 야고보와 요한에게 예수님께서 하느님 아들의 직무를 맡으셨음을 증거하라는 분부입니다. 이러한 하느님의 계시는 갑자기 끝났고, 그들은 사람의 모습으로 되돌아오신 예수님을 보았습니다(마르 9,8 참조).

예수님께서 하느님의 아들로 계시되신 것은 그분이 세례를 받으셨을 때 이미 이루어졌습니다(마르 1,11 참조). 그때는 아직 제자들이 부르심을 받기 전이었기 때문에 현장에 있지 않았습니다. 하느님은 예수님의 변모를 통해 그들 앞에서 예수님을 당신의 아들로 다시 계시하시어 그들을 그 증인으로 삼으셨습니다. 이렇게 변모 때의 계시는 세례 때의 계시에 연결됩니다. 이 두 경우 마르코 복음사가는 예수님의 하느님의 아들 신분을 신학적으로 해설하여 극적 장면으로 묘사했습니다.

예수님께서는 산에서 내려오시면서 베드로, 야고보와 요한에게 산 위에서 본 것을 아무에게도 말하지 말라고 함구령을 내리셨습니다. 그것은 예수님의 신비가 그분의 죽음과 부활 이후에야 비로소 제대로 파악될 수 있는 것이기 때문입니다. 위의 함구령은 인자가 죽은 사람들 가운데서 부활하실 때까지 유효합니다(마르 9,9 참조). 제자들은 사람의 아들의 부활을 이해할 수 없었지만, 그 함구령은 마음속에 새겼습니다(마르 9,10 참조).

변모의 사건이 마지막에 도달했을 때 구름이 그들을 덮었습니다. 유다 사상에서는 하느님의 임재는 보통 구름과 결부되었습니다. 모세가 하느님과 만난 것도 구름 속이었습니다. 하느님은 구름 속에서 장막에 내려오셨습니다. 솔로몬이 성전을 건립하고 하느님께 바쳤을 때, 성전은 구름으로 뒤덮였습니다. 메시아가 강림하였을 때 하느님의 임재의 구름이 성전에 돌아온다는 것이 유다인의 꿈이었습니다(탈출 16,10; 19,9; 33,9; 1열왕 8,10; 2마카 2,8 참조). 구름이 내려왔다는 것은 메시아가 왔다는 것을 알리는 방법입니다. 유다인은 모두 이와 같이 이해하였습니다.

변모는 이중의 중요함을 가지고 있습니다.

2. 말씀 공감

■ 제자의 첫째 덕목

> "엿새 뒤에 예수님께서 베드로와 야고보와 요한만 따로 데리고 높은 산에 오르셨다"(마르 9,2).

성 요한 크리소스토모St. Joannes Chrysostomus는 자신의 교구 가운데 신부가 없어서 어려움을 겪고 있는 본당을 찾아갔습니다. 그는 그곳에서 농부 한 사람을 잘 가르쳐서 사제로 서품하였습니다. 그러나 콘스탄티노플에 있는 주교관으로 돌아온 뒤 그의 마음은 편하지 않았습니다. '그렇게도 준비가 부족한 사람을 사제로 세우다니 내가 커다란 잘못을 저지른 것은 아닐까?'라는 생각이 들었기 때문입니다.

그래서 크리소스토모는 그곳을 다시 찾아갔습니다. 그는 미사가 시작된 지 몇 분이 지난 뒤에 성당 안으로 들어갔습니다. 그리고 이 농부 출신의 신부가 미사를 어떻게 드리는지 지켜보기 위해서 기둥 뒤에 숨어 있었습니다.

미사를 한동안 지켜보던 크리소스토모는 자신도 모르게 눈물을 흘렸습니다. 그는 그렇게 정성을 다해서 빛나는 얼굴로 기도를 드리고, 짧은 강론에도 열정을 쏟아 붓고, 참석한 사람들의 마음을 사로잡는 신부를 본 적이 없었던 것입니다.

미사가 끝난 후 크리소스토모는 제단으로 나가서 그 신부 앞에 무릎을 꿇고서 안수를 청했습니다. 갑자기 모습을 드러낸 주교가 안수를 청하자 신부는 깜짝 놀라며 말했습니다.

"주교님께서 저를 안수하셔야지요."

하지만 크리소스토모는 고집을 꺾지 않았습니다.

"그대가 나를 안수해 주시오. 나는 당신처럼 마음속에 불같은 열정과 사랑으로 하느님을 섬기는 신부를 일찍이 본 적이 없었소."

요한 크리소스토모는 열정적으로 미사를 드리는 신부를 보고 감동을 받았습니다. 그리고 그는 이제 안심하였습니다. 하느님 일꾼이 지녀야 할 첫째 덕목은 뭐니 뭐니 해도 '열정'이기 때문이었습니다.

오늘 복음에서 예수님께서는 "베드로와 야고보와 요한만 따로 데리고" 높은 산으로 올라가셨습니다. 그런데 사실 예수님께서 이 셋만 따로 데리고 가신 것은 처음 있는 일이 아닙니다. 한마디로 말해 이들은 예수님의 '측근 제자'에 속하는 사람들이었습니다.

그렇다면 어찌하여 이들은 다른 9명의 제자들과는 달리 예수님의 측근으로서 핵심적인 사건들이 있을 때마다 예수님과 함께했을까요?

주님만이 아시는 여러 이유가 있을 것입니다. 그런데 그 가운데 '열정'이라는 공통분모가 발견됩니다.

베드로는 많이 알려져 있는 바와 같이 성격이 다혈질적이고, 생각보다 말이 먼저 나가는 사람이었습니다. 그럼에도 복음서에 나오는 그의 행동들을 보면 예수님께 대한 열정이 남달랐음을 알 수 있습니다. 예수님께서 물 위를 걸어오신 밤, 자신과 물 위를 걸어 예수님께 다가가고자 하였고(마태 14,28-29 참조), 부활하신 예수님을 뵙고는 다른 제자들보다 먼저 예수님께 가려고 겉옷을 입은 채로 호수에 빠지기도 했으니 말입니다(요한 21,7 참조).

　야고보와 요한도 베드로와 성격이 별반 다르지 않았습니다. 예수님께서는 이들 형제를 천둥의 아들들이라는 뜻으로 '보아네르게스'라고 부르셨습니다(마르 3,17 참조). 이들도 성격이 불같아서 예수님과 함께 선교 여행을 다닐 때 예수님을 거부하는 사마리아 마을에 불을 내려 심판하려고 했을 정도로 열정을 지닌 이들이었습니다(루카 9,54 참조).

　물론 다른 9명의 사도들이 열정이 없었다는 말은 아닙니다. 하지만 그들 중에서도 이들 셋의 열정이 남달랐다는 것입니다.

　어쩌면 예수님께서는 열정을 가슴에 품은 사람들을 당신 가까이에 두고 싶어 하셨는지도 모릅니다. 그러하기에 우리도 주님의 측근 제자가 되기 위해서는 마음속에 열정을 품고 생활해야겠습니다.

■ 저희가 여기에서

> "스승님, 저희가 여기에서 지내면 좋겠습니다.
> 저희가 초막 셋을 지어 하나는 스승님께, 하나는 모세께,
> 또 하나는 엘리야께 드리겠습니다"(마르 9,5).

　그 옛날 하느님은 모세가 홀로 산 위에 오를 것을 원하셨지만 나중에는 여호수아가 그 뒤를 따라 합류하도록 허락하셨습니다. 오늘 이야기에서도 주님은 모든 제자들 중에서 베드로와 야고보와 요한에게만 당신 부활의 영광을 계시하셨습니다.

　이제껏 한 번도 보지 못했던 모습이었습니다.

　"그분의 얼굴은 해처럼 빛나고 그분의 옷은 빛처럼 하얘졌다"(마태 17,2).

"그분의 옷은 이 세상 어떤 마전장이도 그토록 하얗게 할 수 없을 만큼 새하얗게 빛났다"(마르 9,2).

엘리야와 모세의 모습도 보였습니다. 모두 함께 이야기하고 있었습니다. 이때 베드로가 주님께 말하였습니다.

"스승님, 저희가 여기에서 지내면 좋겠습니다. 저희가 초막 셋을 지어 하나는 스승님께, 하나는 모세께, 또 하나는 엘리야께 드리겠습니다"(마르 9,5).

얼떨결에 나온 말이지만 진심이었습니다. 충심이었습니다. '머리 둘 곳조차' 없이 돌아다니시며 배척, 질시, 심하게는 폭행(루카 4,29 참조)까지 당해 왔던 주님이 안쓰러웠기 때문이었습니다.

저 정도의 경지시라면, 굳이 사람들을 찾아다니실 이유가 없어 보였습니다. 애써 고생하실 이유가 없어 보였습니다. 소문만 나면 도처에서부터 제자들이 스스로 모여들 것이 분명하였습니다. 예수님께서 그 광휘에 싸인 모습만 그대로 유지하신다면, 그리고 엘리야와 모세가 줄곧 함께 머물러 주신다면, 사람들이 몰려들게 하는 것은 쉬운 일이었습니다. 베드로 일행이 할 일은 전단지를 만들어 뿌리기만 하면 되는 것이었습니다. '명상冥想 센터'라 불러도 좋고, '선방禪房'이라고 불러도 좋을 것입니다. 홍보만 되면 인재들이 구름 떼처럼 몰려올 일이었습니다.

이럴진대, 주님은 또다시 그들을 실망시키셨습니다. 결사코 산에서 내려오셨습니다(마태 17,9 참조). 영광의 자리를 박차시고 기어이 고달픈 속세로 다시 내려오셨습니다. 고통, 상처, 좌절, 죄악을 짊어지고 각축하는 사람들의 틈서리로 내려오셨습니다.

내려오시면서 예수님께서는 제자들에게 말씀하셨습니다.

"아니다, 베드로야. 나는 내려가야 한다. 나는 가야 할 곳이 있다. 나는 만나야 할 사람들이 있다. 나는 해야 할 사명이 있다. 아무도 찾아 주지 않는 후미진 곳, 나는 그곳으로 가야 한다. 더 이상 내려갈 곳도 없는 밑바닥 인생들, 나는 그 사람들에게 가야만 한다. 그들에게 '그대들도 나에게는 참 소중한 당신입니다.'라며 그들을 포옹하고 그들이 하느님의 자녀로 새로 나서 새 삶을 살도록 위로와 격려를 주는 것, 그것이 나의 사명이다. 알겠느냐."

■ 조금은 부럽습니다

> "그때에 구름이 일어 그들을 덮더니 그 구름 속에서,
> '이는 내가 사랑하는 아들이니 너희는 그의 말을 들어라.'
> 하는 소리가 났다"(마르 9,7).

저는 군복무 시절에 사제가 되기로 결심했습니다. 대학교 2년 때부터 장래 진로를 놓고 약 5년을 기도한 끝에 응답을 받은 것이었습니다. 저는 사제가 되는 것이 '내' 뜻인지 '주님' 뜻인지 확신이 없었기에 몇 가지 징표를 청했습니다. 주님께서 결정적인 징표를 보여 주신 것은 제가 서울 대방동 소재 해군 본부로 발령을 받고 막 중위 1년차 근무를 시작한 지 얼마 안 되어서였습니다. 어느 토요일 집에서 기도하는 중에 바로 오늘 복음에 나오는 빛보다 환한 빛을 보고 주님의 음성을 들었습니다. 그때 몇몇 성구와 함께 제게 들려온 메시지는 간결했습니다.

"아들아, 땅을 보고 살지 말고 하늘을 보고 살거라."

그 체험은 너무도 뚜렷해서 오늘 기억해도 마치 현장에 있는 듯이 생생하게 살아납니다.

그날 이후 저는 점심시간이면 식사를 빨리 마치고 군부대 성당으로

가서 묵주기도를 바쳤습니다. 그러기를 한 달쯤 되었을 때, 저는 군부대에 레지오 마리애 기도 모임이 있다는 얘기를 들었습니다. 주로 준위와 상사로 구성된 그 기도 모임을 주도하고 있던 이는 성당 레지오 활동을 열심히 하던 박○○ 상사였습니다. 우리는 의기투합하여 점심 기도 모임을 결성했습니다. 그리하여 매일 점심이면 우리는 열심히 모여 찬미와 묵주기도를 바쳤습니다. 그들의 믿음이 얼마나 좋았던지 그 기도모임을 통해서 제 신심은 점점 '단순무식'해 졌습니다.

오해가 없기를 바랍니다. 여기서 '단순무식'은 제게 있어서 최고의 찬사입니다. 왜냐하면 모든 신앙의 선조들 그리고 성인들이 바쳤던 기도가 바로 '단순무식'한 기도였기 때문입니다.

"나는 아무것도 모릅니다. 그저 주님의 뜻이 이루어지기만을 간구합니다."

이렇게 그들은 기도했던 것입니다.

우리 역시 그렇게 기도했습니다. 우리는 기도뿐 아니라 복음 말씀을 함께 묵상하며 서로 격려했습니다. 복음 말씀을 함께 묵상함으로 인해 형식적으로 기울기 쉬운 묵주기도가 더욱 알차고 뜨거워졌습니다. 이렇게 기도를 바치고 나면 사명과 열정이 충만해졌습니다. 우리는 그 여세로 군부대원들에게 복음을 전하는 일에 발 벗고 나서서 많은 이들을 성당으로 인도했습니다.

무미건조하기 십상인 군복무 시절, 제 주변에 그렇게 뜨거운 신앙을 가진 레지오 단원들이 있었다는 것은 크나큰 행운이었습니다.

군부대에서 약 2년간 월요일부터 금요일까지 단 하루도 거르지 않고 바쳤던 묵주기도와 말씀 묵상, 이것이 오늘 제 신앙의 밑거름이 되었습니다.

오늘 새삼 그 시절을 떠올려 보니, 그때 그 기도 모임이 마치 영광스럽게 변모하신 주님을 목격한 제자들의 특권에 버금가는 듯이 황홀해집니다.

"이는 내가 사랑하는 아들이니 너희는 그의 말을 들어라"(마르 9,7).

이 말씀은 그때나 지금이나 저의 운명입니다.

함께 기도하시겠습니다.

높은 산에서 영광 속에 머무르지 않으시고 다시 저희 곁으로 오신 예수님, 고생바가지인 저희를 보듬기 위하여 저희에게로 다시 다가오신 예수님, 눈물이 납니다.

그 사랑을 저희가 모르고 살아 왔다는 사실이 너무도 안타깝습니다.

그럼에도 실망치 않으시고 한결같이 또 저희 누추한 자리를 찾아 주시니 고맙고 고마울 따름입니다.

주님, 그 사랑을 저희가 백분지 일이라도, 아니 만분지 일이라도 깨닫게 하소서.

주님, 저희의 무지한 명오를 밝혀 주시고, 저희의 무덤덤한 마음을 열어 주소서.

우리 주 예수 그리스도를 통하여 비나이다. 아멘!

사순 제3주일: 요한 2,13-25

올바른 경배

"당신 집에 대한 열정이 저를 집어삼킬 것입니다"(요한 2,17).

1. 말씀의 숲

오늘 우리에게 교회가 들려주는 말씀은 성전 정화 이야기입니다.

성전 정화 대목은 무엇보다도 예수님의 죽음과 부활의 표징을 내포하고 있습니다. 앞에 나온 카나의 혼인 잔치 대목에서는 예수님께서 하신 첫 번째 표징이 이야기되었는데, 요한 복음 2장 13절부터 22절에서는 예수님께서 행하신 표징 가운데 제일 큰 표징이 예고되고 있습니다. 카나의 표징은 파스카 표징의 예표이고 앞당김입니다. 이것이 두 대목 사이의 밀접한 관계를 보여 줍니다.

카나의 표징과 성전 정화 표징 사이에 닮은 점은 이야기 끝에 제자들의 신앙을 언급하고 있다는 점입니다(요한 2,11.22 참조).

성전 정화 일화는 더 이상 갈릴래아에서 벌어지는 일이 아니라 유다 땅에서 일어난 일입니다. 카나의 표징은 카나에서 있었는데 성전의 표징은 예루살렘에서 일어납니다. 이런 방법으로 베껴 옮긴 것 같은 이 두 이야기는 일종의 완성이란 의미를 지닙니다. 왜냐하면 두 표징은 정통 팔레스티나를 형성하는 두 구역 갈릴래아와 유다에서 확인되기 때문입니다.

유다인들의 파스카를 맞아 예수님께서는 예루살렘 성전을 찾으셨습니다. 성전은 예수님께서 자주 거니시며 사람들을 가르치고 치유하는 곳이었습니다. 그런데 예수님께서는 이 성전에서 분노하셨습니다. 소와 양과 비둘기를 파는 자들과 환전꾼들이 앉아 있는 것을 보셨기 때문입니다. 예수님께서는 밧줄로 채찍을 만들어 그들을 모두 쫓아내고 그 상을 둘러엎으셨습니다. 그리고 말씀하셨습니다. "이것들을 여기에서 치워라. 내 아버지의 집을 장사하는 집으로 만들지 마라"(요한 2,16).

예수님께서는 이 예루살렘 성전이 아버지의 집이라고 선언하셨습니다. 그것은 곧 당신의 집이었습니다. 이것은 당신 집에 대한 열정이었고 당신 집에 대한 권한이었습니다.

그곳에서 성전 참배객들은 제물로 바칠 동물을 구하거나 성전에서만 바칠 수 있는 세켈을 바꾸고 있었습니다. 예수님께서 이 장사판을 뒤엎으신 것은 성전을 정화하는 정도로 그치는 것이 아니라 유다인들의 제도를 뒤엎으신 것입니다. 동물이나 돈은 성전 예식에 절대 필요한 것입니다. 이 성전 정화에서 예수님께서는 성전 자체를 공격하십니다.

그러나 유다인들은 그 권한을 인정하지 않았습니다.

"당신이 이런 일을 해도 된다는 무슨 표징을 보여 줄 수 있소?"(요한 2,18) 예수님께서는 명령하셨습니다.

"이 성전을 허물어라. 그러면 내가 사흘 안에 다시 세우겠다"(요한 2,19).

이것은 위에서 주어지는 능력이고 권한이었습니다. 이 말씀이 없었더라면 아무도 예수님께 손을 대지 못했을 것입니다. 46년이나 걸려 지어진 성전은 이제 사흘 안에 다시 세워질 것입니다. 성전은 다시 세워지기 위해서 반드시 허물어질 것입니다. 예수님께서는 당신의 죽음과 부활을 이렇게 예고하셨습니다.

'유다인들'은 그분의 말씀을 오직 물질적인 차원에서 이해하였습니다. 짓는 데 46년이나 걸린(기원전 20-19년부터 기원후 28년까지) 이 아름다운 건물을 어떻게 그처럼 빨리 다시 지을 수 있겠는가?

이것이 빌미가 되어 마르코와 마태오 복음에서는 예수님의 사형 판결 마당에 거짓 증인들이 나와 그를 엉터리로 고발하였습니다. '내가 성전을 허물겠다'고 말했다는 것입니다.

공관복음에서는 성전 정화 사건이 그리스도 생애의 마지막 주간에 일어난 사건(마태오는 성지 주일, 마르코는 월요일), 곧 과월절 기간에 일어난 사건입니다.

이제 성전을 더럽히고 있던 모든 것들이 사라졌습니다. 그 무엇도 아버지를 대신할 수 없고 새 성전인 예수님을 대신할 수 없기 때문입니다. 그 자리에 있던 제자들은 예수님께서 돌아가신 이 가운데서 부활하신 다음에야 이 사실을 믿을 수 있었습니다.

"여인아, 내 말을 믿어라. 너희가 이 산도 아니고 예루살렘도 아닌 곳에서 아버지께 예배를 드릴 때가 온다. 너희는 알지도 못하는 분께 예배를 드리지만, 우리는 우리가 아는 분께 예배를 드린다. 구원은 유다인들에게서 오기 때문이다. 그러나 진실한 예배자들이 영과 진리 안에서 아버지께 예배를 드릴 때가 온다. 지금이 바로 그때다. 사실 아버지께서는 이렇게 예배를 드리는 이들을 찾으신다"(요한 4,21-23).

2. 말씀 공감

■ 향기롭게 피어올라야 할

> "이것들을 여기에서 치워라.
> 내 아버지의 집을 장사하는 집으로 만들지 마라"(요한 2,16).

거룩함이 상실되고 더럽혀진 당신 '아버지의 집' 곧 성전을 보시고, 예수님께서는 단호하게 말씀하십니다.

이 말씀을 묵상하며, 문득 우리 자신을 돌아봅니다. 그렇다면 오늘, 우리 각자의 마음속 성전은 어떤가요? 기꺼이 하느님 아버지께서 거처하시기에 흡족할 만큼, 예수님께 칭찬받을 만큼, 깨끗하고 아름답게 보존하고 있나요?

지난 연말 교황청 장관, 의장단들은 프란치스코 교황님으로부터 따끔한 성탄 인사를 들어야 했습니다. 그 내용이 우리들 또한 진지하게 성찰해 볼 필요가 있는 말씀이기에, 관련 기사 내용 일부를 여러분과 함께 나눠 봅니다.

> "우는 이들과 함께 울어 주고 기뻐하는 이들과 함께 기뻐해 줄 수 있어야 합니다. 영혼 없는 목석같은 사목자가 돼선 안 됩니다. 하느님을 잃어버리고 자기 자신에만 몰두하는 영적 치매를 경계해야 합니다."
> 프란치스코 교황의 성탄 인사는 달랐다. 교황은 2014년 […] 성탄절을 앞두고 […] 교황청 인사들이 주의해야 할 15가지 병폐를 지적했다. […] 그것은 '자기중심주의', '과도한 활동', '영혼 없는 목석', '지나친 계

획주의', '불일치', '영적 치매', '경쟁과 허영', '정신 분열', '뒷담화', '상사 신격화', '무관심', '장례식장', '축적', '파벌', '세속적 이윤과 전시주의'다.
 […] 교황은 '영적으로 공허한 이들은 위선적으로 행동하며 자기를 과시하려 한다'면서 '또 자기중심주의에 사로잡힌 이들은 신자들에게 봉사하기보다 권력을 휘두르게 된다'고 지적했다. […] 또 뒷담화를 하며 공동체를 분열시키고 출세와 이득을 위해 상사를 신격화하고 부와 권력을 축적하는 행태도 강하게 비판했다.
 평소에도 유머와 기쁨을 강조한 교황은 이날 교황청 인사들에게도 '사목자는 예의 바르고 평화로우면서도 열정적이고 기쁨에 넘치는 사람이어야 한다'고 당부했다.[25]

 교황님께서 열거하는 병폐들 하나하나가 오늘의 우리와 그리스도를 멀어지게 하는 악습임을 새삼 확인합니다. 내 마음속에서 이들을 뿌리 뽑지 않는 한, 우리 역시 예수님께로부터 호된 꾸지람을 들을 각오를 해야 할 것입니다.
 이 은혜로운 사순 시기 동안, 그간 미뤄 온 내 마음속 정화 작업을 하나 둘씩 시작하여, 부활하신 예수님을 내 마음 안에 기쁘게 모실 수 있도록 노력하는 우리들이 되었으면 좋겠습니다.
 "이것들을 여기에서 치워라. 내 아버지의 집을 장사하는 집으로 만들지 마라"(요한 2,16).

■ 기적에 대하여

> "그때에 유다인들이 예수님께, '당신이 이런 일을 해도 된다는 무슨 표징을 보여 줄 수 있소?' 하고 말하였다"(요한 2,18).

요한이 예수님의 기적에 대해서 말할 때 그는 이것을 표징이라고 말했습니다. 표징은 요한이 즐겨 쓰는 그리스어 세메이온(semeion)을 번역한 말입니다. 이를 영어로는 sign이라 표기합니다. 그에게 있어서 기적이란 단순히 놀라운 일에만 그치는 것이나 특별한 초능력을 나타내는 행위만이 아니라, 어떤 의미나 메시지를 지니고 있는 일종의 징표였습니다. 즉 기적은 그 기적을 행한 인물의 정체와 특성을 이해하도록 도와주는 표시의 기능을 갖는다는 것입니다.

유다인들이 예수님께 '표징'을 보여 달라고 했을 때, 그들이 그 표징을 통해 확인하고자 했던 것은 예수님의 초능력이었습니다. 하느님의 아들임을 드러내는 비상한 능력 말입니다. 그래서 사람들의 눈을 휘둥그레하게 만드는 신묘한 권능이 예수님에게 있는지 확인하고자 했던 것입니다.

하지만 예수님께서 기적을 행하셨을 때, 그 기적을 통해 드러내고자 했던 것은 그런 초능력이 아니라 인간의 고통에 시달리는 인간의 불행에 대한 하느님의 연민이었습니다. 예수님에게 기적은 하느님의 사랑을 드러내는 표징이었던 것입니다. 예수님의 능력은 병든 자를 고치고 주린 자를 먹이며 슬픈 자를 위로하는 데 사용되었습니다. 예수님께서 당신 능력을 이와 같은 방법으로 사용하셨다는 바로 그 사실은 하느님께서 슬픈 자들과 가난한 자들과 고통을 당하는 자들을 돌보신다는 사실의 증거였습니다.

오늘도 예수님께서는 기적을 행하십니다. 믿음을 가진 사람들 안에서 예수님께서는 측은한 형편의 사람을 돕기 위해 사랑을 드러내는 표징으로서 기적을 행하십니다. 우리의 가슴을 찡하게 하는 '기적' 이야기를 소개합니다. 제목은 '1달러 11센트의 기적'입니다.

나이에 비해 조숙한 8살짜리 테스는 부모님이 나누는 이야기를 몰래 엿듣고 있었습니다. 남동생 앤드류에 대하여 말씀하시는 것이었습니다. 테스가 알고 있는 것은 앤드류가 많이 아프지만 치료할 돈이 없었다는 것이었습니다.

아빠는 이제 집세도 낼 수가 없기 때문에 다음 달에는 빈민촌 아파트로 이사를 가야만 합니다. 지금 동생의 병을 치료하기 위해선 큰 병원에서 많은 돈을 주고 대수술을 해야 하지만, 아무도 그렇게 큰돈을 빌려줄 수 없었습니다.

테스는 아빠가 울고 있는 엄마에게 이야기하는 것을 들었습니다. "여보, 이제 우리 앤드류는 기적이 아니면 살릴 수가 없소." 라는 절망적인 어조의 목소리를….

테스는 자기 방으로 돌아와 벽장 속에 숨겨둔 유리 저금통을 꺼내 모든 동전들을 바닥에 쏟아 놓고 조심스럽게 세어 보았습니다.

1달러 11센트.

테스는 혹시 실수를 해서는 안 된다는 생각에 몇 번씩이나 세어 보았습니다. 테스는 동전들을 다시 저금통에 넣고 뚜껑을 막은 다음 저금통을 가지고 조용히 뒷문으로 빠져나와 어디론가 달려갔습니다.

몇 정거장이나 떨어진 곳에 붉은 인디언 그림이 그려진 큰 간판이 걸려 있는 건물로 달려갔습니다. 그 건물에는 렉셀 씨가 운영하는 약국이었습니다. 테스는 약국으로 들어갔으나 아저씨는 알아보지 못했습니다.

그래서 아저씨가 알아볼 때까지 참을성 있게 기다렸습니다. 그런데 약사 아저씨는 지금 아주 바쁜 것 같았습니다. 테스는 발자국 소리를 내 보았습니다. 하지만 아저씨는 알아듣지 못하는 것 같았습니다. 이번엔 기침 소리를 내 보았지만 그래도 소용이 없었습니다.

마침내 테스는 저금통에서 동전을 꺼내서 유리 카운터에 '찰칵' 소리가 나도록 놓았습니다. 동생을 생각하니 더 이상 기다릴 수 없었습니다. 그제야 약사 아저씨는 테스를 돌아보았습니다. "어떻게 왔니?" 약사 아저씨는 귀찮은 듯이 물었습니다. 그리고 대답도 기다리지 않고 말했습니다. "난 지금 시카고에서 오신 귀한 손님과 이야기를 나누고 있단다."

테스도 더 이상 참을 수 없어 다급한 소리로 말했습니다. "저는 제 남동생에 대해 말하고 싶어요. 제 동생은 지금 너무 아파요. 그리고 제 동생은 기적이 아니면 살릴 수 없대요. 그래서 기적을 사러 온 거예요."

"뭐라고?" 아저씨가 놀라서 물었습니다. 테스는 계속해서 말했습니다. "제 동생 이름은 앤드류인데요, 머릿속에 무슨 이상한 것이 자라고 있대요. 그래서 아빠는 기적만이 제 동생을 살릴 수 있대요. 그래서 기적을 사려고 뛰어 왔어요. 그런데 그 기적이 얼마예요?"

약사 아저씨는 약간 누그러진 목소리로 말했습니다. "애야, 미안하지만 우린 널 도와줄 수가 없구나."

테스는 더 이상 아저씨의 말만 듣고 있을 수 없었습니다. "잠깐만요, 제가 기적을 살 돈을 가져왔어요. 제 돈이 모자라면 더 가져올게요. 그 가격만 말씀해 주세요."

가엾은 소녀 테스가 말했습니다.

이때 시카고에서 오셨다는 손님이 테스 가까이 오셨습니다. 그분은 몸을 굽혀서 그 작은 소녀에게 물었습니다.

"남동생에게 무슨 기적이 필요하니?"

"모르겠어요." 테스는 기대에 친 눈빛을 반짝이면서 말을 이었습니다. "엄마가 그러시는데, 제 동생이 너무 아파서 수술을 해야 한데요. 그런데 아빤 돈이 없어서 제 돈을 쓰려고 해요."

"그래, 얼마를 가져왔니?" 시카고에서 오신 분이 물었습니다.

"1달러 11센트요." 테스는 아주 작은 목소리로 대답했습니다. "지금 이 돈이 전부예요. 그러나 부족하다면 더 가져올 수 있어요."

"그거 참 대단한 우연이로구나." 그 신사분이 미소를 지으며 말했습니다. "네 남동생의 기적을 사려면 정확히 1달러 11센트가 필요하단다."

신사는 테스가 가져온 저금통을 받아 들고 한 손으론 테스의 작은 손을 잡고 말했습니다.

"너희 집으로 같이 가자. 너의 남동생과 부모님을 만나 보고 싶구나. 내가 가지고 있는 기적이 네가 사려고 한 기적과 같은지 한번 보자꾸나."

이 신사는 세계적인 신경과 전문의 칼톤 암스트롱 박사였습니다.

그 수술은 1달러 11센트로 이루어졌고, 앤드류는 곧 회복되어 정상으로 돌아왔습니다. 1달러 11센트에 기적을 산 테스의 이야기를 엄마 아빠는 행복하게 이야기할 수 있었습니다.

엄마가 테스에게 속삭였습니다.

"앤드류의 수술은 참으로 기적이었단다. 이 기적의 값이 얼마였는지 아니?"

테스는 혼자서 미소 지었습니다. 테스는 그 기적의 값이 얼마나 되는지 누구보다 잘 알고 있었습니다. '1달러 11센트.'[26]

이 이야기는 실화입니다. 한 어린 소녀의 너무나 순진한 사랑과 믿음이 기적을 낳았습니다. 이런 것이 기적입니다. 이 기적 속에 사랑이 고스란히 드러나 있습니다. 그래서 이 기적은 사랑을 드러내는 표징, 사랑의 세메이온, 사랑의 사인(sign)인 것입니다. 이런 기적이 오늘도 예수님께서 살아 계셔서 우리의 믿음과 사랑을 보시고 행하시는 기적입니다.

■ 기쁘게 하는 예배

> "이 성전을 허물어라.
> 그러면 내가 사흘 안에 다시 세우겠다"(요한 2,19).

오늘 복음에서 예수님께서 끈으로 채찍을 만들어 희생 제물과 그것들을 파는 장사꾼들을 몰아내시고 환전상들의 돈을 쏟아 버리며 탁자들을 엎으신 행동은 궁극적으로 성전의 종말을 예고하신 것입니다.

예수님께서는 성전에서 자행되고 있는 이권 다툼의 작태를 보시고 돌발적으로 격분을 터뜨리신 것이 아닙니다. 오늘 예수님의 성전 정화 사건은 큰 그림의 일부로서 일종의 예고에 해당합니다.

예수님께서 이 세상에 오신 목적은 예레미야 예언서 31장 31절부터 34절에 약속된 "새 계약"을 성취하시기 위해서입니다.
하느님께서 새 계약을 맺기로 작정하신 것은 이스라엘 백성과 맺으셨던 옛 계약이 깨졌다고 여기셨기 때문입니다.
모세를 중재자로 내세우시고 이스라엘과 맺으셨던 옛 계약의 중심에는 십계명이 있습니다. 옛 계약에서 이스라엘 백성의 의무는 십계명을 지키는 것이고, 특권은 하느님 백성으로서 하느님의 보호를 받는 것입니다. 하지만 이스라엘 백성은 세월이 흐르면서 인근 국가들의 우상 숭배 문화에 영향을 받아 범국가적으로 십계명을 범하는 지경에 이르렀습니다. 이런 이유로 하느님께서는 옛 계약, 곧 구약을 종식하고 새 계약을 맺으실 계획을 품고 계셨던 것입니다.

예루살렘 성전은 옛 계약의 경신례를 위해 세워진 성전입니다. 십계명을 거스른 죄로 인한 죽음을 대신하여 짐승의 피를 흘려 희생 제물을 바치는 것을 주목적으로 한 성전이었던 것입니다.

하지만 새 계약의 교회에서는 짐승의 피 흘림이 아닌 예수님의 십자가 희생을 기념하며 감사의 성찬례를 행하기 위하여 완전 새로운 성전이 요구됩니다. 이는 실질적으로 새 역사의 시작입니다.

그만큼 예루살렘 성전 존재 의미는 구약에서 신약으로 넘어가는 전이의 중심 사안이었습니다.

바로 이런 이유로 예수님께서는 성전에 대한 권한을 입증하라고 다그치는 유다인들이 알아듣건 말건 수수께끼 같은 말씀을 하셨습니다.

"이 성전을 허물어라. 그러면 내가 사흘 안에 다시 세우겠다"(요한 2,19).

여기서 "이 성전"은 일단 예루살렘 성전을 가리킵니다. 하지만 그렇다면 유다인들의 반문처럼 사실상 "사흘 안에 다시 세우겠다."는 말씀은 실현 불가능한 일입니다.

하지만 "이 성전"은 궁극적으로 예수님 자신을 가리킵니다. 이렇게 알아들으면 "사흘 안에 다시 세우겠다."는 말씀은 십자가 죽으심과 부활을 예고하신 것이 됩니다.

이 말씀의 의미는 이 정도로 끝나지 않습니다. 모름지기 예수님의 의중에는 다음과 같은 뜻이 다분히 내포되어 있었습니다.

"자, 이 성전을 허물어라. 이 성전은 이제 유효기간이 끝났다. 세월이 흐른 다음에야 너희는 알게 될 것이다. 내가 바로 진짜 성전이다. 불행하게도 너희는 지금 그것을 모르고 있다. 너희의 무지로 인해 너희는 진짜 성전을 허물 날이 올 것이다. 아무리 그래도 진짜 성전은 사흘 안에 다시 세워진다. 보라, 그날이 다가오고 있다."

이런 취지의 암시는 요한 복음 4장에 또렷이 나타납니다. 야곱의 우물가 사마리아 여인과의 대화에서 예수님께서는 이렇게 말씀하셨습니다.

"여인아, 내 말을 믿어라. 너희가 이 산도 아니고 예루살렘도 아닌 곳에서 예배드릴 때가 온다. […] 진실한 예배자들이 영과 진리 안에서 아버지께 예배를 드릴 때가 온다"(요한 4,21.23).

예수님께서는 "영과 진리 안에서"라고 하셨습니다. 이는 기도와 말씀이 예배의 중심이 됨을 가리킵니다.

함께 기도하시겠습니다.

주님, 어디서건 저희가 미사 전례에 참례할 때마다, 그것이 주님을 기쁘게 하는 예배이게 하소서.

주님, 언제건 저희가 묵주기도를 바칠 때마다, 그것이 주님을 기쁘게 하는 예배이게 하소서.

주님, 어떻게건 저희가 말씀을 경청할 때마다, 그것이 주님을 기쁘게 하는 예배이게 하소서.

우리 주 예수 그리스도를 통하여 비나이다. 아멘!

사순 제4주일: 요한 3,14-21

높이 들린 사람의 아들

"하느님께서 아들을 세상에 보내신 것은, […]
세상이 아들을 통하여 구원을 받게 하시려는 것이다"(요한 3,17).

1. 말씀의 숲

요한 복음 3장 1절에서 21절은 예수님과 니코데모의 만남을 그리고 있습니다. 하지만 3장 14절에서 21절은 사실 그 대화 속에서 새로운 내용을 도입하고 있습니다. 1절에서 8절까지 예수님께서는 다시 태어나는 것에 대해 말씀하고 계십니다. 9절에서 21절까지는 1절부터 8절까지의 내용, 특히 성령으로 다시 태어나는 것에(요한 3,8 참조) 대하여 어떻게 그런 일이 있을 수 있냐고 하면서 질문하는 니코데모에게 으레 알 수 있는 것을 모른다고 핀잔하시는 내용을 담고 있습니다.

하늘의 일은 말해도 못 알아듣는다고 하시면서도 13절에서는 하늘에서 내려온 사람의 아들만이 하늘에 올라간다고 함으로써 예수님만이 하늘에 관한 일을 말할 수 있음을 드러냅니다.

이야기를 천천히 읽기 위해 두 부분으로 나누어 보겠습니다. 첫 번째 부분은 1절에서 18절까지입니다. 예수님께서는 여기서 당신을 가리켜 하느님의 아들, 혹은 "사람의 아들"이라 부르시기 때문입니다.

그리고 19절에서 21절까지는 아들이라는 말씀 대신 당신을 빛이라고 선언하셨습니다. 결국 예수님께서는 이 세상에 오신 빛이셨고 아들이셨습니다.

앞 단락(요한 3,1-18 참조)에서 예수님께서는 인간 구원이 구체적으로 어떻게 이루어지게 되는가를 설명하고자 민수기에 나오는 '불 뱀과 구리 뱀 사건'(민수 21,4-9 참조)을 회상시키고, 사람의 아들이 높이 들림을 구리 뱀이 높이 들림과 비교합니다(요한 3,14 참조). 불 뱀한테 물린 이스라엘 사람은 누구나 장대 위에 높이 들린 구리 뱀을 쳐다보기만 하면 살 수 있었듯이, 높이 들린 사람의 아들(십자가 위에 높이 매달린 예수)을 신앙을 가지고 쳐다보는 사람들은 "영원한 생명"(구원)을 얻게 된다는 것입니다(요한 3,15 참조).

과거 하느님께서 이스라엘 백성을 이집트에서 구해 내어 가나안 땅으로 이끄실 때, 그들은 이집트에서 구해 주신 하느님의 은혜를 잊고, 척박한 광야 생활을 견디지 못하고 모세와 하느님께 불평과 불만을 터뜨리기 일쑤였습니다. 결국 하느님께서는 그러한 이스라엘 백성들에게 불 뱀을 보내시어 많은 사람들을 물어죽이게 하셨습니다. 그러자 이스라엘 백성은 곧 자신들의 잘못을 깨닫고 모세에게 달려가 자신들의 잘못이 잘못했노라고, 하느님께 기도하여 자신들을 살려 달라고 부탁을 했습니다. 그리하여 하느님께서 모세로 하여금 구리 뱀을 만들어 장대에 매달게 하셨고, 불 뱀에 물렸어도 그것을 쳐다보는 이는 죽음에 이르지 않도록 해 주셨던 것입니다(민수 21,4-9 참조).

그런데 예수님께서는 이 '구리 뱀 사건'을 당신의 십자가 죽음에 연결시키십니다. 구리 뱀은 예수님을, 또 구리 뱀을 달았던 장대는 십자가를 예표합니다. 예수님께서는 당신도 구리 뱀처럼 들려야 한다고 말씀하셨습니다. 이 말씀은 예수님께서 십자가에 못 박혀 죽으실 것에 대한 예고였습니다. 그리고 과연 그 말씀대로 십자가에 못 박혀 죽으심으로써 우리에게 영생의 길을 열어 주셨습니다. 죄를 알지도 못한 예수님께서 우리를 대신하여 죄가 되셔서 십자가에 못 박혀 우리의 죄를 다 청산해 주신 것입니다(2코린 5,21 참조).

그렇기 때문에 예수님을 믿음으로 바라볼 때 우리는 죄 사함을 받아 의롭게 되며, 죄의 삯인 죽음에서 구원받아 영생을 얻게 됩니다. 장대에 달린 구리 뱀을 쳐다보는 사람마다 생명을 구했듯이, 십자가에 못 박히신 예수님을 바라보는 사람은 누구나 죽음의 고통에서 구원받고 영생을 얻게 되는 것입니다.

이어서 요한 복음의 핵심이 되는 말씀이며 나아가 성경 전체를 대표하는 구절로서 '작은 복음서'라고 불리기도 하는 요한 복음 3장 16절이 선포됩니다. 사람의 아들은 이제 하느님으로부터 파견된 하느님의 "외아들"로 선포됩니다. 이와 비슷한 내용은 요한계 문헌에서도 발견됩니다.

"하느님의 사랑은 우리에게 이렇게 나타났습니다. 곧 하느님께서 당신의 외아드님을 세상에 보내시어 우리가 그분을 통하여 살게 해 주셨습니다"(1요한 4,9).

이 세상은 하느님의 생명을 잃어버리고 하느님의 진노가 머무른 인간 세계를 가리킵니다(요한 3,36 참조). 한마디로 구원을 필요로 하는 인간 세계입니다. 하느님은 바로 이러한 세상을 사랑하신 것입니다. 하느님의 이 보편적인 사랑은 당신의 외아들을 세상에 주심으로써 극적으로 드러났고, 이것은 하느님만이 이 세상에 주실 수 있는 가장 값진 최고의 선물입니다.

이와 같은 하느님의 사랑은 인간으로 하여금 외아들을 믿어서 영원한 생명을 얻도록 하기 위함입니다(요한 3,16-17 참조). 따라서 모든 인간은 구원으로 초대된 셈입니다. 반면 인간은 생명과 멸망, 구원과 심판의 갈림길에 놓여 있다는 점도 시사되어 있습니다(요한 3,18-19 참조). 인간은 오로지 외아들을 믿음으로써 생명과 구원을 얻게 되지만, 불신함으로써 멸망과 심판을 자초하게 됩니다. 그리하여 빛을 사랑하는 사람들과 빛을 미워하고 어둠을 사랑하는 사람들로 구분됩니다(요한 3,20-21 참조). 그러므로 믿음은 인간 구원의 절대적인 조건이고, 믿음의 결단은 예수님으로 인해 요구되거나 도전을 받게 됩니다.

예수님께서는 세상을 단죄하기 위해서가 아니라 세상을 구원하기 위해서 오신 "세상의 구원자"(요한 4,42)입니다. 그러나 인간은 예수님을 거부하거나 배척함으로써 스스로 죄를 짓게 되고 악한 행위들을 노출시키며 어둠 속으로 도망쳐 폐쇄된 자아로서 고립됩니다. 하지만 예수님을 받아들임으로써 인간은 누구나 현재 자기 존재의 의미를 발견하게 되고, 하느님과 이웃을 향한 개방된 삶의 빛 가운데에서 자유롭게 살게 됩니다. 이런 삶이 거듭 태어난 새로운 삶이요 하느님의 나라에 들어갈 수 있는 변모된 부활의 삶입니다.

모든 사람이 어둠을 사랑하는 것은 아닙니다. 어둠을 사랑하는 사람이 있는 반면, 빛을 사랑하는 사람도 있습니다. 하느님을 믿고 진리를 찾는 자, 진리를 따라 행하는 자는 빛을 사랑하여 빛 가운데로 나아옵니다. 이들은 진리를 따라 하느님 안에서 믿음으로 행하며 살아왔기 때문에 빛 가운데로 당당히 나아와 생명의 빛 가운데서 삽니다.

영원한 생명의 길로 가느냐, 아니면 영원한 멸망의 길로 가느냐를 결정하는 열쇠는 믿음의 결단입니다.

2. 말씀 공감

■ 사랑을 다독입니다

> "모세가 광야에서 뱀을 들어 올린 것처럼,
> 사람의 아들도 들어 올려져야 한다"(요한 3,14).

"사람의 아들도 들어 올려져야 한다."는 말씀을 온전히 이해하려면 "모세가 광야에서 뱀을 들어 올린" 사건의 내막을 잘 헤아려야 합니다.

이집트를 탈출한 이스라엘 백성은 파란 광야에서 하느님께 불평하고 저항했습니다. 이에 하느님께서는 불 뱀을 보내어 물리게 하십니다. 이들이 '살려 달라'고 부르짖자 모세로 하여금 구리 뱀을 만들어 높이 들어 올리고 백성들로 하여금 올려다보도록 명하게 하십니다. 결국 그대로 구리 뱀을 올려다본 사람들은 다시 살아났습니다(민수 21,4-9 참조). 사실 뱀에 물린 이들에게 구리 뱀을 높이 들어 올리며 바라보게 하신 것은 상식이나 과학으로는 도저히 납득이 안 가는 처방이었습니다. 하지만 하느님의 말씀을 따라 고개를 들어 높이 바라본 사람들은 치유를 받았습니다.

지혜서에서는 구리 뱀 사건의 진실을 이렇게 해석합니다.

"당신의 말씀을 기억하라고 그들은 이빨에 물렸다가 곧바로 구원되었습니다. […] 그들을 낫게 해 준 것은 약초나 연고가 아닙니다. 주님, 그것은 모든 사람을 고쳐 주는 당신의 말씀입니다"(지혜 16,11-12).

곧 그들이 살아난 것은 말이 되든 말든 주님의 말씀이니 무조건 따른다는 순명의 태도를 보였기 때문이라는 얘기입니다.

이런 배경에서, 예수님께서 높이 들어 올려져야 한다는 말씀의 의미가 드러납니다. 곧 뱀에 물린 처지와 같은 우리 죄인들이 구원받을 길은, 십자가에 높이 들어 올려져 돌아가신 예수님을 바라보는 것이라는 결론입니다.

그렇다면 왜 죄인들이 십자가에 매달리신 예수님을 바라보아야 구원받는다고 하셨을까요?

이 물음에 대한 답은 간단하지 않습니다.

양파 껍질 까듯이 벗기고 벗겨도 계속 속뜻이 남아 있습니다.

가장 기본적인 까닭은 누구든지 십자가 자체가 아버지 하느님의 말씀, 그분의 뜻에 대한 아들 예수님의 절대 순명의 소산임을 확실히 깨닫게 하기 위함입니다. 즉, 십자가를 바라보는 이마다 하느님 말씀에 대한 순명을 상기하라는 의도인 것이죠.

십자가를 바라봐야 하는 또 하나의 중요한 이유는 십자가를 바라보면서 그 안에 숨겨진 예수님의 용서와 사랑, 그리고 희생을 본받게 하기 위함입니다.

바라봄의 저력은 엄청납니다.
들은 것은 잊혀져도 바라본 것은 끝까지 뇌리에 남습니다.
남아서 그렇게 모방하도록 계속 자극합니다.

자주 바라볼수록 점점 더 닮게 되어 있습니다.
또렷이 바라볼수록 그 닮음의 선명도도 진해집니다.
길게 바라볼수록 그 닮음은 하나 됨으로 진전합니다.

"모세가 광야에서 뱀을 들어 올린 것처럼, 사람의 아들도 들어 올려져야 한다"(요한 3,14).
똑같이 십자가에 매달리신 예수님 앞에 섰어도, 바라보는 이만이 구원받습니다.

■ 콩깍지를 거둬 주소서

> "하느님께서는 세상을 너무나 사랑하신 나머지 외아들을 내주시어, 그를 믿는 사람은 누구나 멸망하지 않고 영원한 생명을 얻게 하셨다"(요한 3,16).

결국 '나'를 너무나 사랑하신 하느님께서는 당신의 외아들을 기꺼이 내 주신 것입니다. 우리의 "영원한 생명"을 위해서 말입니다. 그리고 한 사람이라도 더 이 구원의 은총에서 제외되지 않도록, 희생 제물이신 예수님께서는 우리를 당신께로 인도하십니다. 이를 가슴 깊이 깨달은 한 형제가 저희에게 보내온 글입니다.

저는 외인 가정에서 태어나 신앙을 무척 갈망하면서 살았습니다. 그래서 개신교회에도 가 보고 증산도라는 곳에도, 불교에도 가 보는 등 진리를 찾아 많이 헤매던 때가 있었습니다.

그러던 어느 날 밤, 꿈속에서 한 거룩한 여인이 저를 품에 꼭 안아 주셨습니다. 신앙이 없는데도 그 여인이 예수님의 어머니라는 것을 알 수 있었습니다.

그리고 많은 시간이 지나 군대에 입대하였는데 주일날 빵을 준다고 해서 간 곳이 바로 성당이었습니다.

그러면서도 가톨릭 신앙을 온 마음으로 받아들이지는 않고, 세례도 아직 받지 않고 있었습니다.

제대 후 고향에서 농사 지으며 가톨릭 농민회 활동을 할 때였습니다. 한번은 파견 미사 때 마침 성가를 부르는데, 갑자기 눈물이 나오기 시작하더니 이내 대성통곡이 되어 멈추지를 않았습니다. 옆에 계시던 분이 '은혜'라고 하면서 '축하한다'고 말씀해 주셨습니다. 그때 불렀던 성가 제목이 '사랑의 송가'였습니다.

그날 대전에서 진주로 오는 버스 안에서 저는 속으로 '예수님, 당신은 누구십니까?' 하고 물었습니다. 지금 생각하니 "주님, 주님은 누구십니까?"(사도 9,5) 하고 물었던, 회심 전 사도 바오로의 말씀이 떠오릅니다. 그리고 그 밤에 바로 성당에 찾아가서 문을 두드려 교리를 신청하고 그해 성모 승천 대축일에 세례를 받았습니다.

지금에야 알게 되었습니다. 예수님께서는 항상 우리 생활 속에서 나를 부르고 계신데 내 옆에 계신 예수님을 모르고 스쳐 지나간다는 것을 말입니다. 이렇듯 모든 것을 섭리하시는 주님께 무한한 감사와 찬양을 올려 드립니다.

일찍이 시작된 이 형제의 진리에의 탐구는 결국 참사랑을 깨닫고 뜨거운 눈물이 되었습니다. 곧장 열정 담긴 투신으로 이어졌습니다. 그리하여 감사와 찬양의 나날을 이어가고 있습니다.

"하느님께서는 세상을 너무나 사랑하신 나머지 외아들을 내 주시어, 그를 믿는 사람은 누구나 멸망하지 않고 영원한 생명을 얻게 하셨다"(요한 3,16).

실로 우리 모두는 이 은혜의 주인공입니다.

■ 예수를 부인하는 까닭

> "악을 저지르는 자는 누구나 빛을 미워하고 빛으로 나아가지 않는다. 자기가 한 일이 드러나지 않게 하려는 것이다. 그러나 진리를 실천하는 이는 빛으로 나아간다"(요한 3,20-21).

이 시대의 사람들은 예수님에 대하여 충분히 들었습니다. 안 들은 척하지만 들을 만큼 들었습니다. 모르는 체 하지만 알 만큼 압니다. 복음에 대해서 이해를 못한 척하지만 이해할 만큼 했습니다. 그럼에도 많은 이들이 예수님을 받아들이지 않습니다. 빛이신 예수님께로 나아오지를 않습니다. 오히려 트집을 잡고 배척합니다. 방금 읽은 성구는 그 까닭을 촌철살인으로 짚어냅니다.

"자기가 한 일이 드러나지 않게 하려는 것이다"(요한 3,20).

이것은 사실입니다. 많은 사람들이 예수님을 거부하는 이유는 바로 자신들이 빠져 있는 어둠의 생활에 발목이 잡혀 있기 때문인 것입니다. 그 생활을 떠나기 싫고 그 생활이 드러나는 것이 두렵기 때문입니다.

어떤 탤런트가 있습니다. 그는 지난날 점쟁이의 말을 철석같이 믿고, 철마다 점쟁이가 바꿔 써 주는 부적을 집안 구석구석에 붙일 정도로 '미신에 푹 빠져 사는 사람'이었습니다. 그는 점쟁이가 '어머니를 만나면 되는 일이 없다'고 한 말을 믿어 오랫동안 어머니를 피해 다니기도 했고, 아무리 친한 사람이라도 교회 이야기를 꺼내기만 하면 질색을 했다고 합니다. 그는 사업의 실패로 인해 경제적 어려움과 그로 인한 정신적 고통을 겪게 되지만, 아내가 꿈속에서 예수님을 만났다는 말을 해도 '절대 교회에 나가면 안 된다'고 못을 박기도 하였습니다. 그런 그가 하느님을 만나게 된 것은 예수님의 꿈을 꾼 뒤 남편 몰래 교회에 나가고 있던 아내의 권유에서 시작되었습니다. 집안에서 아내의 성경을 발견한 그가 아내에게 성경을 자기 눈앞에서 치우라고 소리를 질렀지만, 아내는 굴하지 않고 교회에 함께 나가자고 설득했다고 합니다. 그날 밤 그는 한숨도 잠들지 못했습니다. 설명할 수 없는 강한 힘이 자신을 끌어당기고 있었다고 합니다. 새벽에 동이 트고, 그는 아내에게 말했습니다.

"여보, 나 교회에 데려가 줘."

평생 예수님을 미워하던 그로서는 상상도 할 수 없는 일이 벌어진 것입니다.

이후 그는 열심한 그리스도인이 되었습니다. 이전까지 소문난 주당이자 골초였던 그가 하루아침에 술 담배를 싹 끊는가 하면, 단식기도를 하며 그동안 자신이 지은 죄에 대하여 공책에 낱낱이 적어가며 회개하기도 했습니다. 그가 공책에 적어놓은 죄의 목록은 열여덟 장을 다 채울 정도였다고 합니다. 그때서야 그는 깨달았습니다.

"아, 이것이 나의 발목을 잡고 있었구나. 그동안 내가 예수님에 대하여 수없이 많은 말을 들었어도 내 귀를 막게 하고, 막무가내로 어거지를 부리게 한 것이 바로 이 열여덟 장을 가득 메운 어둠의 생활이었구나."

함께 기도하시겠습니다.
 주님, 오늘은 주님의 말씀 가운데 '세상을 너무나 사랑하신 나머지'라는 구절이 가슴에 와 닿습니다. 주님의 심정은 오늘도 '잃어버린 아들'의 비유(루카 15,11-32 참조)에 나오는 아버지의 심정임이 느껴져 옵니다. 이야기에서 아버지는 아들이 아직 멀리 있을 때 이미 아들을 알아보지만 아들은 그렇지 못했지요.
 주님, 자비慈悲의 눈은 회심回心의 눈보다 더 밝았던 겁니다. 기다리는 사랑이 돌아가는 사랑보다 더 컸던 겁니다.
 주님, 저희가 다시 주님의 품으로 온전히 돌아가게 하소서. 호통이 아닌 송아지를 준비하고 계신 주님의 사랑에로 돌아가게 하소서. 그곳이 저희의 영원한 고향임을 깨닫게 하소서.
 우리 주 예수 그리스도를 통하여 비나이다. 아멘!

사순 제5주일: 요한 12,20-33

필사즉생

"나는 땅에서 들어 올려지면 모든 사람을 나에게 이끌어 들일 것이다"(요한 12,32).

1. 말씀의 숲

지혜를 찾던 이방인들이 예수님을 찾기 시작했습니다. 예수님께서 탄생하시던 순간부터 동방에서 점성가들이 찾아왔듯이 지금 수난 직전에 이르러서도 이방인 순례자들의 발길이 끊이지 않았습니다. 이방인들은 예수님을 뵙고 싶어 했습니다. 오로지 죽음 속에서 완성될 예수님의 사명에는 모든 국경선이 파괴될 것이기 때문입니다.

"네가 나의 종이 되어 야곱의 지파들을 다시 일으키고 이스라엘의 생존자들을 돌아오게 하는 것만으로는 충분하지 않다. 나의 구원이 땅끝까지 다다르도록 나는 너를 민족들의 빛으로 세운다"(이사 49,6).

이렇게 해서 예수님께서 이룩하시는 보편적인 구원의 특성(요한 3,16; 4,42; 10,16; 11,52 참조)은 그리스 사람들이 갑자기 등장함으로써 시사됩니다. 그들은 유다교로 개종한 이방인들입니다(요한 7,35 참조). 하느님께서는 모세와 아론에게 파스카 규칙을 주실 때에 이렇게 말씀하셨습니다.

"네 곁에 머무르는 이방인이 주님을 위하여 파스카 축제를 지내려면, 남자는 모두 할례를 받아야 한다. 그러면 그는 본토인처럼 파스카 축제를 함께 지낼 수 있다. 할례를 받지 않은 자는 아무도 함께 먹지 못한다.

이 법은 본토인에게나 너희 가운데에 머무르는 이방인에게나 동일하다"(탈출 12,48-49).

유다에서는 이러한 하느님의 말씀에 따라 이방인으로서 유다교로 개종하여 하느님을 믿고 섬기는 자들에게는 성전 안 이방인의 뜰에서 예배드리는 것을 허용해 왔습니다. 그러므로 이때에 유다교로 개종한 그리스인 몇 사람이 과월절을 지키기 위해서 예루살렘에 와서 예수님에 대한 소문을 들었는데, 마침 예수님과 제자들이 예루살렘에 오셨다는 소식이 들려오자, 예수님께서 계신 곳으로 찾아와서 필립보에게 예수님을 만나게 해 달라고 청하였습니다.

이에 예수님께서는 임박한 자신의 죽음을 "사람의 아들이 영광스럽게 될 때가 왔다."(요한 12,23)라는 말로써 예고합니다. 예수님의 이 시간은 아버지 하느님께서 허락하시는 영광의 시간이요 예수님의 죽음을 가리킵니다(요한 7,30; 8,20 참조). 또한 예수님의 이 말씀은 사람의 아들이 들어 올려진다는 표현(요한 3,14; 8,28 참조)과 같은 의미입니다. 즉 '영광스럽게 된다'와 '들어 올려진다'라는 표현은 다 같이 예수님의 죽음에 결속된 동일한 뜻을 지닙니다.

이어, 예수님께서는 자신의 죽음으로 인해 얻게 될 결심을 밀알에 비유하여 설명합니다(요한 12,24 참조). 밀알이 땅에 떨어져 죽으면 많은 열매를 맺듯이 예수님의 죽음도 세상에 생명을 가져다준다는 것입니다.

여기서 예수님께서는 자기 행적의 결실이 죽음에 달려 있다는 것과 자기 자신이 죽어야만 한다는 것을 강조합니다. 예수님에게 있어서 지상 생명은 최고의 선일 수 없습니다. 그러기에 예수님께서는 제자들로 하여금 자신의 운명에 동참하도록 초대하고 자기가 있는 곳에 함께 있게 될 것이라는 약속까지 합니다.

"자기 목숨을 사랑하는 사람은 목숨을 잃을 것이고, 이 세상에서 자기 목숨을 미워하는 사람은 영원한 생명에 이르도록 목숨을 간직할 것이다"(요한 12,25).

예수님께서는 자신처럼 기꺼이 죽어야 한다고 말합니다. 좀 더 정확히 말해, 하느님의 뜻을 기꺼이 받아들이는 예수님을 본받아 고통과 죽음의 공포를 예수님과 함께 나눌 각오가 서 있어야 한다는 것입니다.

그러나 예수님도 한 인간으로서 자기를 반대하고 증오하는 유다 지도자들이 자기에게 안겨다 줄 고난과 죽음을 예감하고서 불안과 공포를 느낍니다.

"이제 제 마음이 산란합니다. 무슨 말씀을 드려야 합니까? '아버지, 이때를 벗어나게 해 주십시오.' 하고 말할까요?"(요한 12,27ㄱㄴ)

이것은 내적인 번뇌와 고투 중에 있는 예수님의 모습을 잘 표현해 주는 말입니다.

하지만 예수님께서는 아버지 하느님의 뜻을 실천하여 그분의 일을 성취하겠다는 각오로 자신의 운명을 받아들이려는 담대한 모습도 동시에 보여 줍니다.

"그러나 저는 바로 이때를 위하여 온 것입니다. 아버지, 아버지의 이름을 영광스럽게 하십시오"(요한 12,27ㄷ-28ㄱ).

이는 예수님께서 아버지 하느님의 뜻에 절대 순종하겠다고 겟세마니 동산에서 바친 기도 내용(마르 14,36 참조)과도 일치합니다.

하느님 역시 앞으로도 계속 영광을 드러내 보이겠다고 응답하십니다(요한 12,28ㄴ 참조).

이 응답은 예수님의 수난, 죽음, 부활을 통해 하느님의 능력이 드러나게 될 것이라는 약속입니다. 그런데 이 약속은 하늘에서 들려오는 음성이라는 표징을 통해 신적인 현현 가운데 이루어집니다(요한 12,28; 마르 1,11; 마르 9,7 참조). 이런 특수한 현상의 표징은 예수님 자신을 보증해 주려는 것이 아니라, 아버지 하느님과 아들 예수님의 관계를 군중으로 하여금 깨닫도록 하기 위한 것입니다(요한 12,30 참조). 하지만 군중은 그 계시 사건도 이해하지 못합니다(요한 12,29 참조).

그러나 예수님께서는 당신께서 땅에서부터 들어 올려지면, 이 세상을 지배하는 악의 세력은 심판을 받아 무력해지고, 모든 사람은 당신에게 이끌려 오게 될 것이라고 말합니다(요한 12,31-32 참조). 따라서 십자가는 예수님의 자기 계시 사건의 절정으로서 영광의 장소요(요한 8,28 참조), 모든 사람을 영원한 생명으로 이끄는 구원의 장소입니다(요한 19,37 참조).

2. 말씀 공감

■ 아름다운 세상을 위하여(PAY IT FORWARD)

> "내가 진실로 진실로 너희에게 말한다.
> 밀알 하나가 땅에 떨어져 죽지 않으면 한 알 그대로 남고,
> 죽으면 많은 열매를 맺는다"(요한 12,24).

언젠가 우리나라에서도 상영되었던 〈아름다운 세상을 위하여〉(2001)로 알려진 영화의 원 제목은 이와 전혀 다른 뜻을 지니고 있는 'Pay It Forward'였습니다.

이 제목을 의역하면 '선행 릴레이' 정도 되겠습니다마는, 이 영화는 트레버라는 12살 소년이 새로 학교에 부임해 온 사회 선생님 시모넷이

내 준 '좀 더 나은 세상을 위하여 어떤 일을 할 수 있을지 생각해 오기'라는 숙제에 대한 해답을 제시하는 내용입니다.

트레버는 며칠 후 'Pay it forward'라는 개념을 발표합니다. 그것은 바로 자신이 세 사람에게 정말 큰 도움을 주고, 그 사람들이 다시 세 사람을 돕고, 그 도움을 받은 사람들이 각자 세 사람을 돕는 일종의 선행 피라미드라고 할 수 있는 것입니다. 그리고 트레버는 그 개념을 자신의 생활 속에서 직접 실천하기 시작합니다. 첫 번째는 노숙자에게 먹을 것을 주고 일자리를 찾도록 도와주고, 두 번째는 시모넷 선생님을 돕기로 합니다. 얼굴의 반을 덮은 화상 때문에 항상 매사를 삐딱하게 바라보며 모두들 실제로는 자신을 좋아하지 않는다고 느끼는 그에게 알코올 중독에 빠진 자신의 엄마 앨렌을 소개시켜 연인이 되도록 하는 것이었습니다. 선생님과 엄마를 돕는 일석이조의 방법을 트레버는 생각해냈던 것입니다. 이러한 장난 같은 트레버의 아이디어로 시작된 둘 사이는 점점 사랑으로 바뀌어 가고 결국 앨렌은 아들의 'Pay it forward' 운동에 동참에 오랫동안 자신과 대화를 하지 않던 어머니를 용서하게 됩니다. 그리고 결국 그녀를 통해서 'Pay it forward' 운동은 전국으로 퍼지게 됩니다.

어느 날 LA에 있던 기자가 'Pay it forward' 운동의 출발점을 찾아 트레버를 찾아옵니다. 그 역시도 이 운동의 수혜자였던 것입니다. 트레버는 카메라 앞에서 인터뷰를 하게 되고 자신이 생각해 낸 아이디어가 조금은 세상을 아름답게 바꾸었을지도 모른다는 생각에 용기와 뿌듯함을 느끼게 됩니다. 하지만 트레버는 어느 날 학교에서 폭력을 당하는 다른 학생을 도와주려다가 칼에 찔리게 되고 죽음을 맞이합니다.

마지막 장면은 시모넷 선생님과 그의 엄마 앨렌이 트레버의 죽음을 애도하는 수많은 촛불들이 켜지는 장면을 보는 것으로 기억합니다.

이 영화는 캐서린 라이언 하이디Catherine Ryan Hyde의 『트레버Pay it Forward』(1999)라는 소설을 원작으로 했다고 합니다. 그런데 그 내용이 감동적일 뿐 아니라, 이 책과 영화를 통하여 실제로 미국에서는 'Pay it forward'(사랑 나누기) 재단이 설립되었고, 수많은 지역에서 'Pay it forward' 운동이 전개된다는 사실입니다. 비록 가상의 인물이기는 하지만 '트레버'라는 12살 소년의 이야기가 사람들에게 감동을 선사했던 것입니다.

"밀알 하나가 땅에 떨어져 죽지 않으면 한 알 그대로 남고, 죽으면 많은 열매를 맺는다"(요한 12,24).

12세 소년 트레버는 이 세상을 아름답게 만들기 위하여 스스로를 바친 '한 알의 밀알'이었습니다.

어느덧 사순 시기를 맞이한 지도 5주가 되었습니다. 오늘 복음 말씀은 이쯤에서 우리 자신의 삶을 비추어 보는 거울이 되어 주지 않나 싶습니다. 처음에 우리가 선행과 절제를 실천하고자 다짐했던 것들이 잘 지켜지고 있는지 되돌아봐야 할 것입니다. 주변의 힘들어하는 분에게 복음을 전하는 것도 훌륭한 사랑의 실천일 것입니다.

■ 기묘한 위로자

> "이제 제 마음이 산란합니다. 무슨 말씀을 드려야 합니까?
> '아버지, 이때를 벗어나게 해 주십시오.' 하고 말할까요?"(요한 12,27)

사순 제5주일을 지내는 오늘 복음 말씀에서, 예수님께서는 수난을 앞두고 있는 당신의 착잡한 심정을 이렇게 토로하고 계십니다.

요한 복음에서는 다른 공관복음에서처럼 겟세마니에서 바치신 예수님의 기도에 대한 내용을 전해 주고 있지 않습니다. 그 대신 오늘 들은 복음 말씀이 바로 공관복음에서의 겟세마니 기도의 내용을 대변해 주고 있는 것입니다.

하느님 아들이신 예수님께서는 고난의 시간, 죽음의 시간을 앞에 두고 고뇌하셨습니다. 하느님 아버지의 뜻을 이루기 위하여 이 세상에 왔다고는 하지만, 33세의 나이에 동족들에게 배반을 당하고, 제자들에게 배반을 당하고, 이방인들의 손에 무참히 십자가에 못 박혀 외롭게 죽게 된다는 것은 인간적인 측면에서 볼 때 너무나도 벅찬 일이었습니다. 그 비참, 그 중압감, 그 두려움, 바로 그러한 것들이 예수님을 고뇌에 빠뜨렸던 것입니다.

'과연 이 방법밖에는 아버지의 영광을 드러내는 방법이 없는 것일까? 다른 방법은 없을까? 꼭 이런 고통스러운 방법이 아니더라도 좀 더 쉬운 방법은 없는 것일까?'

그런데, 바로 이러한 예수님의 인간적인 모습이 오히려 위로로 느껴지는 까닭은 무엇일까요? 예수님께서는 참으로 묘한 방법으로 우리를 위로하십니다. '아하, 예수님도 우리와 똑같이 고뇌하셨구나. 극한 두려움에 휩싸여 아버지께 간구하셨구나. 우리보다 더한 괴로움을 겪으셨구나. '피땀'까지 흘리셨다면, 그 괴로움이 얼마나 크셨을까?'

이쯤 되면 위로받아야 할 우리가 오히려 위로자가 되어야 할 판입니다. 이렇게 예수님께서는 우리를 위로하십니다. 예수님께서는 당신의 고난과 번민으로 우리의 아픔에 연대하셨습니다.

예수님의 십자가는 언제나 우리에게 위로와 용기를 주십니다.

제2차 세계 대전 당시 일본은 싱가포르를 공격하였고, 수많은 전쟁 포로들이 붙잡혔습니다. 일본군들이 그들을 가둔 수용소는 무서운 곳이었습니다. 일체의 자유가 없었고, 전쟁의 광기에 사로잡힌 군인들은 포로들을 가혹하게 대했습니다.

어느 날 수용소가 발칵 뒤집혔습니다. 수용소 안에서 금지된 라디오가 발각된 것입니다. 일본군들은 라디오와 관련되었을 것으로 추정되는 포로들을 헌병대로 데리고 갔습니다. 포로들은 다가올 고통을 예감하며 공포에 사로잡혔습니다.

헌병들은 포로들을 잔인하게 심문했습니다. 며칠 동안 수십 명이 수용소에서 불려 나가고, 다시는 돌아올 수 없었습니다. 모진 심문 끝에 목숨을 잃은 사람들이 부지기수였습니다. 그런데 그 와중에 살아남은 한 사람이 있었습니다. 그는 헌병대에 갇혀 고문을 당하는 와중에 창문으로 교회 십자가를 보았다고 했습니다. 그 십자가를 보니, 그동안 세상의 어떤 악에도 불구하고 십자가는 우뚝 서 있었고, 그 위에서 돌아가신 분은 바로 자기를 위해 돌아가신 분이라는 것을 깨달았습니다.

그는 천운으로 살아나게 되었고, 살아난 뒤에는 자신도 예수님의 삶을 따라 살겠다고 다시 한번 다짐하였다고 합니다.

■ 눈물방울에 어린

> "아버지, 아버지의 이름을 영광스럽게 하십시오"(요한 12,28).

제 입버릇 가운데 하나가 '주님께 영광', 또는 '아버지께 영광'입니다.

저는 누군가가 자신에게 일어난 은총의 사건을 증거할 때 맞장구쳐 주며 '주님께 영광' 또는 '할렐루야'라고 말해 줍니다.

또 누군가가 저에 대하여 선의의 말을 해 주면, '주님께 영광'이라고 말하면서 곧바로 하느님께 올려 드립니다.

저는 "뭘 이런 걸 갖고요, 별 것 아닙니다."라는 식의 말을 웬만하면 안하는 편입니다. 꼬투리가 될 만한 것이 있다면 하나라도 더 모아서 '영광'이라는 이름으로 묶어 하느님께 돌려드리는 것을 가장 큰 즐거움으로 여기니까요.

하느님께서는 영광이라는 이름의 선물을 특별히 좋아하십니다.

이는 예수님께서 성부 하느님의 사랑을 받는 비밀스런 이유이기도 합니다.

"아버지, 아버지의 이름을 영광스럽게 하십시오"(요한 12,28).

이와 비슷한 표현을 예수님께서는 여러 차례 쓰셨습니다. 그만큼 중요하기 때문입니다.

"아버지의 이름"은 곧 아버지를 뜻합니다. 마치 내가 차동엽이고 차동엽이 나이듯이 말입니다.

"영광스럽게 하십시오."는 없었던 영광을 만들라는 말이 아닙니다. 외려 본디 있었던 영광을 드러내시라는 말입니다.

확실한 것은 하느님께서 영광을 드러내시면 좋은 일은 바로 우리에게 일어납니다. 이것은 공식입니다.

하느님께서 영광을 드러내시는데 사람에게 재앙이 일어나는 일은 없습니다. 바꿔 말해서 이 말씀의 실용적인 의미는 이렇습니다.

우리에게 기도의 응답이 주어질 때 하느님의 영광이 드러납니다.

우리에게 위로와 치유가 내릴 때 하느님의 영광이 드러납니다.

죄인이 죄를 용서받고 구원받을 때 하느님의 영광이 드러납니다.

하느님의 영광은 드러나도 드러나도 극히 일부일 뿐입니다. 그러기에 집회서에서 현자는 이렇게 노래합니다.

"그분께서는 아무에게도 당신의 업적을 알릴 수 있게 해 주지 않으셨으니 누가 그분의 위대한 업적을 헤아릴 수 있으랴?

누가 그분의 위대하신 권능을 측정하고 누가 그분의 자비를 낱낱이 묘사할 수 있으랴?

주님의 놀라운 업적에서 뺄 수도 더할 수도 없고 그것을 헤아릴 수도 없다.

인간이 그 일을 끝냈다고 생각할 때가 바로 그 시작이고 중도에 그친다 해도 미궁에 빠지기 마련이다"(집회 18,4-7).

분명한 것은 성부의 영광과 성자의 영광과 성령의 영광이 동일하다는 사실입니다.

함께 기도하시겠습니다.

주님, 제가 버려야 할 '목숨'은 무엇입니까?

주님, 제가 이웃과 나눠야 할 '목숨'과도 같은 것은 무엇입니까?

주님, 혹시 제가 이기심과 집착으로 붙들고 있는 것, '목숨'처럼 아끼고 있는 그것은 무엇입니까?

주님, 제가 이런 모든 것들을 놓고 오로지 제게 '영원한 생명'을 보장해 주는 것을 붙들게 하소서. 그것이 나눔이요 베풂이라면, 과감하게 실행하게 하소서. 그것이 믿음이요 희망이라면, 항구하게 간직하게 하소서.

우리 주 예수 그리스도를 통하여 비나이다. 아멘!

주님 수난 성지 주일 - 주님의 예루살렘 입성 기념 복음: 마르 11,1-10

호산나!

"지극히 높은 곳에 호산나!"(마르 11,10)

1. 말씀의 숲

성주간입니다. 본래 성주간에는 수난복음이 읽혀집니다.

오늘 우리가 주목하고자 하는 것은 그 가운데 예수님께서 예루살렘에 입성하시는 대목입니다.

마르 11장과 더불어 예루살렘을 향한 예수님의 여정이 끝납니다. 마태오와 루카는 마르코의 이같은 지리적·신학적 도식을 따릅니다. 그리하여 예수님의 예루살렘 입성은 예수 사건 전체의 절정이며 완성이라는 의미를 지닙니다.

이 입성은 앞의 장들에서 수난 예고를 통해 준비되었습니다. 예수님께서는 수난을 예고하면서 예루살렘에서 일어날 일에 대해 명백히 말씀하시고 제자들과 함께 예루살렘으로 갈 의사를 밝히셨습니다(마르 8,31-33; 9,30-32; 10,32-34 참조). 예수님의 생애를 이같은 지리적 구조로 제시하는 것, 곧 갈릴래아에서 예루살렘으로 나아가는 과정으로 제시하는 것은 마르코의 독창적인 구상임에 틀림없습니다. 예를 들어 요한 복음서에서 예수님께서는 당신 활동 초기에 벌써 예루살렘에 가십니다. 공관복음서들에서 성전 정화 이야기가 예루살렘으로 입성하신 뒤, 곧 예수님의 공생활 마지막 단계에 있었던 일로 제시되지만, 요한 복음서는 이를 2장에 소개하면서 예수님의 공생활 초기에 있었던 일로 제시합니다. 요한 복음서에 따르면 예수님께서는 네 번에 걸쳐 예루살렘으로 올라가십니다. 첫 번째는 2장에서, 두 번째는 5장 1절에서 예수님께서 유다인들의 축제 때에 예루살렘으로 올라가셨다고 말합니다. 7장 10절에서도 예수님께서는 축제를 지내러 예루살렘으로 올라가시고, 12장 1절에서 예수님께서는 과월절을 지내러 예루살렘으로 올라가십니다. 이 네 번째 예루살렘 입성은 공관복음서들에서도 이야기하는 마지막 입성입니다.

예수님께서 첫째 날 제자들과 함께 예루살렘과 올리브 산의 벳파게와 베타니아에서 다가오시어 제자 둘을 마을로 보내 나귀를 끌고 오게 하셨습니다(마르 11,1-3 참조). 그것은 메시아가 나귀를 타고 올 것이라는 즈카르야의 예언(즈카 9,9 참조)을 예수님께서 실현하셨음을 암시합니다. 즈카르야는 메시아가 평화의 군주로서 당나귀와 나귀를 타고 오시어 전차, 병마와 활을 파괴하고 민족들에게 평화를 가져다주실 것이라고 예언했습니다.

예수님께서는 아무도 타지 않은 나귀를 몰고 오라고 분부하셨습니다. 이렇게 흠 없는 짐승은 종교적 목적으로 사용되는 것으로서(1사무 6,7; 민수 19,2; 신명 21,3 참조) 예수 메시아의 예루살렘 입성에 이용될 수 있었습니다.

예수님께서는 징발권을 행사하실 수 있는 메시아 임금이십니다(1사무 8,17 참조).

예수님께서는 제자들이 자기의 옷을 얹어 장식한 나귀를 타고 메시아 임금님으로 입성을 시작하십니다(마르 11,7 참조). 예수님과 함께 갈릴래아에서 온 많은 사람들도 성문 앞에서 자기네 겉옷을 길에 깔았습니다(마르 11,8ㄱ 참조). 그것은 이스라엘에서 임금의 즉위식을 연상하게 합니다(1열왕 1,38-40; 2열왕 9,13 참조). 또 다른 사람들은 잎이 많은 나뭇가지들을 길에 깔았는데(마르 11,8ㄴ 참조), 이는 유다인들이 승리의 상징인 야자나무 가지를 들고 시몬 마카베오를 환영한 것을 연상하게 합니다(1마카 13,51 참조). 이렇게 예수님께서는 임금답게 당신의 성도 예루살렘으로 입성하셨습니다.

예수 메시아의 개선 행렬 앞과 뒤를 가는 사람들은 "호산나! 주님의 이름으로 오시는 분은 복되시어라. 다가오는 우리 조상 다윗의 나라는 복되어라. 지극히 높은 곳에 호산나!"(마르 11,9-10)라고 외치면서 그분의 입성과 성전 입장을 환영했습니다.

그런데 순례객들은 예수님을 십자가에 못 박히실 메시아로 모시지 않고, 그분이 다윗 가문의 메시아 임금으로서 이 지상에 다윗의 주권을 회복하실 것이라고 오해했습니다.

하지만 예수님께서는 어린 나귀를 타고 입성하셨습니다.

"아직 아무도 탄 적이 없는 어린 나귀"(마르 11,2)는 성별된 것으로서 예수님의 신분을 나타냅니다. 또한 '나귀'는 '평화'를 상징합니다. 그러므로 예수님께서 나귀를 타신 것은 예수님께서 평화의 왕이심을 말해 주는 것입니다.

모여든 사람들은 시편 118편 26절을 인용하면서 예수님의 입성을 찬양하였습니다. "호산나"는 '구원하소서'라는 의미로 하느님의 구원 활동을 기원하는 간구입니다.

그런데 그 용어가 이제 무리들의 환호하는 소리로 바뀌게 된 것입니다.

환호하는 군중들은 다윗 왕국이 재건되기를 바라는 간절한 소망을 자신들의 선조들로부터 물려받은 사람들이었습니다. 그래서 그들은 오래 전부 다윗 왕국의 맥을 이을 만한 지도자를 물색해 왔습니다. 결국 예수님께서 자신들의 기대를 채워 줄 적격자로 인식되면서부터 군중들은 예루살렘에 입성하시는 예수님을 열렬히 환호했습니다.

2. 말씀 공감

■ 이름까지 동원해 주시니

> "주님께서 필요하셔서 그러는데
> 곧 이리로 돌려보내신답니다"(마르 11,3).

"주님께서 필요하셔서 그러는데 곧 이리로 돌려보내신답니다"(마르 11,3). 이런 말을 전하는 것도 이런 억지 주문에 기꺼이 응하는 것도 단지 성경 속 이야기만은 아닙니다. 저희 연구소에서 있었던 일입니다. 2015년 인천교구 사제 연례 피정 강의 지도 차 콜롬비아에서 마르코라는 이름의 신부와 마르타라는 말씀 봉사자가 강의 4일 전에 인천공항에 당도했습니다. 교구에서 강의 직전까지의 모든 일정을 저희 연구소에 위임했기에 연구소 실무자가 통역 봉사자와 함께 마중을 나갔습니다.

나중에 일괄 보고를 받은 내용에 따르면, 그들의 입국 복장이 완전 여름 옷차림이었다고 합니다. 한여름 40도를 웃도는 지역에서 곧바로 왔기에 그랬다는 것입니다. 반팔 차림의 신부와 홑겹 치마를 입은 봉사자는 바깥 공기를 느끼자마자 이가 부딪치는 소리를 낼 정도로 덜덜 떨었답니다. 혹시나 해서 미리 따뜻한 거위털 속옷을 준비해 갔지만 어림없었습니다. 그들의 몸은 처음 접해보는 냉기로 꽁꽁 얼어붙을 지경이었답니다. 곧장 대기 중이던 차로 이동하여 정동에 위치한 수도원 숙소로 이동했지만 너무 추워하는 그들을 데리고 저녁 식사를 위해 식당도 못 갈 판이었다고 합니다.

그 순간 실무자에게 번뜩이는 영감이 왔습니다. 영락없는 주님의 분부였습니다.

"아무개 자매 옷 가게로 가거라. 늦었지만 내 이름을 팔고 매장으로 나와 달라고 해라. 그리고 마르코와 마르타에게 맞는 옷을 청하여 입혀 주거라!"

그 자매는 평소 저희 연구소를 통한 하느님의 복음 전파 사업에 어떻게든 도움이 되려고 노력해 오던 분이었습니다. 전화를 걸자 자매는 기꺼이 나와 주었습니다. 옷도 가격에 상관없이 좋고 따뜻한 것으로 골라 주었습니다. 물론, 두 손님은 곧바로 온기를 회복할 수 있었습니다.

그 옷 가게 자매는 졸지에 주님으로부터 낙점받은 주인공이 되었습니다. "주님께서 필요하시답니다."

이 말을 전한 실무자는 주님의 분부대로 이행한 제자들 입장이 된 셈이고요. 당연히 우리들의 주님은 말씀을 전하기 위해 24시간 이상 비행기를 타고 온 두 손님들과 내내 동행하셨던 것일 테고요. 신나는 평행 이론이라 할까요!

"주님께서 필요하셔서 그러는데 곧 이리로 돌려보내신답니다"(마르 11,3).

오늘 예수님께서는 당신께서 필요로 하시는 것을 우리에게 청하십니다. 그것은 물질적인 것일 수도 있고, 비물질적인 것일 수도 있습니다. 어느 것이 되었든 주님께서 우리가 가진 것을 필요로 하실 때, 그것을 기쁘게 내어 드릴 수 있다면!

■ **주님께서 쓰신다면**

> "주님께서 필요하셔서 그러는데 […]'. 제자들이 예수님께서 일러 주신 대로 말하였더니 그들이 막지 않았다"(마르 11,3.6).

오늘 복음 말씀에는 한 익명의 제자가 등장합니다. 그는 필경 예수님을 숨어서 따르던 제자였을 것입니다. 그는 나귀의 주인이었습니다. 그는 적극적으로 자신의 생을 모두 포기하고 예수님의 뒤를 따라 다닌 사람은 아니었습니다. 그러나 그도 제자였습니다. 그것도 주님께서 어려운 일이 생길 때 편히 부탁하실 수 있었던 제자였음에 틀림없습니다.

그에게는 나귀가 있었습니다. 당시 나귀는 생업의 가장 중요한 수단이었습니다. 그런데 다른 제자들이 그에게 전해 준 말은 단 한마디였습니다.

"주님께서 필요하셔서 그러는데요…."

옛 공동번역엔 "주님께서 쓰시겠답니다."로 옮겨져 있는 바로 그 말이었습니다.

그 나귀는 한 번도 사람을 태워 보지 않은 나귀였다고 성경은 기록하고 있습니다.

이 말씀에 그 나귀의 주인이자 예수님의 숨은 제자였던 그는 기꺼이 허락합니다.

우리는 제자입니다. 진정한 제자는 준비되어 있습니다. 그것도 대접 받을 준비가 되어 있는 것이 아니라 대접할 준비, 내어놓을 준비가 되어 있습니다. 어떤 대단한 것을 가지고 있어서가 아니라 무엇이건 주님께서 원하시면 내어놓을 수 있는 마음가짐이 되어 있는 제자, 이런 제자가 참 제자인 것입니다.

  좋은 제자란 주님이 요구하실 수 있는 사람입니다. 아마 주님이 아무 것도 나에게 요구하지 않는다면 그 사람은 분명 주님이 부담을 느끼는 분일 것입니다.

  저도 교회를 위해서 일을 하다 보면 도움이 필요할 때가 있습니다. 그런데, 복음을 전하는 일에 긴요하게 도움을 청할 일이 생길 때, 아무리 수첩의 이름을 다 뒤적여도 선뜻 전화 걸 만한 사람이 많지 않음을 느끼게 됩니다. ㄱ부터 시작해서 ㅎ까지 보다가 다시 ㄱ으로 돌아가는 경우도 있습니다.

  틀림없이 예루살렘에는 나귀를 가진 이들이 많이 있었을 것입니다. 그런데 예수님께서는 그중 한 명을 선택하셨습니다. 그것은 그가 주님께서 어떤 부탁을 해도 기꺼이 응답할 마음가짐을 가진 제자였기 때문이었을 것입니다.

  모세가 바로 그런 사람이었습니다. 모세에게 찾아오신 하느님께서도 말씀하셨습니다.

  "네 손에 있는 것이 무엇이냐?"(탈출 4,2)

  그때에 모세는 지팡이밖에 없음을 아뢰었습니다. 그 지팡이는 모세가 양을 치며 생계를 유지하던 지팡이였습니다.

  하느님께서는 그 지팡이를 요구하셨습니다. 모세가 그 지팡이를 내어놓았을 때 그 지팡이는 놀라운 구원의 도구가 되었습니다. 나일 강을 피로 물들이고, 홍해를 가르고, 바위를 쳐서 물을 내었습니다. 그 지팡이는 이집트의 파라오에게는 두려움의 상징이었고, 광야의 백성들에게는 지도력의 상징이 되었습니다. 누구도 그 지팡이를 양을 칠 때에 썼던 그 가냘픈 나무 막대기로만 보지 않았습니다.

왜? 왜입니까?

주님께서 쓰셨기 때문입니다.

콜 택시라는 것이 있습니다. 전화해서 부르면 곧바로 오는 택시를 말합니다.

'콜'이라는 단어는 '부르다'라는 의미를 지니지만 종교적으로 쓰일 때에는 '소명'이라고 쓰입니다. 그래서 소명은, 'Calling'이라고도 부릅니다.

나의 삶이 주님을 위한 Call TAXI가 되어야 하겠습니다.

주님께서 부르시면 즉각 대령할 수 있어야 하겠습니다. 그때 주님은 보잘것없는 것을 위대한 구원의 도구로 써 주실 것입니다.

■ 호산나

> "'호산나! 주님의 이름으로 오시는 분은 복되시어라.'
> 다가오는 우리 조상 다윗의 나라는 복되어라.
> 지극히 높은 곳에 호산나!"(마르 11,9-10)

이스라엘 백성들은 메시아를 기다리고 있었습니다. 자신들을 로마의 압제로부터 구원해 줄 구원자를 고대하였습니다. 자신들을 이방인의 손에서 구해 주고, 그 옛날 다윗 왕권의 영광을 그들에게 되돌려 줄 강력한 왕을 기다리고 있었습니다.

그런데 지금 그에 걸맞는 한 사람이 예루살렘으로 들어오고 있습니다. 갈릴래아 지방을 돌아다니며 많은 병자들을 치유해 주고, 죽은 자를 살리고, 빵 다섯 개와 물고기 두 마리로 오천 명도 넘는 사람들을 배불리 먹인 자, 바로 예수라는 사람이 새끼 나귀를 타고 예루살렘 도성으로 들어오고 있습니다. 그와 함께 갈릴래아에서 올라온 사람들, 과월절을 지내기 위해 예루살렘으로 올라오는 이들 모두가 그에 대한 소문을 들어 알고 있었습니다.

"바로 그가 우리를 구원해 줄 사람이다.", "메시아다. 메시아 예수님께서 드디어 예루살렘에 입성하셨다."

사람들은 모두 기쁨에 들떠서 외쳐대고 있습니다.

수많은 사람들이 그를 둘러싸고 자신들의 겉옷을 벗어 자신들을 구원해 줄 임금의 길에 깔고 있습니다. "이제 이방인들의 압제로부터 해방이다.", "그 옛날 하느님께서 약속하신 다윗의 왕위를 이어받은 임금이 들어온다." 사람들은 저마다 흥분하여 환호성을 외치고 있습니다.

"호산나, 호산나, 호산나!"

이 말은 시종일관 오해되어 왔습니다. 마치 찬미의 말처럼 사용되어 왔습니다. 그러나 이 말은 히브리어 '지금 구하소서'라는 말의 단순한 번역에 지나지 않습니다. 열왕기 하권 6장 26절을 보면 이 말의 본래 쓰임새를 잘 알 수 있습니다.

"어느 날 이스라엘 임금이 성벽 위를 지나갈 때, 한 여자가 울부짖었다. '저의 주군이신 임금님, 저를 도와주십시오'"(2열왕 6,26).

이처럼 호산나라는 단어는 왕의 손에 원조와 보호를 구하는 사람에 의하여 사용되었습니다. 사람들은 '호산나'라고 소리 지를 때, 그것은 우리가 흔히 이것을 인용할 때 느끼는 것 같이, 예수님을 찬미하는 부르짖음은 결코 아닙니다. 그것은 메시아가 왔으니, 하느님이 개입하여 이 백성을 구원해 달라는 하느님께 대한 부르짖음이었습니다.

하지만 그들은 보지 못하였습니다. 그가 왜 늠름하게 말을 타고 입성하지 않고 작고 초라한, 그것도 힘없는 새끼 나귀를 타고 오는지 그 의미를 생각하지 않았습니다. 자신들이 가지고 있는 생각에 눈이 가리고 귀가 닫혔던 것입니다. 아니 그들의 마음으로부터 자신들이 만들어 놓은 메시아의 환상에 빠져 버린 것이었습니다. 그들은 이제 곧 알게 될 것입니다. 예수님께서는 그들이 생각하던 메시아가 아니었음을 말입니다.

그리고 그러한 실망감은 곧 증오심으로 바뀌고, 환호성을 올리던 그 입은 "십자가에 못 박으시오!"(마르 15,13)라는 저주의 외침으로 바뀔 것입니다. 길에 옷을 깔고 나뭇가지를 흔들던 손은 돌을 던지고 죄인을 손가락질하는 손으로 바뀌게 될 것입니다. 바로 예수님을 메시아로 받아들였던 이들이 다시금 그를 죽음으로 몰아넣을 것입니다.

함께 기도하시겠습니다.

주님, 그때 그들은 주님께 '호산나'하고 부르짖었습니다. '지금 구하소서.'

이 외침 속에는 무력의 왕, 정치적 성왕, 경제의 경륜가에 대한 그들의 염원이 담겨 있었습니다. 하지만 주님께서 이런 기대에 응해 주지 않으셨을 때 그들의 이 환호는 "십자가에 못 박으시오!"라는 저주의 외침으로 바뀌었습니다.

주님, 오늘도 이런 비극은 반복해서 발생합니다.

많은 사람들이 주님께 자기 식으로 무엇인가를 청하고, 그들이 원하는 방식이 거절되었을 때 주님을 가차 없이 떠나고 심지어 주님께 돌팔매질을 합니다.

주님, 저도 오늘 같은 기도를 바치고 싶습니다. '호산나, 지금 구하소서.'

하지만 주님, 당신의 방식으로 저를 구하소서. 그것이 제가 원하는 방식보다 훨씬 높은 방식이며 좋은 방식이기 때문입니다.

우리 주 예수 그리스도를 통하여 비나이다. 아멘!

주님 부활 대축일 - 파스카 성야: 마르 16,1-7

여인들이 목격한 빈 무덤

"그 돌이 이미 굴려져 있었다"(마르 16,4).

1. 말씀의 숲

주님 부활 대축일, 오늘 복음의 등장인물은 여인들입니다. 이틀 전 예수님의 죽음을 멀리서 지켜본 마리아 막달레나, 야고보의 어머니 마리아와 살로메(마르 15,40 참조)는 안식일이 지나기만을 기다렸습니다. 그들은 이미 예수님의 시신에 바르기 위해 방부제의 역할을 하는 향유를 구입하였습니다(마르 16,1 참조). 구입 시기는 안식일 저녁 이후였습니다.

이들 세 여자들이 예수님의 무덤으로 간 것은 주간 첫날(주일) 이른 아침 해가 떠오를 무렵이었습니다(마르 16,2 참조). 예수님께서 뽑으신 제자들 가운데 그 누구도 감히 엄두도 내지 못한 일을 이 여인들은 주간 첫날 이른 새벽 해가 떠오를 무렵부터 서둘렀습니다. 여인들은 예수님의 시신이 부패하는 것을 막기 위해 자신들이 할 수 있는 일을 하는 데 전혀 망설이지 않았습니다. 예수님께서는 이미 처형되어 돌아가셨고 이제 마지막으로 해 드릴 수 있는 것은 이것뿐이었습니다.

그러나 경건심을 가득 지녔던 여인들은 무덤 안으로 어떻게 들어갈 것인지 염려하였습니다. "누가 그 돌을 무덤 입구에서 굴려 내 줄까요?"(마르 16,3) 그들은 '우리가 어떻게 돌을 굴려 낼까요?'라고 말하지 않고 누가 우리를 위해 해 줄 것인지 걱정했습니다. 그러나 그들의 걱정은 이미 하느님을 통해 보상을 받았습니다. 큰 돌이 벌써 치워져 있었기 때문입니다. "눈을 들어 바라보니 그 돌이 이미 굴려져 있었다"(마르 16,4).

그 여자들은 무덤 안에 예수님의 시신을 보지 못하고 웬 젊은이를 만났습니다(마르 16,5 참조). 그가 입고 있는 흰옷은 그가 천상적 존재임을 가리킵니다(마르 9,3; 묵시 6,11; 7,9.13 참조). 또 '젊은이'라는 말은 천사가 발현한 경우에 사용되었습니다(2마카 3,26.33). 여자들은 천상에서 온 사자使者의 발현을 체험하고서 경악했습니다. 그는 그들이 찾고 있는 분의 지상 생활을 요약하여 '십자가에 처형되신 나자렛의 예수님'으로 묘사했습니다(마르 16,6ㄱㄴ 참조). 계속해서 그는 예수님께서 부활하시어 무덤에 계시지 않다고 그들에게 말했습니다(마르 16,6ㄷㄹ 참조). "너희가 십자가에 못 박히신 나자렛 사람 예수님을 찾고 있지만 그분께서는 되살아나셨다. 그래서 여기에 계시지 않는다. 보아라, 여기가 그분을 모셨던 곳이다"(마르 16,6ㅁ).

예수님께서 예고하신 부활(마르 14,28 참조)이 실현되었습니다.

이어 천사는 여인들에게 사명을 주어 제자들에게 파견했습니다. "가서 제자들과 베드로에게 이렇게 일러라. '예수님께서는 전에 여러분에게 말씀하신 대로 여러분보다 먼저 갈릴래아로 가실 터이니, 여러분은 그분을 거기에서 뵙게 될 것입니다"(마르 16,7).

예수님께서는 그들의 배신을 용서하시고 그들을 예루살렘에서 갈릴래아로 다시 부르셨습니다. 그것은 예수님께서 해체된 제자단을 재창조하시기 위함입니다. 갈릴래아는 그들이 예수님의 부르심을 받고 하느님 나라의 복음을 듣고 이 나라의 현존을 증명하는 기적들을 목격한 곳입니다. 바로 이곳은 그들이 예수님께서 생전에 가르쳐 주신 모든 것에 비추어서 부활하신 그분의 신비를 이해하는 최적의 장소입니다. 그들은 이 가르침의 뜻을 그분 부활에 대한 믿음의 눈으로 이해해야 한다는 것입니다.

이 이야기에는 무척 아름다운 요소들이 들어 있습니다. 무엇보다도 그들은 예수님을 찾고 있습니다. 여자들은 예수님을 찾아보기 위해, 예수님께 향료를 발라 드리기 위해 무덤으로 갔습니다. 그들의 관심은 분명히 돌아가신 분의 육체입니다. 그러나 그들이 무덤에 도착했을 때 하느님의 출현이 그들을 놀라게 합니다.

"그들이 무덤에 들어가 보니, 웬 젊은이가 하얗고 긴 겉옷을 입고 오른쪽에 앉아 있었다"(마르 16,5).

그는 하느님의 전령입니다. 그는 중요한 그 무엇을 알려 주기 위해 차분히 앉아 있습니다.

놀라움이 있은 뒤에 선포, 곧 '케리그마kerygma'가 있습니다. 그것은 십자가에 달린 나자렛 사람 예수님께서 되살아나셨다는 것입니다. 여기에 사용된 동사는 수동태입니다. 복음서에서 동사가 수동태일 때 행동의 주체는 항상 하느님입니다.

전령은 여자들에게 이미 그랬던 것처럼 제자들에게 그분을 찾아가라고 말합니다. "예수님께서 여러분보다 앞서 가신다는 것을 선포하러 가십시오. 거기서 그분을 뵙게 될 것입니다. 이제 예수님께서 계신 곳으로 가야 합니다. 그분은 살아 계십니다. 이곳 죽은 이들의 장소에는 계시지 않습니다. 신앙을 좇아가면 앞에 계시며 먼저 가시는 예수님을 만나게 될 것입니다. 예수님을 찾으면 그분을 뵙고 알게 됩니다.

예수님께서는 부활하셨습니다. 그러기에 두려움이나 해야 할 말을 하지 못하는 것을 넘어, 자신의 좁은 시야를 벗어나 그분의 수난과 죽음에서 그분을 알아뵙니다. 갈릴래아로, 온 세상으로 가십시오. 당신을 따르고자 하는 사람보다 앞서 가시는 분은 바로 예수님이십니다."

마르코 복음서는 본래 이렇게 끝난다고 볼 수 있습니다. 매우 독특한 종결 부분이지만 그 의미는 참으로 충만합니다. 여자들이 느낀 두려움은 모든 인간이 자신의 삶에서 적어도 한 번쯤은 체험하는 두려움입니다. 되돌아갈 수 없는 결정적인 사건 앞에서 신앙을 받아들이고 참으로 예수님을 만나는 데에서 느끼는 두려움은 기쁨보다 먼저 와닿는 느낌일 수 있으며 그 두려움 역시 복음이 될 수 있습니다.

2. 말씀 공감

■ 막달라 여자 마리아를 생각하며

> "주간 첫날 매우 이른 아침,
> 해가 떠오를 무렵에 무덤으로 갔다"(마르 16,2).

이제 새벽입니다. 막달라 여자 마리아는 더 이상 견딜 수 없었습니다. 안식일과 축제일에는 꼼짝도 할 수 없었기 때문입니다. 예수님을 만나기 전에 '일곱' 귀신에게 시달렸던 막달라 마을의 젊은 여자, 예수님에게 충실한 제자들 중에서도 충실한 제자였던 그 여인이 이 긴 시간 동안 무엇을 했는지, 안식일 내내 무슨 생각을 했는지는 어느 누구도 짐작할 수 없을 것입니다.

그날 아침, 동편 산 너머로 해가 떠오를락 말락 하고 도시 위로 불그스름한 햇빛이 막 비치기 시작할 무렵 마리아가 예수님의 무덤으로 걸음을 재촉합니다. 다른 여인들 몇 명을 동행으로 해서 말입니다. 아무래도 예수님 장례를 너무 서두르다 보니 시신에 향료를 바르지 못했던 것이 마음에 걸렸던 것입니다.

마리아는 아무 기대도 하지 않습니다. 충실한 이 여자들은 아무런 기대도 하지 않습니다.

그런데 이 여인이 무덤에 도착해서 보니 돌이 무덤에서 옮겨져 있었습니다. 예수님의 시신은 없어졌습니다. 이 소식을 들은 베드로와 요한은 무덤으로 함께 달려갔습니다. 과연 예수님께서는 계시지 않고 시신을 쌌던 아마포와 수건만이 놓여 있었습니다. 두 제자는 빈 무덤을 멍하게 바라보다 결국 집으로 돌아가 버렸고, 마리아는 홀로 남아 눈물을 흘렸습니다.

제자들은 사도였습니다. 예수님께서 이 땅에 오셔서 누구보다도 먼저 부르신 사람들로, 무엇으로 따져 보든지 무덤 앞에서 울고 있는 막달라 마리아보다 대선배였습니다. 그런데 예수님께서는 부활의 영광스러운 모습을 이들 앞에 드러내지 않으시고 막달라 마리아에게 보이셨습니다. 그녀는 일곱 마귀가 들어서 사람들에게 미친 사람으로 취급되던 여자였습니다. 소망도 가치도 없었던 미천하고 가엾은 인생이었습니다. 그러나 예수님께서 제자들에게 직접 나타나시기 전까지 모든 사람들은 그녀에게서 예수님의 부활 소식을 들어야 했습니다.

확실히 예수님께서는 사고를 치셨습니다. 사고도 보통 사고가 아니었습니다. 남성의 권위가 하늘을 찌르고 있던 시절에 인류 역사 '최대의 사건'인 부활의 사실을 당시 정서로 한낱 여자에 불과한 막달라 여자 마리아에게 최초로 알렸다는 사실은 분명 파격이었습니다. 제자단이 당황했을 것은 물론입니다. 당황을 넘어 자존심에 상처를 입었을 것도 자명합니다. 이 정도면 이제 세간에서 '스캔들'성 루머가 퍼져도 변명이 궁색할 수밖에 없는 트집거리가 되기에 충분했습니다.

하지만 깊이 묵상해 보면 그 까닭에 공감이 안 가는 것이 아닙니다. 저는 그 까닭에 대해 다음과 같은 묵상을 쓴 적이 있습니다.

막달라 여자 마리아는 답한다. 의아심으로, 의구심으로, 약간은 질투심으로 "예수님께서 왜 그러셨을까?"하고 묻는 이들에게 그녀는 답한다.

'까닭을 알고 싶으신가요'

까닭을 알고 싶으신가요?

왜냐하면 내가 그곳에 있었기 때문이에요.

나는 언제나 그곳에 있었답니다.

예수님이 '머리 둘 곳조차 없이' 고생하며 돌아다니실 때 나는 그곳에 함께 있었지요(루카 8,3 참조).

예수님이 십자가에 달리실 때에도 나는 그곳에 있었어요(마르 15,40 참조).

요셉이 예수님 시신을 십자가에서 내릴 때에도 나는 그곳에 있었고요.

요셉이 예수님을 무덤에 안치할 때에도 나는 그곳에 있었답니다(마르 15,46-47 참조).

안식일 다음날 이른 새벽에도 나는 다른 여인들과 함께 '빈 무덤', 그곳에 가 있었지요(마르 16, 1-2 참조).

물론, 베드로와 요한이 황망 속에 다시 숙소로 돌아간 후에도 나는 무덤 밖, 그곳에 여전히 울면서 서 있었답니다(요한 20,11 참조).

그러니 부활하신 주님이 최초로 나타나신 그곳, 그곳에 나는 또 약속처럼 있어야 했던 것이지요(요한 20,13-18 참조).

까닭을 알고 싶으신가요.

왜냐하면 나에게는 그분이 전부였기 때문이에요.

내 사랑이 향할 데도 그분이었고, 내 관심이 쏠릴 데도 그분이었고, 내 시간이 바쳐질 데도 그분이었고, 마침내 내 전 재산 향료를 쏟을 데도 그분이었지요.

마른하늘에 날벼락처럼 그분이 체포되었던 그 순간, 이어 철저한 실패자로 종을 친 그 비통의 순간, 끝내는 모든 꿈이 날아간 듯이 보였던 그 절망의 순간에도, 여전히 그분은 나의 하늘이었답니다.

까닭을 알고 싶으신가요.

왜냐하면 그분은 내 일생의 유일한 의미였기 때문이에요.[27]

■ 무소부재의 자유스러움으로

> "그들은 '누가 그 돌을 무덤 입구에서 굴려 내 줄까요?' 하고 서로 말하였다"(마르 16,3).

무언가를 해야 하는데 턱 하니 앞길이 막혀 있는 경우가 있습니다. 바위무덤 입구의 돌판문! 그것이 마리아 막달레나 일행에게는 걱정거리였습니다. 그러나 그것은 기우였습니다. 누군가가 먼저 굴려 열어 주었기 때문이었습니다.

오늘 복음 속 '돌판문'은 가끔 우리의 행보를 가로막고 있는 장애물을 가리킬 수 있습니다. 우리 주님께서는 우리가 온전히 맡기고 기도할 때 그것도 굴려 치워 주십니다.

예전에 사제 피정 차 한국을 방문한 마르코 신부 및 마르타 봉사자와 얽힌 신앙 이야기를 나눈 적이 있습니다. 그때 그들과 함께 방한한 이들이 또 있었으니, 아르헨티나 산마르코San Marco 교구 소속 보좌로 계신 문한림 보좌 주교님과 그의 장상인 대주교님이십니다. 문한림 보좌 주교님의 방한 목적에는 사제 피정 통역도 포함되어 있었습니다. 그 일의 기획에는 저의 역할도 좀 끼어 있었고요.

그런데 공교롭게도 그 기간에 제가 유행성 독감에 걸려 그분들과 합류하지 못했습니다. 그들이 일정을 마치고 떠날 날이 가까워져도 저는 간신히 거동할 수 있었을 뿐입니다. 하는 수 없이 저는 출국 바로 전날 저녁, 인편을 통해 미리 감사와 작별 인사를 전할 수밖에 없었습니다.

모든 것은 그렇게 정해져 있었습니다. 하지만 출국 당일 아침 저는 그래도 많이 기력을 회복하여 일어날 수 있었고, 아무래도 공항엘 꼭 나가 배웅해 드려야 한다는 강한 충동을 느꼈습니다. 의리의 명령이라 할까요. 아무튼 저희 일행은 예고 없이 공항에 나갔습니다.

그런데 웬걸! 항공사 출국 티케팅 절차를 밟던 문 주교님이 '여권'이 안 보인다며 짐가방들을 속속들이 뒤지고 있는 것이었습니다. 한참을 뒤져도 여권은 발견되지 않았습니다. 그러다가 누군가에게 맡겨놓은 서류뭉치 속에 딸려간 사실을 생각해 냈습니다. 저희 일행이 옆에서 수소문하여 정확한 소재처를 확인하게 되었고, 대략 시간을 계산해 보니 창구 마감보다 약 20분 늦게 여권을 전달받을 수 있을 것으로 예측되었습니다. 그 시간부터 '007 작전'이 수행되었습니다.

주교님들과 저는 창구 직원에게 연신 상황을 알려 주면서 마감 시한을 조금만 늦춰달라고 지켜 서서 거의 인질로 잡아 두다시피 했습니다.

그러면서 한 사람은 총알 운전으로 여권을 가져오는 기사와 소통하며 밖에서 대기하도록 했고, 또 한 사람은 여기저기 친분 있던 관계자들에게 도움을 청하여 출국 절차를 최단시간에 밟을 방법을 찾도록 했습니다.

그렇게 몇십 분 발을 동동 구르면서 이미 마감시간 약 30분이 지났을 즈음, 저만치서 마라톤 골인하듯이 여권을 든 형제가 뛰어왔습니다. 우리는 모두 감격해서 박수를 쳤습니다. 티케팅 절차는 순식간에 끝났고, 고맙게도 공항에서는 내부 직원을 보내 주어 일사천리로 출국 절차를 밟도록 도와주었습니다.

할렐루야! 모든 도움들이 하느님께서 주도면밀하게 개입해 주시어 이루어진 기적이었습니다.

"그들은 '누가 그 돌을 무덤 입구에서 굴려 내 줄까요?' 하고 서로 말하였다"(마르 16,3).

꽉 닫혔던 공항의 그 돌문을 주님께서 몸소 여시려고 우리 일행을 도구로 쓰셨던 것입니다. 다시 할렐루야, 아멘!

■ 부활시켜 주소서

> "예수님께서는 전에 여러분에게 말씀하신 대로 여러분보다 먼저 갈릴래아로 가실 터이니, 여러분은 그분을 거기에서 뵙게 될 것입니다"(마르 16,7).

우리 사는 시대를 가만히 바라보면, '돌고 돈다'는 말을 새삼 실감합니다. 이는 비단 패션에 국한된 이야기가 아닙니다. 지난날 역사적 세월이 증거하는 큰 흐름의 줄기를 마주하며 깨닫게 된 진리입니다. 시대의 변화가 빠를수록 그 주기 또한 점점 짧고 빨라집니다.

사실 제가 처음 『무지개 원리』(위즈앤비즈 2006)를 세상에 내놓았을 때만 해도, 우리 시대 화두는 '꿈'이었습니다. 부제인 '하는 일마다 잘되리라'가 캐치프레이즈화해 많은 이들의 공감을 얻고 사랑받았던 이유도 모두가 '꿈의 성취'를 논하던 시기였기에 가능했겠지요. 뒤이어 사람들은 '행복', '행복론'에 초점을 맞추었습니다. 목표를 이룬 이들, 혹은 목표를 이루지 못한 이라도 더 잘 사는 방법, 의미 있게 사는 방법을 추구하기 시작한 것입니다. 이때만 해도 삶은 그럭저럭 굴러갔던 때였습니다.

그러다 글로벌 금융 위기로 삶이 점점 고달프게 변해 가면서 사람들은 '분노'와 '위로'를 언급하기 시작했습니다. 모든 것이 허무해진 이들의 마음을 달래줄 치유책이 필요해졌던 것입니다. 그리고 지금 우리는 말 그대로 '절망'을 이야기하는 시대 속에 살고 있습니다. 혹자는 요즘 젊은이들을 향해 이렇게까지 말합니다. "꿈을 너무 높게 잡지 마세요. 오히려 절망감만 더 깊어집니다." 저는 근본적으로 이런 말에 반대하지만 왜 이런 말을 하는지 공감은 합니다. 확실히 지금 우리 시대는 체념과 패배감의 시대입니다. 하지만 역사는 흐릅니다. 마냥 절망하고 아파만 할 수는 없는 노릇입니다. 곧 '분노'와 '위로' 타령도 지겨워질 것입니다. 그러면서 다시 '꿈'과 '도전'의 시대가 그리워질 것입니다.

첫 마디에서도 밝혔듯 역사는 돌고 돕니다. 고로 현재는 힘들지만 다시 꿈의 시대가 오고 있음을 예감합니다. 이 미묘한 흐름을 볼 줄 아는 이들은 진즉 준비 태세에 돌입하고 있습니다.

오늘 복음에서 주님의 천사는 예수님을 찾아온 여인들에게 이렇게 말합니다.

"예수님께서는 전에 여러분에게 말씀하신 대로 여러분보다 먼저 갈릴래아로 가실 터이니, 여러분은 그분을 거기에서 뵙게 될 것입니다"(마르 16,7).

'갈릴래아'는 알려진 대로 후미진 곳, 절망의 자리, 소외의 땅이었습니다. 바로 거기서 주님을 뵌다는 것입니다.

다시 절망의 자리, 소외의 자리에 들어선 이 시대 바로 우리가 그곳에서 주님을 뵌다는 것입니다.

부활인 오늘 교우 여러분의 꿈은 무엇입니까, 희망은 무엇입니까. 주님 부활과 함께 그 꿈과 희망도 다시 부활시켜 봄이 어떨까요. 그것이야말로 오늘 우리를 향한 주님 계획일 것입니다.

함께 기도하시겠습니다.

주님, 그때 그 여인들처럼, 그 일을 주도했던 막달라 여자 마리아처럼, 저도 끝까지 주님을 향한 사랑에 충실하게 하소서.

더 이상 기대할 것이 없고 더 이상 나올 것이 없는 상황에서도 오로지 순정의 발로에서 향료를 준비하게 하소서.

주님, 그럴 수 있는 마음 자체가 저를 위한 마지막 보상이 되게 하소서.

우리 주 예수 그리스도를 통하여 비나이다. 아멘!

부활 제2주일 곧, 하느님의 자비 주일: 요한 20,19-31

저의 주님, 저의 하느님!

"당신의 두 손과 옆구리를 그들에게 보여 주셨다.
제자들은 주님을 뵙고 기뻐하였다"(요한 20,20).

1. 말씀의 숲

　요한 복음 20장 1절에서 31절은 예수님의 부활 사건과 부활하신 예수님의 발현에 대한 보도입니다. 물론 21장도 부활하신 예수님에 대해 보도하고 있으나, 20장 30절부터 31절까지의 맺음말로 요한 복음은 실제적으로 마무리되고 있으며, 21장의 내용은 그 문학적 형태로 볼 때에 하나의 후기 내지는 서간의 추신처럼 이해할 수 있습니다.

　그러므로 오늘 우리의 복음은 요한 복음의 마무리이며, 따라서 요한 복음의 신학적 메시지를 이해하는 열쇠의 역할을 하는 부분이므로 각별한 주의를 요구하며, 또한 앞선 요한 복음의 모든 내용을 염두에 두며 읽어야 합니다.

　그날, 곧 주간 첫날 저녁에 제자들은 문을 잠그고 있었습니다. 유다인들에 대한 두려움과 공포 때문에 그들은 심한 충격에 휩싸여 있었기 때문입니다. 제자들은 아무것도 하지 못한 채 집안에 숨어 있었습니다. 그때 예수님께서 그들 한가운데로 들어오셨습니다. "평화가 너희와 함께!"(요한 20,19)

이런 예수님께서는 닫힌 세상을 열린 세상으로 바꾸기 위해서 닫힌 세상을 향해 끊임없이 다가갈 것입니다. 예수님의 이 다가섬은 제자들에게 이미 약속한 평화(요한 14,27 참조)를 선물로 주면서 이루어질 것입니다. 이 평화는 예수님 자신이 십자가상 고통과 죽음을 통해 처음으로 성취한 부활과 승리의 평화요, 세상에 대한 모든 갈등을 이겨낼 수 있는 궁극적인 선물입니다(요한 16,33 참조).

그리고 부활하신 그리스도는 다름 아닌 곧 십자가에 못 박혔던 예수님입니다. 그렇기 때문에 예수님께서는 제자들에게 자신의 손과 옆구리를 보여 주셨던 것입니다.

제자들은 그 상처로 주님이심을 알아보았습니다. 지난날 자신들이 했던 비겁한 배반과 모진 멸시의 흔적, 치명적인 상처, 죽음의 상처를 보고 그들은 주님임을 확인했습니다.

부활의 영광을 받은 그리스도는 지상의 역사와 고통을 그저 흘려보낸 것이 아니라 그것을 통해 자신의 신분을 드러내셨기 때문에 부활과 십자가상 죽음은 결코 분리될 수 없습니다. 그러므로 부활 신앙은 세상의 갈등이나 고통과 무관한 환상이 결코 아닙니다. 이 신앙은 어디까지나 고통이 극복될 수 있다는 희망을 제시합니다. 그러기에 제자들의 두려움이 기쁨, 곧 부활 분위기로 바뀐 것입니다.

이런 분위기 가운데 제자들은 예수님께서 가져오신 평화를 온 세상에 전하기 위해(요한 17,23 참조) 예수님으로부터 직접 파견됩니다. 뿐만 아니라 파견 생활(사명의 완수)을 잘할 수 있도록 성령도 받습니다. 이 성령은 예수님께서 이미 약속하신 종말론적 생명을 가리킵니다(요한 7,37-39 참조).

사실 예수님께서 제자들에게 '숨을 불어넣는다'라는 표현은, "주 하느님께서 흙의 먼지로 사람을 빚으시고, 그 코에 생명의 숨을 불어넣으시니, 사람이 생명체가 되었다."(창세 2,7)라는 내용을 상기시킵니다(1열왕 17,21; 에제 37,9; 지혜 15,11 참조). 따라서 성령을 주는 것은 새로운 삶, 곧 생명을 주는 것과 다를 바 없습니다.

그리고 이 성령의 부여는 인간들의 죄를 용서할 수 있는 권한과 직결되어 있기 때문에, 부활하신 예수님께서는 공동체의 화해와 평화를 가능케 하는 생명과 그 권한을 제자들 곧 교회 공동체에 위임한 것입니다(마태 16,19; 18,18 참조). 그러므로 제자 공동체(교회)는 예수님의 십자가상 죽음과 부활로 인해 주어진 화해와 평화를 성령과 함께 선포하고 증언함으로써(요한 14,26; 15,26-27 참조), 인간들로 하여금 생명을 얻도록 하는데 그 존재 이유와 동기가 있습니다.

제자들이 예수님의 부활에 관해 목격 증인으로서 증언하자 토마스는 뚜렷한 증거를 조건으로 내세우며 믿으려 하지 않습니다. 자기 자신이 부활하신 예수님의 손에 있는 못 자국을 직접 눈으로 보고 자신의 손을 그 못 자국과 옆구리의 상처에 넣어 보지 않고는 믿지 못하겠다는 것입니다. 이것은 어떤 기적이나 신기한 일을 보고 체험해야만 믿으려 하는 우리 인간의 약한 모습(요한 4,48 참조)을 말해 주는 듯합니다.

사실 사도 시대에도 예수님의 부활에 대한 의심은 있었습니다(마태 28,17; 루카 24,25; 사도 17,32 참조). 뿐만 아니라 오늘날 그리스도인들에게도 이런 의심은 얼마든지 있을 수 있습니다. 경험으로 확인하고 싶은 욕구는 누구나 다 갖고 있기 때문입니다. 부활에 대한 의심의 여지가 있다는 것보다 놀라운 일은 오히려 아무런 의심도 제기되지 않는 점이라 하겠습니다. 의심이 신앙의 의미를 탐구하는 첫 단계라고 말할 수 있다면, 그 의심은 반드시 거쳐야 할 과정이기 때문에 더욱 그렇습니다.

토마스는 자기 자신과 함께한 제자들의 목격 증언에도 불구하고 부활 신앙을 갖기가 그리 쉽지는 않았습니다. 왜냐하면 그는 증거를 바탕으로 한 확신만을 추구했기 때문입니다. 우리 그리스도인들의 믿음이 열두 제자들 즉 사도들의 증언에 바탕을 두고 있는 한, 토마스는 오늘날 그리스도인들과 다를 바 없는 상황에서 예수님의 부활에 관한 증언을 전해 들은 것입니다. 따라서 토마스는 여기서 그리스도인들을 대표하는 한 인물로 볼 수 있습니다.

그런데 부활하신 예수님께서는 제자들에게 첫 번째로 발현하셨을 때(요한 20,19 참조)와 같이 문이 굳게 닫혀 있는데도 그냥 들어와서 제자들에게 평화의 인사를 하고서(요한 20,26 참조), 토마스에게 말씀하십니다. "네 손가락을 여기 대 보고 내 손을 보아라. 네 손을 뻗어 내 옆구리에 넣어 보아라. 그리고 의심을 버리고 믿어라"(요한 20,27). 이처럼 토마스는 자신이 반드시 해야만 한다고 말했던 것을 행하도록 요청받고, 또한 의심을 버리고 믿음을 가져야 한다는 말도 듣게 된 것입니다.

여기서 시사된 중요한 점은, 부활하신 예수님께서는 언제라도 실제적인 증거를 제시할 수 있으나 우선적으로 믿음을 요청한다는 것입니다. 사실 토마스는 자신의 생각대로 행동에 옮기지는 않고 다른 제자들과 같이 예수님을 보는 것만으로 족했습니다. 달리 말하자면 토마스는 다른 제자들이 경험한 것 이상의 것을 경험하지도 않고, 부활하신 예수님을 보고 말씀을 들음으로써 믿게 됩니다. 이것은 부활 신앙이 반드시 눈으로 보고 손으로 만져 보며 확인함으로써 비로소 갖게 되는 그런 믿음이 아니라는 것을 말해 줍니다.

특히 토마스가 예수님께 고백한 "저의 주님, 저의 하느님!"(요한 20,28)이라는 말은 우선 개인적인 결단으로 이루어진 신앙 고백의 내용입니다(요한 14,5 참조). 부활하신 예수님께서는 토마스에게 "주님"이요(요한 20,25), "하느님"으로서(요한 5,18; 10,29-30) 자신의 정체를 계시하셨기에, 토마스는 그런 예수님을 만나 보고 알게 된 것입니다(요한 14,8-14 참조). 더 나아가 이 고백 내용은 예수님께서 세상에 오시기 전에 아버지 하느님 곁에서 누렸던 그 영광(요한 1,1 참조)에 이제 부활로써 참여하게 되었다는 것(요한 17,5 참조)을 말해 주기도 합니다. 따라서 예수님의 부활과 그 신성 곧 하느님과의 본질적인 동질성이 부각된 셈입니다.

그러므로 이 고백 내용은 요한 복음서의 전체적인 맥락 안에서 볼 때, 예수님에 대한 고백 내용들(요한 1,49; 4,42; 6,69; 9,37-38; 11,27; 16,30; 20,28 참조) 가운데 절정에 해당하고, 또한 요한 복음사가의 그리스도론적인 신앙 고백(요한 20,31 참조) 내용을 더욱 명료하게 해 주는 데도 기여합니다.

예수님께서는 토마스의 고백 내용을 받아들이면서도 나를 보지 않고도 믿는 이들은 복되다고 말합니다(요한 20,29 참조). 이 말의 대상은 예수님의 부활 발현을 목격하지 못한 사람들, 사도들과 직접 접촉하지 못한 사람들, 더 나아가 후대의 모든 그리스도인들입니다. 그리고 예수님에 대한 부활 신앙은 부활 발현에 무조건 의존하지 않는다는 것도 말해 줍니다.

따라서 이 말은 예수 그리스도를 선포하는 말씀만으로 믿음을 갖게 되는 이들에 대한 축복 선언으로 이해할 수 있습니다. 사실 믿음을 갖도록 촉구하는 내용은 요한 복음서의 전반적인 흐름이고 요한 복음사가의 핵심적인 관심사입니다(요한 20,30-31 참조). 그러므로 이 축복 선언은 요한 복음사가의 저술 동기나 목적에 잘 부합하고 병행을 이루고 있는 또 하나의 초대 말씀입니다. 즉 예수님께서는 십자가 위에서 죽었으나 부활하신 그리스도요 주님이며 하느님이기에, 그분을 믿고 함께함으로써 영생(구원)을 얻도록 오늘도 우리를 초대하는 복음 선포라고 하겠습니다.

끝으로, 요한 복음사가는 복음서를 마무리하면서 예수님에 관한 자신의 저술 요지를 간단하게 요약합니다. 우선 저술의 한계성을 밝히고 저술 목적을 말합니다. 즉 복음사가 자신이 독자들에게 전하지 못하는 예수님에 관한 다른 자료들이 수없이 많지만(요한 21,25 참조), 독자들로 하여금 믿음을 가져 구원을 얻도록 하기 위해서 그 일부분만이라도 전할 따름이라는 것입니다. 한마디로 독자들을 예수님에 대한 믿음의 삶으로 인도하고자 하는 요한 복음사가의 저술 동기나 목적이 명시된 셈입니다.

요한 복음서의 저술 목적은 독자들이 이런 예수님을 인식하고 믿음으로써 예수님과의 결속 관계를 유지하며 생명을 얻도록 하는데 있습니다(요한 3,15-18.36 참조). 이것은 그리스도론이 구원론과 직결된 신학 사상으로서, 또한 요한 복음서 전반에 걸쳐 강조되고 재확인되면서 수시로 언급되기 때문에 요한 복음서 전체를 읽고 묵상하도록 우리를 이끌고자 한 것이라고 하겠습니다.

2. 말씀 공감

■ **천사들의 동행**

> "오시어 가운데에 서시며"(요한 20,19)

제 소임이 본당 사목이 아닌 특수 사목직이라 저는 개별적으로 미사를 봉헌합니다. 한참 강의를 많이 다녔을 때는 그 시간이 일정하지 않았습니다.

근래 몇 년간은 의도적으로 새벽 미사를 봉헌합니다. 컨디션에 따라서 조금씩 변동이 있지만, 기상 직후 미사와 기도를 바치려고 노력합니다. 정확히 말하자면 대략 새벽 3시에서 7시 사이입니다.

이렇게 미사 봉헌 시간이 안정되다 보니, 저절로 주님께 주도권을 맡겨 드리게 됩니다. 맡겨 드리는 재미가 쏠쏠합니다. 주님께서 그때 그때 필요한 상을 차려 주시기 때문입니다. 어느 땐 짧게, 어느 땐 길게, 어느 땐 좁게, 어느 땐 넓게, 어느 땐 깊게, 어느 땐 얕게, 어느 땐 진하게, 어느 땐 연하게 하늘 나라 식탁을 즐기게 해 주십니다.

때론 눈물도 흘리게 해 주십니다. 때론 찔끔, 때론 울컥, 때론 펑펑, 예기치 않은 대목에서 눈물샘을 터뜨려 주십니다. 사랑이 느껴질 때, 은총이 상기될 때, 회개의 마음이 일 때 등등 그 까닭도 갖가지입니다.

"오시어 가운데에 서시며"(요한 20,19)

주님께서는 우리가 함께 기도할 때 오시어 가운데에 서 주십니다. 그리하여 벅차고 벅찬 은혜를 주십니다.

뿐만 아니라 주님께서는 우리가 두려움 때문에 꽁꽁 문을 닫아걸고 있을 때에도 우리에게 오시어 가운데에 서 주십니다. 그리하여 뜬금없는 평화를 주십니다.

여기서 그치지 않습니다.

주님께서는 우리가 생사의 기로에서 하늘을 향해 부르짖을 때 오시어 가운데에 서 주십니다. 그리하여 우리의 손을 잡아 살려 주십니다.

■ 믿음을 선행보다

"의심을 버리고 믿어라"(요한 20,27).

이 문장을 원어에 충실하게 번역하면 '안 믿는 이가 되지 말고 믿는 이가 되어라.'가 됩니다.

'너희는 믿는 이가 되어라.'

삼복이를 아십니까.

삼복이는 태명, 곧 태중 이름입니다. 삼월에 낳을 아기라고 해서 그렇게 지었답니다.

전해 들은 이야기입니다.

삼복이 엄마는 남들이 부러워하는 직장을 다니다가 부모의 소개로 신랑감을 만나 결혼했답니다.

본인의 믿음은 그냥 그렇고 그랬었는데, 시어머니의 믿음이 너무도 좋아서 본받아 배웠답니다.

그러던 중 아기가 생겼고, 또 얼마 후 기도 지향이 생겼답니다. 시동생이 직장을 바꾸기로 결심하고 경쟁률이 센 직장에 지원했는데, 결과를 장담할 수 없는 상황이었답니다.

매달릴 것은 기도밖에 없겠다 싶어서 기도해 주기로 작정했는데, 그 순간 묘안이 떠올랐습니다.

'시어머니 말씀에 어느 신부님께 들은 지혜라면서 어린이의 기도를 주님께서 특히 잘 들어 주신다고 했지. 그러니 나중에 아이를 낳거든 어린이라고 무시하지 말고 항상 가족 기도에 참여시켜 기도하는 법도 가르치고 기도 응답도 받고 하라고 하셨지. 만일 주님께서 어린이의 기도를 더 존중해 주신다면, 태아의 기도는 더 잘 존중해 주시겠지. 거참 말 되네. 그러니 삼복이와 함께 기도해야겠다.'

이렇게 생각하고 그날부터 삼복이와 함께 삼촌을 위해 기도했습니다. 아마도 이런 식이었겠죠.

"삼복아, 기도하자. 먼저 성호를 그어야지. 자~"

자신의 불룩한 배에 십자 성호를 긋고 나서 엄마는 기도를 계속했겠죠.

"주 예수 그리스도님, 저 삼복이예요. 우리 삼촌이 새 직장에 지원서를 냈대요. 우리 삼촌 꼭 그 회사에 다니게 해 주세요. 삼촌에게 좋은 일이 저에게도 좋은 일이에요. 제 기도 꼭 들어 주세요. 네?"

물론 삼촌은 지금 그 회사를 잘 다니고 있습니다.

그리고 그 삼복이는 예쁜 딸로 태어났고, 지금 다른 이름으로 불리며 잘 크고 있답니다.

"너희는 믿는 이가 되어라"(요한 20,27 참조).

이 말씀은 명령이나 훈계가 아니라, 축복에로의 초대입니다.

믿는 이가 안 되어도 그만입니다. 하지만 믿는 이가 되면 별별 은총을 다 받아 누리게 마련입니다.

삼복이 엄마가 바로 그 증인입니다. 여태 저는 지구상에서 이런 믿음을 본 적이 없습니다. 주님께서 삼복이 엄마에게 한 말씀 내려 주시기를 청합니다.

"여인아, 네 믿음이 장하구나!"(마태 15,28 참조)

■ 보지 않고 믿는 믿음

> "'네 손가락을 여기 대 보고 내 손을 보아라. 네 손을 뻗어 내 옆구리에 넣어 보아라. 그리고 의심을 버리고 믿어라.' 토마스가 예수님께 대답하였다. '저의 주님, 저의 하느님!'"(요한 20,27-28)

비단 토마스만이 믿지 않은 것은 아니었습니다. 믿음을 가지지 못하는 불충실함은 어떤 의미로 모두에게 해당되었습니다. 다른 제자들도 의심했습니다. 비록 그들이 "우리는 주님을 뵈었소."(요한 20,25) 하고 말할

지라도 말입니다! 루카는 이들을 두고 다음과 같이 말했습니다. "그들은 너무 기쁜 나머지 아직도 믿지 못하고 놀라워하는데, 예수님께서 그들에게 '여기에 먹을 것이 좀 있느냐?' 하고 물으셨다. 그들이 구운 물고기 한 토막을 드리자, 예수님께서는 그것을 받아 그들 앞에서 잡수셨다"(루카 24,41-43). 그러니까 놀라움 때문에 제자들은 믿는 데에 늑장을 부리게 되었습니다.

여기서 놀라운 점은 주님이 토마스의 불신이나 당신을 유령으로 여기던 다른 제자들을 모두 인내롭게 참고 계셨다는 점입니다. 주님은 온 세상을 설득하기 위해서 부활하신 후에도 못 자국들과 창에 찔린 옆구리를 보여 주셔야 했습니다. 또 더욱 놀랍게도 음식까지 드셔야 했습니다. 그 이유는 이런 표징들이 필요한 사람들에게 아무런 의심의 동기를 주지 않기 위해서였습니다.

사람의 이성과 오관이 인식할 수 있는 진리는 전체 진리의 1%에 지나지 않는다고 합니다. 그러기에 나머지 99%의 진리는 우리에게 미지의 영역으로 남아 있을 수밖에 없다는 것입니다. 하지만 99%의 세계는 엄연히 비현실세계가 아니고 현실세계입니다. 우리 주변에서 '갑자기', '이유 없이', '우연히' 발생하는 사건들이 사실은 이 99%에 해당하는 현상들입니다.

토마스는 '보이는' 1%의 세계에서 예수님의 행적을 바라본 제자였습니다. 그의 인식 구조는 철저히 3차원에 갇혀 있었습니다. 그런데, 부활하신 예수님께서는 의심 많은 토마스를 나무라지 않으셨습니다. 오히려 토마스의 수준과 방법으로 의심을 일소해 주셨습니다. "네 손가락으로 내 손을 만져 보아라. 또 네 손을 내 옆구리에 넣어 보아라. 그리고 의심을 버리고 믿어라"(요한 20,27).

부활하신 예수님께서는 토마스에게 '봄'과 '만짐'을 통하여 1%의 세계를 사는 이들의 인식 조건을 충족시켜 주시되 거기에 머물지 않으셨습니다. "의심을 버리고 믿어라."라고 하심으로써 '보이지 않는' 99%의 세계로 토마스를 초대하신 것입니다. 4차원의 세계에 눈을 돌리도록 하신 것입니다. 이로써 토마스는 '갑자기'가 '점점'으로, '이유 없이'가 '때문에'로, '우연히'가 '필연적으로'로 새롭게 파악되는 세계의 문턱에 들어서게 됩니다. 문턱을 들어서며 토마스는 고백합니다. "저의 주님, 저의 하느님!"(요한 20,28)

이렇게 해서 토마스는 보이는 인간 예수님 안에서 보이지 않는 '주님', 보이지 않는 '하느님'을 고백하게 된 것입니다.

만유인력의 법칙을 발견한 아이작 뉴턴Isaac Newton은 인류 역사에 위대한 업적을 남긴 과학자였습니다. 그는 동시에 믿음의 후배들에게 아름다운 본을 보인 위대한 하느님의 사람이었습니다. 삶이 힘들고 어려울 때마다 늘 골방에 들어가 기도함으로써 새 힘을 얻었다고 합니다. 그는 이런 고백을 했습니다.

> 나는 과학자로서 늘 천체 망원경을 통해서 하늘의 별들을 관찰합니다. 그러나 동시에 나는 자주 골방에 들어가 천지를 지으신 하느님 앞에 무릎을 꿇습니다. 그러면 세상 그 어떤 망원경으로도 볼 수 없는 하늘의 영광을 보게 됩니다. 기도는 보이지 않는 세계를 보게 하는 내 영혼의 망원경입니다.[28]

보이지 않는 세계를 바라볼 수 있는 영혼의 망원경을 가지고 계십니까? 어렵고 힘들 때마다 올려다보며 하늘의 영광의 빛 가운데 비추어 주시는 지혜와 희망과 용기를 얻는 영혼의 망원경을 가지고 계십니까?

그동안 너무 사용하지 않아서 다 고장이 나지는 않았습니까? 보이지 않는 세계를 바라볼 수 있는 영혼의 망원경을 점검하십시오. 사랑하는 이여, 역경을 만날 때에 그 역경만을 보지 마시기 바랍니다.

그 역경을 통해서 우리의 인격을 다듬어 가시는 하느님의 섭리의 손길을 보시기 바랍니다. 우리가 당하는 그 모든 시련과 어려움들을 향해서 가장 좋은 것을 만들어 가시는 거룩한 하느님의 뜻을 깨달을 줄 알아야 하겠습니다.

함께 기도하시겠습니다.

주님, 믿는 이의 복됨을 믿습니다. 믿는 이를 축복하시는 주님은 찬미받으소서.

주님, 믿는 이의 잘됨을 믿습니다. 믿는 이의 뼈이신 주님은 찬미받으소서.

주님, 믿는 이의 구원을 믿습니다. 믿음을 선행보다 높이 사 주시는 주님은 찬미받으소서.

우리 주 예수 그리스도를 통하여 비나이다. 아멘!

부활 제3주일: 루카 24,35-48

마음을 여시어

"내 손과 내 발을 보아라. 바로 나다"(루카 24,39).

1. 말씀의 숲

루카 복음 24장은 예수님의 부활, 즉 빈 무덤 사건으로부터 승천까지의 보도입니다. 루카 복음 24장을 좀 더 세분해 본다면 다음과 같습니다.

첫째, 부활(빈 무덤, 루카 24,1-12 참조)

둘째, 엠마오로 가는 사람들과 부활하신 예수(루카 24,13-35 참조)

셋째, 제자들에게 나타나신 예수(루카 24,36-49 참조)

넷째, 승천(루카 24,50-53 참조)

그러므로 오늘의 복음은 24장 13절부터 35절의 마지막 절인 35절로부터 시작하여 제자들에게 나타나신 예수님에 대한 보도(루카 24,36-49 참조)를 마지막 절은 제외한 채 전하고 있습니다.

빈 무덤 사건에서의 여인들과 엠마오로 가던 두 사람의 증언을 통하여 제자들은 점점 더 예수님의 부활에 대한 기대에 접근하게 되지만, 아직 그들은 부활이라는 엄청난 사건에 대해 확신하고 있지는 못합니다. 이제 예수님께서는 직접 자신을 제자들에게 드러내시며, 그들을 깨달음으로 이끄시고, 또한 그들에게 마지막 지시를 내리면서 자신의 지상 여정을 마치십니다.

이 부분은 이렇게 루카 복음의 마지막에 위치하면서 제자들에 대한 예수님의 최종적 가르침과 지시를 내포합니다. 특히 이 종결 부분에서 복음사가는 자신이 복음을 집필, 편집한 최종적 목적을 드러내며, 자신의 작품의 2부라고 할 수 있는 사도행전을 준비하고 있습니다.

이야기를 천천히 읽어 보겠습니다. 부활하신 예수님을 길에서 뵙고 돌아온 제자들은 모여서 서로 이야기하고 있었습니다. 그들이 부활하신 분을 만난 체험을 나누고 있을 때 예수님께서 그들 한가운데로 찾아오셨습니다. "평화가 너희와 함께!"(루카 24,36). 그러나 제자들은 무서워 떨며 유령을 보는 줄 알았습니다. 그들은 반가워하면서도 믿을 수가 없었습니다.

그러나 제자들의 이 두려움과 공포는 새삼 새로운 것이 아니었습니다. 언젠가 예수님께서 바다 위를 걸으셨을 때도 제자들은 그분이 유령인 줄 생각하여 비명을 질렀기 때문입니다. 그때도 그들은 모두 질겁했습니다. 그러나 예수님께서는 그들의 두려움을 잠재워 주셨습니다. "용기를 내어라. 나다. 두려워하지 마라"(마르 6,50).

지금 이 자리에서도 예수님께서는 두려움에 경악하는 제자들에게 같은 말을 건네셔야 했습니다. "왜 놀라느냐? 어찌하여 너희 마음에 여러 가지 의혹이 이느냐? 내 손과 내 발을 보아라. 바로 나다. 나를 만져 보아라. 유령은 살과 뼈가 없지만, 나는 너희도 보다시피 살과 뼈가 있다"(루카 24,38-39).

우선 예수님께서는 되살아나는 제자들의 두려움을 없애 주셔야 했습니다. 당신의 손과 발을 직접 보고 만지면서 제자들은 모두 두려움과 의심에서 벗어나야 했습니다. 나아가 당신의 몸을 보이는 데서 그치지 않고 음식까지 드셔야 했습니다. "여기에 먹을 것이 좀 있느냐?"(루카 24,41). 당신은 유령이 아니라 살아 있는 사람, 살과 뼈가 있는 사람이셨기 때문입니다.

그러나 예수님께서 홀연히 나타나신 것은 단순히 당신이 살아 계신다는 사실을 보여 주는 데 그치지 않았습니다. 당신의 손과 발을 보여 주고 구운 물고기 한 토막을 드신 것은 당신만이 주실 수 있는 유일한 가르침을 위한 시작일 뿐이었습니다. "내가 전에 너희와 함께 있을 때에 말한 것처럼 […]"(루카 24,44). 전통적으로 유다인들이 성경을 분류하는 방법에 따라 성경이 완성되어야 했기 때문입니다. 당신에 관해 모세의 율법과 예언자들의 책과 시편에 씌어 있는 모든 선언들이 당신의 죽음과 부활로서 이루어져야 했습니다. 이 사실이 성경의 본질이었습니다. 그리고 이 본질은 죄를 용서하기 위한 회개로 이루어져 있었습니다. 죄의 용서는 증인들, 곧 교회를 통해 모든 민족들에게 선포될 것입니다. 성경 속에 기록된 크고 작은 모든 사건들은 모두 이것 외에 다른 의미가 없었습니다. 모든 사건들은 예수님의 죽음과 부활을 이해하기 위한 과정이었습니다. 이 목적을 제자들이 이해할 수 있도록 예수님께서는 깨우쳐 주셨습니다.

그러자 제자들은 사람들 앞에서 증언했습니다(사도 3,13-26 참조).

2. 말씀 공감

■ 의혹을 버리라

> "왜 놀라느냐?
> 어찌하여 너희 마음에 여러 가지 의혹이 이느냐?"(루카 24,38)

글로벌 금융 위기로 인한 불황의 그늘은 약속이나 한 듯 우리 사회 곳곳에 그 모습을 드러내고 있습니다. 한 예로 인력소의 풍경만 봐도 그러합니다. 가끔 강의 일정으로 새벽에 움직이다 보면 곳곳에 있는 인력소를 볼 수 있습니다. 새벽 5시만 되어도 사람들이 몰려나와 일감을 찾기 위해 인력소로 모여듭니다. 그런데 그들 중 하루 일감을 받아 일하는 사람은 얼마나 될까요?

저희 연구소의 연구원 중 한 명은 과거 생활비를 벌기 위해 방학 때 공사장에서 노동을 한 적이 있다고 합니다. 그의 말에 따르면 수많은 사람들이 새벽에 나오지만 일을 받지 못하고 돌아가는 사람이 굉장히 많다고 합니다. 또 인력소에서 현장으로 보냈는데 현장에서도 갑자기 사람이 필요 없다고 판단해 소위 말하는 '빠꾸'를 먹일 때도 많답니다. 욕이라도 하면서 일을 시켜 주면 다행이라고도 하지요.

불경기가 악화될수록 무슨 일이라도 해서 먹고 살려는 사람들은 늘어나는데, 일은 못 구했고 가족들이 실망할까봐 미안한 마음에 집에 바로 들어가지도 못하고 막막한 발을 동동 구르는 것이 오늘날 불경기를 살아가는 사람들의 고통스러운 현실인 것 같습니다.

부익부 빈익빈이라고 하지요. 배고픈 사람은 점점 더 배고파지고 가난에서 벗어날 방법이 없습니다.

이러한 모습들은 비단 남의 얘기만은 아닐 것입니다. 바로 내 얘기며 내 이웃의 현실인 것입니다.

이럴수록 우리의 마음엔 슬며시 의혹이 고개를 쳐듭니다. 자꾸 부정적인 생각에 빠져들게 되고 절망과 좌절로 한숨의 나날들을 보내게 됩니다. 이러한 우리들에게 부활하신 예수님께서는 말씀하십니다.

"왜 놀라느냐? 어찌하여 너희 마음에 여러 가지 의혹이 이느냐?"(루카 24,38)

이는 의혹들을 빨리 떨쳐버리라는 권고입니다. 절망 대신 희망을 붙들고 당당하게 일어서라는 격려의 말씀인 것입니다.

우리는 어떻게 의혹을 떨치고 버텨낼 수 있을까요? 그 답의 하나로서 『뿌리 깊은 희망』(위즈앤비즈 2009)의 메시지 한 대목을 소개합니다.

예로부터 '질풍지경초疾風知勁草'라고 했다. 이는 세찬 바람이 불어야 비로소 강한 풀을 알 수 있다는 뜻으로, 사람은 간난艱難을 겪어야만 그 의지의 강함을 알 수 있다는 말이다.

희망은 바로 이 '질풍지경초'의 뒷심이 되어 준다. 희망은 고난 속에서 끈기를 갖고 끝까지 버텨 생존하게 할 뿐 아니라 꿈을 이루게 한다. […]

모름지기 농사를 모르는 도시인들은 봄비가 많이 내리면 곡물 씨앗이 자라는 데 유익하다고 생각할 터다. 하지만 사실은 그 정반대다.

농부들은 경험상 봄날의 좋은 날씨가 오히려 식물들로 하여금 뿌리를 얕게 내리게 하여 생존력을 약화시킨다는 사실을 알고 있다. 그렇게 되면 태풍이 왔을 때 곡식이 쉽게 뿌리 뽑히게 마련이다.

하지만 처음부터 충분히 비를 맞지 않은 식물은 물과 양분을 얻기 위해 땅속 깊이 튼튼하게 뿌리를 내리려고 한다. 그리하여 태풍이나 가뭄이 와도 끄떡없이 견뎌 낼 수 있게 된다는 것이다. 봄날의 악천후가 식물들을 강인하게 만들어 주는 것이다.

　　인생도 같은 이치로 돌아간다. 악천후를 견디면 성장은 물론 강인함을 얻게 되는 것이다.[29]

이 '질풍지경초'의 '버티기' 정신으로 우리 모두 우리의 희망이 되시는 주님을 바라보며 힘을 얻어 생활하기를 응원합니다.

■ 맛난 요리

> "그들이 구운 물고기 한 토막을 드리자, 예수님께서는 그것을 받아 그들 앞에서 잡수셨다"(루카 24,42-43).

부활하신 주님께서는 더 이상 세상의 음식을 필요로 하지 않으셨습니다. 그럼에도 제자들과 함께 물고기 한 토막을 드십니다.
왜 그러셨을까요?
그 의미를 묵상하는 것도 우리의 기쁨이겠죠.
우리의 답변은 항상 그 진실에 훨씬 못 미칠 것입니다. 그렇다고 틀렸다고 말할 수도 없겠습니다.
얼른 추측되는 것은 "혹시 우리가 지금 보고 있는 것은 예수님 자신이 아니라 유령 아닐까?" 하고 의심하는 이들을 위해 "그게 아니다. 나는 부활한 예수다."라고 명백히 입증하시기 위해서였지 않을까 하는 개연성입니다.
이를테면 아직도 부활을 실감하지 못하는 제자들, 그리고 훗날의 그리스도인들을 위한 배려에서 물고기를 드셨을 것이라는 얘기죠.

이는 또한 부수적으로 예수님 수난 막바지에서 저마다 살기 위해 줄행랑친 자신들의 비겁함에 대한 기억으로 밤마다 가위눌리는 제자들에게, 예수님과 맺은 의리가 순수했던 갈릴래아 시절 물고기를 함께 먹던 일을 상기하게 하는 효과도 발휘했을 것입니다. 그리하여 마음의 치명상을 치유받고 새 출발 할 수 있도록 첫 열심을 회복시켜 주었을 것입니다.

바둑의 고수가 바둑 한 수로 여러 갈래의 가능성을 깔아놓듯이 주님의 물고기 취식은 이렇게 뜻이 다차원적입니다.

속 깊은 일거수일투족!

고 김수환 추기경께서도 이런 면모를 지니셨었습니다.

김 추기경은 바쁜 일정 중에도 시간 날 때마다 행려자 보호 시설, 나환우촌, 달동네, 교도소 등을 찾아 미사를 봉헌하고 그곳 사람들을 위로했습니다.

특히 '예수의 작은 자매회'라는 수녀원을 자주 찾았는데, 그곳 수녀들은 파견된 나라에서 가장 가난하게 사는 사람들의 삶을 실천하고 있었습니다. 때문에 겨울에도 맨발로 생활하며 한 끼 식사도 매우 간소하게 먹었습니다.

그런데 추기경께서 그 수녀원에만 가면, 이상하게도 평소 하지도 않던 반찬 투정을 하시는 것이었습니다. 추기경을 보좌하던 한 측근이 이를 궁금히 여겨 여쭈었더니 이런 대답이 돌아왔습니다.

"내가 그렇게라도 투정하지 않으면 그 수녀님들은 1년 내내 고기 한 번 먹지 않을 것 아닌가."

참으로 깊은 배려에서 나왔던 투정 아닌 투정이었던 것입니다.[30]

"그들이 구운 물고기 한 토막을 드리자, 예수님께서는 그것을 받아 그들 앞에서 잡수셨다"(루카 24,42-43).

그러고 보니 제자들의 배고픔을 아시고 그들이 편히 요기할 수 있도록 일부러 함께 잡숴 주신 저의도 있었을 법합니다.

■ 제 마음을 열어 주십시오

> "그때에 예수님께서는 그들의 마음을 여시어 성경을 깨닫게 해 주셨다"(루카 24,45).

'마음을 여시어'라는 표현은 곱씹을수록 은혜로움이 느껴집니다.

두려움에 떨고만 있던 이들에게 평화를 주시고, 보고서도 믿지 못하는 이들에게 그들의 이해 수준에 맞추어 당신임을 알게 해 주시더니, 이제 주님께서는 이해와 깨달음의 범위를 한층 더 넓히십니다.

"그때에 예수님께서는 그들의 마음을 여시어 성경을 깨닫게 해 주셨다"(루카 24,45).

주님께서는 언제나 이 깨달음의 지대로 우리를 초대하고 계십니다. 여기 이 초대를 놓치지 않고 잡은 한 남자를 소개합니다.

"나, 오늘 당신과 함께 교회에 가려고 하는데."

남편으로부터 이 말을 들은 그리스도교인 아내는 깜짝 놀랐으나, 내심 매우 기뻐했습니다. 항상 사업과 돈 버는 일에만 몰두하고 있는 나머지 영적인 일에는 전혀 관심이 없는 것처럼 보이던 남편이었기 때문입니다.

그런데 교회에 가는 길에, 아내는 쓸데없는 생각들을 하기 시작했습니다.

'오늘 강론은 무엇에 관한 것일까?', '성경 말씀은 어디일까?', '전례력

에 의하면 오늘은 무슨 주일이지? 어쩌면 오늘은 불길한 일요일일지도 몰라.'

교회에 도착하자마자 그녀는 오늘의 전례를 얼핏 보고 낙심했습니다. 성경 말씀이 창세기 5장이었던 것입니다. 창세기 5장은 1절부터 32절 끝까지 '아담의 족보'만 주욱 나열되어 있습니다. 남편은 예배가 끝날 때까지 가만히 앉아서 신앙 선조들의 이름이 적힌 긴 목록을 읽어야 할 것이었습니다.

그렇지만 남편은 큰 관심을 갖고서 예배 시간이 끝나기까지 조용히 참례했습니다. 몇 주일 후에는 그리스도께로 돌아오기까지 했습니다. 아내가 남편에게 물었습니다.

"당신이 그리스도교인으로 돌아오는 문제를 진지하게 생각하도록 만든 것이 무엇이었나요?"

남편이 대답했습니다.

"창세기에 나오는 그 말씀이지. 한 구절이 계속 반복되는데, 나는 그것을 피해 달아날 수가 없었소. 바로 그 '죽었다'는 문구 말이오. 그 후 죽음에 대해 생각하게 되었소. 그래서 나에게 구세주가 필요하다는 것을 알게 되었지."[31]

이 남편이 말한 '죽었다'는 문구를 창세기 5장에서 구체적으로 몇 구절만 찾아보면 다음과 같습니다.

"아담은 모두 구백삼십 년을 살고 죽었다"(창세 5,5).

"셋은 모두 구백십이 년을 살고 죽었다"(창세 5,8).

"에노스는 모두 구백오 년을 살고 죽었다"(창세 5,11).

사실 죽음의 문제가 우리에게 새로운 개념은 아닙니다. 그렇다면 남편은 무엇을 깨달았던 것일까요?

바로 인류 조상 아담의 대대손손 이어지는 족보를 통해 생사화복을 주관하시는 하느님의 경륜 앞에 무릎을 꿇게 된 것입니다.

'제 아무리 오래 살아도 결국 죽는구나! 다 죽었구나! 계속 살아 계신 분은 하느님 한 분이시로구나! 그러니 마치 죽지 않을 듯이 '죽음'을 잊고 살아온 나는 얼마나 어리석은가!'

이렇듯이 '마음을 여시어'는 그 어떤 거창한 사건이나 개념에서 출발하는 것이 아니라 바로 내 일상에서, 내 주위에서 깨달아지는 '눈 뜨기'와도 같습니다.

그러니 우리 마음에 응어리가 질 때, 주님께 대한 불신이나 원망에 사로잡힐 때, 무엇보다 먼저 우리가 드려야 할 기도는 "주님, 제 마음을 열어 주세요."가 아닐까요.

함께 기도하시겠습니다.

주님, 가난한 이를 먹이시려고 오늘은 어디에서 잔치를 벌이십니까.

주님, 우리의 첫 열심을 회복시키시려고 오늘은 누구와 음식을 함께 나누십니까.

주님, 저희를 먹이시려고 오늘은 어느 말씀으로 맛난 요리를 준비해 주십니까.

우리 주 예수 그리스도를 통하여 감사드리나이다. 아멘!

부활 제4주일(성소 주일): 요한 10,11-18

목자의 마음

"나는 착한 목자다"(요한 10,11).

1. 말씀의 숲

목자가 자신의 양들을 위해 목숨을 내놓는다는 것은 무엇일까요? 왜 목자는 양들을 위해 목숨을 내놓아야 하는 것일까요? 먼저 이야기를 전체적으로 살펴보겠습니다.

이야기는 두 부분으로 나누어집니다. 첫 번째 부분은 11절에서 16절까지입니다. 그 이유는 이 부분 안에서만 목자와 양이 등장하고 있기 때문입니다. 나머지 17절부터는 목자와 양에 대해서 이야기하지 않습니다. 여기서는 목자와 양이 아니라 오히려 아버지와 아들에 대해서 말하고 있습니다. 그러면 좀 더 자세히 읽어 보겠습니다.

이야기는 처음부터 주제를 요약하고 있었습니다. "나는 착한 목자다. 착한 목자는 양들을 위하여 자기 목숨을 내놓는다"(요한 10,11). 그러나 삯꾼은 이리가 오면 자기 목숨을 건지기 위해 양들을 버릴 것입니다. 삯꾼의 이기심은 양들을 죽게 할 것입니다. 삯꾼은 목자가 아니기 때문에 양들의 생명을 책임지지 않을 것입니다. 삯꾼과 양들은 서로 아무런 관계도 맺지 않을 것입니다. 그러나 목자는 자신의 목숨을 걸고 양들의 생명을 구할 것입니다. 양들의 목숨은 곧 목자의 목숨과 같기 때문입니다.

그러므로 이 목자의 유일한 사명은 자신의 목숨을 선물하는 것뿐이었습니다. 죽음을 마다하지 않고 헌신하는 목자를 양들도 알고 있었습니다. "나는 내 양들을 알고 내 양들은 나를 안다. 이는 아버지께서 나를 아시고 내가 아버지를 아는 것과 같다"(요한 10,14-15).

예수님께서는 당신 자신이 "양들의 문"(요한 10,7)이기에, 양들은 당신을 통해서 생명을 얻게 된다고 말합니다. 이 말은 예수님 당신께서 길이요, 진리요, 생명이기 때문에 누구든 당신을 통해서만 하느님 아버지께로 갈 수 있다는 말씀(요한 14,6 참조)과 그 내용을 같이 합니다. 반면에 문을 통하지 않고 양 우리에 들어가는 도둑과 강도(요한 10,1 참조)는 오히려 약탈만 일삼는다고 지적하십니다(요한 10,10 참조). 이것은 메시아로 자처한 자들이나 거짓 지도자들(요한 복음서에서 주로 언급되는 바리사이들이 주축이 된 당시 유대 지도자들)을 공격하는 말입니다. 양들에게는 전혀 관심이 없고 오로지 자기 자신의 안전과 품삯만을 생각하는 삯꾼(요한 10,12-13 참조) 역시 그들을 가리킵니다. 그들은 자기 자신들에게만 열중한 나머지 백성들로부터 떨어져 나갔던 것입니다.

이런 대조 가운데 예수님께서는 당신 자신을 "착한 목자"로 부각시키십니다. 착한 목자는 자기 양들을 위해서 언제나 함께하고 자기 목숨까지도 내놓는다는 것입니다(요한 10,11 참조).

예수님의 착한 목자상은 또한 양 우리에 들어 있지 않은 '다른 양들'도 돌보시는 데 있습니다(요한 10,16 참조). 예수님께서는 그들을 데려와서 그들도 당신의 목소리를 듣게 되기를 원하십니다. 여기서 '다른 양들'은 이방인들을 가리킵니다(요한 11,52; 17,20 참조). 예수님께서는 그들도 "한 목자 아래 한 양 떼"(요한 10,16)가 되어 생명을 얻도록 하기 위해서 인도해야만 한다는 것입니다(요한 6,38-40; 10,9 참조). 이는 모든 사람이 하나로 일치된 새로운 공동체의 형성을 염두에 둔 것입니다. 하느님의 사랑은 예수님을 통해서 이루어지는 보편적인 사랑이기 때문입니다.

여기서 이야기는 두 번째 단락으로 넘어갑니다. "아버지께서는 내가 목숨을 내놓기 때문에 나를 사랑하신다"(요한 10,17). 목자는 아버지의 명령에 따라 자유롭게 스스로 목숨을 내놓을 것입니다. 그의 목숨을 통해 우리에 들어 있지 않은 양들도 되찾게 될 것입니다. 착한 목자가 삯꾼과 달리 목숨을 내놓는 것은 아버지 때문이었습니다. 목자는 죽음에서 자유로웠습니다. 아버지와 하나였기 때문입니다. 아들이 목자로서 행하는 이 권한과 자유는 오로지 아버지에게서 비롯하고 있었습니다.

착한 목자로서 예수님의 모습은 자신의 의지만을 내세우지 않고 아버지 하느님의 뜻에 따라 일하는 데서 찾아볼 수 있습니다(요한 8,28-29 참조). 그러기에 예수님께서는 아버지 하느님으로부터 사랑을 받습니다(요한 10,17 참조). 구약성경도 하느님께서 당신의 백성을 돌보시는 모습을 착한 목자에 비유하여 묘사합니다(에제 34,11-16 참조). 예수님께서는 당신 자신을 바로 이런 목자의 모습으로 드러내신 것입니다.

예수님께서는 이처럼 아버지 하느님과의 일치 가운데 양 떼를 이끄는 착한 목자이십니다. 그는 우리의 곤경을 받아들이고 우리에게 생명을 주시기 위해 이 세상에 왔습니다(요한 10,10 참조). 우리 모두를 하느님께 데려가기 위해서 끊임없이 보호하고 돌보며 우리를 위해서라면 자신의 생명까지도 아낌없이 바치는 참된 목자입니다(요한 10,11.15.17 참조). 우리를 낱낱이 알고 사랑하며 자신과 함께하는 공동체로 불러 모으고자 합니다(요한 15,1-17 참조). 그리고 거기에 부응하기 위한 우리의 노력도 아울러 촉구합니다. 예수님과 인격적인 친교를 나눌 수 있도록 우리 자신도 성숙되어야 하기 때문입니다.

아버지는 이미 한 예언자의 입을 빌려 이 사실을 약속하셨습니다.

"주 하느님이 이렇게 말한다. 나 이제 내 양 떼를 찾아서 보살펴 주겠다. 자기 가축이 흩어진 양 떼 가운데에 있을 때, 목자가 그 가축을 보살피듯, 나도 내 양 떼를 보살피겠다. 캄캄한 구름의 날에, 흩어진 그 모든 곳에서 내 양 떼를 구해 내겠다. 그들을 민족들에게서 데려 내오고 여러 나라에서 모아다가, 그들의 땅으로 데려가겠다. 그런 다음 이스라엘의 산과 시냇가에서, 그리고 그 땅의 모든 거주지에서 그들을 먹이겠다. 좋은 풀밭에서 그들을 먹이고, 이스라엘의 높은 산들에 그들의 목장을 만들어 주겠다. 그들은 그곳 좋은 목장에서 누워 쉬고, 이스라엘 산악 지방의 기름진 풀밭에서 뜯어 먹을 것이다. 내가 몸소 내 양 떼를 먹이고, 내가 몸소 그들을 누워 쉬게 하겠다. 주 하느님의 말이다. 잃어버린 양은 찾아내고 흩어진 양은 도로 데려오며, 부러진 양은 싸매 주고 아픈 것은 원기를 북돋아 주겠다"(에제 34,11-16).

아들은 아버지가 하셨던 일을 똑같이 할 것입니다. 아버지와 아들은 하나이기 때문입니다.

2. 말씀 공감

■ **각자의 부르심**

> "나는 착한 목자다. 착한 목자는 양들을 위하여 자기 목숨을 내놓는다"(요한 10,11).

양들이 여기저기서 길을 헤매고 있습니다. 거짓 행복과 거짓 영성에 달콤한 꿀을 발라 현혹하는 '도둑과 강도'(요한 10,1 참조)에 이끌려 뿔뿔이 방황하고 있습니다. 물질, 몸, 느낌에 치우친 '잘 먹고 잘 살자' 주의, 즉 '웰빙'이라는 유혹이 신앙의 열심과 기도 시간을 교묘하게 앗아갑니다. 자아 계발, 자율 영성, 창조적 삶 등의 그럴듯한 미끼를 내건 신흥 영성의 온갖 프로그램들이 정체성이 약한 신자들을 홀려 간교하게 하느님과 그리스도로부터 이탈시키고 있습니다.

그나마 남아 있는 신자들도 흔들리고 있기는 마찬가지입니다. 영적으로 목마르고 굶주린 신자들은 그것이 헤맴의 길이요 마침내는 죽음의 길인 줄도 모르고 이리 기웃 저리 기웃합니다.

에제키엘이 전하는 말씀은 영락없이 오늘의 우리를 향한 하느님의 애절한 통탄으로만 들립니다.

"산마다, 높은 언덕마다 내 양 떼가 길을 잃고 헤매었다. 내 양 떼가 온 세상에 흩어졌는데, 찾아보는 자도 없고 찾아오는 자도 없다"(에제 34,6).

목자가 필요합니다. 교회의 울타리는 구멍 나 있고 거짓 영성으로 목자 행세하는 강도들은 호시탐탐 선량한 양들을 노리고 있기 때문입니다. 곳곳에서 양들의 신음과 비명이 들려오기 때문입니다.

목자들이 필요합니다. 오죽하면 하느님께서 몸소 나서시겠습니까.

"내가 몸소 내 양 떼를 먹이고, 내가 몸소 그들을 누워 쉬게 하겠다. 주 하느님의 말이다. 잃어버린 양은 찾아내고 흩어진 양은 도로 데려오며, 부러진 양은 싸매 주고 아픈 것은 원기를 북돋아 주겠다"(에제 34,15-16).

오늘은 '착한 목자 주일'입니다. 오늘 신학교, 수도원, 수녀원 등지에서는 성소 주일 행사의 일환으로 의례 답방한 주일학교 학생들로 북적댈 것입니다. 방문을 계기로 사제 성소나 수도 성소에 대해서 고민하는 아이가 한두 명이라도 생겨난다면 그것은 대단히 반가운 일이 될 것입니다.

그런데 교회에는 목자뿐 아니라 일꾼들도 필요합니다. '성소 주일' 행사에 참여하여 특별히 사제 성소와 수도 성소를 느끼는 저런 아이들 뿐 아니라 저는 행사에 참여하는 모두에게 기대를 두고 있습니다. 아이들이 진지하게 물었으면 좋겠습니다. "신부가 안 되면 뭐가 되어 하느님의 일꾼이 되지?", "수녀가 안 되면 무엇이 되어 구원 사업의 도구가 될까?"

모든 사람이 하느님의 부르심을 받았습니다. 평신도 사도직 역시 세상 한복판에서 수행하는 목자의 직분이라고 생각합니다. 세상 사람들을 주님의 품으로 인도하는 결정적인 역할을 해야 할 주인공은 평신도들인 것입니다.

우리는 각자의 삶의 현장에서 주님의 부르심에 충실해야 할 것입니다. 현재의 직업을 하느님의 부르심 곧 성소로 여기고 기쁘게 살아야 할 것입니다. 또한 진정한 그리스도인은 자신이 하는 일에서 의미와 보람을 느낄 줄 알아야 합니다. 그것을 천직天職, 곧 하느님이 주신 일로 여기기 때문입니다. 직업을 나타내는 영어 vocation은 '부르다'는 의미의 라틴어 동사 vocare에서 파생되었습니다. 곧 이 단어는 직업을 하느님의 부르심이라 알고 있었던 그리스도인들의 천직 개념을 반영하고 있는 것입니다.

그리스도인은 자신의 직업 안에서 스스로를 "거룩한 산 제물"로 봉헌할 줄 알아야 합니다. "여러분의 몸을 하느님 마음에 드는 거룩한 산 제물로 바치십시오. 이것이 바로 여러분이 드려야 하는 합당한 예배입니다"(로마 12,1).

■ 밴댕이 속알딱지만큼

> "나는 착한 목자다. 나는 내 양들을 알고 내 양들은 나를 안다.
> 이는 아버지께서 나를 아시고
> 내가 아버지를 아는 것과 같다"(요한 10,14-15).

양들을 위해 목숨을 내놓는 목자, 이 목숨 바쳐 사랑해 주시는 주님의 마음을 우리는 참 몰라 줄 때가 많습니다. 철이 덜 든 아이마냥 '아버지 사랑은 당연한 것'이라며 그 소중함을 잊고 사는 우리들…. 오늘 이 시간, 그분 사랑 속에 깊이 잠겨 봄이 어떨까요? 몇 해 전 제가 TV 강의로, 또 책으로도 풀어 드린 『향주삼덕』(위즈앤비즈 2010) 중에 한 대목을 소개합니다.

우리는 하느님의 위대하심만 알고 그분의 사랑을 잘 모른다. 하느님의 위대하심과 사랑을 동시에 담고 있는 낱말이 바로 '경륜經綸'이다. 전통적으로 하느님의 경륜을 창조 경륜과 구원 경륜으로 나누어 언급된다.
[…] '창조 경륜'은 우주를 만드신 하느님의 경륜이고, '구원 경륜'은 아담과 이브가 에덴동산을 잃어버린 이후부터 오늘도 여전히 우리를 구원으로 이끄시는 것을 가리킨다. 그런데 하느님의 창조 역시 끝난 것이 아니라 지금도 진행 중에 있다. 따라서 창조 경륜과 구원 경륜은 현재도

같이 진행되고 있다. 그리고 이 경륜 안에 하느님의 사랑이 녹아 있다.

먼저 창조 경륜을 보자. 창조는 어떻게 이루어지는가? 사랑이 충만할 때다. 사랑이 차고 차서 넘치면 창조를 하게 되어 있다. 연인이나 배우자에게 혹은 자녀에게 자꾸 이것저것 만들어 주는 모습을 생각해 보자. 이처럼 사랑을 많이 가지고 있는 사람은 자꾸 만들고 주고 싶다. 이것이 사랑의 속성이다. 이처럼 하느님께서는 사랑으로 삼라만상을 창조하셨다.

그런데, 사랑이신 하느님은 인간을 만들면서 모험을 하셨다. '자유를 줄까? 말까?'를 고민하다가 "주자!" 하고 모험을 하셨다. 이 '자유'는 사랑의 절정이다.

왜 인간에게 자유 의지를 주신 것일까? 사랑을 주고받기 위해서였다. 하느님께서는 인간을 단지 피조물이 아니라 당신 사랑의 파트너로 창조하신 것이다! 그러기에 하느님께서는 우리가 당신 앞에서 자꾸 주눅 드는 것을 원치 않으신다. 당신 앞에 엎드려 고개를 들지 못하는 우리 죄인들에게 사랑의 하느님께서 속삭이신다.

"고개를 들어라. 내 눈을 바라보아라. 나는 네 눈을 쳐다보고 싶지 네 머리통을 보고 싶은 게 아니야. 나는 너하고 사랑을 주고받고 싶어서 너를 만들었단다."

혹여 우리가 당신을 배반할 수 있음에도, 하느님은 사랑을 위해 모험을 택하셨다. 사실 우리는 이런 사랑을 흉내 내기 쉽지 않다. 우리는 사랑할수록 더 많이 소유하려 하고, 억압하려고 하지 않는가. 이것이 우리들의 함정이고 유혹이다. 하지만 하느님의 창조 경륜은 인간을 당신 사랑의 파트너로 삼으시기 위하여 배반의 가능성을 무릅쓰시고 자유 의지를 주셨다. 이 대목이 바로 하느님 창조 경륜의 절정이요 백미다.

이제 구원 경륜은 또 어떠한가. 하느님은 사랑의 구원 경륜으로 강생구속降生救贖이라는 기막힌 방법을 택하셨다. '내가 사랑하는 저들이 이토록 나를 만지고 싶어 하고, 보고 싶어 하고, 느끼고 싶어 하는데 그렇담 내가 그들 눈높이에 맞춰져 보자' 하시어 당신께서 사람이 되시어 오신 것, 곧 강생降生하신 것이다.

사랑은 이처럼 눈높이를 맞춘다. 하느님은 우리의 눈높이를 맞추시기 위해 사람으로 오시어 육신을 취하셨다. 이 강생은 예수님께서 태어나시며 완성된 것이 아니다. 예수님께서 돌아가시기까지 끊임없이 인간이 되시어 낮은 자리로 강생하셨다.

왜인가? 진정한 사랑은 같이 아파하고 같이 느끼며 같은 처지가 되는 것이기 때문이다. 그러기에 예수님께서는 인간의 한계와 인간의 절망 쪽으로 계속 내려오셨다.

입장을 바꾸지 않고 위에서 그냥 뚝뚝! 떨어지는 사랑은 감동을 주지 못한다. 반면 그 사람과 같은 눈높이로 가서 함께할 때 상대가 감동받는다. 이것이 주님의 사랑이다. 이 하느님 사랑은 결국 죄인도 품는 사랑이다. 나는 이 사랑을 이렇게 표현하길 좋아한다.

"하느님 사랑은 '저인망 사랑'이다!"

이는 무슨 말인가? 하느님 사랑은 저인망 그물처럼 밑바닥을 훑는 사랑이라는 말이다. 그러기에 이 저인망에는 안 들어가는 사람이 없다. 죄인들까지도 다 훑으시어 당신 사랑 속에 잠기게 하신다.[32]

결론은 이것입니다.
'나 하나가 주님께 전부다.'
그러니 조금씩만 더 주님 사랑의 마음을 알아드리는 우리가 되어 봄이 어떨까요. 그리하면 주님께서도 "너 이제야 철 좀 들었구나!" 하시며 기특해하실 테니 말입니다.

■ 사랑꾼 자격증

> "아버지께서는 내가 목숨을 내놓기 때문에 나를 사랑하신다. 그렇게 하여 나는 목숨을 다시 얻는다"(요한 10,17).

인도인 다시랏 만지Dashrath Manjhi라는 인물의 이야기입니다.

1960년 어느 날 아내가 사경을 헤맸습니다.

마을에서 병원까지 55km. 높은 산으로 가로막혀 있어서 아내를 업고 몇 시간 동안 낑낑대며 걸어도 목적지는 멀기만 했습니다. 결국 그의 아내는 길 위에서 운명을 맞이했습니다.

그는 아내를 땅에 묻으면서 울분과 원망과 절망도 함께 묻었습니다.

그리고 다음날, 삽과 망치와 정을 들고 밖으로 나가 아내를 추모하는 마음으로 산을 깎기 시작했습니다.

"두 번 다시는 내 아내와 같은 불행이 있어선 안 돼."

그게 아내를 위한 일이고 또한 사람들을 위한 일이라 생각했습니다.

산을 깎는 일은 22년간 계속되었습니다.

드디어 길이 났습니다. 마을에서 병원까지.

다시랏 만지가 깎은 산길의 길이는 110m, 높이는 9m, 폭은 8m! 그는 단지 삽과 정과 망치로 바위를 깨고 흙을 퍼 날라 홀로 그 길을 냈습니다.

그 길이 남으로써 그 55km의 거리가 40km 단축되어 15km로 짧아졌습니다.

그는 2007년 사망하였고, 이 사연은 전 세계적으로 화제가 되었습니다. 그가 예수님을 알았는지 몰랐는지 우리는 알지 못합니다. 힌두교 신도였을 가능성이 높습니다. 하지만 아내를 살리려는 그의 사랑은 꼭 그리스도의 사랑을 닮았습니다. 몰아적이었기 때문입니다. 그는 마침내 못 다한 사랑을 이웃 사랑으로 승화시켰습니다. 그리고 온몸을 던져서 위대한 일을 해냈습니다.

"아버지께서는 내가 목숨을 내놓기 때문에 나를 사랑하신다. 그렇게 하여 나는 목숨을 다시 얻는다"(요한 10,17).

그에게 아버지 하느님의 자비가 함께하기를 빕니다.

함께 기도하시겠습니다.

주님, '사랑꾼'인 저희를 부끄럽게 하는 교회 밖 사람들이 곧잘 있습니다. 그들에게 자비를 베푸소서.

주님, 저희는 감히 '사랑꾼'이라는 별칭을 독보적으로 얻고 싶습니다. 저희에게 자비를 베푸소서.

주님, 하늘 나라 공인 '사랑꾼' 자격증을 얻은 이들이 참 많습니다. 하버드 대학생들보다 우수한 사랑의 재원들입니다. 저희의 감사를 받으소서.

우리 주 예수 그리스도를 통하여 비나이다. 아멘!

부활 제5주일: 요한 15,1-8

포도나무와 풍성한 열매

"나는 참포도나무요 나의 아버지는 농부이시다"(요한 15,1).

1. 말씀의 숲

스승께서는 제자들이 당신과 더불어 아주 근본적이고 깊은 관계를 맺는 것이 필요하다는 것을 포도나무와 그 가지의 이미지로 놀랍게 드러내고 있습니다. 가지들 안에 원줄기의 수액이 흐르고 있을 때 살아 있고 열매를 맺듯이, 그렇게 제자들도 그리스도와 생생하게 일치되어 있을 때 구원과 생명의 열매들을 맺습니다.

이 대목의 주제를 드러내는 주요 어구는 '~ 안에 머물다'(meno en: 메노 엔)입니다. 이 말이 여기 요한 복음 15장 1절부터 17절까지 거의 10번이나 나오는 데서 이 대목을 구성하는 주요 요소임을 알 수 있습니다.

예수님께서는 이제 막 제자들을 떠나려 하고 있으며 아버지께로 돌아가려 하십니다. 그러나 그분은 그들을 버리지 않고 돌아오실 것인데, 아버지와 성령과 함께 그들 안에 머무시기 위해서 오신다고 가르치셨습니다.

특히 예수님 안에 '머물러야만 한다'는 말(요한 15,4-10 참조)은 예수님의 이별 상황을 시사합니다. 그리고 이 표현은 제자들의 청을 들어 주겠다는 예수님의 약속(요한 15,7.16 참조)이나 실천적인 사랑의 계명(요한 15,12.17 참조) 그리고 서로 사랑하는 것이 곧 예수님의 계명을 지키는 것이라는 내용(요한 15,12.14 참조)과 그 맥락을 같이합니다.

포도나무와 가지들에 관한 비유 말씀은 가지들이 나무에 붙어 있음으로 해서 열매를 맺는 데 그 핵심이 있습니다(요한 15,2.4.5.8 참조). 예수님 당신 자신은 포도나무로, 제자들은 그 가지들로 비유되고 있기 때문에(요한 15,5 참조), 그 열매는 제자들의 복음 선포적인 활동의 성과를 가리킵니다(요한 4,36-38; 12,24; 15,16 참조).

제자들의 복음 선포적인 결실은 예수님과의 결속 관계에 전적으로 달려 있습니다. 한마디로 말해 그들은 예수님 없이 아무것도 할 수 없다는 것입니다. 따라서 그들은 예수님과의 관계를 인격적으로 더욱더 심화시켜 결실을 맺도록 애써야만 합니다(요한 15,16 참조).

제자들은 예수님의 말씀을 받아들이고 예수님의 계명들을 지킴으로써 예수님 안에 머물고 예수님도 그들 안에 머물게 됩니다(요한 15,7.10 참조). 이렇게 함으로써 그들은 예수님의 주도권과 뜻을 올바르게 받아들일 수 있고 더욱 많은 결실도 맺을 수 있게 될 것입니다. 사실 예수님께서는 당신이 아버지 하느님으로부터 들은 모든 것을 그들에게 알려 주었고, 그들을 '종들'이 아니라 '친구들'로 삼았습니다(요한 15,15 참조).

종은 상속자가 될 수 없고 아들만이 상속자가 됩니다(마르 12,7 참조). 예수님께서는 제자들을 자신의 친구로 삼고 친교를 나눔으로써 그들을 공동 상속자로 만든 것입니다(요한 15,13-14 참조). 그들에게는 아버지 하느님과 아들 예수님과의 유일한 관계가 계시되었고, 그런 삶의 영역에 참여토록 이미 초대가 이루어진 셈입니다.

이런 관계는 곧 예수님의 계명을 지키고 예수님의 사랑 안에 머무르는 것을 뜻합니다(요한 15,9-10 참조). 제자들은 사랑을 나눔으로써 예수님 안에 머물고 예수님과 생동감 넘치는 인격적인 관계를 유지하게 되며, 예수님께서는 그들을 통해서 활동하고 그들의 활동은 많은 결실을 맺게 될 것입니다.

만일 그들이 결실을 맺지 못한다면 그들은 포도나무에서 잘려진 가지들이 말라 버리는 것과 같은 운명을 겪게 마련인 것입니다(마태 7,19; 요한 15,2.6 참조). 이런 운명은 그들 스스로가 자초한 것입니다.

그러므로 제자들은 아버지 하느님과 언제나 일치를 이루고 있는 예수 그리스도 안에 머물러 친교를 나눔으로써 그 결실을 맺도록 해야 합니다. "나는 포도나무요 너희는 가지다. 내 안에 머무르고 나도 그 안에 머무르는 사람은 많은 열매를 맺는다. 너희는 나 없이 아무것도 하지 못한다"(요한 15,5). 이와 같이 예수 그리스도는 믿음의 공동체가 맺는 모든 결실의 기초가 됩니다. 부활하신 그리스도는 공동체 안에 어제도 오늘도 그리고 내일도 현존하기 때문입니다.

오늘 이야기에서 우리는 같은 표현이 계속 반복되는 것을 들었습니다. 그것은 '열매를 맺는다', '열매를 맺지 않는다', '예수님 안에 머무른다', 그리고 '예수님 안에 머무르지 않는다'는 것입니다. 이야기는 무엇을 말하려고 하는 것일까요?

예수님께서는 당신을 특별하게 소개하셨습니다. "나는 참포도나무요 나의 아버지는 농부이시다"(요한 15,1). 그런데 이 포도나무에는 두 종류의 가지가 있었습니다. 하나는 열매를 맺지 않으면서 당신께 쓸모없이 붙어 기생하는 가지였습니다. 그리고 또 하나는 열매를 맺는 가지였습니다. 농부인 아버지께서는 나무가 열매를 많이 맺도록 하기 위해 쓸모없는 가지를 잘라내고, 열매를 맺는 가지는 깨끗이 손질하셨습니다. 아버지의 이 섬세한 손길은 가지가 더욱더 많은 열매를 맺도록 해 주었습니다. 아버지는 가지를 가꾸었습니다. 바로 아버지의 이 보살핌은 가지의 생존을 위한 것이었습니다.

예수님께서는 가지들이 당신 안에 머물기를 원하셨습니다. "내 안에 머물러라. 나도 너희 안에 머무르겠다. 가지가 포도나무에 붙어 있지 않으면 스스로 열매를 맺을 수 없는 것처럼, 너희도 내 안에 머무르지 않으면 열매를 맺지 못한다"(요한 15,4).

한 사도는 이렇게 말했습니다. "이제는 내가 사는 것이 아니라 그리스도께서 내 안에 사시는 것입니다. 내가 지금 육신 안에서 사는 것은, 나를 사랑하시고 나를 위하여 당신 자신을 바치신 하느님의 아드님에 대한 믿음으로 사는 것입니다"(갈라 2,20). 이것은 예수님 안에 머무는 사람, 그리고 예수님께서 그 안에 머무는 사람의 말이었습니다.

2. 말씀 공감

■ 예수님 없이는

> "너희는 나 없이 아무것도 하지 못한다"(요한 15,5).

큰 폭포 위의 강에서 한 건장한 청년이 카누를 젓고 있었습니다.

카누가 폭포 가까이로 떠내려가지 않도록 주의하여야 함에도 불구하고 그는 자신의 힘만 믿고 노 젓기를 잠시 쉬었는데, 깜박 잠이 들었습니다.

시간이 꽤 지나서 강변에 있던 사람들은 이 사람이 매우 위험하다는 것을 알고 그를 깨우기 위해 소리쳤습니다. 그는 잠에서 깨어나자 자신이 위험한 상태에 있음을 깨닫게 되었습니다. 그래서 있는 힘을 다해 노를 저었습니다. 비록 그가 굉장한 힘을 가지고 있었지만, 물의 힘이 그의 힘보다 강해서 카누는 폭포 쪽으로 점점 더 가까이 떠내려갔습니다.

강변에 있던 사람들은 그를 강가로 끌어내기 위하여 길고 튼튼한 밧줄을 던졌습니다. 그는 밧줄을 보았지만 마치 밧줄을 보지 못한 사람처럼 행동하였습니다. 두 번 세 번 사람들은 그에게 밧줄을 던졌으나 그는 잡지 않았습니다.

마침내 카누와 청년은 폭포 아래로 떨어졌으며, 그는 생명을 잃고 말았습니다. 곧 폭포 아래로 떨어질 청년을 살릴 수 있는 것은 청년이 가지고 있는 힘이 아니라, 그의 앞에 던져진 밧줄이었습니다.

요즘 많은 이들이 이 이야기의 청년처럼 자신의 힘이나 지식, 능력만을 믿고 생활하는 경우를 많이 보게 됩니다. 종교를 가지고 있지 않은 젊은이들에게서 '나신교'라는 말을 듣는 경우가 종종 있습니다. 바로 '나라는 신을 믿는 종교'라는 말입니다. 이들은 말합니다. '내 인생의 문제는 내 스스로 해결할 수 있어.', '내가 어떻게 살건 그게 무슨 상관이야? 내 삶의 주체는 바로 나야.'

이런 사고방식은 구원 문제에 있어서도 별반 다르지 않습니다. 많은 사람들이 기氣수련이나 수행을 통해 마음의 안정을 누리고자 하는 것을 보게 됩니다. 그러나 인간은 유한한 존재이기에 스스로 '구원'에 이를 수 없음을 깨달을 수 있어야 합니다. 우리를 구원할 수 있는 것은 오로지 하느님 자비와 용서, 은총이라는 사실을 수긍할 수 있어야 합니다. 하느님을 믿을 일입니다. 요즘 시중에 상품화되어 나도는 온갖 영적 불량품에 현혹되지 말고 오직 하느님을 찾을 일입니다. 사람이 되시어 "길이요 진리요 생명"(요한 14,6)이심을 입증하셨던 그분만을 따를 일입니다.

■ 이루어질 것이다

> "너희가 내 안에 머무르고 내 말이 너희 안에 머무르면,
> 너희가 원하는 것은 무엇이든지 청하여라.
> 너희에게 그대로 이루어질 것이다"(요한 15,7).

세상의 이치를 섬세하게 파악하면, 응답받는 기도의 비결도 깨닫기 마련입니다. 세상살이에서는 누군가에게 중요한 것을 청하고자 할 때, 먼저 그 사람과의 관계를 긴밀하게 다지는 수순을 밟습니다. 급할 때는 선물, 심지어 뇌물까지 동원하지만, 급하지 않을 때는 정성껏 공을 들여 가며 돈독한 신뢰를 쌓는 것이 지혜로운 선택이라 할 수 있습니다. 이렇게든 저렇게든 상대에게 감동을 주어 마음을 움직이게 되면 무엇을 청하든지 좋은 결과를 기대할 수 있습니다.

이 이치는 하느님께 기도를 드릴 때에도 그대로 적용됩니다. 이 이치를 모르고서 하느님께 그저 청하기만 하니까 답답한 일이 생기는 것입니다.
"기도를 간절히 했는데 왜 주님께서는 제 기도를 안 들어 주시죠?"
"하루 종일 묵주를 들고 사는데 도무지 기도 응답이 없어요."
"어떻게 해야 제 기도가 응답을 받을까요?"
이런 질문은 어느 사목자든지 교우들로부터 자주 듣고 있는 것으로 알고 있습니다.

기도를 바치는 처지가 참으로 참혹한데 하느님의 침묵을 꿋꿋이 견뎌 내야 하는 교우들의 사연을 접할 때면 딱한 마음이 들어 저절로 한

숨이 나오곤 합니다. 그러기에 저는 복음 말씀을 읽다가 기도 응답의 비밀을 밝혀 주는 구절이 나오면 메모해 가면서 기억하려 노력합니다. 요긴할 때 신자들에게 도움 말씀을 전해 주기 위해서 말입니다.

오늘 복음 말씀 마지막 구절도 그런 귀한 지혜를 전해 주고 있습니다.
"너희가 내 안에 머무르고 내 말이 너희 안에 머무르면, 너희가 원하는 것은 무엇이든지 청하여라. 너희에게 그대로 이루어질 것이다"(요한 15,7).

주님께서 친히 우리가 원하는 것은 무엇이건 청하라고 권고하십니다. 그러면 "그대로 이루어질 것이다."라고 약속해 주십니다.
주님께서는 우리의 거짓 약속을 싫어하시기에 당신의 말씀도 반드시 성취해 주십니다.

단 하나 조건이 있습니다.
주님께서는 "너희가 내 안에 머무르고 내 말이 너희 안에 머무르면"이라고 명확하게 조건을 제시하셨습니다. 이는 한마디로 묵상 서두에 밝힌 관계 점검 및 개선에 해당하는 말씀입니다.
그러므로 기도를 바치기 전에 또는 우리의 기도에 대해서 성찰할 때에 과연 우리가 꼭 이 조건의 내용을 충실히 만족시켰는지를 점검해 봐야 합니다.
여기서 우리가 주님 안에 머무르는 것과 주님 말씀이 우리 안에 머무르는 것은 서로 약간 강조점이 다릅니다만, 결국엔 주님 말씀이 우리 안에 머무르는 것으로 압축, 요약됩니다.
이제 기도 응답의 비밀은 명백히 밝혀졌습니다. 바로 주님 말씀이 우리 안에 머무르고 있다는 사실을 주님께 입증해 드리는 것입니다.

성경 읽기를 허투루 여기면서 주님 말씀이 우리 안에 머무르고 있다고 주장할 수는 없습니다.

복음 말씀에 경청하고 묵상과 새김, 그리고 암송의 노력을 기울이지 않으면서 주님 말씀이 우리 안에 머무르고 있다고 주장하는 것도 설득력이 없습니다.

마음에 새겨진 주님 말씀을 곧이곧대로 실행하려는 노력을 기울이지 않으면서 주님 말씀이 우리 안에 머무르고 있다고 주장하는 것 또한 억지입니다.

이 모든 것이 충족될 때 우리는 비로소 주님과 친밀한 신뢰 관계에 있다고 주장할 수 있고, 무엇이건 청하면 받게 되는 높은 신뢰도를 확보했다고 말할 수 있게 되는 것입니다.

이런 의미에서 우리는 말씀 경청이라는 긴밀한 신뢰의 끈으로 주님과 연결되어 있다고 할 것이니 이미 무엇이건 청할 수 있는 특권을 지니고 있는 셈입니다.

■ 우직하고 항구한 사랑

> "너희가 많은 열매를 맺고 내 제자가 되면,
> 그것으로 내 아버지께서 영광스럽게 되실 것이다"(요한 15,8).

한 작은 소년의 소박한 믿음이 어떻게 하느님께 영광을 올려 드리려는 신비로 변화될 수 있는지, 前 인천교구장이신 故 최기산 보니파시오 주교님의 아련한 고백 속에서 확인해 봅니다.

소신학교를 향해 집을 나서던 날, 할머니는 눈물지으셨다. 그리고 떠나가는 나를 따라오며 손을 흔드셨다. 눈물이 나오면 다시 옷소매로 훔치셨다. 산등성이에 올라 돌아보니 여전히 할머니는 손을 흔들고 계셨다. 아스라이 그 모습이 보일 때까지 할머니는 그렇게 오래오래 서 계셨다. […]

소신학교 시험을 보기 위해 시골에서 처음으로 서울에 갔다. 모든 것이 새로워 정신이 없었다. 동작동 먼 친척 집에서 처음으로 전차를 타고 혜화동 소신학교로 시험을 보러 갔다. 며칠 동안 시험을 치른 것 같은데, 지금도 기억나는 게 있다. 혜화동에서 출발하는 그 전차의 종점은 동작동이었는데, 전차 운전사가 내게 "실컷 탔지?" 하고 물으셨다. 아마도 시골에서 꾀죄죄한 학생이 전차를 끝에서 끝까지 타고 가며 두리번거리니까 신기하셨던가 보다. […]

소신학교에서는 아침에 종이 울리면 용수철처럼 일어나야 했다. 겨울에도 찬물로 세수하였다. […] 그러나 나는 행복했다. […]

아침에 기도하고 미사를 봉헌할 때면, 지극정성으로 내 마음을 다 드렸다. 그리고 멀고 먼 미래에 사제가 되겠다는 내 소망이 이루어지기를 기도했다. 주님께 간절히, 간절히 기도했다.

'신부님 꼭 되게 해 주세요'라는 기도가 늘 가슴에 가득하였다. 엄하고 칼날 같은 신학교 생활은 많은 동료들을 못 견디게 했다. 방학이 끝나고 나면 우수수 떨어져 나갔다. 그럴 때마다 주님께 매달리는 마음은 더욱 진하고 강해졌다. 성당에도 일찍 가서 기도하고 최선을 다해 살고자 했다.

지금 와서 주마등처럼 흘러간 옛날을 더듬어 보니, 한 자락 꿈처럼 보인다. 모든 것이 주님의 은총이었다. 주님께서 다 이루신 일이었다.

내 것이라고 주장할 것은 아무것도 없어 보인다. 다만 주님께 감사할 뿐이다.[33]

교구 안팎으로 당신 주교직을 훌륭히 수행하시면서도 내 것이라고 주장할 것은 아무것도 없으며, 그저 모든 것 주님께서 이루신 일임을 담담히 고백하는 주교님의 글 속에서 크신 주님의 영광을 만납니다. 그 시작은 물론 작은 시골 소년이 몽땅 드린 마음이었습니다.

"너희가 많은 열매를 맺고 내 제자가 되면, 그것으로 내 아버지께서 영광스럽게 되실 것이다"(요한 15,8).
우리 역시 이 영광에 동참하는 숨은 제자들입니다.

함께 기도하시겠습니다.
천주 성삼이시여, 저희 입술에서 나가는 친절한 말 한마디를 통하여 영광 받으소서.
천주 성삼이시여, 좌절하고 상처받은 이들을 향한 저희 응원의 미소를 통하여 영광 받으소서.
천주 성삼이시여, 잇속 계산에 빠른 주변 사람들을 향한 저희 우직하고 항구한 사랑의 나눔을 통하여 영광 받으소서.
우리 주 예수 그리스도를 통하여 영광 찬미 드리나이다. 아멘!

부활 제6주일: 요한 15,9-17

목숨까지 내놓는 사랑

"내 계명을 지키면 내 사랑 안에 머무를 것이다"(요한 15,10).

1. 말씀의 숲

오늘 요한 복음 15장 9절부터 17절은 예수님께서 자신의 수난을 앞두고 자신의 제자들을 가르치시는 장면을 전하고 있습니다.

요한 복음 13장 31절에서 14장 31절까지가 예수님께서 제자들에게 남기시는 첫 번째 고별사(제자들을 향한 예수님의 마지막 가르침 첫 번째 부분)라면, 15장 1절부터 16장 33절은 그 두 번째 부분이라 볼 수 있습니다. 첫 번째 고별사를 통해 복음사가는 주로 예수님과 그분의 공동체가 갖는 새로운 관계에 초점을 맞추는 반면, 두 번째 고별사에서는 교회론적 주제들이 다루어지고 있습니다.

두 번째 고별사의 중요한 초점은 예수 공동체의 본질이 어디에 있으며 그 공동체가 갖는 희망의 근거가 무엇인지를 밝히는 데에 있는 것입니다. 오늘의 복음인 요한 복음 15장 9절부터 17절은 요한 복음 15장 1절부터 8절의 포도나무의 비유를 마무리하며, 요 앞의 비유에서 제시한 예수님(참 포도나무)과 예수님의 공동체(가지)가 가져야 할 이상적 관계를 더 한층 상승된 형태로 묘사하고 있습니다.

즉, 오늘 복음은 예수님께서 아버지의 계명을 지킴으로 아버지(의 사랑)

안에 머물러 계시게 된 것처럼, 우리도 예수님의 계명을 지킴으로 예수님(의 사랑) 안에 머물라는 당부를 전하고 있는 것입니다.

이렇게 해서 내적인 친교가 이루어지면 더 이상 종이 아니라 친구가 된다는 것입니다.

이어 오늘 복음은 서로 사랑할 것, 종이 아닌 친구의 영성 등을 개진합니다.

벗을 사랑하면 벗을 위하여 목숨을 바칠 각오가 되어 있습니다. 플라톤Plato의 저서 『향연Symposion』에서는 "사랑하는 자만이 누군가를 위하여 기꺼이 죽으려 한다."라고 하였습니다.[34] 또 예수님께서는 "친구들을 위하여 목숨을 내놓는 것보다 더 큰 사랑은 없다."(요한 15,13)라고 말씀하셨습니다. 그리스도 신자들의 사랑은 남을 위하여 자기를 희생하는 데 있습니다. "내가 너희에게 명령하는 것은 이것이다. 서로 사랑하여라"(요한 15,17).

예수님의 계명은 서로 사랑하는 수평적인 관계에 역점이 있고, 그 사랑은 바로 예수님 당신이 몸소 실천한 헌신적인 사랑에 바탕을 둡니다(요한 13,34 참조). 즉 제자들은 예수님으로부터 체험한 사랑을 서로 지속적으로 실천해야 한다는 것입니다. 예수님의 사랑에서 아버지 하느님의 사랑이 현존하듯이 제자들의 사랑에서 예수님의 사랑도 체험될 것입니다.

이와 같이 볼 때 제자들이 결실을 맺기 위해서는 전적으로 예수님에게 의존해야만 합니다. 그리고 그들의 운명은 결실을 맺는 데 달려 있습니다. 예수님께서는 그들과의 우정 관계만을 유지하도록 그들을 부른 것이 아니라, 그들로 하여금 많은 결실을 맺도록 선택하셨기 때문입니다(요한 15,16 참조).

이야기에는 중대한 말씀이 두 번 거듭되고 있습니다. 그것은 예수님의 마지막 당부였습니다. "이것이 나의 계명이다. 내가 너희를 사랑한 것처럼 너희도 서로 사랑하여라"(요한 15,12). 그리고 끝에 가서 "내가 너희에게 명령하는 것은 이것이다. 서로 사랑하여라."(요한 15,17)라고 강조하셨습니다.

예수님께서는 제자들에게 마지막으로 서로 사랑하라는 이 계명을 주시기 위해 당신의 사랑을 먼저 고백하셨습니다. "아버지께서 나를 사랑하신 것처럼 나도 너희를 사랑하였다"(요한 15,9). 예수님께서는 제자들을 당신의 벗으로서 사랑하셨습니다. 예수님께서는 아버지에게서 받은 사랑을 그대로 제자들에게 돌리셨습니다. 사랑은 아버지에게서 비롯하고 있었습니다. 하느님은 사랑이시기 때문입니다. 예수님께서는 아버지의 계명에 순종하시며 그분 사랑에 머물러 계셨습니다. 예수님께서는 당신이 하신 것과 똑같이 제자들이 실천할 수 있도록 명령하셨습니다. "너희는 내 사랑 안에 머물러라"(요한 15,9). 제자들이 예수님의 사랑 안에 머문다면 그들은 세상이 주는 것과는 다른 기쁨을 얻을 것입니다. 그것은 그리스도의 기쁨이었습니다.

예수님께서는 한 번도 제자들을 종처럼 부리지 않으셨습니다. 오히려 당신이 그들을 위해 허리를 동여매고 종이 되셨습니다. 제자들은 당신이 뽑으신 당신의 사람들이었기 때문입니다. 그들은 당신의 벗이었습니다. "나는 너희를 친구라고 불렀다"(요한 15,15). 예수님께서는 제자들에게 아무것도 숨기지 않으셨기 때문입니다. 예수님께서는 당신의 전부이신 아버지와 아버지의 말씀을 제자들에게 가르치셨습니다. 예수님께서 제자들에게 행하신 사랑은 아버지를 알려 주시는 일이었습니다. 그리고 아버지의 뜻대로 당신의 목숨을 선물하는 일이었습니다. 이보다 더 큰 사랑은 없었습니다.

언젠가 말씀하셨듯이 모든 율법과 예언자들의 정신이 들어 있는 계명은 바로 이것이었습니다. 곧 '내 하느님이신 주님을 사랑하고 내 이웃을 나 자신처럼 사랑하라!'(마태 22,37-40 참조)는 것이었습니다. 이 계명은 바로 당신의 계명이었습니다. 제자들을 끝없이 배려하는 스승의 사랑으로 그들에게 베푼 가르침이었습니다. 스승은 제자들을 벗으로 끌어올릴 만큼 스스로 낮추어야 했기 때문입니다. 이 때문에 제자들은 예수님 안에 머무를 수 있었습니다. 벗을 위해 목숨을 내어 주는 사랑으로 맺어진 열매는 결코 사라지지 않을 것입니다. 사랑은 죽음보다 강하기 때문입니다.

2. 말씀 공감

■ 기쁨의 샘

> "내가 너희에게 이 말을 한 이유는, 내 기쁨이 너희 안에 있고 또 너희 기쁨이 충만하게 하려는 것이다"(요한 15,11).

중국에서 문화 혁명이 한창이던 때 그곳 극동 방송국으로 한 통의 편지가 도착했습니다. 그 편지는 도쿄의 극동 방송을 경유하여 온 편지였습니다.

당시 중국 공산당에서 성경을 모두 회수하여 불태워 버렸기 때문에, 중국의 그리스도인들은 성경을 읽을 수 없었습니다. 때문에 극동 방송에서는 매일 밤 자정부터 성경을 읽어 주는 프로그램을 마련했습니다. 편지는 바로 이 방송을 들으며 열심히 그 내용을 받아 적던 한 중국 신자가 보낸 것이었습니다. 그는 편지에서 다음과 같은 요지의 내용을 적었습니다.

"창세기부터 요한 묵시록까지 다 받아 적었지만 사무엘기 상권의 15장은 방송 상태가 고르지 않아 잘 받아 적지 못했습니다. 죄송하지만 그 부분을 다시 한 번 읽어 주십시오."

이에 아나운서는 크게 감동받아 그날 밤 방송을 통해 이렇게 말했습니다.

"편지 잘 받았습니다. 요청하신 대로 그 부분을 다시 읽어 드릴 테니 모월 모일 방송을 꼭 기대해 주세요."

아나운서의 목소리에도 물기가 묻어 있었습니다. 그리고 드디어 약속한 방송 날짜가 되었습니다. 아나운서는 보통 때보다 더 천천히 그 부분을 읽었습니다.

방송 일주일 후, 또다시 그 신자로부터 편지가 왔습니다. 편지에는 이렇게 적혀 있었습니다.

"할렐루야! 하느님, 감사합니다. 저도 이제 성경을 갖게 되었습니다. 하지만 제 성경은 한 짐 잔뜩 된답니다. 내내 붓으로 적었기 때문입니다…"

성경을 모두 받아 쓴 그는 감사한 마음에 한동안 눈물만 흘렸다고 합니다.

오늘날 우리는 얼마나 손쉽게 성경을 접할 수 있는지요. 그러기에 한 권의 성경을 갖기 위한 중국 신자의 눈물겨운 노력이 더욱 장하게 느껴집니다.

진정 행복한 이들은 이처럼 말씀을 소중히 여기는 사람입니다. 우리는 주님의 말씀을 받아들임으로써 그분의 사랑 안에 머물게 됩니다(요한 15,10 참조). 그리고 오늘 복음 말씀처럼 우리가 주님의 사랑 안에 머물게 될 때 주님의 기쁨이 우리 안에서 충만해질 것입니다.

"내가 너희에게 이 말을 한 이유는, 내 기쁨이 너희 안에 있고 너희 기쁨이 충만하게 하려는 것이다"(요한 15,11).

■ 조금만 애써도

"내가 너희를 사랑한 것처럼 너희도 서로 사랑하여라"(요한 15,12).

제 아버지는 제가 대학 1학년 때 54세의 나이로 돌아가셨습니다.

아버지를 추억하자면 만감이 교차하지만 그때 아버지의 연세를 훌쩍 넘긴 지금 제 삶에는 아버지께서 남겨 주신 세 가지가 스며 있습니다.

첫째 것은 평안도 박치기 정신입니다. 이북 평안도 출신이셨던 아버지는 동네 사람들과 막걸리를 드실 때면 '평안도 박치기' 얘기를 자주 하셨습니다. 사나이들끼리의 힘겨루기에서 박치기로 승부를 가르는 것이 아버지 고향의 전통이었다는 얘기는 아무것도 모르던 어린 시절의 저에게는 멋지게 들렸습니다. 그래서 1970년대 초 당시 대한민국의 최고 스포츠 스타였던 프로레슬러 김일의 세계 타이틀전이 TV로 중계되었던 날, 저는 일을 벌였습니다. 동네 아이들 다 모아 놓고 박치기 시합을 했던 것입니다. 결승전까지 올라갔다가 진짜배기 돌머리를 상대로 만나 고전 끝에 제 이마가 퉁퉁 부어오르는 바람에 패했던 기억이 또렷합니다. 당시 중학생이었던 제 이마에 들었던 멍이 콧등을 거쳐 흘러내리면서 완전히 가시는데 꼬박 두 주 정도 걸렸음도 기억합니다. 이 사건은 그냥 웃고 넘겨 버릴 해프닝이었지만, 이후에도 '평안도 박치기'는 제 내면에서 정면 도전의 정신으로 계속 살아 있음을 느끼곤 합니다.

둘째 것은 한문에 대한 흥미입니다. 면사무소 공무원이셨던 아버지는 주말 한가하실 때면 백지 공책을 펴 놓고 김삿갓 이야기를 즐겨 들려 주시곤 했습니다. 일화 한 자락을 마감하면서 김삿갓이 읊은 한자 시구를 공책에 적어 주면서 풀이해 주셨습니다. 물론 그 시구는 아버지께서 암송하여 머릿속에 저장해 놓았던 것들이었습니다. 어렸을 적의 이 추억은 저로 하여금 한자와 한시에 관심을 갖도록 흥미를 돋웠습니다. 본격적으로까지는 아니었지만, 이는 제 학창 시절 독학으로 꾸준히 한문을 익히도록 영향을 끼쳤던 것으로 회상됩니다.

셋째 것은 베레모입니다. 제가 기억하는 아버지의 얼굴은 베레모를 쓴 모습입니다. 이는 멀리서도 제 아버지를 알아보는 표지였습니다. 제 나이 마흔을 넘길 즈음부터 저도 베레모를 쓰고 다닙니다. 처음에는 제가 좋아해서 그런 줄 알았습니다. 얼마 가지 않아서 문득 모자를 쓰면서 아버지의 얼굴이 상기되었습니다. 그때 깨달았습니다. '아, 내가 아버지처럼 따라서 하고 있구나.'

아버지처럼! 큰 의미를 지니지는 않았지만 아버지의 아들은 어느새 아버지 '처럼' 따라 살고 있었습니다. 이는 그래야 하기 때문이 아니었습니다. 반복해서 보고 거듭 듣다 보니 어느새 닮아 있었던 것입니다.

이것이 '처럼'의 힘입니다.

이것이 아들이 아버지의 생활 습관을 대물림하는 까닭입니다.

이것이 중년에 접어들면서 딸이 어머니의 전철을 밟는 이치입니다.

의식적으로 반대를 하건 말건 습관은 어쩔 수 없이 닮아 가는 것입니다.

오늘 복음에서 예수님께서는 이 '처럼'의 힘을 사랑에 적용하십니다.

"내가 너희를 사랑한 것처럼 너희도 서로 사랑하여라"(요한 15,12).

예수님께서는 제자들에게 "너희도 서로 사랑하여라."라고 새 계명을 주시면서 그 강력한 지원으로 "내가 너희를 사랑한 것처럼"이라는 모방 심리의 효능을 응용하십니다.

그렇다면 주님께서 우리를 어떻게 사랑하셨던가요?

제자들은 지난 3년간 익히 보아 왔습니다. 그리고 받아 왔습니다. 굳이 표현해 본다면, 무조건 용서하는 사랑, 베푸는 사랑, 섬기는 사랑, 눈높이를 맞춰 주는 사랑, 원수까지 포용하는 사랑 등등일 터입니다. 예수님께서는 이를 종합적으로 업그레이드시켜 한 문장으로 요약하십니다.

"친구들을 위하여 목숨을 내놓는 것보다 더 큰 사랑은 없다"(요한 15,13).

아직 제자들은 이 말씀의 의미를 온전히 이해하지 못합니다. 그들은 인류의 죄를 사해 주시기 위하여 십자가에서 당신 살과 피를 내어 주신 십자가 희생의 제사를 체험하고 나서야 비로소 이 말씀의 뜻을 어렴풋이 깨닫고 마침내 그 길을 걸었을 것입니다.

■ 목숨을 내놓는 사랑

> "친구들을 위하여 목숨을 내놓는 것보다
> 더 큰 사랑은 없다"(요한 15,13).

어떤 병사 한 명이 군율을 어겨 군법으로 사형을 받게 되었습니다. 그에게 사형 선고를 내린 장군은 군 기강에 아주 엄격했습니다. 그 병사는 선처를 호소하였지만 장군은 군의 기강을 위해 절대 용서할 수 없다고 못을 박았습니다.

그런데 병사에게는 사랑하는 여인이 있었습니다. 그 여인은 자기 애인이 사형을 받게 되었다는 소식을 듣고 장군에게 찾아가서 자기 애인을 용서해 달라고 탄원하였지만 장군은 그 여인의 말도 듣지 않았고, 오히려 오늘 저녁에 성당 종이 울리면 사형을 집행하겠다고 통보하였습니다.

이제 그녀에게 남은 방법은 하나뿐이었습니다. 그것은 종이 울리지 않게 하는 것이었습니다. 성당 종지기에게 달려간 그녀는 종이 울리면 자기 애인이 죽는다며 종을 울리지 말아 달라고 종지기에게 간청했지만, 종지기는 안타깝게도 귀머거리였습니다. 그래서 자기 의무대로 정확한 시간에 종을 치기 시작했습니다.

그런데 시간이 다 되었는데도 종이 울리지 않는 것이었습니다. 이상하게 여긴 장군이 사람을 보내어 알아 보니, 그 여인이 피투성이가 된 채로 쓰러져 있었습니다. 귀머거리 종지기는 종이 울리는지 안 울리는지도 듣지 못하고 정해진 횟수대로 종을 쳤고, 여인은 종의 추를 몸으로 막아 종이 울리지 못하게 한 것이었습니다.

이 광경을 본 장군은 특별히 그 병사를 사면해 주었습니다.

예수님의 사랑이 바로 이런 것이었습니다. 영원히 죽을 수밖에 없는 우리를 위해 예수님께서는 십자가에서 피를 흘리셨습니다. 그리고 우리는 죄 사함을 받았습니다.

"친구들을 위하여 목숨을 내놓는 것보다 더 큰 사랑은 없다"(요한 15,13).

이 말씀 그대로 예수님께서는 우리를 위해 목숨을 내놓으셨습니다. 예수님께서는 무조건적인 희생의 사랑으로 우리를 사랑하셨습니다.

"아버지께서 나를 사랑하신 것처럼 나도 너희를 사랑하였다"(요한 15,9).

이 사랑은 이후 매 시대마다 예수님을 따르려고 나선 제자들을 통해 계승되었습니다. 그 가운데 한 예가 시에나의 성 베르나르디노St. Bernardino da Siena입니다. 그가 살았던 15세기 초, 중세 시대 유럽에는 페스트, 곧 흑사병이 창궐하였습니다. 페스트는 인구의 십분의 일을 죽음으로 몰아넣을 정도로 위세를 떨쳤습니다. 많은 사람들이 세상의 종말이 왔다고 생각할 정도였습니다. 페스트는 그야말로 치명적이었기 때문에 아무도 그 병에 감염된 사람과는 접촉하지 않으려고 했습니다.

페스트가 무섭게 돌던 1400년, 마침내 베르나르디노가 살고 있던 시에나에도 불행이 들이닥쳤습니다. 베르나르디노는 매일 수십 명의 시신을 수습하고 죽어 가는 사람들을 돌보았습니다. 그는 친구들과 함께 넉 달 동안이나 그 일에 매달렸으며, 결국 자신도 페스트에 감염되었습니다. 그는 몇 달 동안이나 고열에 시달렸지만 주님의 특은으로 목숨을 잃지는 않았습니다.

그러나 그가 병석에서 일어나자마자 이번에는 그가 가장 사랑하던 숙모가 병을 앓기 시작하여 시력을 잃고 말았습니다. 베르나르디노는 숙모가 세상을 떠나기까지 14개월 동안 헌신적으로 숙모를 돌보았으며, 훗날 프란치스코 수도회에 들어가 유명한 설교자가 되었습니다.

이렇듯이 베르나르디노는 바로 친구를 위하여 자신의 목숨을 내놓는 사랑을 몸소 실천하였습니다. 그는 자신이 페스트에 걸려 죽을지도 모르는 상황에서도 이미 죽은 이들을 장사 지내 주었으며, 또한 환자들을 돌보아 주는데 헌신하였던 것입니다.

함께 기도하시겠습니다.

주 예수님, 당신이 저희를 위해 목숨을 내놓으셨다는 그 사실로 인해 저희는 사랑을 알게 되었고 사랑이 무엇인지 배우게 되었습니다.

주님, 저희가 이웃을 위해 희생하는 것을 두려워하지 않게 하소서. 말과 혀로 사랑하지 않고 행위와 진실로 사랑하게 하소서.

주님, 저희가 이기심으로 인해 사랑에 좌절할 때마다 저희를 격려해 주시어 다시 저희가 사랑을 위해 헌신하게 하소서.

우리 주 예수 그리스도를 통하여 비나이다. 아멘!

주님 승천 대축일: 마르 16,15-20ㄴ

하느님의 위대한 증인들

"주님께서는 그들과 함께 일하시면서 […]
그들이 전하는 말씀을 확증해 주셨다"(마르 16,20).

1. 말씀의 숲

　오늘은 주님 승천 대축일입니다. 성경이 전하는 주님의 승천 이야기는 매우 절제되어 있고 또 간결해서 승천이 어떻게 이루어지는지에 대해 구체적으로 말하지는 않습니다. 다만 예수님의 십자가 죽음을 극심한 고통 가운데 실제로 체험했던 제자들이 사명을 부여받는 장면을 전하고 있습니다. 제자들은 자신들이 보고 들은 것을 그대로 땅 위의 모든 사람들에게 증언했습니다. 그들은 땅끝에 이르기까지 예수님의 증인들이었기 때문입니다. 오늘 축일의 편지는 마르코 복음의 마지막 대목과 사도행전이 전하는 승천 이야기, 그리고 에페소인들에게 보낸 바오로의 편지 한 대목으로 이루어져 있습니다. 이 세 통의 편지들은 모두 같은 신비를 이야기하고 있습니다. 바로 아버지를 향한 예수님의 승천과 동시에 온 세상으로 교회가 파견되는 일이었습니다.

　믿을 만한 고대 사본(바티칸 사본, 시나이 사본 등)들과 학자들에 따르면, 마르코 복음은 16장 8절로 끝납니다. 그런데 8절은 여러 단어로 이루어진 절에서 보통 두 번째로 오는 전치사인 '가르'(gar: 왜냐하면)라는 그리스 단어로 마칩니다. gar 다음에 어떤 단어도 오지 않은 채 어정쩡하게 끝납니다. 그래서 초대 교회는 여러 갈래로 이를 보완하려고 애썼습니다. 오늘날 학자들도 16장 9절부터 20절이 진짜 마르코 복음이 아니라는 사실에는 동의하지만, 8절 이후의 원래의 끝부분을 잃어버렸는지 아니면 복음이 실제로 16장 8절에서 무뚝뚝하게 끝났는지의 여부를 논쟁해 왔습니다. 하지만 최근의 비판가들은 문학적인 근거에서 16장 8절을 원래 마르코 복음의 끝으로 보고 있습니다.

서론에서 본 대로 본래 마르코 복음은 16장 8절에서 끝납니다.

예수님께서는 당신을 만난 열한 제자에게 온 세상으로 가서 모든 피조물에게 당신 부활의 복음을 선포하라고 파견하셨습니다(마르 16,15 참조).

그리스도의 부활을 선포하는 제자들의 복음을 믿고 따르는 사람들은 세례를 받아 이 믿음을 공개적이고 가시적인 방법으로 드러내야 합니다(마르 16,16 참조).

믿음에 뿌리내린 세례는 세말에 결정적 구원을 베풉니다. 또 믿음은 그리스도의 보편적 주권을 선포하는 복음에 예속되는 결단입니다. 이와 반대로 복음을 믿고 따르지 않는 사람들은 세말에 단죄를 면할 수 없습니다(마르 16,16 참조). 이러한 이유로 모든 사람은 믿음으로 구원을 받기 위해 결단을 내려야 합니다.

믿는 사람들에게는 다섯 가지 표징, 기적적 현상이 나타나는데(마르 16,17-18 참조), 이는 그리스도께서 그들에게 복음을 선포하는 권능(마르 6,7-13 참조)을 주신다는 것을 뜻합니다. 그들은 부활하신 예수님의 이름으로 악마들을 추방하고(사도 16,16-18 참조), 새로운 언어들로 말을 하고(사도 2,1-11 참조), 독사를 만지거나(루카 10,19; 사도 28,3-6 참조) 독약을 마셔도 해를 입지 않으며, 안수로써 병자들을 치유할 것입니다(사도 3,1-10; 9,32-35; 14,8-10; 28,8-9 참조). 이러한 기적 행위는 예수님께서 온 피조물을 구원하시는 주님이심을 드러냅니다. 즉 그리스도 안에서 피조물이 새로 창조된다는 것입니다.

부활하신 그리스도의 발현은 그분의 승천으로 끝납니다. 예수님께서는 당신을 믿고 따르는 사람들에게 복음 선포를 명하신 후 하늘로 들어 높여지시고 하느님의 오른편에 앉으셨습니다(마르 16,19 참조).

예수님 승천의 성경적 배경은 엘리야의 승천입니다(2열왕 2,11; 1마카 2,58 참조). 승천은 예수님께서 하느님과 완전히 일치하고 하느님의 오른편에 앉으신 것(시편 110,1 참조)을 뜻합니다(사도 2,33-34; 5,31 참조). 천상에서 온 피조물의 주님으로 주권을 행사하시는 예수님께서 당신을 믿고 따르는 사람들 안에 현존하면서 그들의 복음 선포를 기적들로써 유효하게 하십니다(마르 16,20 참조).

예수님께서는 제자들을 온 세상으로 보내셨습니다. 그러나 온 세상 어디에서도 제자들이 믿음을 발견할 수 있을지 장담할 수 없었습니다. "믿고 세례를 받는 이는 구원을 받고 믿지 않는 자는 단죄를 받을 것이다"(마르 16,16). 믿음이 주어지는 것은 제자들의 설교 때문이 아니라 하느님께서 직접 주시는 것이기 때문입니다. 만약 하느님의 이 은총을 받아들이는 경우에 말입니다. 이것은 설교가들의 잘못이 아니라 자신의 잘못으로 은총을 거부하는 것이었습니다. 결국 자신을 구원으로부터 제외시키는 것이었습니다.

제자들은 곧 떠나가서 세상 모든 사람의 운명이 걸려 있는 이 중대한 사명을 실천했습니다. 그러니 우리가 이토록 귀중한 구원을 소홀히 할 때 어떻게 그 갚음을 피할 수 있겠습니까? 이 구원을 주님이 먼저 선포하셨고, 들은 이들이 우리에게 미덥게 증언했으며 하느님도 표징과 기적과 여러 가지 권능을 통해, 또 당신 뜻대로 나누어 주시는 성령을 통해 뒷받침했으니 말입니다(히브 2,3-4 참조).

2. 말씀 공감

■ 모든 피조물에게 선포하여라

> "너희는 온 세상에 가서 모든 피조물에게
> 복음을 선포하여라"(마르 16,15).

막 승천을 앞두시고, 예수님께서는 당신 제자들에게 세상 모든 피조물들에게 복음을 전하라고 말씀하고 계십니다. 이는 모든 그리스도인의 지상 사명입니다. 하지만 오늘날 많은 신자들이 '복음을 선포하라'는 말을 들으면 그것은 자신과는 무관한 이야기로 생각하는 경우가 많이 있습니다. 더러는 "나는 말을 잘 못해서…"라는 핑계를 대며 복음 선포를 부담스러운 것이라 생각하기도 합니다.

우리는 왜 복음 선포에 자신이 없을까요? 과연 복음을 선포하는 것이 부담스러운 것일까요?

우리는 좋은 책을 읽거나 좋은 영화를 보고 나면 꼭 이웃들에게 입소문을 냅니다. 맛있는 음식을 먹고 나면 반드시 그 음식점을 친지들에게 알려 주고 싶어 합니다. 이는 좋은 것을 가까운 사람들과 함께 나누고 싶은 욕망을 가지고 있기에 가능한 것입니다. 복음도 이와 마찬가지입니다. 복음이 얼마나 은혜로운 것인지를 체험한 사람은 아무리 복음을 전하지 말라고 막아도 이웃들에게, 자기 주위에 있는 사람들에게 복음을 전하게 되어 있습니다. 더욱이 자신이 교회를 통하여 은총을 누리게 된다면 거기에서 저절로 복음 선포에 대한 열정이 생겨나게 됩니다.

좋은 것은 전하고, 나누어야 합니다. 그래서 야고보 사도는 "그러므로 좋은 일을 할 줄 알면서도 하지 않으면 곧 죄가 됩니다."(야고 4,17)라고 말합니다. 기회가 있음에도 불구하고 복음을 전하지 않는 것은 잘못된 것이라는 뜻입니다. 그러기에 사도 바오로는 이런 내적 충동을 거스르는 것은 자신에게 차라리 화禍가 될 것이라고 말하고 있는 것입니다. "내가 복음을 선포하지 않는다면 나는 참으로 불행할 것입니다"(1코린 9,16).

율법의 파수꾼이었던 사도 바오로가 예수 그리스도의 복음을 접하게 된 것은 크나큰 은총이었습니다. 이런 의미에서 사도 바오로는 누구보다도 큰 은총을 받은 사람이었습니다. 그러기에 그는 그것을 전하지 않을 수 없다는 내적 동기를 강하게 느꼈던 것입니다.

복음의 체험은 내적으로 나눔을 충동합니다. 좋은 것을 나누는 것은 의무입니다. 하지만 여기서 말하는 의무는 억지로 하는 의무가 아닙니다. 이 의무는 내부에서부터 그 은총이 차고 넘쳐서 밖으로 표출되기에 막을 수 없다는 말입니다. 거역할 수 없다는 말입니다.

이것을 단적으로 드러낸 사도들이 베드로와 요한이었습니다. 사도 베드로와 요한은 복음 선포를 금하는 예루살렘 산헤드린(최고 의회)의 박해 앞에서 "우리로서는 보고 들은 것을 말하지 않을 수 없습니다."(사도 4,20)라며 굴하지 않고 당당하게 복음을 전했습니다. 이것이 선교의 원리입니다. '본 것'(체험한 것)과 '들은 것'(배운 것)을 제대로 확인하면, '말하지 않을 수 없는' 동기motivation가 절로 생겨난다는 것입니다. 그들이 더 이상 예수 그리스도를 전하지 말라고 명하는 유다 최고 의회 '산헤드린'의 압력에도 굴하지 않고 담대히 복음을 전할 수 있었던 것은 바로 '보고 들은' 은총이 안에서 밖으로 밀쳐 나와 '말하지 않을 수 없게' 되었기 때문이었던 것입니다.

이러한 사도들의 모범을 따라 지금 이 시대에도 자신이 느낀 복음을, 은총을 전하는 이들이 많이 있습니다. 교구 선교 봉사자로 자원한 어느 형제님은 자신의 지원 동기를 다음과 같이 적고 있습니다.

저는 작은 토목 회사를 하다가 실패를 보고 실의에 빠져 고통과 번민 속에서 고뇌하며 방황하다가 어머님의 권고로 1988년도에 영세를 받았습니다.

그 후 그 시련을 점차 잊어 가면서도 뭐가 무엇인지도 모르며 신앙생활을 하려고 노력하였습니다. 그러다 보니 직장도 생겼고 일이 잘 풀려갔습니다. 하지만 지금으로부터 9년 전 저는 또 한 번의 시련을 받았습니다. 바로 '암'에 걸리게 되었던 것입니다.

'암'이라는 선고를 받고 수술을 받은 후 저는 모든 것이 귀찮았고 원망스럽기만 하였습니다. 비록 하느님을 믿고 있었지만, 수많은 정신적 갈등과 고뇌 속에서 방황하며 냉담까지 하게 되었습니다. 점점 하느님도 귀찮고 모든 것이 필요 없는 것으로 생각되었던 것입니다. 그리고 툭하면 한 달에 두세 번씩 병원에 실려 가곤 하였습니다. 그렇게나 자신을 잃어버리면서 병마의 고통 속에서 모든 것을 원망하면서도 가족들과 먹고 살기 위해서 식당 하나를 하였습니다. 다행인지는 모르나 장사가 잘 되어서 그런대로 기분도 좋았고, 마음을 다스리며 힘든 줄도 모르고 열심히 아내와 같이 일했습니다. 그러나 그렇게 몇 달을 하던 중에 무슨 날벼락인지 IMF를 맞았습니다.

그때부터 장사는 점점 안 되고 경제적인 타격까지 보게 되었습니다. 아내는 아내대로 짜증만 늘어나고, 저 모르게 눈물도 많이 흘렸습니다. 그런 중에 아내가 저녁 10시에 식당 문을 닫으면 말없이 어디론가 매일 없어지는 것이었습니다. 글쎄 나중에 안 일이지만, 부천에 있는 ○○성당 성체조배실에 가서 주님께 하소연하러 간 것이었습니다. 저는 그것도 모르고 앉아서 불만이나 품던 것입니다.

그러나 거기서 저는 하느님을 만나게 되었습니다. 한 형제님이 딱한 사정을 듣고, 저녁 10시 문을 닫는 시간에 자매님들과 같이 오셔서 한 달 동안 기도를 해 주신 것이었습니다. 그리고 가시면서 앞으로 부부가 두 달은 더 기도를 바쳐야 된다고 일러 주고 가셔서 그때부터 묵주기도를 시작하였습니다. 저는 "힘든 저희 가정을 구해 주십시오!", "나약해진 저를 또 한 번 구원해 주시고 저에게 무엇인가 책임과 의미가 있는 새 삶을 주십시오."라고 기도하며 나의 인생의 가치를 찾으려고 주님께 애절하게 기도하였습니다.

그러던 어느 날 기도를 끝내고 자리를 펴고 막 자려고 드러누워서 눈 감고 1분도 안 되었는데, 성모님께서 내 머리 위에 서시어 '묵주기도를 많이 바치라'고 말씀하시는 음성이 또렷하게 생생히 들리는 것이었습니다. 깜짝 놀라서 벌떡 일어나 멍하니 성모상만 물끄러미 바라보고 있다가 정신을 차리고 생각하니, 이것은 예삿일이 아니라는 것이 깨달아졌습니다. 그래서 다음날부터 54일 묵주기도를 시작하여 나의 잘못을 용서해 달라 기도했습니다. 그런데 그 첫날부터 성모님이 제 눈 옆에 딱 서서 지켜 주시고 계셨습니다. 이는 분심을 없애 주시고, 모든 잡념을 잊고 오직 기도만 하라는 것으로 저는 지금도 믿고 있습니다.

이렇게 54일이 끝나는 날 성모 찬송 기도까지 모두 바치고 성호를 긋고 절을 드리는 순간 별안간에 제 몸이 허공으로 붕 뜨는 기분과 동시에 머리부터 뜨거워지면서 온몸이 떨리며 불덩어리가 되었습니다.

그 순간 저는 너무 황홀해서 "주님 감사합니다, 주님 감사합니다." 하며 소리를 막 질렀습니다. 그때 제가 느낀 이 신비의 은총을 어떻게 표현할지를 지금도 설명을 다 못합니다.

그 후 저는 냉담도 풀고 모든 일이 점점 잘 풀렸습니다. 그리고 한 달이면 두세 번씩 병원에 실려 갔었는데 그 후 지금까지 한 번도 병원에 실려 간 적 없이 이렇게 건강하게 생활하고 있습니다. 이 모든 것이 주님의 은총이 아니고 무엇이겠습니까? 그래서 저는 주님께 많은 빚을 지어서 이 빚을 갚으려면 남은 인생 부지런히 갚아도 모자랄 것 같아서 주님의 일이라면 닥치는 대로 하고 있습니다. 주님은 찬미받으소서.

■ 성부의 전권으로

> "승천하시어 하느님 오른쪽에 앉으셨다"(마르 16,19).

제가 태어난 고향, 남양만 서신을 떠난 것은 초등학교 4학년 때, 그러니까 1968년이었습니다. 그 이후 1970년도에 친구들을 만나러 한 번 다녀온 뒤 본의 아니게 발길이 끊겼습니다. 1991년 사제품을 받고서 첫 미사로 고향 공소를 방문했지만, 그때는 교우들만을 만나고 왔기에 친구들과는 만날 기회가 없었습니다.

그로부터 세월이 흘러 2010년경 저는 사제의 직분으로 방송에서 복음을 전하는 사명에 임했습니다. 그러다 보니 전국 어디를 가도 비신자 가운데에도 꼭 알아보는 이들이 있었습니다.

반가웠던 것은 시골 및 서울의 초등학교 동창들로부터도 방송에서 보았다며 연락이 곧잘 왔다는 사실입니다. 덕분에 추억 속의 우정을 꽤나 되찾았습니다.

이 체험은 제게 주님의 승천을 이해하는데 힌트가 되어 주었습니다. 어렸을 적에 이미 떠난 그곳의 친구들, 또 어딘가 뿔뿔이 흩어져 살고 있는 추억 속 우정들에게 '방송'이라는 무소부재의 매체를 통하여 '짠 하고 다시 나타나게 되었다'는 사실! 이것이 승천의 신비를 이해하는 열쇠가 될 수 있지 않을까요.

오늘은 주님 승천 대축일입니다. 예수님께서 제자들을 떠나 하늘로 올라가신 역사적 사실을 기념하면서 그 의미를 새기고 축하하는 날입니다.

예수님 승천에 대하여 마르코 복음에는 짧게 사실만 기록되어 있습니다. "주 예수님께서는 제자들에게 말씀하신 다음 승천하시어 하느님 오른쪽에 앉으셨다"(마르 16,19).

이에 대하여 사도행전은 장엄하게 묘사했습니다. "예수님께서는 이렇게 이르신 다음 그들이 보는 앞에서 하늘로 오르셨는데, 구름에 감싸여 그들의 시야에서 사라지셨다"(사도 1,9).

그런데 예수님께서는 과연 '하늘 어드메쯤'으로 가셨을까요? 오늘날과 같은 우주여행의 시대에 이를 공간적인 의미로 생각하는 것은 당연히 적절치 않은 것이겠지요. 예수님께서 올라가신 그 하늘은 저 구름 위 하늘 어드메쯤이 아닙니다. 하늘에 오르셨다는 것은 하느님이 계신 곳으로 가셨다는 말입니다. 그런데 하느님이 어디 계십니까? 하느님은 어디든지 계십니다. 안 계신 곳이 없으신 무소부재 하느님이십니다. 따라서 예수님께서 하늘에 오르셨다는 것은 공간적인 하늘이 아닌 질적인 하늘 곧 하느님의 초월적인 임재에 동참하심을 의미합니다.

조금 어려운 듯합니다마는 풀어서 말하면 이렇습니다. 곧 예수님께서는 '이스라엘'이라는 지역과 '1세기'라는 시대를 떠나 모든 장소, 모든 시간을 넘나들 수 있는 경지로 들어가셨다는 것입니다.

'우리와 함께 우리를 위해 계시는 하느님'이셨던 예수님께서는 저렇게 우리 곁을 떠나심으로 '우리 안에 계시는 하느님'이신 성령을 통해서 모든 시대, 모든 지역의 사람들에게 다시 오실 수 있게 되었습니다.

■ 지식보다 귀한 열정

> "제자들은 떠나가서 곳곳에 복음을 선포하였다"(마르 16,20).

봄이 막 오려던 어느 날 오후, 저희 연구소로 중년의 남자 세 분이 방문해 주셨습니다. 올해 가톨릭 운전기사 사도회 전국 협의회 새 회장이 인천교구에서 선출됨에 따라, 평소 전국 운전기사 사도회에 많은 도움을 주어서 항상 고마운 마음을 갖고 있다던 저희 연구소에 겸사겸사 인사드리고 싶다는 연락을 받고 성사된 만남이었습니다.

짧은 만남이었지만 그날의 자리는 참 훈훈한 기억으로 제 마음에 남았습니다. 무엇보다 이분들의 복음 선포에 대한 열정에 깊이 감동을 받았습니다.

저와의 만남을 희망했던 것도 선교에 관한 지혜를 얻고 싶어서, 더욱 열심히 뛸 에너지를 충전받고 싶어서였을 따름이었습니다.

그분들의 머릿속엔 '어떻게 하면 복음을 더 잘 전할 수 있겠는가?', '늘상 새로운 사람을 만나게 되는 자신들의 직업을 통해서 어떤 마음으로 선교해야 하는가?' 등과 같이, 결코 가볍지 않고 진지한 선교 정신이 깊숙이 배어 있음을 느낄 수 있었습니다.

저는 운전기사 사도회원들을 위한 특강 요청에 기꺼이 응해 드리기로

했습니다. 사실 사정상 강의 스케줄을 내기가 정말 쉽지 않았지만, 꼭 한 번 자리를 갖고 그날은 강의료도 받지 않겠노라고 말씀드렸습니다.

왜냐고 물으신다면, 제 대답은 이것입니다.

"당신들은 하느님의 위대한 증인들이니까요."

한창 손님 받고 도로 위를 달리고 있을 자신들의 귀중한 시간에 그래도 빈손으로는 올 수 없다고 귀한 고급주를 두 병이나 사온 그 정성 어린 마음 씀씀이는 덤으로 제가 누린 그날 최고의 호사였습니다.

오늘 마르코 복음은 이렇게 대단원의 막을 내립니다.

"제자들은 떠나가서 곳곳에 복음을 선포하였다"(마르 16,20).

이제 우리들 차례입니다. 승천하신 주님은 오늘도 우리를 이렇게 격려하십니다.

"너는 나의 증인이다."

함께 기도하시겠습니다.

주님, 지금 주님 계신 곳은 시간의 자유지대! 저희가 청하오니 저희들에게 꼭 필요한 그 시점에 저희를 도우시러 다시 오소서.

주님, 지금 주님 계신 곳은 공간의 자유지대! 저희가 청하오니 저희들에게 꼭 필요한 그 지점에 저희를 도우시러 다시 오소서.

주님, 지금 주님 계신 곳은 성부 오른편! 저희가 청하오니 저희의 기도에 성부의 전권으로 응답해 주소서.

우리 주 예수 그리스도를 통하여 비나이다. 아멘!

성령 강림 대축일: 요한 20,19-23

성령을 받아라

"아버지께서 나를 보내신 것처럼 나도 너희를 보낸다. […]
성령을 받아라"(요한 20,21-22).

1. 말씀의 숲

오늘은 성령 강림 대축일입니다. 오순절 때 제자들이 성령을 가득 받은 것은 그들이 하느님의 위업을 전하도록 하기 위함이었습니다(사도 2,11 참조). 우리 역시 하느님의 위업을 전해야 할 사람들입니다. 하느님의 위업을 전하는 데에 성령께서 모든 것을 하시도록 우리는 더욱더 작아져야 하겠습니다.

예수님에 관한 협조자 성령(진리의 영)과 제자들의 증언이 병행하여 언급됩니다(요한 15,26-27 참조). 물론 성령은 세상에서 직접적으로 증언하지 않습니다. 예수님께서 하느님을 계시하고 증언할 때와 마찬가지로 제자들이 예수님에 관해 증언할 때 성령이 함께하십니다. 다시 말해 성령은 제자들을 통해 증언하고 제자들은 성령의 도움으로 증언합니다(마르 13,11 참조). 특히 적대적인 세상을 향해 증언하기 위해서 제자들(믿음의 공동체)에게는 성령의 도움이 필요하고 또 절대적으로 요구됩니다. 성령의 도움을 받아야만 그들은 예수님 자신이 당했던 몰이해와 배척에 걸려 넘어지지 않을 것입니다(요한 16,1-4 참조).

이와 같이 볼 때, 예수님께서는 세상의 증오나 박해 그 자체보다는 오히려 믿음을 잃는 위험으로부터 제자들을 보호하고 자신에 관해 증언할 수 있도록 격려하고자 했던 것입니다. 예수님과 제자들의 결속 관계는 성령으로 인해 더욱더 심화될 것입니다. 아버지 하느님과 아들 예수님께서 보내신 성령은 제자들로 하여금 예수님의 말과 일을 보다 더 잘 이해할 수 있도록 이끌어 주시기 때문입니다.

성령의 또 다른 활동은 믿음의 공동체에게 예수님의 메시지나 진리를 이해시키고 가르치는 일입니다(요한 16,13ㄱ 참조). 공동체는 성령과 함께할 때 예수 그리스도를 보다 깊고 새롭게 이해할 수 있을 것입니다. 그리고 예수님의 진리와 하느님의 진리는 분리될 수 없는 것이기 때문에(요한 16,14-15 참조), 공동체는 그리스도에 대한 성령의 증언을 통해 하느님의 진리와 함께 체험하게 될 것입니다.

진리란 하느님 아버지께서 사랑이시라는 것과, 그 아버지께서 외아들을 넘겨 주시기까지 세상을 사랑하셨다는 사실이었습니다.
그러나 이것을 이해하는 사람은 아무도 없었습니다.
"어찌하여 너희는 내 이야기를 깨닫지 못하느냐? 너희가 내 말을 들을 줄 모르기 때문이다. 너희는 너희 아비인 악마에게서 났고, 너희 아비의 욕망대로 하기를 원한다. 그는 처음부터 살인자로서, 진리 편에 서 본 적이 없다. 그 안에 진리가 없기 때문이다. 그가 거짓을 말할 때에는 본성에서 그렇게 말하는 것이다. 그가 거짓말쟁이며 거짓의 아비기 때문이다. 내가 진리를 말하기 때문에 너희는 나를 믿지 않는다"(요한 8,43-45).

성령은 아버지와 아들 사이의 한없는 사랑에서 솟아나는 열매였습니다. 성령은 그 사랑의 결실이었고 하느님의 사랑으로서 제자들에게 부어질 것입니다(로마 5,5 참조). 아버지와 아들의 사랑으로 존재하는 성령은 당신 나름대로 말씀하시지 않을 것입니다. 오히려 아버지와 아들의 영원한 사랑이 얼마나 깊은지, 얼마나 상상하기 어려운지 드러낼 것입니다. 아버지의 것은 모두 아들의 것이기 때문입니다. 언젠가 예수님께서 넌지시 이 사실을 비추셨듯이 말입니다. "애야, 너는 늘 나와 함께 있고 내 것이 다 네 것이다"(루카 15,31). 지금은 제자들이 이 모든 것을 감당할 수 없지만 진리의 영이 오시면 그들도 증언할 것입니다. 그들 역시 처음부터 예수님과 함께 있었기 때문입니다.

여기의 한 제자의 증언이 있습니다. "형제 여러분, 나도 여러분에게 갔을 때에, 뛰어난 말이나 지혜로 하느님의 신비를 선포하려고 가지 않았습니다. […] 사실 여러분에게 갔을 때에 나는 약했으며, 두렵고 또 무척 떨렸습니다. 나의 말과 나의 복음 선포는 지혜롭고 설득력 있는 언변으로 이루어진 것이 아니라, 성령의 힘을 드러내는 것으로 이루어졌습니다. 여러분의 믿음이 인간의 지혜가 아니라 하느님의 힘에 바탕을 두게 하려는 것이었습니다"(1코린 2,1.2-5).

2. 말씀 공감

■ 제 안에서 숨 쉬소서

> "갑자기 하늘에서 거센 바람이 부는 듯한 소리가 나더니, 그들이 앉아 있는 온 집 안을 가득 채웠다"(사도 2,2).

1981년 해군 소위로 근무했던 진해에서의 일로 기억됩니다. 출퇴근을 해야 했기에 셋방을 구해서 살았습니다. 첫날밤에 잠을 청하는데 선잠이 든 상태에서 울긋불긋한 형체의 괴이한 얼굴들이 나타나 저를 괴롭혔습니다. 놀라서 일어나 잠깐 정신을 차려보니 주변이 서늘했습니다. 이사 들어올 때 집 현관에 붙어 있던 부적 같은 우상들이 얼른 떠올라 그 집을 지배하던 악령들의 소행임을 직감했습니다.

그전에도 몇 차례 비슷한 경험이 있었기에 침착하게 주님의 기도를 강력하게 수십 차례 반복했습니다. 어느새 주위가 따뜻하게 느껴졌습니다. 눈을 뜨고 둘러보니 신령한 기운이 감돌고 있다는 확신이 들었습니다. 그때 제 믿음은 좋았습니다. 그 믿음을 회상하건대, 그것은 영락없는 성령의 임재였습니다. 물론 그날 그 시간 이후 단잠을 잤습니다. 줄곧 그랬습니다.

성령께서는 이처럼 작은 공간만 꽉 채우지 않으십니다. 교우들 수천 명이 운집한 대형 체육관도 기도와 찬미가 뜨거워지면 성령께서 바람처럼 임하시어 가득 채워 주십니다. 그런 집회에 수십 회 초대받아 말씀을 전하는 영광을 누려 본 이로서 전하는 증거입니다. 그렇게 성령으로 예열된 상황에서 말씀을 선포하면 말씀이 폭포수처럼 흘러나옵니다.

물론 그 말씀으로 인해 그 집회의 공간에서는 온통 치유, 위로, 환희, 평화 등이 조화를 부리며 자유로이 교우들 마음속을 넘나듭니다.

이것이 성령의 움직임이며, 이것이 성령의 은총이며, 이것이 성령의 새 창조입니다.

오순절 다락방에서도 엄청난 일이 일어났습니다. 예수님께서 승천하신 직후 그분의 분부를 따라 다락방에 모여 기도하던 제자들에게 성령이 임하였던 것입니다.

"갑자기 하늘에서 거센 바람이 부는 듯한 소리가 나더니, 그들이 앉아 있는 온 집 안을 가득 채웠다"(사도 2,2).

먼저 하늘로부터 '거센 바람 소리'가 들려왔습니다. 이는 생명의 숨을 불어넣어 주는 소리였습니다. 그리고 이 기운이 '그들이 앉아 있는 온 집 안을 가득' 채웠습니다. 이내 썩은 공기, 낡은 체취들이 사라지고 새 숨결, 새 생명으로 온 방 안이 가득 차게 되었습니다.

제자들은 이 성령의 기운으로 자신들의 사명을 감당할 수 있게 되었습니다. 오늘 우리도 성령을 받으면 이처럼 변하게 됩니다. 성령을 받은 이들은 확실히 표가 납니다. 성령의 기운을 받은 이들은 다릅니다. 인생의 고비 때마다 생의 의욕을 잃을 때마다 기도로써 믿음으로써 성령의 임재를 청하면 그 뜨겁고도 강한 위로와 힘이 우리에게 새 기운을 줄 것입니다.

■ 이 평화가

> "평화가 너희와 함께!"(요한 20,19)

　오스트리아 비엔나에서 신학교 수업을 받던 시절, 저는 몇몇 다른 신학생들과 영성 그룹을 이루며 공동 기도를 바치곤 했습니다. 그 영성 그룹은 각각의 취향에 맞춰 자율적으로 형성되어 있었는데, 한 학생이 졸업하여 궐석이 생기면 신입생 가운데 새로 뽑아서 충원하는 형식으로 유지되었습니다. 저를 그 그룹에 초대한 것은 저보다 2년 선배인 샬 프란츠Scharl Franz라는 신학생이었는데, 그것은 제게 큰 행운이었습니다. 여러 그룹 가운데 가장 신심 깊고 학업에도 충실한 신학생들로만 구성되어 있었기 때문입니다. 샬 프란츠는 지금 빈 대교구의 보좌 주교로 봉직하면서 교구장 추기경님을 보필하고 있습니다.

　어쨌건 그 영성 그룹에서는 전통 성가만 부르지 않고, 우리로 치면 일종의 복음성가도 불렀습니다. 그 성가 가운데 유난히 제 마음을 굳건히 해 주는 곡이 하나 있었습니다. 하도 좋아서 작사가를 확인해 보니, 디트리히 본회퍼Dietrich Bonhoeffer라는 개신교 목사였습니다. 그는 히틀러 암살계획에 가담한 죄목으로 사형 선고를 받고 감옥 생활을 하다가 형장으로 끌려가기 며칠 전에 유언에 버금가는 기도문을 썼다고 합니다. 훗날 누군가가 그것을 가사로 삼아 작곡을 한 것이 그 성가였던 것이죠. 그런 사연에서였는지 그 성가를 부를 때면 눈물이 터질 것 같고 뭔가 뭉클해집니다.

　한국에 돌아와서 저는 그 기도문을 한글로 번역하여 어느 글 속에서 인용한 적이 있습니다. 전문은 이렇습니다.

주님, 엄청난 시련이 엄습하였나이다.

온갖 불안이 저를 짓누르려고 합니다.

저는 어찌할 바를 모르겠습니다.

하느님, 저에게 자비를 베푸시어 도와주소서!

당신이 저에게 보내 주시는 운명을 감당할 힘을 주소서.

공포가 저를 지배치 못하게 하시고,

아버지의 사랑으로 저의 모든 두려움을 대신 져 주소서.

자비하신 하느님,

제가 당신과 사람들에게 지은 모든 죄를 용서하소서.

당신의 은총을 굳게 믿고 저의 생명을

당신의 손에 맡기오니 받아 주소서.

당신의 뜻대로 그리고 제 영혼에 유익이 되도록,

저를 이끌어 주소서.

살거나 죽거나 저는 당신 곁에 있고 당신은 제 곁에 계십니다, 저의 하느님.

주님, 당신의 구원과 당신 나라가 임하소서.

    옮기면서 어떤 전율 같은 것을 느껴졌습니다. 그를 휘감았던 두려움의 무게와 그렇기 때문에 더욱 절절했던 하느님께 대한 전적인 의탁의 마음이 그대로 와 닿았기 때문입니다. 그가 말하지 않았어도 그는 평화 가운데 있었음을 저는 믿습니다. 그 혹독한 불안의 한복판에서, '세상이 줄 수 없는 평화', 바로 그 평화를 그는 틀림없이 누렸을 터임을 저는 굳이 믿습니다. 이 평화는 모든 것을, 그야말로 한 오라기도 남김없이 모든 것을 하느님께, 주님께, 예수님께 맡기는 자의 몫임을 알기 때문입니다.

오늘 예수님께서는 문을 꼭 걸어 잠그고 두려움에 떨고 있는 제자들에게 나타나시어 평화의 인사를 건네십니다.

"평화가 너희와 함께!"(요한 20,19)

예수님의 모국어였던 히브리어로 '샬롬!'

우리를 위한 주님의 강복입니다.

■ 자다가도 깨어나 듣고 싶은 말

> "이렇게 이르시고 나서 그들에게 숨을 불어넣으며 말씀하셨다. '성령을 받아라. 너희가 누구의 죄든지 용서해 주면 그가 용서를 받을 것이고, 그대로 두면 그대로 남아 있을 것이다'"(요한 20,22-23).

프란치스코 교황님께서 가장 자랑스럽게 공개하시는 사진 가운데 하나가 한 사제 앞에 무릎을 꿇고 고해성사를 받는 사진입니다. 몸소 모범을 보임으로써 교우들에게 고해성사를 권면하려는 깊은 뜻에서 나온 모습으로 여겨져서 보기에도 좋은 것이 사실입니다.

아무리 이렇게 권해도 신자들은 여전히 고해성사를 다소 짐스럽게 여기는 것 같다는 것이 제 느낌입니다. 하도 그러니까 사목신학 교수로 신학생들을 가르치고 있는 저는 신학생들에게 "고해성사를 기피하지 않게 하려면 어떻게 하는 것이 좋을까?"라는 질문을 던지며 창의적인 아이디어를 생각해 내도록 유도하기도 합니다.

어쩌다 그렇게 되었는지 성당 고해실이 성당 측면이나 전면에 마련된 경우가 드물게 있습니다. 이런 곳에서는 고해성사를 보려고 기다리는 것이 왠지 부담스럽게 느껴질 것 같습니다. 다른 교우들의 시선 때문이죠.

그러기에 이런 부담감을 덜고 고해성사를 볼 수 있도록 배려하는 것이 요즈음 성당 건축의 추세가 아닐까 합니다.

뭐니뭐니해도 고해성사를 가장 매력적으로 돋보이게 해 주는 것은 성인들의 일화입니다. 성 필립보 네리 St. Fillippo Neri(1515-1595)의 이야기가 우리를 고해성사의 은혜로 초대해 줍니다.

어느 청년이 습관이 된 불결한 죄를 어떻게 하면 고쳐 볼까 하고 성인에게 찾아왔습니다. 성인은 청년의 말을 듣고, 또한 그의 굳은 결심을 보고는 죄를 사해 줄 생각으로 "안심하고 돌아가시오. 그러나 또 이런 죄에 빠지게 되거든 즉시 고해하러 오시오." 하고 그를 돌려보냈습니다. 이튿날 그 청년이 다시 와서, "신부님! 저는 악마에게 져서 또 같은 죄를 범했습니다."라고 말했습니다. "아, 그래요. 통회를 했습니까?", "예, 신부님. 통회합니다.", "사죄경을 염해 줄 테니 안심하고 돌아가시오. 그러나 또 같은 죄를 범하게 되거든 즉시 오시오."라고 돌려보냈습니다. 그는 그 이튿날, 또 그 이튿날 여전히 성인의 발 앞에 엎드렸습니다. 그는 하루 걸러, 이틀 걸러 열세 번이나 같은 죄를 고해했는데, 마침내 그 결점을 이겨 내고 매우 정결한 청년이 되었습니다. 후에 성인은 그를 자기 수도회에 입회시켜 열심한 신부를 만들었다고 합니다.

오늘 예수님께서는 십자가 제사와 부활로 용서를 완성하신 후 사도들에게 나타나시어 성령을 보내 주시면서 그들에게 죄를 용서하는 권한을 맡기십니다.

"성령을 받아라. 너희가 누구의 죄든지 용서해 주면 그가 용서를 받을 것이고, 그대로 두면 그대로 남아 있을 것이다"(요한 20,22-23).

가톨릭 교회는 예수님의 이 명령을 받들어 세례성사와 고해성사라는 제도를 구비하였습니다. 이들은 거추장스러운 의무 규정이 아니라 철저히 사람들의 구원을 위해 마련된 권리의 보장책입니다.

이 용서의 장치는 철저히 신자를 위한 것입니다.

함께 기도하시겠습니다.

주님, 성 아우구스티노의 기도를 바칩니다.
성령이시여, 제가 거룩함을 생각하도록 제 안에서 숨 쉬소서.
성령이시여, 제가 거룩함을 행하도록 제 마음을 움직이소서.
성령이시여, 제가 거룩함을 사랑하도록 저를 이끌어 주소서.
성령이시여, 제가 거룩함을 보호하도록 저를 강하게 해 주소서.
성령이시여, 제가 결코 거룩함을 잃지 않도록 저를 보호하소서.
우리 주 예수 그리스도를 통하여 비나이다. 아멘!

지극히 거룩하신 삼위일체 대축일: 마태 28,16-20

아버지와 아들과 성령의 이름으로

"아버지와 아들과 성령의 이름으로"(마태 28,19)

1. 말씀의 숲

오늘 지극히 거룩하신 삼위일체 대축일을 맞아, 하늘로 들어 높여진 주님은 성부와 성자와 성령의 이름으로 모든 사람들에게 세례를 베풀도록 직접 교회에게 명령하셨습니다. 교회가 주는 세례는 마치 도장을 찍는 것과 같았습니다. 왜냐하면 세례를 받는 사람은 자신이 그리스도에게 속한 사람이란 것을 알아야 하고, 또 그리스도의 삶과 본보기에 따라 살아야 한다는 것도 깨달아야 했기 때문이었습니다.

오늘 복음에서 마태오는 여기서 다양한 유형들을 활용하고 있습니다. 그러나 그의 근본적인 도식은 '왕의 칙령'의 도식을 따르고 있습니다.

① 나는 이러한 권능을 받았다: "나는 하늘과 땅의 모든 권한을 받았다"(마태 28,18).
② 그러므로 나는 ~을 명령한다: "그러므로 너희는 가서 […]"(마태 28,19-20).

이런 식으로 부활하신 분의 말씀들이 구성되고 있습니다. 이 선택은 우연이 아닙니다. 복음서 저자가 활용하고 있는 히브리어 성서는 고대 유다인의 전승(이사 45,1 참조)에서 메시아의 형상으로 나타나는 키루스 왕의 칙령처럼, 왕의 칙령을 통해 적절하게 끝맺습니다(2역대 36,23 참조). 그러므로 마태오는 "족보"(마태 1,1)에 대해 말하면서 자신의 복음을 시작했고, 이 구약성경(히브리 성경의 마지막 책인 역대기)의 마지막 절에 대한 암시를 통해 자신의 복음을 끝맺고 있습니다. 즉 예수님의 역사는 '모든' 성경의 역사를 성취했다는 것입니다.

이 다섯 절(마태 28,16-20)의 거의 모든 단어는 그의 복음 전반에 걸쳐 마태오가 검토하고 있는 큰 주제들에 대한 자료 일람표처럼 보입니다. 그뿐만이 아닙니다. '이스라엘의 길 잃은 양들'에게 관심을 집중해야 한다고 생각하는 유다인 출신의 그리스도인들이 있는 소심한 교회 안에서 한편으로 담대한 다른 그리스도인들은 다음과 같은 슬로건을 내겁니다. '모든 민족들을(누구든지) 제자로 삼아, (세례자 요한의 교단과 마찬가지로) 아버지와 아들과 성령의 이름으로 세례를 주고, 내가 너희에게 명령한 모든 것을 가르쳐 지키게 하여라'(마태 28,19-20 참조). 이것이 교회의 강령입니다. 복음서의 마지막 부분에서 마태오는 이렇게 참여하는 신자들에게 그리스도의 이름으로 그 근거를 제시하고 있으며, 자신 안에 폐쇄적으로 움츠러드는 사람들에게 용기를 북돋아 주고 있습니다. 그러나 이 주석 작업을 마치기 위해 우리는 이러한 설명보다 훨씬 더 풍요로운 복음서 저자의 복음 자체로 되돌아가야 합니다.

예수님께서는 갈릴래아에서 이 말씀을 하셨습니다. 이방인들의 갈릴래아에서 어둠 속에 앉아 있는 백성이 큰 빛을 보고, 죽음의 그늘진 땅에 앉아 있는 사람들에게 빛이 솟아오르도록 하기 위해서 말입니다(마태 4,15-16 참조). 세상의 모든 민족을 당신의 제자로 삼기 위해서 말입니다.

2. 말씀 공감

■ 매고 푸는 권한

> "나는 하늘과 땅의 모든 권한을 받았다"(마태 28,18).

고해성사의 은총을 체험하신 일이 있으신지요? 어떤 두 수녀의 일화를 소개합니다.

그 둘은 같은 수도회의 막역한 사이였고, 한쪽이 먼저 죽으면 남은 사람이 죽은 사람을 위해 많은 기도를 바쳐 주기로 굳게 약속했지요.

이윽고 시간이 흘러 한 수녀가 먼저 세상을 떠났습니다. 남은 수녀는 오랜 지기를 잃어서 슬펐지만, 곧 두 사람 사이의 약속을 기억하고 죽은 수녀를 위해 기도와 선행을 바치기 시작했습니다. 죽은 수녀가 아주 덕스러운 삶을 살지는 못했기 때문에 더 많은 기도가 필요할 것이라고 생각했습니다.

그런데 어느 날 밤에, 죽은 수녀가 남은 수녀에게 나타났습니다. 그 수녀는 빛에 감싸인 모습으로 나타나 웃으며, "하느님께서 저를 천국에 받아들여 주셨습니다." 하고 말하는 것이었습니다.

이에 놀란 남은 수녀가 "어떻게 그렇게 빨리 천국에 들어갈 수 있었습니까?" 하고 물으니, 죽은 수녀가 "저 또한 제 수도생활에 부족함이 많은 죄인인 줄을 알고 있었습니다. 그래서 자주 통회하고 고해성사를 받았습니다. 그것이 저를 천국에 들어가게 해 주었습니다."라고 대답하고는 사라졌습니다.

죄인인 우리가 세례 후에도 죄를 짓는다면 그것은 고해성사를 통해 용서받아야 합니다. 여러분도 고해성사를 통해 하느님께 죄를 용서받은 의인으로 거듭나시기 바랍니다.

오늘 예수님께서는 우리에게 실로 엄청난 말씀을 하셨습니다.

"나는 하늘과 땅의 모든 권한을 받았다"(마태 28,18).

예수님께서는 공생활 중에도 이미 이 권한에 대해서 여러 차례 언급하신 적이 있습니다. 예수님께서는 제자들과 선교 여행을 다니시면서 제자들을 파견하실 때, "앓는 이들을 고쳐 주고 죽은 이들을 일으켜 주어라. 나병 환자들을 깨끗하게 해 주고 마귀들을 쫓아내어라. 너희가 거저 받았으니 거저 주어라."(마태 10,8)라고 말씀하셨습니다. 바로 병자를 고쳐 주고, 죽은 이들을 일으켜 세우고, 나병 환자들을 치유해 주고, 마귀를 쫓아낼 수 있는 권한을 제자들에게 주시며 복음을 선포하라고 파견하셨던 것입니다.

예수님께서는 또한 베드로와 그가 이끄는 교회에게 하늘 나라의 열쇠를 맡기면서 구원의 전권도 함께 위임하셨습니다.

"너는 베드로이다. 내가 이 반석 위에 내 교회를 세울 터인즉, 저승의 세력도 그것을 이기지 못할 것이다. 또 나는 너에게 하늘 나라의 열쇠를 주겠다. 그러니 네가 무엇이든지 땅에서 매면 하늘에서도 매일 것이고, 네가 무엇이든지 땅에서 풀면 하늘에서도 풀릴 것이다"(마태 16,18-19)

그뿐이 아니었습니다. 예수님께서는 부활하시고 두려움에 빠져 다락방에 숨어 있던 제자들에게 나타나셔서 제자들에게 죄를 용서할 수 있는 권한을 주시며 파견하셨습니다.

"너희가 누구의 죄든지 용서해 주면 그가 용서를 받을 것이고, 그대로 두면 그대로 남아 있을 것이다"(요한 20,23)

이제 예수님께서 우리에게 그 엄청난 말씀을 하신 이유가 자명해집니다. 그것은 바로 예수님께서 제자들을 파견하시면서 여러 가지 권한을 주시기 위함이었던 것입니다. 예수님 당신이 '하늘과 땅의 모든 권한'을 가지셨기에 제자들에게 온갖 권한을 위임할 수 있었던 것입니다.

그렇습니다. '하늘과 땅의 모든 권한'을 가지신 예수님께서는 아버지께로부터 받은 권한을 제자들에게 주셨습니다. 그리고 제자들의 뒤를 이어 교회가 그 권한을 이어받도록 미리 정하셨습니다. 그래서 2,000년이 지난 지금도 우리들은 교회를 통하여 죄를 용서받을 수 있고, 영혼의 상처를 치유받을 수 있고, 죽음의 위협 안에서도 평화를 누릴 수 있도록 해 주셨습니다.

이는 참으로 놀라운 은총입니다. 이제 '하늘과 땅의 모든 권한'이 교회에 맡겨져 있습니다. 그러므로 우리는 교회를 떠나지 말아야 합니다. 교회에 끝까지 머물러 그 권한을 함께 누려야 합니다. 문제도, 질병도, 죽음도, 모든 권세도 뛰어넘고 다스리는 권한, 그 권한이 교회에 맡겨져 있다는 것은 우리 그리스도인들에게 더없는 위로이며 희망인 것입니다.

■ 저희 가녀린 호흡에

> "그러므로 너희는 가서 모든 민족들을 제자로 삼아, 아버지와 아들과 성령의 이름으로 세례를 주고"(마태 28,19),

삼위일체 대축일인 오늘,

뭔가 축제스럽기는 한데 느낌은 무덤덤하기만 합니다. '삼위일체三位一體'라는 용어의 크기에 압도되어서일까요? 어떻든, 오늘 미사를 집전하는 사제들은 각자 나름대로 '삼위일체'를 설명하려고 별별 아이디어를 다 동원할 것입니다. 그럼에도 뭔지 모를 갑갑함은 남게 될 것입니다. 아니,

그래야만 합니다. 왜냐구요? 어차피 삼위일체는 신비이니까요. 신비라는 말은 어떤 설명으로도 우리는 삼위일체를 다 이해할 수 없고 알아들을 수 없다는 뜻입니다. 설사 그 깊은 의미를 깨닫는다 해도 여전히 모르는 부분은 있다는 말입니다.

그래도 덜 갑갑해지기 위하여 삼위일체에 대한 신앙 선조들의 묵상을 일괄해 보자면, 20세기 중반까지 삼위일체 논의는 '성령은 어떤 분이고 성령과 성부, 성령과 성자의 관계는 어떻게 설명할 수 있을까?' 하는 문제에 골몰하였습니다.

이제 우리에게는 달리 접근해 보는 지혜가 필요합니다. 관계 문제는 이쯤에서 접어 두고 우리는 물음을 달리 할 필요가 있습니다.

"대관절 이 삼위일체가 나의 삶, 나의 구원과 무슨 상관인가?"

이렇게 물으면 우리는 삼위일체 하느님이 얼마나 좋은 분이신지를 알게 됩니다. 이 물음에 우리는 간단하게 다음과 같이 대답할 수 있습니다.

먼저, 성부는 '우리 앞에 계시는 하느님'이십니다. '앞에 계시다'는 얘기는 '먼저, 시간적으로 앞에'라는 의미입니다. 성부 하느님은 근원이시고 목표이시며, 시작이요 마침이십니다. 생명을 주시고, 생명의 근거가 되시고, 생명의 마감을 정하시는 분이십니다.

다음으로, 성자는 '우리와 함께 우리를 위해 계시는 하느님'이십니다. 성자는 강생하시어 우리와 함께 계시고, 십자가에서 돌아가시어 우리를 위해 계시는 분이십니다. 이 '임마누엘' 주님이 죄인의 대변자, 억압받고 소외받는 자의 변호인, 찾는 이와 묻는 이의 스승, 고통받고 절망한 자의 목소리가 되십니다.

그리고, 성령은 '우리 안에 계시는 하느님'이십니다. 성령은 우리 안에서 능력을 주시고 우리를 대신해서 탄식해 주시는 분이십니다. 그리하여 새로움, 평화, 쇄신을 가져다주시는 분이십니다.

오늘 복음에서 예수님께서는 제자들에게 마지막으로 복음 전파 사명을 확인해 주시며 파견하십니다. 여기서 사명의 핵심은 "그러므로 너희는 가서 모든 민족들을 제자로 삼아, 아버지와 아들과 성령의 이름으로 세례를 주고"(마태 28,19)로 표현되어 나타납니다.

■ 성령의 원초적 기운

> "보라, 내가 세상 끝 날까지 언제나 너희와 함께 있겠다"(마태 28,20).

역사의 위인들 가운데 신앙의 위인도 많이 있습니다. 그중 하나가 데이비드 리빙스턴David Livingstone입니다.

그는 '검은 대륙의 개척자'로 또한 노예 매매에 거슬러 평생을 바친 인물로 세간에 알려져 있으나, 다른 한편으로 그는 60만 명 이상의 흑인들을 하느님께 인도한 선교사로도 유명합니다.

그런 그가 아프리카에서 16년 동안 선교 활동을 한 후 스코틀랜드로 돌아왔을 때, 글래스고 대학University of Glasgow으로부터 강의를 해 달라는 부탁을 받았습니다. 사자의 공격으로 한쪽 팔을 못 쓰게 되고 수십 번의 열사병으로 죽을 고비를 넘긴 리빙스턴의 선교 이야기를 들으며 학생들은 매우 감동을 받았습니다.

강의 말미에 리빙스턴은 학생들에게 이런 질문을 던졌습니다.

"나그네의 삶이 가져다 준 외로움, 고통과 어려움 속에서 저를 붙들어 주었던 힘이 무엇이었는지 아십니까?"

순간 강당에는 정적만 흐를 뿐 아무도 대답하지 못했습니다. 리빙스턴이 이렇게 말을 이었습니다.

"그것은 약속이었습니다. 가장 고결한 영광을 지닌 귀하신 분, 바로 하느님께서 말씀하신 '내가 세상 끝 날까지 언제나 너희와 함께 있겠다.'(마태 28,20)는 바로 그 약속이었습니다."

임종 시에도 그는 손때 묻은 자신의 성경책에서 바로 이 말씀을 펴 놓고 기도하다가 세상을 떠났다고 합니다.

유별나게 에어컨이 많이 팔리는 우리나라. 겨울이면 난방기기가 불티 나듯이 팔리는 나라. 웬만한 더위와 추위는 냉난방 시설로 견딜 수 있 도록 모든 편의가 제공된 오늘의 우리들은 맹렬한 더위와 혹독한 추위 의 고충을 이해하기 어려울지도 모릅니다. 그러기에 사자에 물려 한쪽 팔이 잘려 나갔고 수십 번 열사병에 걸려 죽을 고비를 넘겼다는 리빙스 턴의 고통이 피부에 와닿지 않을 수도 있습니다. 어떤 이들은 똑같은 신 앙을 가졌으면서도 의아해하며 물음을 던질지도 모릅니다.

"아니, 왜 사서 고생을 해? 아무리 신앙이라지만 그것은 너무 과도한 희생이야!"

하지만 리빙스턴은 굴하지 않고 그 고생길을 충실히 걸었습니다. 그 는 그 이유를 또렷이 밝힙니다.

"보라, 내가 세상 끝 날까지 언제나 너희와 함께 있겠다"(마태 28,20).

오늘 삼위일체 대축일이기에 특별히 언급해 둘 필요를 느낍니다마는, 여기서 '나'는 일단 예수 그리스도입니다. 하지만 우리 주님 예수 그리스 도께서는 항상 삼위일체의 신비 안에서 활동하시기에 이 '나'에는 성부 하느님과 성령이 함께 포함됩니다.

리빙스턴은 성부의 사랑, 성자의 구원, 그리고 성령의 능력이 세상 끝 날까지 자신과 함께 계셔 주신다고 믿었기에, 모든 고난을 감내할 수 있었던 것입니다.

　가족과 생이별한 채 고된 선교 활동 현장에서 느꼈을 외로움과 두려움, 그리고 육신의 고통…. 이 모든 것을 리빙스턴은 주님의 말씀으로 이겨 냈던 것입니다.

함께 기도하시겠습니다.

　성부 하느님, 아빠 아버지의 사랑 덕분에 저희가 세상에 태어나 오늘까지 살아 왔고, 내일도 그리 심려되지 않습니다. 영광받으소서.

　성자 예수님, 주님의 십자가 덕택에 저희가 죄와 허물의 지난날을 청산하고 오늘 감히 격의 없이 천주 성삼을 대면합니다. 찬미받으소서.

　성령님, 영원한 생명의 숨결로 매 순간 저희 가녀린 호흡에 동반해 주심에 저희가 지금도 열정과 은사를 발휘합니다.

　우리 주 그리스도를 통하여 감사드리나이다. 아멘!

지극히 거룩하신 그리스도의 성체 성혈 대축일: 마르 14,12-16.22-26

주님의 몸과 피

"예수님께서 […] 제자들에게 주시며 말씀하셨다"(마르 14,22).

1. 말씀의 숲

오늘은 지극히 거룩하신 그리스도의 성체 성혈 대축일입니다. 예수님께서 당신의 피로써 단 한 번 성소에 들어가시어 영원한 구원을 얻으신 날입니다. 예전에는 염소와 황소의 피로 사람들을 깨끗하게 했습니다. 그러나 이제는 그리스도의 피로 깨끗하게 되었습니다. 예수님께서는 당신의 피를 통해 새 계약의 중개자가 되셨습니다.

이야기를 자세히 읽어 보겠습니다. 이야기는 자연스럽게 두 부분으로 나누어집니다. 첫 번째 장면은 여느 때와는 다른 특별한 파스카를 준비하는 이야기로 마르코 복음 14장 12절에서 16절까지입니다. 그리고 22절부터는 신비로운 파스카 만찬이 이루어지는 두 번째 장면입니다.

예수님께서는 파스카 만찬을 준비하기 위해서 두 명의 제자들을 보내셨습니다. 그러나 제자들이 해야 할 일이란 사실 아무것도 없었습니다. 예수님께서는 이미 모든 것을 예견하셨고, 제자들이 가 보았을 때는 모든 것이 준비되어 있었기 때문입니다. "제자들이 떠나 도성 안으로 가서 보니, 예수님께서 일러 주신 그대로였다"(마르 14,16ㄱ).

그리고 파스카 만찬이 이루어지고 있을 때, 예수님께서는 빵을 들고 축복하신 다음 떼어 주며 말씀하셨습니다. "받아라. 이는 내 몸이다"(마르 14,22ㄴ). 또 제자들에게 포도주 잔을 돌려 마시게 하신 다음 말씀하셨습니다. "이는 많은 사람을 위하여 흘리는 내 계약의 피다"(마르 14,24ㄴ). 이 파스카의 어린 양은 바로 당신이셨습니다.

제자들은 이 말씀에 따라 성체성사를 거행할 것입니다. 그러나 이 거룩한 제사는 모두 예수님께서 행하실 것입니다. 마치 제자들이 해방절을 준비하는 데 아무것도 할 필요가 없었듯이 말입니다. 오직 예수님만이 당신의 몸과 피를 통해 아버지의 일을 완성하고 계시기 때문입니다.

예수님께서는 하느님의 나라에서 새로운 잔치를 하실 때까지 다시 포도주를 마시지 않겠다고 장엄하게 선언하셨습니다(마르 14,25 참조). 예수님의 최후 만찬을 이 지상에서의 마지막 회식으로 여기고 당신의 죽음 이후 머지않아 부활하시어 천상에서 개최되는 메시아의 잔치(이사 25,6; 마태 8,11; 루카 14,15; 22,29-30; 묵시 19,9 참조)로 완성될 것이라고 예언하셨습니다. 그것은 하느님 나라가 세말에 완전히 계시될 때 실현되고, 세말은 십자가의 죽음으로 도래하며, 이 나라는 멀리 떨어져 있지 않다는 것입니다.

참고로 유다인의 전통에 따른 만찬 자리의 상황을 그려 보면 다음과 같습니다. 여기서는 예수님을 중심으로 열두 사도들이 만찬 석상에 자리를 함께하였습니다. 이들은 관습대로 손과 발, 그리고 머리까지도 씻습니다. 밖에서 더러워진 먼지를 씻어내기 위함입니다. 그리고 왼팔에 머리를 기대어 옆으로 누워 식탁 자리를 잡습니다.

식탁 자리는 어른 순서를 따라 자리를 잡는데, 식탁은 ㄷ자형으로 상이 셋이 놓이고 가운데 상이 상석상이며 왼쪽부터 1,2,3의 순으로 눕습니다. 그 오른쪽 차석상으로 역시 왼쪽으로부터 1-5의 순으로 누우며,

상석상 왼쪽 상은 말석상으로 이 또한 왼쪽으로부터 순위를 잡습니다. 그러므로 예수님께서는 가운데 상 첫 자리에 누우셨고, 그 바로 앞에 요한(요한 13,23 참조), 그 앞에 안드레아가 자리 잡고 차석상 첫 자리에는 베드로가, 말석상 맨 끝자리에는 유다가 자리 잡았습니다. 그러므로 베드로는 스승 예수님과 요한을 마주 보는 자리에 있었고 유다는 예수님의 등 뒤를 보며 자리하고 있었습니다.

파스카 만찬이 민족적인 큰 명절 행사인 만큼 다른 제자들과 평소 따라 다니던 부인들, 특히 성모 마리아도 이 자리에 있었겠지만, 부인들은 식사 시중을 들었을 것이고 다른 제자들은 상 주위에 자리했을 것입니다. 이들에 대한 언급이 없는 것은 새 제도를 이끌어 갈 열두 제자를 돋보이게 하려는 의도였을 것입니다.

2. 말씀 공감

■ **열절이 사모하는**

> "받아라. 이는 내 몸이다"(마르 14,22).

귀한 것은 금지되었을 때에 더욱 귀하게 여겨집니다.

초대 교회에서는 성체성사가 박해자의 마수를 피해 지하 교회에서 은밀히 거행되었습니다. 초기 한국 천주교회에서도 성체성사는 박해자의 감시를 피해 다니며 비밀 집회로 거행되었습니다. 선교 사제가 어느 교우촌에 잠입하여 고대하던 성체성사의 기회가 생기면 비상 연락망을 통해 수십 리 밖에서도 교우들이 모여들었다고 합니다.

자신이 원하는 시간대에 마음껏 성체성사에 참례할 수 있는 이 좋은 시절에도 없는 핑계까지 만들어 가며 소홀히 여기기 일쑤인 오늘 우리들을 부끄럽게 만드는 이야기들입니다.

똑같은 성체성사를 '적어도 매주 영해야 하는 것'이라고 의무로 이해하면, 성체성사의 취지는 왜곡된 셈입니다.

반면에 '성체성사는 내 영혼의 일용할 양식이다. 나는 그 힘으로 산다.'라고 여기면, 성체성사의 은혜는 제대로 누려지는 셈입니다.

제 뇌리에는 베트남의 반 투안Nguyen Van Thuan 추기경과 교우들이 감옥에서도 현장의 기물을 총동원하여 성체성사를 거행했다는 이야기가 강한 인상으로 남아 있습니다. 그들은 사람의 등판을 제대로 삼고, 감시망을 피해 구한 포도주를 성혈로 삼고, 빵 조각을 성체로 삼아 미사를 올렸습니다. 그리고 셔츠 주머니를 감실로 삼았다고 했습니다. 추기경이 감실이 되어 앉아 있으면 교우들은 그 감실을 바라보며 성체조배를 하기도 했다고 했습니다.

반 투안 추기경과 교우들이 적발되면 어떤 추가적 체벌이 주어질지 모르는 공포 속에서도 저렇게 성체성사를 집전했던 것은 그것이 신자 된 도리여서가 아니었습니다. 도리로만 여겼다면 구금된 그 자체가 관면의 사유가 되기에 충분했을 터입니다.

하지만 그들에게 성체성사는 매일의 힘이요 평화요 위로요 희망이었습니다. 그러기에 공식 전례 조건에서는 탈락하기에 딱 맞은 것들을 동원하여 임시방편의 성체성사를 거행할 수 있었던 것입니다. 물론 주님 눈에는 가장 마음에 드는 성체성사였을 것입니다.

이 놀라운 은혜는 주변의 비신자 수인들에게 그대로 느껴졌습니다. 그 감동에서 그들은 세례를 청했고, 이는 곧 간이 교리교육과 세례성사로 이어졌던 것입니다.

예수님께서는 성체성사의 존귀함마저 건성으로 지나치고 그 감동의 은혜에서 멀어진 우리 시대 이름뿐인 교우들을 다시 신앙의 원천에로 초대하십니다.

"받아라. 이는 내 몸이다"(마르 14,22).

■ 성전 맨 앞줄

> "이는 많은 사람을 위하여 흘리는 내 계약의 피다"(마르 14,24).

주님께서는 성찬례를 거행하면서 '계약의 피'라는 표현을 쓰셨습니다. "이는 많은 사람을 위하여 흘리는 내 계약의 피다"(마르 14,24).

이 말씀에서 놓쳐서는 안 되는 것이 "내"라는 단어입니다. 예수님께서는 "내 계약"이라고 하셨습니다. 이는 모세를 통하여 맺었던 '옛 계약' 곧 구약이 아니라는 선언인 셈입니다. 예수님께서 지금 맺으시는 계약을 우리는 '새 계약' 곧 신약이라 부릅니다.

하지만 예수님께서는 구약에서와 마찬가지로 "피"에 대해 언급하십니다. 모세는 시나이 계약을 맺는 제사를 지내며 백성에게 피를 뿌리고 다음과 같은 장엄한 선포를 했습니다.

"이는 주님께서 이 모든 말씀대로 너희와 맺으신 계약의 피다"(탈출 24,8).

법률적 관점에서 풀어 말하자면, 계약이 성사되려면 항상 갑과 을이 있어야 합니다. 편의상 갑은 하느님이시며 을은 이스라엘 백성이라고 말해도 무방하겠습니다. 계약이 성립되려면 양측의 의무와 권리가 명료하게 인지되어야 합니다.

모세가 이스라엘 백성을 대신해서 맺은 계약에서 이스라엘의 의무 조항은 십계명이었고, 권리는 야훼 하느님의 특별한 선택과 가호였습니다. 하느님의 의무 조항은 이스라엘에게 하느님이 되어 주시는 것이었고 권리는 십계명의 준수를 요구하는 것, 특히 제1계명인 독점 숭배를 받는 것이었습니다.

하지만 예수님께서 새 계약을 맺으시려 했던 것은 이스라엘 백성이 반복적으로 십계명, 특히 제1계명을 어겨 우상 숭배를 일삼음으로 옛 계약이 사실상 파기되었기 때문이었습니다.

이런 맥락에서 예수님께서는 당신의 피를 상징하는 포도주를 제자들에게 주시며 "계약의 피"라고 선언하신 것입니다. 이는 당신께서 어린 양처럼 대신 피 흘리심으로 우리에게 생명을 가져오셨음을 뜻합니다.

성 요한 크리소스토모 St. Joannes Chrysostomus 는 새 계약의 핵심에 해당하는 성체와 성혈에 대하여 이렇게 말했습니다.

여러분은 예수님의 옷자락을 만졌던 여인을 부러워하겠지요. 그리고 눈물로 그분의 발을 씻겨 드렸던 죄 많은 여인과 그분의 여정에 동행하면서 시중들었던 갈릴래아의 여인들, 그분과 친밀하게 대화할 수 있었던 사도들과 제자들, 그분의 입술로부터 솟아나오는 은총과 구원의 말씀을 들을 수 있었던 그 당시의 사람들을 부러워하겠지요.

제대 가까이 오십시오. 그러면 여러분도 그분을 뵐 수 있습니다. 영성체로써 그분을 느끼고 그분께 친구親口할 수 있으며, 그분을 여러분의 눈물로 씻어 드릴 수 있고, 지극히 거룩하신 마리아께서 하셨던 것처럼 여러분도 그분을 여러분 안에 모시고 다닐 수 있습니다.[35]

■ 고난을 향한 찬미

> "그들은 찬미가를 부르고 나서 올리브 산으로 갔다"(마르 14,26).

이 찬미가는 원래 과월절 만찬 의식 끝에 하는 의식입니다. 시편 115편부터 118편을 중심으로 이집트에서 민족을 해방시켜 주신 하느님의 은혜를 찬미하는 내용입니다.

"주님을 찬송하여라, 좋으신 분이시다. 주님의 자애는 영원하시다. 이스라엘은 말하여라. '주님의 자애는 영원하시다'"(시편 118,1-2)라는 감사의 노래입니다.

우리는 올리브 산길에서 찬미의 제사를 드리신 주님을 본받아야 합니다.

우리가 찬미를 드릴 때 감옥에서 찬미를 드리던 바오로와 실라스에게 감옥 문이 열렸듯이 우리에게도 희망의 문이 열릴 것입니다.

바오로와 실라스는 한 여종에게서 점치는 귀신을 쫓아낸 일로 고소당해 심한 매를 맞고 감옥에 갇혔습니다. 그러나 이들은 원망하지 않고 오히려 주를 위하여 핍박당하는 것을 기뻐하며 밤중에 일어나 하느님을 찬미했습니다. 그러나 홀연히 큰 지진이 일어나 잠긴 감옥 문이 열리고 모든 사람의 결박이 풀리는 놀라운 역사가 일어났습니다. 이처럼 찬미는 우리 삶의 환경을 바꾸어 놓는 능력이 있는 것입니다.

얼마 전에 스웨덴이 낳은 세계적인 가스펠 싱어 레나 마리아(Lena Maria)의 공연이 있었습니다. 3일 동안 진행된 콘서트에 가스펠 싱어로는 드물게 1,500명이 참석하였습니다. 이분은 태어날 때부터 두 팔이 없었습니다. 이분에게는 손가락이 없습니다. 다리도 하나뿐입니다. 이분은 여자입니다.

그녀가 역경을 이길 수 있었던 것은 그녀의 아버지와 그녀 자신이 가졌던 예수 그리스도에 대한 믿음이었습니다. 그녀의 아버지는 그녀가 태어날 때부터 아이의 장래를 하느님께 맡기고 기도와 헌신으로 살았습니다.

'발로 쓴 내 인생의 악보'와 '해피 데이즈'로 잘 알려진 천상의 목소리의 가스펠 가수 레나 마리아는 1968년 스웨덴의 한 마을에서 두 팔이 없고 한쪽 다리가 짧은 중증 장애인으로 태어났습니다. 그런 그녀를 병원에서는 보호소에 맡길 것을 부모에게 권유했지만 신실한 그리스도인인 그녀의 부모는 하느님이 주신 아이로 확신하고, 정상아와 똑같이 신앙으로 키웠습니다.

중증 장애가 있었지만, 그녀는 세계 장애인 수영 선수권 대회에서 4개의 금메달을 땄고, 대학 졸업 후에는 가스펠 가수로 전 세계를 다니며 주님의 사랑을 전했습니다.

1995년 비올라 연주가인 비욘 클링벨과 결혼한 레나 마리아는 스웨덴에서 행복하게 살고 있습니다.

좌절할 수밖에 없는 육체의 장애 조건 속에서도 절망하지 않고 누구보다 전 세계를 감동시킨 레나 마리아.

레나 마리아는 '이 모든 것은 하느님 덕분에 가능했다', '그 무엇보다도 하느님과 자신과의 관계가 중요하다'고 말하며 오늘도 하느님을 찬미합니다.

레나 마리아는 자신의 신앙관을 노래한 'My Life'라는 성가에서 이렇게 찬양합니다.

"예수님, 당신께 제 마음과 영혼을 드리겠습니다. 나를 당신께 드리고, 당신 손 위에 내 인생을 올려 두겠습니다."

함께 기도하시겠습니다.

주님, 조각마다 기적입니다. 날마다 모시는 성체 조각에 삼위일체 하느님 들어가 계시니 마냥 놀랍습니다.

주님, 사람마다 기적입니다. 죄인, 소시민, 수도자를 막론하고 각자가 주님께서 머무시는 교회이니 입만 쩍 벌어집니다.

주님, 기적을 기적으로 볼 수 있도록 저희로 하여금 눈뜨게 하소서.

우리 주 예수 그리스도를 통하여 비나이다. 아멘!

연중 제11주일: 마르 4,26-34

겨자씨

"곡식이 익으면 그 사람은 곧 낫을 댄다. 수확 때가 되었기 때문이다"(마르 4,29).

1. 말씀의 숲

오늘 복음에서 예수님께서는 제자들에게 하늘 나라를 설명하는 비유들 가운데 '저절로 자라는 씨앗의 비유'와 '겨자씨의 비유'를 말씀해 주십니다.

언제 자랐는지도 모르게 추수할 만큼 영근 곡식과, 세상을 향해 쭉쭉 뻗은 가지를 지닌 큰 나무로 자라난 한 알의 겨자씨처럼, 예수님께서 들려주시는 하늘 나라는 신비 그 자체입니다.

2007년 7월, 미국에서는 '40년 만에 천주교 대학이 설립된다'는 소식이 언론을 통해 발표되었습니다. 바로 플로리다 주의 아베 마리아 대학 Ave Maria University입니다.

이 대학은 지난 2003년 9월, 101명의 입학생이 모인 가운데 개교식과 기념 미사를 봉헌하였고 그간 임시 교정에서 수업을 진행해 왔습니다. 예수회가 운영하는 이 대학은 철저하게 가톨릭 교회의 정신을 따라 학문 연구에 매진하는 것으로 유명합니다.

이번에 2억 2,000만 달러를 들인 이 새 대학 캠퍼스는 향후 재학생 수가 5,000명까지 늘어나고 단과대학이 신설되면 미국 내 굴지의 종합

대학으로 발전할 수 있을 것으로 내다보고 있다고 합니다.

그런데 이 대학의 창시자가 바로 '30분 배달'로 유명한 '도미노 피자Domino's'의 창업자 톰 모너건Tom Monaghan입니다.

1960년 그는 형과 함께 900달러에 작은 피자 가게를 인수하여 1967년부터 본격적으로 프랜차이즈 사업을 시작했습니다. 그들의 사업은 날로 번창하여 오늘날의 기업이 되었고, 1998년 약 10억 달러의 거액에 도미노 피자의 소유권을 넘겼습니다. 창업자 톰은 바로 그 돈 가운데 일부를 떼어 아베 마리아 대학을 건립한 것입니다.

그는 말합니다.

"나에게 가장 절실한 사업은 많은 사람이 하늘 나라에 가도록 돕는 것입니다. 그 일에는 교육이 가장 좋은 방법이라고 생각합니다."

그런 톰의 인생사는 결코 평탄치 않았습니다. 4살 때 아버지를 여읜 그와 형 제임스는 미시간 주에 있는 성 요셉 보육원에서 자랐습니다. 훗날 양부모를 만나서 중학교에 진학하게 되지만 문제아로 찍혀서 중도에 퇴학을 당하고 말았습니다.

그가 학교에서 퇴학당하던 날, 베라다 수녀Sr. Berarda가 그를 불러서 이런 말을 들려주었다고 합니다.

"하느님께서는 너를 버리지 않으신다."

이 한마디가 톰의 인생을 다시 일으켜 세우는 좌우명이 되었습니다. 이후 피자 가게에 취직한 그는 밀가루 반죽부터 열심히 기술을 익혀 훗날 세계적인 피자 브랜드의 창업주가 되고, 가톨릭 정신을 지닌 대학까지 설립하게 되었던 것입니다.

2. 말씀 공감

■ 주님의 세레나데

> "어떤 사람이 땅에 씨를 뿌려 놓으면,
> 밤에 자고 낮에 일어나고 하는 사이에 씨는 싹이 터서 자라는데,
> 그 사람은 어떻게 그리되는지 모른다"(마르 4,26-27).

　작은 씨앗 하나가 이뤄 내는 놀라운 생명력은 인간의 상상과 한계를 뛰어넘는 조물주의 섭리입니다. 그런데 씨앗이 자라기에 앞서, 씨 뿌리는 역할을 활용하시는 데에도 주님의 재치가 녹아 있다는 것, 알고 계신가요?
　인터넷에서 본 다람쥐 이야기가 떠오릅니다.
　다람쥐는 겨울을 나기 위해 자기가 먹을 도토리를 모아 둔다고 합니다. 그 작은 몸으로 도토리를 찾아 숨기려고 뛰어다니는 모습을 생각하니 기특하기도 하고 애잔하기도 합니다. 그런데 자기가 묻어 둔 도토리를 다 찾아 먹지는 못한다고 합니다. 가령 도토리 100개를 숨겨 놨다고 하면 그중 다람쥐가 찾아 먹는 도토리는 20개밖에 되지 않는다고 하지요. 산에 낙엽이 쌓이고 눈으로 덮이게 되면 도토리를 묻은 위치를 찾지 못한다고 합니다. 먹지 못한 도토리가 그대로 땅에 묻히면 어떻게 되겠습니까. 겨울이 지나고 봄이 오면 그 도토리에서 싹이 나고 나무가 자라 산이 푸르러집니다.
　다람쥐의 습성이 실제로 이러한가는 모르겠지만, 귀여운 그림과 함께 보니 웃음이 났던 기억이 있습니다. 다람쥐에게는 딱한 사정이지만 그 덕에 매년 푸르른 산을 만끽할 수 있다고 하니, 더욱 힘을 내라고 박수라도 쳐 주고픈 심정입니다.

2,000여 개의 도토리 중 다람쥐의 몫으로 돌아간 것은 400여 개라 하니, 우리 주님께서는 말 그대로 경영의 경지이십니다. 나머지 약 1,600개는 자연 생태계의 유지를 위해 재투자하신 셈이시니 결국 우리 역시 그 덕에 살고 있는 모양새입니다.

하나의 예였습니다마는, 이렇듯 모든 것이 주님 순리에 따라 돌아갑니다. 이토록 경이로움으로 가득 찬 세상의 이치를 조금씩 조금씩 깨달아 가는 것! 그것이 바로 우리 믿음이 성장하고 있다는 표지 아닐까요.

"어떤 사람이 땅에 씨를 뿌려 놓으면, 밤에 자고 낮에 일어나고 하는 사이에 씨는 싹이 터서 자라는데, 그 사람은 어떻게 그리되는지 모른다"(마르 4,26-27).

■ 어떻게 그리되는지는 몰라도

> "그 사람은 어떻게 그리되는지 모른다"(마르 4,27).

오늘 복음에서 예수님께서는 하느님 나라에 관한 비유를 들려주십니다. 하느님 나라는 비유로만 설명되는 것 가운데 가장 비밀스런 특성을 지니고 있습니다.

주님께서는 하느님 나라를 씨앗에 비유합니다.

"어떤 사람이 땅에 씨를 뿌려 놓으면, 밤에 자고 낮에 일어나고 하는 사이에 씨는 싹이 터서 자라는데, 그 사람은 어떻게 그리되는지 모른다"(마르 4,26-27).

이 말씀 중에서도 한 구절에 특히 주목하게 됩니다.

"그 사람은 어떻게 그리되는지 모른다."

이는 우리들이 끈질긴 기도 끝에 내뱉는 탄복에 잇닿아 있습니다.

신앙생활을 하다 보면 가끔씩 놀라울 때가 있습니다.

자신도 모르게 기도 응답을 받으면 한참 지난 후에야 "아! 그때 내게 답을 내려 주셨구나!" 하는 깨달음에 절로 경탄하게 됩니다.

"참 희한하네! 어떻게 그토록 복잡한 일이 이런 결론에 이르게 되었을까? 역시나 주님이셔. 그분의 한 수를 이 땅의 그 누가 당해낼 것인가. 오직 놀라울 뿐이야."

일찌감치 시편 126편은 이 놀라움을 노래로 읊었습니다.

"주님께서 시온의 운명을 되돌리실 제 우리는 마치 꿈꾸는 이들 같았네. 그때 우리 입은 웃음으로, 우리 혀는 환성으로 가득하였네. 그때 민족들이 말하였네. '주님께서 저들에게 큰일을 하셨구나.' 주님께서 우리에게 큰일을 하셨기에 우리는 기뻐하였네"(시편 126,1-3).

이스라엘 백성이 오랜 타향살이를 청산하고 다시 시온, 예루살렘으로 귀향하게 되었을 때 그들은 "마치 꿈꾸는 이들"처럼 어떻게 그리되는지 몰랐습니다. 그렇게 모르는 사이에 주님께서는 "큰일"을 이루셨습니다.

주님께서는 우리가 굳이 그 신비한 과정을 알아야 할 의무가 없다고 여기십니다.

그러기에 모세는 갈대 바다를 건너는 기적 앞에서 두려움에 사로잡힌 이스라엘 백성에게 주님의 말씀을 받들어 외쳤습니다.

"두려워하지들 마라. 똑바로 서서 오늘 주님께서 너희를 위하여 이루실 구원을 보아라. 오늘 너희가 보는 이집트인들을 다시는 영원히 보지 않게 될 것이다. 주님께서 너희를 위하여 싸워 주실 터이니, 너희는 잠자코 있기만 하여라"(탈출 14,13-14).

여기서 "너희는 잠자코 있기만 하여라." 하시는 말씀은 오늘 비유 말씀의 "어떻게 그리되는지 모른다."와 사실상 똑같은 의미를 지닙니다.

이렇듯이, 오늘 비유 말씀은 비단 성장에만 적용되지 않습니다. 악한 세력과의 싸움에도 적용됩니다.

어떻게 그리되는지는 몰라도 그냥 주님의 역사하심을 굳게 믿는 이에게는 놀라운 일이 일어날 것입니다.

■ 절망의 땅에 뿌려질

> "하느님의 나라는 겨자씨와 같다"(마르 4,31).

겨자씨의 비유는 하느님 구원 활동이 '땅에 뿌릴 때에는 세상의 어떤 씨앗보다도 작은'(마르 4,31 참조) 그런 움직임 속에서 일어난다는 사실을 말해 줍니다.

저는 여기서 언급된 "겨자씨"의 속성과 너무도 잘 합치하는 것이 '말씨'라고 믿습니다. '말씨'라 함은 말의 씨앗을 가리킵니다. 저는 이 믿음을 숙고하고 정리하여 『천금말씨』(교보문고 2014)라는 저술로 엮었습니다.

특히 저는 평소 불평의 말씨를 청산하고 감사의 말씨를 마음 밭에 뿌리기를 권했습니다. 매일 사소한 일에 대해서 감사드리며 반복해서 입술로 고백할 것을 권했습니다. 악을 몰아내는 것은 선입니다. 불평의 말씨를 버리려고 불평의 말씨에만 주의를 기울이면 잘 버려지지 않습니다. 그것은 그냥 내버려 두고 할 수 있으면 무조건 감사의 말씨를 끌어들여 반복해서 발음하는 것입니다. 그것이 외려 더 효과적입니다.

어쨌건 감사의 말씨는 감사의 열매를 맺습니다. 감사의 말은 감사할 일을 만들어 냅니다. 이것이 말씨의 원리입니다.

프란치스코 교황님께서는 방문 앞에 '불평 금지'라는 팻말을 붙여 놓으셨다 합니다. 바티칸 내부에서도 불평이 조직의 고질적 병폐였던 것 같습니다. 교통 표지판의 금지 사인이 돋보이는 팻말이었습니다. 유머가 느껴져서 좋았습니다. 그 취지에 백번 공감하면서 한편으로는 기왕이면 긍정적인 캐치프레이즈를 내걸었으면 하는 아쉬움도 느껴봅니다. 왜냐하면 '불평 금지'라고 반복해서 말할 때 인지학적으로 우리 뇌에 끝까지 각인 효과를 가져오는 것은 '금지'라는 단어보다 '불평'이라는 단어이기 때문입니다.

"하느님의 나라는 겨자씨와 같다"(마르 4,31).

가정을 파라다이스로 바꾸고 싶다면, '사랑해요', '감사해요', '미안해요' 등의 겨자씨를 외골수로 뿌려 볼 일입니다.

직장을 파라다이스로 바꾸고 싶다면, '잘했어요', '함께해요', '도와드릴까요' 등의 겨자씨를 농부처럼 뿌려 볼 일입니다.

세상을 파라다이스로 바꾸고 싶다면, '용서해요', '이해해요', '참 소중한 당신' 등의 겨자씨를 선구자처럼 뿌려 볼 일입니다.

함께 기도하시겠습니다.

주님, 어떻게 그리되는지는 몰라도, 주님께서 저희의 절박한 기도에 응답해 주실 것을 이미 믿고 감사드립니다.

주님, 어떻게 그리되는지는 몰라도, 지금 이 생의 질곡에서 저희를 구원해 주실 것을 이미 믿고 찬미드립니다.

주님 어떻게 그리되는지는 몰라도, 주님께서 이 묵상을 통해 저희의 신앙을 성장시켜 주심을 이미 믿고 영광 올립니다.

우리 주 예수 그리스도를 통하여 비나이다. 아멘!

연중 제12주일: 마르 4,35-41

풍랑 속에서도 믿음으로

"도대체 이분이 누구시기에 바람과 호수까지 복종하는가?"(마르 4,41)

1. 말씀의 숲

예수님께서 폭풍을 잠잠하게 하신 기적(마르 4,35-41 참조)의 문학 양식은 하느님의 주권에 참여하시는 부활하신 그리스도의 발현 사화(史話)나 기적 사화에 속합니다.

예수님께서는 갈릴래아 호수에서 배를 타고 계시면서 뭍에 있는 군중들에게 비유적 가르침을 베푸셨습니다. 유다인들의 계산법에 따라 새로운 날, 즉 저녁이 되자 예수님께서는 제자들에게 호수 건너편으로 가자고 이르셨습니다(마르 4,35 참조). 그들은 군중을 떠나서 예수님께서 배 위에 앉아 군중들을 가르치시던 자세로 그분을 모시고 갔는데, 다른 배들도 함께 있었습니다(마르 4,36 참조). 이 배들은 예수님께서 기적을 행하시는 과정에서 다시 언급되지 않고 무대에서 사라집니다.

그때 폭풍이 일어나서 파도가 배로 들이쳤고, 배는 이미 물로 가득 차고 있었습니다(마르 4,37 참조). 밤중의 폭풍은 그 위협적 힘을 강조합니다. 그러나 예수님께서는 배가 침몰할 위험 속에서도 고물에서 베개를 베고 주무시고 계셨습니다(마르 4,38ㄱ 참조). 제자들의 불안과는 반대로 예수님께서는 위험한 와중에도 주무실 정도로 하느님의 현존 속에 계셨습니다. 제자들은 예수님께서는 깨우고 그분을 '선생님'으로 부르면서 자기들의 위기 상황에 대해 무관심하시다고 원망했습니다(마르 4,38ㄴ 참조). 예수님께서 악마를 대하시듯이(마르 1,25 참조) 바람을 꾸짖으시고 바다더러 침묵을 명하시자 바람이 잠잠해졌습니다(마르 4,39-41 참조). 이렇게 예수님께서는 악한 혼돈의 세력을 정복하시는 하느님의 주권(창세 8,1; 시편 104,4-9 참조)에 참여하여 사람들을 죽을 위험에서 구원하는 메시아이십니다.

예수님께서는 폭풍으로 생명의 위협을 느껴 겁을 집어먹은 제자들을 아직 믿음이 없는 자들이라고 꾸중하셨습니다(마르 4,40 참조). 하느님의 나라가 예수님 안에 현존하고 있다고 논한 문맥(마르 4,1-32 참조)에 비추어 보면 그들의 불신은 하느님께서 예수님 안에서 구원 활동을 하신다는 사실에 승복하지 않은 것을 가리킵니다. 제자들은 스승이신 예수님을 신뢰하면서 서로 힘을 합해 위기 상황을 타개하려 하지 않고 자기의 안전에만 집착했던 것입니다. 그러나 예수님께서는 제자들의 생명을 위협하는 바람과 바다를 한마디 말씀으로 잠잠하게 하셨습니다. 그들은 그분이 하느님의 권능을 행사하시는 분으로 발현하신 것을 경외하면서 "도대체 이분이 누구시기에 바람과 호수까지 복종하는가?"(마르 4,41)라고 합창했습니다. 위의 질문은 당대의 제자들뿐 아니라 오늘의 그리스도인들에게도 대답을 재촉하는 물음이기도 합니다.

바다에서 침몰할 위험에 처한 배는 이 세상에서 제자 직분을 수행하거나 복음을 선포하면서 적대 세력과 싸워야 하는 교회 공동체를 상징한다고 여길 수 있습니다. 우리는 주님께서 현존하시지 않는 것 같이 보이는 상황에서도 주님을 신뢰하면서 서로 협력하여 실존의 위협에 대한 두려움과 불안을 이겨 내야 합니다.

하느님 나라의 교리를 산상 설교로, 그 나라의 성격을 비유로 설명하는 대목이 끝나고 이제부터는 하느님 나라의 능력을 가시적으로 보여 주는 새로운 국면으로 접어듭니다. 이것이 복음서의 기적의 참뜻인데 그 기적들은 하느님 나라를 증명하는 논증이 아니고 요한 복음서에서 즐겨 쓰는 '알아보는 표징'으로서 제시됩니다.

예수님께서는 복음을 전하고 그 내용을 가르치신 다음 그것을 믿는 사람들에게 확실히 신념을 가지도록 기적을 보여 줌으로써 당신 메시지와 가르침에 대한 확신을 굳건히 해 주셨습니다. 예수님을 따라다니던 신자 공동체는 물론이고 사도 시대의 교회 공동체는 주님의 산상 설교에서 하느님 나라에 대한 사정을 신비롭게 받아들였고, 비유의 설명에서 하느님 나라의 생명력에 대하여 놀라운 마음으로 자신감을 가졌습니다. 그리고 예수님께서 간간이 보여 주신 치유의 기적과 구마의 기적을 보고 예수님의 선교 활동에는 하느님의 구원하시는 힘이 감추어져 있음을 감지하기도 하였습니다.

복음서에서의 기적 이야기는 예수님께서 무엇인가를 가시적으로 보여 주는 표였고, 그 무엇인가는 다름 아닌 하느님의 능력이었습니다. 그리고 그 하느님의 능력은 그저 사람들을 깜짝 놀라게 하는 것이 아니고, 인간을 괴롭히는 온갖 종류의 악마적 세력을 평정시키는 힘입니다. 그것은 앞으로 하느님 나라의 가시적인 모습인 교회가 악의 세력과 싸워 이기는 승리의 장담이었습니다.

이러한 전망에서 펼치며 복음서는 네 가지 제압制壓 기적의 이야기를 전합니다. 즉 폭풍노도의 제압(마르 4,35-41 참조), 게라사 지방의 악령 제압(마르 5,1-20 참조), 하혈병 환자 여자의 치유(마르 5,25-34 참조), 야이로의 딸의 소생(마르 5,35-43 참조)이 차례로 소개됩니다. 이 네 가지 기적 이야기는 각각 자연이 인간을 위협하는 악마적인 힘에서 인간을 구해내고, 세상을 광야처럼 떠돌아다니며 사람에게 해악을 끼치는 악령들의 제압, 괴질에서의 인간 구제, 죽음에서 생명으로 구원하시는 생명의 주인이신 예수 그리스도를 드러내 보여 줍니다. 이렇게 예수님께서는 하느님의 힘을 가시적으로 보여 주시고 그 힘은 하느님의 구원의 힘임을 극명하게 드러내시고 가르치시는 것입니다.

그러나 이상 네 가지 기적을 알아듣고 거기서 하느님의 구원의 힘을 알아보기 위해서는 '믿음'이 절대적으로 필요합니다. 이 믿음의 주제는 예수님의 실상을 알아보는데 그 어느 대목에서보다도 이 대목에서 더 절실하게 강조되고 있습니다. 예수님을 믿는 사람만이 예수님을 알아보고 따라서 구원의 능력에 대한 확신을 가집니다. 갈릴래아 호수 폭풍 진압의 기적에서 주님은 제자들에게 믿음을 역설하였고, 하혈병의 부인은 믿음 하나로 주님의 치유의 능력을 얻어 냈고, 야이로는 믿음으로 딸의 죽음에 직면하여 생명의 은혜를 받았습니다. "두려워하지 말고 믿기만 하여라"(마르 5,36).

그러나 믿지 않는 세상은 예수님에게 떠나가라고 하고 비웃기도 하였습니다. 심지어 믿지 않는 예수님의 고향 사람들은 그를 배척하기까지 하였습니다. 믿는 사람들이 믿지 않는 세상에 살아가는 실상을 방불케 합니다.

2. 말씀 공감

■ **초대**

> "그날 저녁이 되자 예수님께서 제자들에게, '호수 저쪽으로 건너가자.' 하고 말씀하셨다"(마르 4,35).

복음을 보면서 우리는 때때로 북적이는 사람들의 틈을 벗어나 한적한 곳을 찾으셨던 예수님을 만나게 됩니다. 한적한 곳에서, 새벽에, 밤새도록…. 그렇게 예수님께서는 기도로써 아빠 하느님과의 대화를 즐기셨던 것이겠지요.

이렇게 예수님께서 기도만 하고 오시면 그분의 얼굴이 바뀌고 문제가 해결되는 것을 제자들은 경험하였습니다. 예수님의 기도는 확실히 '통하는 기도'였던 것입니다.

"그날 저녁이 되자 예수님께서 제자들에게, '호수 저쪽으로 건너가자.' 하고 말씀하셨다"(마르 4,35).

요즘 저는 제자들을 '통하는 기도'에로 이끄시는 예수님의 이 초대가 제 마음속에서 소리 없는 호소로 제게 손짓해 옴을 강하게 느낍니다.

사연은 이렇습니다.

지난 봄, 두어 달 동안 저는 참으로 오랜만에 번역 작업에 푹 빠져 지냈습니다. 한 개신교 대형 출판사의 의뢰로 토마스 머튼(Thomas Merton)의 묵상 서적을 번역하게 된 것이지요. 사실 다른 곳에서도 여러 차례 번역 의뢰가 왔지만 저는 다 거절했었습니다. 그럴 짬이 없었기 때문이었습니다. 그럼에도 불구하고 제가 이번 작업을 받아들인 이유는 개신교에서 의뢰한 것이기 때문이었습니다. 원래 개신교에서는 신부나 수녀에게 출판 의뢰는 물론이거니와, 번역을 의뢰하는 경우는 거의 없습니다. 그런데 국내에서 손꼽히는 개신교 출판사에서 가톨릭 사제인 저에게 번역을 의뢰해 왔다는 것은 하느님께서 마련하신 화해 및 일치의 기회라 여겨졌습니다. 그랬기에 저는 두 교회의 발전적인 우호 관계를 위하여 기꺼이 이 요청을 받아들였던 것입니다.

그리하여 처음에는 '번역 작업'으로서 번역을 시작했습니다. 시간을 아무리 쪼개도 새벽 시간 외에는 작업할 수 있는 시간이 나지 않았습니다. 그런데 작업이 진행될수록 저는 특별한 하느님의 목소리를 들을 수 있었습니다. '차 신부'를 부르시는 하느님의 음성이 들리는 것이었습니다. 토마스 머튼을 통하여 주님께서는 저를 관상에로 몸소 초대하시는 듯 했습니다.

토마스 머튼의 영적인 글 속에 빠져들수록 저는 하느님을 만나며 그 안에서 앞으로의 소망과 비전이 생기기 시작했습니다. 하느님 앞에서 어떤 존재로 살아가야 하는가를 재정립하게 된 것입니다.

많은 사람들에게 복음을 전파하는 일도 중요하지만, 또 그분의 영광을 위해 무엇을 할 것인가를 생각하는 것도 중요하지만, 그보다 늘 하느님 안에서 즐거워하며 평화와 안식을 누리는 것이 더 선행되어야 하는 것임을 깨닫게 된 것입니다.

궁극적으로 저는 종교 지도자가 관상을 하기 전에는 올바른 사목을 할 수 없다는 것을 깊이 느낍니다.

본래 관상 기도는 가톨릭적인 전통에 따른 기도 형태입니다. 그럼에도 개신교 출판사에서 토마스 머튼을 주목하고 그의 책을 발간하려 한다는 것은 원래 가톨릭과 개신교가 하나였듯 관상 기도를 굳이 가톨릭의 기도라 여길 필요는 없다고 보았기 때문일 것입니다. 관상 기도만이 하느님과 일치하는 최고의 지복직관의 길임을 알게 되었기 때문일 것입니다.

■ 말씀 한마디로

> "스승님, 저희가 죽게 되었는데도 걱정되지 않으십니까?"(마르 4,38)

김 에스텔 자매의 체험담이 거센 파도에 겁을 먹고 긴 영적 항해에 지친 우리 영혼들을 위로합니다.

시댁과 친정 모두 유교 집안인 가운데 저 혼자만 신앙생활을 하고 있던 어느 날, 청천벽력 같은 불청객이 찾아왔습니다. 큰아들이 희귀병에 걸린 것입니다.

저는 골방에 들어가 무릎 꿇고 기도하기 시작했습니다. 울부짖고 간청하며 하염없이 슬픔의 눈물을 흘렸습니다. 하루도 빼놓지 않고 새벽 기도, 성경 읽기, 미사 드리는 것으로 고통의 세월을 보내면서, "너희가 마음을 다하고 목숨을 다하여 그분을 찾으면 만나 뵐 것이다."(신명 4,29)라는 성경 말씀처럼 애타게 하느님을 찾았습니다.

아들이 서울에 있는 병원에 가던 날은 하루 종일 골방에서 데굴데굴 구르고 몸부림을 치며 소리 내어 울었습니다.

"주님, 제가 온종일 외쳤건만 왜 응답하지 않으십니까? 어디 계십니까? 귀가 작아 들리지 않으십니까?"

그렇게 기도하기를 7년째 되던 어느 해 5월. 너무도 놀라운 일이 저에게 찾아왔습니다. 친구를 만나러 시내 한복판을 걸어가고 있는데, 갑자기 바람이 일며 저는 서 있는 그 자리에서 어떤 공간을 느꼈습니다. 그리고 '사랑하라, 사랑하라, 사랑하라…' 하는 성모님의 아름다운 목소리가 하늘에서 들려 왔습니다. 저는 주님이 주시는 평화 속에서 제 모든 근심 걱정이 다 사라지는 것을 느낄 수 있었습니다.

　이 체험이 있고 나서 며칠 지난 어느 날, 저는 기도 중에 '내가 너를 얼마나 사랑하고 있는 줄 아느냐!'라는 말씀과 함께 예수님의 사랑이 제 가슴속에 박히는 것을 느꼈습니다. 저는 엉겁결에 놀라 책상을 탁 치며 '주님, 저를 이 정도로 사랑하십니까?' 하면서 한없이, 한없이 소리 내어 울었습니다. 그 사랑은 상상을 초월했습니다. 얼마나 깊고 넓은지 말로는 표현할 수 없었습니다.

　지금까지 그 생각만 하면 눈시울이 뜨거워집니다. 인생의 어려움 속에 있는 저를 불쌍히 여기시어 하느님께서 저의 통곡하는 슬픔을 기쁨으로 바꾸어 주신 것입니다.

　그 후 아들의 병은 치유되었고 저희 가족은 하느님의 자녀가 되었습니다.[36]

　오늘 복음에서 제자들은 배 위에서 풍랑을 만나게 되자 그들 곁에서 주무시고 계신 예수님을 흔들어 깨우며 외칩니다.

　"스승님, 저희가 죽게 되었는데도 걱정되지 않으십니까?"(마르 4,38)

　모든 것을 주관하시는 그분과 함께 있다는 사실을 깨닫지 못하고, 외부의 위험에만 초점을 맞추어 대처하기 급급했던 것이지요.

　제자들의 이 모습이 혹여 우리 자신의 모습은 아닌지요?

　하지만 예수님께서는 말씀 한마디로 이 모든 걱정을 통쾌하게 날려 버리셨습니다.

　"잠잠해져라. 조용히 하여라!"(마르 4,39)

　여러분도 이 말씀의 능력을 체험하시기 바랍니다. 시시각각 펼쳐지는 인생길에서도 근심 걱정을 제압하고 내 가슴을 사로잡는 주님 말씀 한

마디면, 어떤 시련이나 역경에도 끄떡없게 되는 것입니다.

■ **아직도 믿음이 없느냐**

> "왜 겁을 내느냐? 아직도 믿음이 없느냐?"(마르 4,40)

어느 개그맨에 관한 이야기를 소개합니다.

그 개그맨은 한창 잘 나가던 시절 뇌출혈로 쓰러져 방송 활동을 중단한 채, 사람들의 기억 속에서 멀어졌으나 사업가로 변신해 새로운 인생을 살고 있습니다. 그는 거동이 불편한 데다 말도 제대로 할 수 없는 상황임에도 많은 활동을 하고 있습니다. 그의 책상 한켠에는 많은 양의 장애인 관련 스크랩북이 놓여있다고 합니다. 뇌출혈로 쓰러져 장애 판정을 받은 이후 그는 수입의 10%를 꼬박꼬박 장애인들을 위해 내놓고 있습니다. 아프기 전에는 자원봉사 활동을 많이 했고, 아프고 난 후에는 후원을 주로 한다고 합니다.

개그맨 활동 당시에도 그는 활발하게 자원봉사 활동을 벌였던 것으로 알려져 있습니다. 열심히 봉사 활동을 펼치는 그의 모습이 신문에 실린 적도 많습니다. 그러던 그의 봉사 활동은 투병 중인 요즘 오히려 더 늘어난 듯합니다. 최근 사업 외에 그가 가장 마음을 쏟는 일은 지체장애인들의 정보화 사업 지원과 그가 다니는 본당의 청소년 사목 후원입니다.

그가 세례를 받은 것은 뇌출혈로 쓰러지고 나서의 일입니다. 광주대교구의 원로 신부님이 그의 사촌 형제임을 생각하면 늦어도 한참 늦은 입교입니다. 그의 친척 중에 사제는 두 명 있고, 신학교에 다니는 조카도 있습니다. 그러나 방송 활동에 여념이 없던 시절의 그는 늘 세례받기를 뒤로 미뤘습니다. 어머니의 기도 속에 그의 세 자녀가 모두 세례를 받는 와중에도 그는 늘 '나중에!'였다고 합니다.

투병 생활이 해를 넘길수록 그 역시 다른 환우들과 마찬가지로 자신 안에 쌓인 좌절과 분노를 참지 못해 주변 사람들, 특히 가족에게 모질게 화를 퍼붓는 일이 많았다고 털어 놓았습니다. '화려한 말솜씨'와 '거침없는 몸짓'으로 살았던 그가 자신의 모든 것이라 할 두 가지 재능을 모두 잃었으니 그 절망감이 얼마나 컸을까요.

그런 그를 수렁에서 건진 것은 결국 잘 나가던 시절 늘 뒷전으로 밀어냈던 신앙이었습니다. 그는 본당 신부와 인정 많고 따뜻한 신자들의 내왕과 기도 속에 점차 마음의 평안을 얻고 새 삶의 용기를 얻었다고 말합니다. 시련을 겪은 뒤로 오히려 주변을 돌아보는 일에 열심인 요즘 그의 모습은 그가 어눌하지만 한 글자 한 글자 힘주어 고백하던 '새로 얻은 삶'의 반증입니다.

살다보면 폭풍을 만나고 두려움의 격랑에 휩싸일 때가 있습니다. 시련이 닥치고 실패가 몰아칠 수도 있습니다. 그때 예수님께서 우리 곁에서 우리를 붙들어 주시기 위하여 호령하십니다.

"왜 겁을 내느냐? 아직도 믿음이 없느냐?"(마르 4,40)

이 말씀은 야단이 아니라 위로입니다.

제자들이 예수님께서 자기들과 같이 계신다는 것을 인식했을 때 폭풍우는 잔잔해졌습니다. 단지 예수님께서 거기에 계신다는 것을 알자마자 그들에게 평정이 왔습니다. 폭풍이 어떻게 되든 그들 마음의 공포는 가시고 평안이 퍼져 갔습니다. 예수님과 같이 하는 항해는 폭풍 속에서도 평안히 항해한다는 것입니다. 이것은 보편적인 진리입니다. 한 번 일어났던 사건이 아니라, 지금도 일어나고 있으며 우리들에게도 일어날 수 있는 사건입니다. 예수님의 임재로 인하여 우리는 인생의 가장 격렬한 폭풍우 속에서도 평안을 유지할 수가 있습니다.

예수님께서는 슬픔의 폭풍 속에서 평안을 우리에게 줍니다. 슬픔이 필연적인 것으로 우리에게 임할 때 예수님께서는 우리에게 장차 올 인생의 영광에 대하여 말해 줍니다.

예수님께서는 인생의 문제가 의심과 긴장과 불안의 폭풍 속에 휩싸일 때에 평안을 줍니다. 무엇을 해야 할지 모를 때, 그리고 인생의 기로에 서서 어느 길을 택할지 모를 때가 찾아옵니다. 진정한 비극은 무엇을 해야 좋을지 우리가 모르는 데 있는 것이 아니라, 우리가 겸손히 주님의 인도에 복종하지 않는 일이 너무나 많은 데 있습니다. 예수님의 뜻을 구하고 그것에 복종하는 것이 그럴 때 얻는 평안에의 길입니다.

예수님께서는 이 세상의 생활을 습격하는 불안의 폭풍 안에서 평안을 줍니다. 평안의 적은 염려입니다. 우리들 자신에 대한 염려, 알지 못하는 장래에 대한 염려, 사랑하는 사람에 대한 염려입니다. 하지만 예수님께서는 불안의 폭풍 속에서 세상이 줄 수 없는 평안을 우리에게 가져다주십니다.

함께 기도하시겠습니다.

주님, 제 안에 폭풍이 불고 풍랑이 일 때 저를 꾸짖어 주십시오.

"왜 겁을 내느냐, 아직도 믿음이 없느냐?"

그리고 주님, 제 안에 일고 있는 염려의 파도에게 준엄하게 호통을 쳐 주십시오.

"잠잠해져라. 조용히 하여라!"

그러면 '바람이 멎고 아주 고요해'지리이다.

우리 주 예수 그리스도를 통하여 비나이다. 아멘!

연중 제13주일: 마르 5,21-43

탈리타 쿰!

"네 믿음이 너를 구원하였다"(마르 5,34).

1. 말씀의 숲

이방인들이 사는 땅, 갈릴래아 바다 동쪽에서 다시 서쪽 팔레스티나 지방 사람들이 사는 땅(여기서 사람들이란 유다인들을 가리킴)으로 다시 건너오신 예수님께서는 그를 반기는 군중에 에워싸였습니다. 그곳은 바닷가였습니다. 그때에 야이로라 하는 회당의 지도자 중 한 사람이 예수님께 와서 그 앞에 엎드렸습니다. 그는 자기 딸이 거의 죽게 된 다급한 상황을 예수님께 말씀드리고 안수를 청했습니다(마르 5,22-23 참조). 그는 예수님의 안수에 치유의 힘(마르 6,5; 7,32; 8,23.25 참조), 죽어 가는 사람의 목숨을 구하는 힘이 있다고 믿었습니다. 예수님께서는 야이로의 간청을 들으시고 함께 그의 집으로 가셨습니다(마르 5,24 참조).

회당장의 집에서 사람이 와서 딸이 죽었기 때문에 예수 선생님을 더 성가시게 할 필요가 없다고 보고했습니다(마르 5,35 참조). 예수님께서는 그녀의 죽음이 잠자는 것에 지나지 않기 때문에(마르 5,39 참조), 이 보고를 무시하셨습니다(마르 5,36 참조).

예수님께서는 베드로, 야고보, 그의 형제 요한과 죽은 소녀의 부모 이외의 다른 사람들을 데리고 가지 않으셨습니다(마르 5,37-38 참조). 그 이유는 그녀의 소생이라는 중요한 기적을 베푸시는 것을 목격하고 증거할 수 있는 특혜를 그들에게만 베푸시기 위함입니다(마르 5,40 참조). 이들은 타보르 산에서의 거룩한 변모(마르 9,2 참조), 겟세마니 동산에서 죽음에 직면한 마지막 고통(마르 14,33 참조), 그리고 부활 후(요한 21,2 참조)의 모습을 증언한 목격자들입니다.

소녀의 죽음을 결정적이고 돌이킬 수 없는 사건으로 여긴 조문객들은 당대의 관습대로 피리를 불고 부인들은 번갈아 가면서 혹은 손뼉을 치면서 조곡을 하고 타악기를 연주하면서 초상을 준비했습니다(마르 5,38 참조). 예수님께서는 초상집으로 들어오시어 소녀가 죽은 것이 아니라 잠자고 있다고 말씀하셨는데, 이는 그분이 곧 그녀를 소생시키실 것이기 때문입니다. 그러나 조문객들은 예수님의 권능을 믿지 않고 그분을 비웃었습니다. 예수님께서는 당신을 믿지 않고 소녀의 죽음을 애도하는 그들을 집 밖으로 내보내셨습니다(마르 5,40 참조).

예수님께서는 소녀의 시신에 손을 대시고 그녀의 손을 잡으셨습니다. 그것은 유다인들의 정결례 규정에 따라 부정을 타는 행위입니다. 예수님께서 율법을 어겨 가시면서 그녀의 손을 잡고 모국어인 아람 말로 "탈리타 쿰!"(소녀야, 일어나라!)이라고 말씀하시자, 소녀는 즉시 일어나 충분히 걸을 수 있게 되었습니다(마르 5,41 참조).

마르코 복음사가는 이 기적이 실제로 일어난 것임을 강조하기 위해 예수님의 모국어를 제시했습니다.

살아난다는 말은 복음서 용어에서 병의 치유와 함께 영혼의 구원을 동시에 뜻하는 말이고 생명을 얻는다는 말은 육신의 삶과 더불어 영원한 생명을 함께 뜻합니다.

현장에 있던 사람들은 소생 기적을 통해 드러난 예수님의 신적 권능을 보고서 경악했습니다(마르 5,42 참조). 이 기적은 하느님이 예수님 안에 현존하신다는 것을 증명합니다. 예수님께서는 그들에게 그 기적에 대해 침묵을 지키라고 명하셨습니다(마르 5,43 참조). 그 이유는 이 기적의 완전한 의미는 예수님께서 돌아가신 다음에 드러나기 때문에 그전에는 제대로 이해되지 않을 위험이 있다는 데 있습니다.

이렇게 위에 제시된 예수님의 기적 활동은 십자가 위에서 죽고 부활하시어 병고와 죽음을 결정적으로 파괴하신 하느님의 아들로서 그리스도인들에게 영원한 생명을 베푸시는 분임을 예고합니다. 이 기적은 예수님께서 세말의 결정적 구원을 베푸심으로써 하느님이 죽은 이들의 하느님이 아니라 산 사람들의 하느님이심을 증명하신 것입니다(마르 12,27 참조).

복음은 죽으시고 부활하신 예수 그리스도께 대한 복음사가들의 신앙 고백서입니다. 마르코의 기록은 단순히 예수님의 행업을 기록하기보다 예수님께서 하느님의 아들이시며 생명의 주재자, 그리고 무엇보다 하느님의 전권을 지니신 구세주임을 고백하고 선언하고 있는 것입니다. 그렇기 때문에 마르코 복음 5장 21절부터 43절에서의 야이로의 딸 소생(마르 5,21-24.35-43 참조)과 하혈하는 부인의 치유(마르 5,25-34 참조)에 대한 기록도 이러한 관점에서 이해해야 합니다.

2. 말씀 공감

■ **그분 발 앞에 엎드려**

> "야이로라는 한 회당장이 와서 예수님을 뵙고 그분 발 앞에 엎드려, '제 어린 딸이 죽게 되었습니다. 가셔서 아이에게 손을 얹으시어 그 아이가 병이 나아 다시 살게 해 주십시오.' 하고 간곡히 청하였다"(마르 5,22-23).

'야이로'는 회당장이라는 직책을 가지고 있었으면서도, 자신의 딸을 치유하기 위하여 예수님 발 앞에 엎드려 간곡히 청하고 있습니다. 회당장은 그 사회의 가장 중요한, 가장 존경받는 인물의 하나였습니다. 그 역시 예수님께서 사람들로부터 한낱 서민 출신의 목수, 배움이 변변치 못한 무학력자, 나아가 정통 신앙에서 비껴간 위험인물 취급을 받고 있는 것을 알고 있었습니다.

그러나 그는 예수님 앞에 나아와 무릎을 꿇었습니다. 그는 자존심도 편견도 버렸습니다.

작은 일이나 큰 문제가 생겼을 때, 아니 언제나 하느님 앞에 무릎 꿇는 자가 되어야 합니다. 자신의 자존심이나 교만을 버리고 주님 앞에 엎드리는 자가 되어야 합니다. 그럴 때 주님은 우리 삶 안에서 기적을 행하실 수 있습니다.

구약 시대의 시리아 장군 나아만이 우리가 어떻게 스스로를 낮춰 주님 도움의 손길을 청해야 하는지를 잘 보여 줍니다(2열왕 5,9-14 참조). 그는 한 나라의 장군이었지만 나병에 걸렸습니다. 그러한 그는 이스라엘의 예언자가 자신을 고쳐 줄 수 있을 것이라는 말을 듣고 길을 떠납니다. 하지만 엘리사 예언자는 그에게 심부름꾼을 보내어 말을 전했습니다.

"요르단 강에 가서 일곱 번 몸을 씻으십시오. 그러면 새살이 돋아 깨끗해질 것입니다"(2열왕 5,10)

엘리사가 직접 나와 하느님의 이름을 부르며 병든 곳에 손을 대어 병을 고쳐 주겠거니 생각했던 나아만은 엘리사가 자신을 푸대접한다고 여기고 화가 나서 그대로 시리아로 돌아가려고 했습니다. 하지만 나아만의 부하들이 그를 설득하였습니다.

"만일 이 예언자가 어려운 일을 시켰다면 하지 않으셨겠습니까? 그런데 그는 아버님께 몸을 씻기만 하면 깨끗이 낫는다고 하지 않습니까?"(2열왕 5,13)

결국 나아만은 엘리사의 말대로 요르단 강에 가서 일곱 번 몸을 씻고 나병이 깨끗하게 치유되었습니다. 만일 그가 시리아의 장군이라는 직책에 집착하여 엘리사의 말을 끝까지 거부했다면 그는 나병을 고칠 수 없었을 것입니다. 하지만 부하들의 말을 들은 후 자신의 자존심을 버리고 엘리사가 시키는 대로 하였을 때 그는 나병을 치유받았던 것입니다. 또한 그는 이 일을 계기로 하여 엘리사가 모시는 하느님만이 진정한 하느님이심을 받아들이게 됩니다. 이방 신을 모시던 한 나라의 장군이 자신의 직책을 내세우지 않았을 때 자신의 병이 치유되었을 뿐 아니라 예언자를 통하여 진정한 하느님을 만나 뵙게 되었던 것입니다.

미국에서 유능한 외과 의사로 잘 알려진 어떤 의사는 중요한 수술을 하기 전에 항상 잠깐 동안 하느님께 기도를 드리고 수술한다고 합니다. 하루는 그를 찾아온 친구가 수술하기 전에 친구가 기도하는 것을 보고 놀랐습니다. 그는 의사 친구에게 "나는 자네가 수술하기 전에 기도하는 것을 보고 조금 충격을 받았네."라고 말하였습니다.

이에 대해 의사는 "나 자신은 단순한 인간일 뿐이야."라고 대답하며 말했습니다.

"나는 기적을 일으킬 힘이 없네. 과학이 단순한 인간 이상보다 훨씬 더 강력한 어떤 것을 이루어 내지 못하면 발전할 수 없다고 확신하네!"

자신을 하느님께 겸손하게 의탁하는 것은 자신을 더욱 성숙하게 하고 능력을 충분히 발휘하게 할 것입니다. 하느님은 우리를 신뢰하고 계십니다. 이것을 굳게 믿으면 믿을수록 우리는 무슨 일을 하든지 간에 하느님께 모든 것을 맡기고 자신감을 가지고 일을 하게 해 달라고 기도하게 될 것입니다.

■ 믿기만 하여라

> "예수님께서는 그들이 말하는 것을 곁에서 들으시고 회당장에게 말씀하셨다. '두려워하지 말고 믿기만 하여라'"(마르 5,36).

오늘 회당장 야이로의 딸의 죽음을 놓고 상(喪)을 당한 자들의 실망과 예수님의 소망 사이에 대조가 발견됩니다. 그들은 "스승님을 귀찮게 하지 마라. 지금에 와서는 누구든지 아무것도 할 수 없다."라고 말했습니다. 그러나 예수님께서는 "두려워하지 말고 믿기만 하여라."라고 말씀하셨습니다. 한 곳에서는 실망의 소리가 들려오고 다른 한 곳에서는 소망의 소리가 들려옵니다.

또한 상을 입은 자들의 무제한의 고뇌와 예수님의 냉정한 침착과의 대조가 있습니다. 그들은 고뇌의 발작으로 통곡하며, 눈물을 흘리며, 머리카락을 쥐어뜯으며, 옷을 찢었습니다. 그러나 예수님께서는 냉정과 침착과 자제를 지키셨습니다.

사람들은 예수님의 소망에는 근거가 없고 그의 냉정함은 틀렸다고 생각하였기 때문에 냉소했습니다. 그러나 그리스도인의 생활에 있어서의 위대한 사실은 인간으로서는 전혀 불가능한 것으로 보이는 일이 하느님에게는 가능하다는 사실입니다.

어려운 난관을 주님께 대한 믿음으로 이겨낸 감동적인 이야기가 있습니다.

미국의 어느 상업 미술 전문가가 있습니다. 그녀는 원래 전도유망한 수영 선수였습니다. 수영 선수로서 그녀의 앞길은 탄탄대로인 것처럼 보였지요. 그런데 어느 날, 다이빙 연습 중 큰 부상을 입어 평생 휠체어를 타게 되었습니다. 그녀는 잘나가던 자신에게 생긴 일을 보며 절망했고, 하느님을 원망하였습니다. 그런데 그녀 주변에는 신앙인들이 많았다고 합니다. 주변 사람들이 그녀를 자주 찾아와 복음 말씀을 나누었습니다. 그러다 보니 원망으로 굳게 닫힌 그녀의 마음이 차츰 열리고, 하느님께 희망을 두는 신앙인으로 거듭났습니다. 그 후 그녀는 상업 미술의 전문가가 되었습니다.

그녀는 '비록 장애가 생겨 평생 휠체어를 타야 하지만, 하느님께서 틀림없이 나에게 맡기신 목적이 있을 것이라고 굳게 믿으며, 우리 각자에게 하느님께서 분명 원하시는 것이 있으니 힘을 내라'고 격려합니다. 그리고 그녀는 주님께서 함께 계시니 무엇이든 할 수 있고, 자신의 미래는 희망으로 가득 차 있다고 고백하는 참 신앙인이 되었습니다.

어떤 처지에서도 하느님을 믿읍시다. 실패, 재난, 질병 앞에서도 하느님을 붙드는 자는 다시 일어섭니다. 두려워하지 말고 믿기만 합시다. 하느님께서 우리를 사랑하시기 때문입니다.

우리의 마음을 사로잡는 진리가 무엇입니까? 여러분의 마음 안에 확고부동하게 자리 잡은 진리는 무엇인지요? 어려운 말과 현란한 신학과 교리 용어를 알아야만 구원받을 수 있을까요?

저는 감히 말하고 싶습니다. 두꺼운 신학 서적 천 권을 읽고도 마음 안에 예수님 사랑에 대한 확신이 없는 신학자보다, 일자무식인데도 예수님께서 나를 사랑하신다는 사실을 가슴으로 믿고 살아가는 한 명의 독실한 신자가 예수님께는 더 예뻐 보인다는 것을 말입니다.

사실 모든 신학은 삼위일체이신 하느님께서 우리를 어떻게 사랑하셨는지를 말하기 위한 성찰일 따름이므로, 그것을 이미 믿어서 아는 사람은 천 권의 책을 읽은 것보다 더 소중한 진리를 가슴에 품고 사는 사람입니다.

■ 복음의 꿀맛

> "그리고 아이의 손을 잡으시고 말씀하셨다. '탈리타 쿰!'"(마르 5,41)

오늘도 예수님께서는 지치고 아프고 외로운 우리들의 손을 잡고 말씀하십니다.

"일어나라! 내 사랑하는 딸아! 내 사랑하는 아들아!"

이것이 꼭 여러분을 위한 주님의 손길이며, 음성이기를 바랍니다. 여기 이러한 바람을 처절한 기도를 통해 현실로 누린 주인공이 있습니다. 정 베르나데트 자매가 함께 엮어낸 남편의 신앙 체험담입니다.

몇 년 전 건강하던 남편이 뇌경색으로 갑자기 쓰러졌다. 다행히 지능 장애는 없어서 의사소통에는 별문제가 없었지만, 지남철처럼 왼쪽 가슴으로 올라붙어 버린 주먹과 굽힐 줄 모르는 왼쪽 다리는 휠체어 타기에도 여간 힘든 것이 아니었다. […]

남자의 체중을 들어 올려 휠체어에 태우고 내리기엔 여자인 내 힘으로는 역부족이었다. […] 그나마 쓸 수 있는 […] 오른손으로 내 왼쪽 어깨를 잡아 준다면 훨씬 수월하련만 엄지와 검지로 야물게 묵주를 틀어쥔 남편의 오른손은 항상 촛대처럼 위를 향하고 있었다.

잠을 잘 때도 여간해서 놓치지 않지만 가끔 떨어뜨리는 날이면 나는 침대 밑으로 기어들어가 묵주를 찾아야 했다. 그뿐이랴, 환자복에 오물이 묻거나 약을 쏟아 수시로 갈아입히는 일도 내겐 버거운 일이었다. 겨우 벗은 옷을 빨래방에 놓고 한숨 돌리려면 그 옷 주머니에 묵주가 들어 있다는 것이다.

입원 환자가 수십 명인지라 잠깐 사이에 빨랫감은 산더미같이 쌓여 남편이 입었던 옷을 찾으려면 냄새나는 지저분한 빨래를 수없이 뒤져야 겨우 찾을 수 있었다. […] 이럴 때 내가 그랬다. "묵주가 아니라 웬수야, 웬수." […]

성모님은 그런 남편을 그냥 보고만 있지 않았다. 가슴에 붙어 버린 왼쪽 팔이 조금씩 움직이더니 주먹이 아래로 내려왔다. 장대처럼 뻣뻣하던 다리가 무릎을 꿇었다. 병원에서 나이에 비해 회복이 빠르다고 놀랄 때면 나는 속으로 말했다. "다~ 웬수 덕분이라고."

이제는 혼자 누울 수도, 일어날 수도 있다. 집 안에서는 불편한 대로 웬만한 것은 다 혼자서 해결한다. 날씨가 좋은 날이면 느린 걸음이긴 하지만 성당에도 간다.

남편은 건강할 때 묵주기도를 실컷 해 봤으면 하더니 아픈 덕에 묵주기도를 실컷 할 수 있어서 좋다고 한다. […] 어떤 처지에서도 원망하지도 포기하지도 않는 남편의 믿음이 존경스럽다. 지금도 남편의 손에는 묵주가 들려 있다.[37]

형제의 손에 들린 묵주, 그는 꼭 붙잡았습니다. 그것이 자신이 붙잡을 주님 구원의 손길임을 그는 믿었기 때문입니다.

묵주를 굴리며 바치는 기도. 그는 사력으로 기도문을 웅얼거렸습니다. 그 소리가 주님의 음성 "탈리타 쿰!"이 내려올 응답의 길을 뚫을 것이라고 믿었기 때문입니다.

"그리고 아이의 손을 잡으시고 말씀하셨다. '탈리타 쿰!'"(마르 5,41)

이 기습 은총이 여러분에게, 이 묵상을 통하여 이미 임하였음을 믿습니다. 할렐루야!

함께 기도하시겠습니다.

탈리타 쿰, 일어나라! 주님, 영적으로 나태에 빠져 잠자고 있는 저희를 친절히 흔들어 깨워 주시니 감사드립니다.

탈리타 쿰, 일어나라! 이런저런 이유로 철퍼덕 주저앉아 의욕을 내지 못하는 저희를 사랑 어린 호통으로 각성시켜 주시니 감사드립니다.

탈리타 쿰, 일어나라! 복음 전파의 신나는 사명이 식어 얼음장처럼 되어 있는 저희에게 다시 묵상의 꿀맛을 회복시켜 주시며 열정을 불살라 주시니 감사드립니다.

우리 주 예수 그리스도를 통하여 감사드리나이다. 아멘!

연중 제14주일: 마르 6,1-6

문 두드리시는 예수님

"그들이 믿지 않는 것에 놀라셨다"(마르 6,6).

1. 말씀의 숲

예수님께서는 갈릴래아 호수 북쪽에 있는 야이로의 집을 떠나 나자렛으로 오셨습니다(마르 6,1 참조). 나자렛은 해발 350-400미터 높이의 산 위에 위치한 예수님의 고향으로서 별로 중요하지 않은 곳이었습니다(요한 1,46 참조).

예수님께서는 안식일 나자렛의 회당에서 가르침을 베푸셨는데(마르 6,2ㄱ 참조), 그 내용은 청중들의 질문에서 엿볼 수 있습니다. 그들은 그동안 온 갈릴래아에서 유명인사가 되신 예수님의 가르침을 듣고 크게 놀라 네 가지 질문을 제기했습니다.

첫째 질문은 예수님의 가르침과 활동의 기원에 대한 것입니다. 나자렛 사람들은 예수님의 가르침과 활동이 하느님께 연유한다는 것을 무시했습니다.

둘째 질문은 "저런 지혜를 어디서 받았을까?"(마르 6,2ㄷ)였습니다. 이는 그의 학력에 비할 때 그의 가르침이 탁월했기 때문이었습니다.

그리고 "그의 손에서 저런 기적들이 일어나다니!"(마르 6,2ㅁ)하는 셋째 질문은 그들이 예수님의 인간적 출신을 잘 알고 있었기 때문에 하느님이 그분 안에서 권능을 펼치신다는 것을 인정하지 않는 데서 연유한 것입니다.

끝으로 나자렛 사람들의 넷째 질문은 예수님께서 돌, 철과 나무를 가지고 작업하는 수공업, 건축업을 하신 목수라는 인간적 출신을 근거로 그분의 가르침과 활동을 평가한 것입니다(마르 6,3 참조). 예수님의 인간적 아버지 요셉은 아마 일찍 세상을 떠났기 때문에, 그분이 마리아의 아들로 일컬어지신 것 같습니다.

예수님의 형제들은 야고보, 요세(요셉), 유다(타대오)와 시몬입니다. 이들은 예수님께서 부활하신 후 예루살렘 교회에서 영향력을 행사했습니다. 야고보는 초대 교회에서 '주님의 형제'로 알려졌고(갈라 1,19 참조), 예루살렘 교회의 지도자로 활동했으며(사도 12,17; 15,13; 21,18 참조) 전통적으로 야고보 서간의 저자로 여겨져 왔습니다. 교회 역사가 에우세비우스는 야고보는 고령에 순교했고, 클레오파스의 아들 시몬이 예수님의 삼촌이라고 말했습니다. 예수님의 형제 유다는 전통적으로 유다 서간의 저자로 간주되었습니다.

예수님의 형제들이 교부 시대부터 그분과 같은 씨족의 구성원이거나 사촌들이라는 견해가 있었습니다. 실상 예수님 시대 아람 말이나 히브리말에는 광범위한 가족 관계를 정확하게 표현하는 말이 없었습니다. 같은 씨족이나 가정의 구성원들은 형제자매들로 일컬어졌습니다. 그것은 예수님의 형제들이나 누이들에게도 적용된 것 같습니다.

나자렛 사람들은 예수님의 인간적 출신과 친척 관계를 잘 알고 있었기 때문에 그분을 믿는 일에 대해 걸려 넘어졌습니다(마르 6,3 참조). 그것은 그들이 예수님의 가르침과 기적 활동이 하느님께 연유한 것임을 무시하고 예수님을 믿고 따르지 않았다는 것을 뜻합니다. 그것들은 그들에게 수수께끼와 같았다고 말할 수 있습니다(마르 4,11 참조).

그들과 반대로 예수님의 제자들은 그분의 가르침을 알아들었습니다. 제자들은 그분의 동향인들이 보인 부정적 태도를 보고서 앞으로 자기들이 복음을 선포하는 과정에서 겪게 될 장애물이 무엇이며 어디에 있을지를 배웠을 것입니다.

이에 대해서 예수님께서는 "예언자는 어디에서나 존경받지만 고향과 친척과 집안에서만은 존경받지 못한다."(마르 6,4)라고 응수하셨습니다. 이 격언은 예언자들이나 유다인 유랑 설교자들이 겪은 부정적 체험에 뿌리내린 것으로 보입니다. 예수님도 하느님 나라의 복음을 선포하시면서 그러한 체험을 하셨습니다. 이리하여 예언자, 하느님의 말씀을 짊어지고 온 예언자는 사람들의 시기와 증오, 배척의 표적이 되었습니다.

예수님께서는 고향 사람들의 불신 때문에 몇몇 병자들을 치유하신 경우 이외에는 아무런 기적을 행하실 수 없었습니다(마르 6,5 참조). 그것은 그들이 그분의 권능을 의심할 수 있다는 것이 아니라 그분의 기적에 내재한 구원을 거절했다는 것을 뜻합니다. 예수님의 기적은 믿음을 가진 사람에게만 유효하고 믿음이 없는 곳에서는 일어나지 않습니다.

2. 말씀 공감

■ 부러움을 사게 하소서

> "저 사람이 어디서 저 모든 것을 얻었을까?"(마르 6,2)

프란치스코 교황님은 즉위 직후 세계 언론의 비상한 관심을 받았습니다. 타고 다니시는 차, 동선, 입고 다니시는 옷, 들고 다니시는 가방 등등 모두가 취재거리였습니다.

프란치스코 교황님은 특히 자신의 가방을 손수 들고 다니시는 것으로 유명합니다.

"쭈글쭈글한 저 가방 속에는 무엇이 들어 있을까?"

사람들은 궁금히 여겼습니다. 어느 시점에서 그가 밝힌 내용물은 개인 소지품과 더불어 성경, 성무일도서, 그리고 소화 데레사 성녀St. Therese de Lisieux의 자서전이었습니다. 물론, 오늘 그 책은 다른 책으로 바뀌어 있을 것입니다.

'소화 데레사 성녀의 무엇이 프란치스코 교황님에게 매력적으로 보였을까?'

지금 새삼 물음을 던져 봅니다.

답을 유추하기는 그리 어렵지 않습니다. 두 인물 사이에 공통점이 있기 때문입니다. 두 인물 모두 작은 이들, 가난, 그리고 선교에 지대한 가치를 부여하고 있습니다.

소화 데레사 성녀는 스스로를 "작은 꽃"이라 불렀을 만큼 작은 이들, 약자들에게 애정을 갖고 있었습니다. 그리고 가난은 수도자에게는 3대 허원 덕목 가운데 하나로서, 소화 데레사 성녀는 특히 주님의 은총과

도우심을 빌어 먹고 산다는 정신의 영적 청빈을 중히 여겼습니다. 그리고 선교는 소화 데레사 성녀가 지향하는 수도생활의 목표였습니다. 성녀께서는 일상의 모든 고통과 수고를 선교사들을 위한 희생의 몫으로 기꺼이 바쳤습니다. 그리하여 단 한 번도 선교 일선에 나가 본 적이 없는 소화 데레사를 가톨릭 교회는 '모든 선교사들을 위한 수호성인'으로 모시고 있습니다.

모르긴 모르되 프란치스코 교황님은 이런 가치들에 대한 동기부여를 소화 데레사 성녀에게서 얻고자 하셨을 것입니다.

그런데 아이러니한 것은 이런 소화 데레사 성녀의 시성 심사에서 오히려 동료 수녀들이 반대 입장을 취했다는 것입니다. 그들은 이견을 보였습니다.

"소화 데레사는 별 업적도 없는데 왜 시성하려고 합니까?"

이에 대한 바오로 6세 교황님의 답변은 오늘 우리를 향한 매력적인 초대입니다.

"성녀는 지극히 작고 평범해 보이는 일에도 큰 사랑을 담아 실천했습니다. 이것이 소화 데레사를 시성한 이유입니다."

이 말에 대한 증언을 이미 하늘 나라로 가신 소화 데레사 성녀가 자신의 유고에서 이렇게 전합니다.

> 아무것도 느끼지 못할 때, 기도하지도 선을 행하지도 못할 때, 그런 때는 작은 일을 찾아야 할 때입니다. 그런 작은 일들은 이 세상의 위대한 것보다, 극심한 순교의 고통보다 더 예수님을 기쁘게 해 드리는 것입니다.[38]

소화 데레사가 성녀가 된 것은 바로 이런 미소한 고통의 봉헌 때문이었습니다. 그런데 이 상식적이고 평범한 영성이 오히려 시성에는 걸림돌이 되었던 것입니다.

이런 저항을 예수님께서 먼저 겪으셨습니다. 오늘 복음에서 예수님의 고향 사람들은 예전에 한동네 살던 동네 사람 예수님만을 고정하고 그분의 변모에 이렇게들 수군거립니다.

"저 사람이 어디서 저 모든 것을 얻었을까? 저런 지혜를 어디서 받았을까?"(마르 6,2)

이 말은 사실상 이런 식의 투덜거림인 셈이었습니다.

"어, 저 예수, 우리가 익히 알고 있었던 평범한 청년인데! 배움도 언변도 그리 특출나지 않는 총각이었는데, 어디서 뭘 배워 와서 저리도 똑 부러지게 말하는 것일까?"

이는 오늘도 열심한 신앙인이라면 누구나 당연히 각오해야 할 반응입니다.

■ 저 사람은 목수로서

> "저 사람은 목수로서 마리아의 아들이며, 야고보, 요세, 유다, 시몬과 형제간이 아닌가? 그의 누이들도 우리와 함께 여기에 살고 있지 않는가?"(마르 6,3)

나자렛 사람들은 예수님께서 노동자 출신이었기 때문에 그가 율법에 대하여 가르치고 기적을 행하는 것을 무슨 속임수 정도로 여겼던 것 같습니다. 그래서 그들은 그의 직업을 들먹이고, 일가 친척들을 들먹이며 그가 평범한 사람이라는 사실을 거듭 강조합니다. 그를 특별한 사람으로 봐줄 수 없다는 것입니다.

이렇게 해서 그들은 그들의 선입견에 사로잡혀 예수님 안에서 인류의 구세주 그리스도를 만날 수 있는 절호의 기회를 놓치고 맙니다. 알량한 지식이 무한한 가능성의 기회를 가려 버린 것입니다.

이런 일은 언제나 발생합니다. 오늘 이 시대에도 발생합니다.

미국의 링컨Abraham Lincoln 대통령의 일화는 이러한 점을 잘 드러내 줍니다.

링컨의 아버지 토마스 링컨은 1637년 영국에서 이민 온 직공의 후예로 구두 만드는 직업을 갖고 있었습니다.

링컨이 대통령에 선출되었을 때 그런 사실을 알게 된 상원의원들은 매우 충격을 받았습니다. 대부분 높은 학력에 명문 귀족집안 출신이었던 상원의원들은 구두 제조공 집안 출신에다 제대로 학교도 다니지 못한 링컨 밑에서 일을 해야 한다는 것이 여간 불쾌하지 않았던 것입니다.

링컨의 취임 연설식장에서 거만해 보이는 한 상원의원이 일어나 링컨을 향해 말했습니다.

"당신이 대통령이 되다니 정말 놀랍소. 그러나 당신의 아버지가 신발 제조공이었다는 사실을 잊지 마시오. 가끔 당신의 아버지가 우리 집에 신발을 만들기 위해 찾아오곤 했소."

그러자 여기저기서 킥킥거리는 웃음이 새어 나왔습니다. 그때 링컨의 눈엔 눈물이 가득 고였습니다. 그것은 부끄러움의 눈물이 아니었습니다.

"고맙습니다. 의원님 때문에 한 동안 잊고 있던 내 아버지의 얼굴이 기억났습니다. 내 아버지는 신발 제조공으로 완벽한 솜씨를 가진 분이셨습니다. 여기 이 자리에 모이신 분들 중엔 내 아버지가 만드신 신발을 신으신 분들도 계실 겁니다. 만약 신발이 불편하다면 제게 말씀해 주십시오. 아버지의 기술을 옆에서 보고 배웠기에 조금은 손봐 드릴 수 있을 겁니다. 물론 제 솜씨는 돌아가신 아버지에 비교할 수 없습니다."[39]

링컨의 안목은 세상 사람들의 안목과 달랐습니다. 링컨은 자신의 출신에 대하여 부끄러워하지 않았습니다. 오히려 자랑스러워하였습니다. 링컨의 안목은 바로 하느님의 안목이었던 것입니다.

하느님께서는 학력을 보시지 않고 성품을 보십니다. 하느님께서는 외적인 조건을 보시지 않고 속마음을 보십니다. 우리 역시 하느님의 안목을 가져서 평범해 보이는 사람들 가운데 숨겨진 보물을 발견할 수 있어야 합니다.

■ 믿음이 없이는: 노시보 효과

> "그리하여 예수님께서는 그곳에서 몇몇 병자에게 손을 얹어서 병을 고쳐 주시는 것밖에는 아무런 기적도 일으키실 수 없었다"(마르 6,5).

플라시보Placebo 효과와 노시보Nocebo 효과란 말이 있습니다.

플라시보란 어떤 약 속에 특정한 유효 성분이 들어 있는 것처럼 위장하여 환자에게 투여하는 약을 말합니다.

밤중에 잠을 이루지 못하는 환자들에게 소화제를 수면제로 위장하여 주면 그 약을 먹은 환자는 이내 편안하게 잠든다고 합니다. 또한 열이 나는 환자에게 증류수를 해열제로 위장하여 의사가 직접 주사하면 많은 경우 실제로 열이 내린다고 합니다.

프랑스의 어느 여인은 살충제를 먹고 자살한다는 유서를 남기고 죽었습니다. 그러나 실제로 그녀가 마신 액체는 살충제가 아닌 독이 없는 다른 액체로 확인되었습니다. 그녀가 마신 액체는 사람을 죽일 수 있는 것이 아니었는데도 그녀는 살충제를 먹었다는 심적인 충격 때문에 죽은 것입니다.

이처럼 인간의 오묘한 육체는 마음과 정신의 지배 아래 살아가고 있습니다.

모든 것은 마음먹기에 달려 있고, 이것을 이용한 것이 플라시보 효과입니다.

반면 노시보 효과란 적절한 처방이나 약도 정작 환자 본인이 믿지 않고 의구심을 가지면 약을 먹는다 해도 잘 낫지 않는다는 것입니다.

신앙도 이와 마찬가지입니다. 예수님을 믿고 받아들이는 사람들과 예수님을 의심하고 거부하는 사람들 안에서 결과는 전혀 다르게 나타납니다.

예수님께서 공생활 중에 예수님께 기대와 믿음을 품고 예수님께 나아온 사람들은 모두가 은총을 누렸습니다.

"스승님께서는 하고자 하시면 저를 깨끗하게 하실 수 있습니다."라고 자신의 신앙을 고백했던 나병 환자가 치유를 받았습니다(마르 1,40-45 참조).

집 안에서 사람들을 가르치시던 예수님께 다가갈 수 없어서 지붕을 뜯어 중풍 병자를 예수님 앞에 달아 내렸던 친구들의 믿음을 보시고 예수님께서는 중풍 병자를 고쳐 주셨습니다(마르 2,1-12 참조).

자신의 딸을 위하여 예수님 앞에 자신을 낮추고 그분을 굳게 믿었던 회당장 야이로의 딸을 예수님께서는 치유해 주셨습니다(마르 5,21-24.35-43 참조).

12년 동안 하혈병으로 고통을 당하던 여인은 예수님의 옷자락을 손으로 만지기만 해도 치유될 수 있다는 믿음으로 예수님의 옷에 손을 대고 치유를 받았습니다(마르 5,25-34 참조).

이처럼 예수님께서 자신의 고통을 없애 주실 수 있다는 믿음을 가지고 예수님을 찾아왔던 이들을, 예수님께서는 하나도 내버려 두시지 않으셨습니다. 모두 그들의 믿음을 보시고 그들을 치유해 주셨던 것입니다.

하지만 예수님의 고향에서는 그렇지가 못했습니다. 사람들이 믿음을 가지지 않았기 때문에 예수님께서는 그들에게 어떠한 기적도 행하실 수 없었다고 전해 주고 있습니다.

사실 하느님께서는 어떤 기적도 행하실 수 있으십니다. 하지만 우리 마음 안에서 발생하는 기적은 우리의 동의 없이는 행하시지 않습니다. 우리의 자유 의지를 존중하시기 때문입니다. 그러기에 믿음이 있는 사람만 고쳐 주셨습니다. 자유 의지로 그것을 원하고 그것을 청하며 그것을 믿는 사람만 고쳐 주셨던 것입니다.

윌리엄 홀만 헌트William Holman Hunt의 '세상의 빛The Light of the World'이라는 그림이 있습니다. 그는 이 그림을 요한 묵시록 3장 20절의 말씀에 기초하여 그렸습니다. 예수님께서 어느 집의 문을 두드리시는데, 그 문에는 문고리가 없습니다.

"보라, 내가 문 앞에 서서 문을 두드리고 있다. 누구든지 내 목소리를 듣고 문을 열면, 나는 그의 집에 들어가 그와 함께 먹고 그 사람도 나와 함께 먹을 것이다"(묵시 3,20)

그 성화에서 중요한 부분은 바로 문고리가 없다는 것입니다. 그것은 잘못 그려진 것이 아니라 바로 그것이 작가가 표현하려고 했던 의도였습니다. 그는 그 그림에서 무엇을 표현하려고 했을까요?

첫째는 예수님께서 우리에게 다가오신다는 것입니다. 예수님께선 우리에게 다가와 문을 두드리고 계십니다. 우리가 먼저 예수님께로 나아가는 것이 아니라 그분께서 우리에게, 우리의 맘속에 먼저 다가와 계십니다. 우리는 때로 우리가 주님께로 나아간다고 생각합니다. 하지만 주님께서는 이미 우리의 마음 문 앞에 서 계셨습니다. 그리고 그 문을 두드리고 계셨습니다. 그것을 우리가 몰랐을 뿐입니다.

둘째는 그 문은 우리가 열어야 한다는 것입니다. 그 문에는 문고리가 없습니다. 밖에서는 문을 열 수가 없습니다. 이것은 바로 부르시는 예수 그리스도의 음성에 우리 자신이 응답해야 한다는 것을 말합니다.

오늘 복음 말씀에서 나자렛 사람들은 바로 문을 걸어 잠그고 예수님을 맞아들이지 않는 사람들이었습니다. 예수님께서는 먼저 고향 사람들을 찾아가셨지만, 그들은 예수님에 대한 편견을 가지고 있었기 때문에 예수님을 믿지 않았던 것입니다.

함께 기도하시겠습니다.

주님, 저희 그리스도인들이 지인들로부터 '저 사람이 어디서 저런 지혜를 받았을까?'라는 물음을 듣게 하소서.

주님, 저희 그리스도인들이 세상 사람들로부터 '저 사람이 어디서 저런 믿음을 얻었을까?'라는 경탄을 듣게 하소서.

주님, 저희 그리스도인들이 이웃들로부터 '저 사람이 저런 은총을 어떻게 받았을까?'라는 부러움을 사게 하소서.

우리 주 예수 그리스도를 통하여 비나이다. 아멘!

연중 제15주일: 마르 6,7-13

제자들이 지닌 유일한 것

"길을 떠날 때에 지팡이 외에는 아무것도 […] 가져가지 말라고 명령하시고"(마르 6,8)

1. 말씀의 숲

예수님께서는 그동안 당신과 함께 다니며 당신의 가르침을 받고 많은 치유를 지켜본 제자들을 파견하셨습니다. 아무런 설명도 없이 말입니다. 예수님께서 제자들을 파견하신 것은 당신에 이어서 그들도 사람들에게 회개를 선포하고 여러 가지 기적을 행하도록 하기 위해서였습니다. 예수님께서 이때까지 홀로 하셨던 이 모든 일들이 이제는 제자들의 손에서 이루어질 것입니다.

"열두 제자를 부르시어 더러운 영들에 대한 권한을 주시고, 둘씩 짝지어 파견하기 시작하셨다"(마르 6,7).

제자들이 더러운 영을 제어할 수 있는 권능을 받았다는 것은 성령을 받았음을 의미합니다. 성령만이 더러운 영들을 억제하고 추방시킬 수 있기 때문입니다. 그러므로 제자들은 이 권능을 예수님에게서 받았음을 잊지 말아야 할 것입니다. 결코 자신들의 능력이 아니기 때문입니다.

예수님께서는 열두 제자들을 둘씩 짝지어 파견하셨습니다(마르 6,7 참조). 그것은 초대 교회의 관습(루카 10,1; 사도 8,14; 9,38 참조)으로, 사명 수행의 객관성과 신빙성을 보장하고 여행 동안 신변의 안전과 윤리적 보호의 필요성에 기인한 것 같습니다. 이 관습의 배경은 두 증인으로 법적 최종 결정이 내려진다는 유다인들의 법적 관행인 것 같습니다(신명 17,6; 19,15 참조).

예수님께서는 열두 제자들에게 선교 여행을 위해 지팡이와 신발 이외에는 음식, 가방, 돈, 두 벌의 옷도 가져가지 말라고 명하셨습니다(마르 6,8-9 참조). 마르코 복음사가의 공동체는 선교사들에게 그렇게 검소한 차림과 청빈을 기대한 것 같습니다. 지팡이 휴대는 선교사들의 자기 방어를 위해서, 신발은 여행을 위해서 허용되었습니다. 예수님의 명령은 가혹하다고 할 정도로 소유로부터의 자유와 검소한 삶을 요구하고 자기 충족을 배제합니다. 그것은 청렴하게 사명을 수행하신 예수님을 본받는 것이고, 제자들의 성공적 사명 수행이 물질적 안정이나 인간적 힘으로 달성되는 것이 아니라 하느님의 은혜에 힘입은 것임을 뜻합니다.

자신들의 일이 성공하리라는 아무런 보장도 없이, 또 자신들의 몸을 위한 아무런 보호 장치도 없이, 제자들은 헐벗은 복음을 전할 것입니다. 그러나 바로 이것이 그들의 가장 큰 힘, 유일한 힘이 될 것입니다.

2. 말씀 공감

■ 연합하는 사랑

> "둘씩 짝지어 파견하기 시작하셨다"(마르 6,7).

한겨울에 먼 길을 떠나는 두 나그네가 있었습니다. 날이 어두워지고 눈보라까지 치게 되자 두 사람은 걸음을 재촉하였습니다. 그런데 불빛

조차 보이지 않는 산길에 이르렀을 때, 눈 위에 어떤 사람이 쓰러져 있었습니다. 한 나그네가 "이 사람을 데리고 갑시다. 그냥 두면 분명히 얼어 죽고 말 것입니다." 하고 말했습니다. 그러나 또 다른 나그네는 "미쳤소? 우리도 죽을지 모르는 상황에 어떻게 데리고 간단 말이오!" 하며 도망치듯 가는 것이었습니다.

쓰러진 사람을 등에 업은 나그네는 죽을힘을 다해 걸었습니다. 눈보라는 더욱 더 심해지고 정신마저 잃을 것 같았습니다. 그런데 등에 업은 사람의 체온으로 점점 의식을 회복하게 되었습니다.

마침내 마을에 가까이 왔을 때, 길옆에는 혼자서 먼저 간 친구의 얼어 죽은 시체가 있었습니다. 쓰러진 사람을 업고 간 사람은 서로의 체온으로 추위를 이겨 낼 수 있었지만, 혼자 간 나그네는 추위를 이기지 못해 얼어 죽고 만 것입니다. 인간은 서로 도우면서 살아가게 되어 있습니다.

'둘씩'은 다름 아닌 협동의 의미를 담고 있습니다. 이스라엘의 현자는 이 협동의 중요성을 이렇게 강조합니다.

"혼자보다는 둘이 나으니 자신들의 노고에 대하여 좋은 보상을 받기 때문이다. 그들이 넘어지면 하나가 다른 하나를 일으켜 준다. 그러나 외톨이가 넘어지면 그에게는 불행! 그를 일으켜 줄 다른 사람이 없다"(코헬 4,9-10).

오늘 복음 말씀은 예수님께서도 복음 선포를 위해 제자들을 파견하실 때 둘씩 짝지어 보내셨다고 전합니다.

"둘씩 짝지어 파견하기 시작하셨다"(마르 6,7).

여기뿐 아니라 "둘씩" 파견하는 것은 이후 관행이 되었습니다. 그러기에 복음서에서 사도 명단은 둘씩 짝지어져 있고, 이는 그대로 초대 교회에 대물림되어 있습니다. 그랬던 까닭은 물론 일차적으로 선교 효과를 높이기 위함이었겠지만, 그에 못지않게 고난이나 역경을 이기고 생존하는 데도 서로 의지하는 것이 크게 힘이 되었기 때문일 것입니다.

■ 그저 당신께로부터

> "길을 떠날 때에 지팡이 외에는 아무것도, 빵도 여행 보따리도
> 전대에 돈도 가져가지 말라고 명령하시고,
> 신발은 신되 옷도 두 벌은 껴입지 말라고 이르셨다"(마르 6,8-9).

어느 오지 선교지에서 청춘을 바쳐 온 선교사가 있었습니다. 그런데 그가 매달 받는 선교 지원비는 그의 오랜 경력에 비해 매우 적었습니다.

그러던 어느 날 주변의 지인이 이 사실을 알고 그에게 말했습니다.

"당신은 지금 받고 있는 월급보다 훨씬 더 많은 월급을 받아야 합니다. 하느님께서도 당신이 그럴만한 가치가 있다는 것을 알고 계실 것입니다."

그러자 그 선교사는 사뭇 겸손한 몸짓으로 이렇게 답했습니다.

"하느님께서 제 선교직을 귀하게 여겨 주신다면 저는 그것으로 만족합니다. 그리고 제가 받고 있는 월급이 얼마냐는 문제가 되지 않습니다."

스스로 하느님으로부터 봉사의 직분에 부름받았다고 믿는 이들에게 최고의 보상은 하느님의 인정입니다.

이 시대에 선교 현장에서 목숨을 걸고 복음을 전하는 이들에게 급료는 문제가 안 됩니다.

오늘 복음 말씀에서 예수님께서는 그동안 당신과 함께 다니며 당신의

가르침을 받고 많은 치유를 지켜본 제자들을 파견하셨습니다. 이들의 파견 조건은 더욱 열악합니다. 저임금은커녕 무일푼으로 파견하십니다.

"길을 떠날 때에 지팡이 외에는 아무것도, 빵도 여행 보따리도 전대에 돈도 가져가지 말라고 명령하시고, 신발은 신되 옷도 두 벌은 껴입지 말라고 이르셨다"(마르 6,8-9).

아무리 잘 이해하려 해도 가혹한 처사입니다. 하지만 이 조치에는 예수님의 숨은 교육적 의도가 깔려 있었습니다. 바로 아무것도 가져가지 않을 만큼 아빠 하느님께 매달리라는 것이었습니다. 제자들이 무엇을 챙겨 간다는 것은 자기 스스로의 힘으로 무엇인가를 하려 한다는 생각을 들게 할 수 있습니다. 하지만 아무것도 가지고 있지 않을 때, 곧 오직 예수님의 말씀과 하느님의 돌보심에만 의지할 때, 그때에 하느님께서 그들을 이끌어 주신다는 사실을 그들은 체험할 필요가 있었습니다.

결국 오늘 예수님의 이러한 명령은 복음 선포자는 자신의 힘으로 복음을 전하는 것이 아니라 하느님의 이끄심으로 복음을 전할 수 있음을 깨닫게 해 주는 말씀입니다.

무슨 일이건 하느님께 맡기고 살 줄 알아야 합니다. 이것이 지혜이며 믿음입니다. 온전히 맡기고 살 때 하느님께서 역사하십니다. 하느님께 의탁하는 것은 세상을 살아갈 때에도 복음을 전할 때에도 필요한 영적 자세입니다.

참고로 이런 철저한 의탁의 수업이 끝나고 이제 세상의 상황이 완전히 적대적으로 돌변하였을 때 주님께서는 제자들에게 오늘 저 주문을 뒤집는 명령(루카 22,35-36 참조)을 내리셨음을 기억할 일입니다.

■ 부담을 털어라

> "어느 곳이든 너희를 받아들이지 않고 너희 말도 듣지 않으면,
> 그곳을 떠날 때에 그들에게 보이는 증거로
> 너희 발밑의 먼지를 털어 버려라"(마르 6,11).

방금의 말씀 가운데 "너희 발밑의 먼지를 털어 버려라."라는 말씀은 왠지 매정하게만, 비정하게만 들려옵니다. 하지만 이 말씀은 결코 저주의 말씀이 아니고 복음을 전하는 이로 하여금 부담감을 털어 주는 조치였습니다. "일단 전하는데 최선을 다했으면 그 결과에 미련을 두지 말라. 그 결과의 책임은 전한 사람에게 있지 않고, 들은 사람에게 있는 것이니라!" 이런 의미였던 것입니다.

우리는 이런 마음가짐으로 그저 편하게 복음을 전하기만 하면 되는 것입니다. 그리고 결과는 하느님께 맡기는 것입니다. 그러다 보면, 시간 속에서 나도 모르는 사이에 선교의 결실이 맺어지기도 하는 것입니다. 『가톨릭신문』에 실린 박 사도 요한 형제의 증언이 그 좋은 예입니다.

30여 명의 배우들과 지방으로 공연을 다니던 시절이 있었다. 오늘은 충청도 내일은 전라도 관객이 많이 들어야 쥐꼬리만한 출연료라도 받고 숙식 정도만을 해결할 수 있는 유랑 극단이었다.

그때는 출연도 하고 극단의 단장 대신 재정도 관리하는 총무이자 무대 감독까지 1일 3역의 중책을 맡았던 터라 극단의 안녕과 무사고를 위해 공연지에 도착하면 먼저 성당을 찾아 기도하고 짐 꾸러미 속에 지니고 다니는 '최후의 만찬' 성상을 머리맡에 꺼내 두고 아침저녁으

로 기도를 하곤 했다.

젊은 단원들이 많아 몇몇은 저녁 공연이 끝나면 시장 바닥을 훑으며 유흥장이나 술집으로 돌아다니고 또 공연 중 점찍어 둔 여자들을 유혹하여 외박 나갔다 돌아오는 것을 멋으로 생각하기도 했다.

지금은 고인이 되었지만 후에 목사가 된 후배가 있었는데 주인공을 맡는 덕분에 그 주위에는 항상 여자들이 따랐고 숙소에 돌아올 때는 술에 취해 시끌벅적하기 마련이었다. 따라서 기도하고 있는 나와 마주치는 일이 종종 있었다.

"어이구, 예수쟁이 또 기도야? 이러니 흥행이 돼? 이 청승맞은 꼴 좀 봐. 연극 때려치우고 절에나 가!"

극단이 해산될 무렵 TV 방송국이 개국되자 그는 재빨리 탤런트로 변신하여 오랫동안 인기를 얻었는데, 어느 날 갑자기 목사가 되었다며 브라운관에서 사라졌다.

미련하게 연극만 고수하던 나는 실화극장이라는 드라마에 김일성 역으로 뒤늦게 등장했다. 그리고 몇 년 후 동료 모친의 문상 때 그를 만나게 됐다.

"어이구, 박 형 오랜만이요. […] 무신론자인 나를 예수님 앞에 끌고 가 무릎 꿇게 한 건 기도하던 형의 그림자였소."[40]

내가 무심코 긋는 성호가 미구에 누군가를 성당으로 이끌 수도 있는 것입니다. 내가 순간적으로 건넨 따뜻한 손이 먼 훗날 누군가의 영혼을 주님께 이끄는 손이 될 수 있는 것입니다.

나는 다만 전하기만 하면 되는 것입니다. 결과는 내가 책임질 일이 아닙니다. 그 이후는 듣는 이의 몫이며, 하느님의 몫인 것입니다.

함께 기도하시겠습니다.

주님, 복음을 전할 때에 제게 부담을 덜어 주셔서 감사합니다.

저는 그저 제가 할 수 있는 방법과 능력으로 최선을 다하겠습니다. 결과는 주님께 맡기나이다.

주님께서 복음의 씨앗을 틔우시고, 키우시고, 자라게 하시고, 열매 맺게 해 주소서.

우리 주 예수 그리스도를 통하여 비나이다. 아멘!

연중 제16주일: 마르 6,30-34

주님께서 지니신 마음

"예수님께서는 […] 가엾은 마음이 드셨다"(마르 6,34).

1. 말씀의 숲

예수님께서 파견하신 사도들의 활동은 헤로데 안티파스의 경우 이외에는 성공적이었습니다. 그들이 예수님께 활동에 대해 보고를 드리자 많은 군중들이 예수님께 운집해 왔습니다(마르 6,30-33 참조). 어원적으로 '파견되다'에서 나온 '사도들'이라는 말은 파견된 사람들을 지칭합니다.

예수님께서는 사명을 마치고 돌아온 열두 사도들에게 인적이 없는 한적한 곳으로 가서 잠시 동안 휴식을 취해 피로를 회복하라고 이르셨습니다. 그들은 많은 사람들이 모여드는 바람에 음식을 들 여유조차 없었던 것입니다(마르 6,31-32 참조).

그런데 예수님께서 군중들을 피해 홀로 계시기 위해 한적한 곳으로 피해 가셨지만, 그들이 다시 모여들었던 것처럼(마르 1,35-37.45 참조), 사도들의 경우에도 그러했습니다. 사도들은 군중들을 떠나 배를 타고 한적한 곳으로 갔습니다. 모든 마을에서 온 많은 사람들은 그들이 가는 것을 보고서 도보로 그들보다 먼저 뛰어갔습니다(마르 6,32-33 참조). 예수님의 제자가 되는 것은 이렇게 그분의 생활 양식을 본받아 사생활이나 심지어 식생활도 마음대로 할 수 없을 만큼의 전적 투신을 요구합니다. 제자들이 피해 간 곳은 예수님께서 찾아온 군중들을 기적적으로 배불리 먹이시는 곳이 됩니다(마르 6,34-44 참조).

예수님께서 배에서 내려 모든 도시에서 벌써 와 있는 대군중을 보고 측은히 여기셨습니다. 왜냐하면 그들이 '목자 없는 양들'과 같았기 때문입니다(마르 6,34 참조). 이 말은 구약성경에서 하느님이 목자가 없는 이스라엘 백성을 위해 한 목자를 주시겠다는 약속을 연상하게 합니다. 하느님은 다윗의 후손들 중에 한 임을 뽑아 당신 백성을 목자로서 보살피고 부양하게 하시겠다고 약속하셨습니다(에제 34,23 참조). 이스라엘의 지도자들은 참된 목자의 구실을 다하지 않았습니다(1열왕 22,17; 에제 34,5 참조). 당신 백성에 대한 하느님의 자비심을 가져 기적적으로 군중들을 먹이시는 예수님께서는 다윗의 후손으로서 세말의 하느님 백성을 부양하는 목자이십니다. 예수님의 목자 직분은 빵을 많게 하신 기적을 통해 그들을 가르치기 시작하신 데서 성립합니다(마르 6,34 참조). 그들은 예수님의 구원 활동을 보고 들음으로써 그분이 무엇을 가르치시는지를 파악하고 굶주림을 해소할 수 있다는 것입니다.

그런데 이야기의 끝은 "그들에게 많은 것을 가르쳐 주기 시작하셨다."(마르 6,34ㄷ)라고 했습니다. 어떻게 된 일일까요? 예수님께서는 제자들과 함께 휴식을 가지려고 하셨는데, 쉬는 것은 고사하고 먹을 겨를도 없이 또다시 사람들을 가르치고 계셨습니다. 이것은 분명히 예수님께서 계획하셨던 일이 아니었습니다. 예수님의 뜻과는 상관없이 일이 벌어졌고 그러자 예수님께서는 그 상황에 맞추어 일하셔야 했습니다.

예수님께서는 바로 군중을 보시고 당신의 내장이 전부 끊어지는 듯한 심한 고통을 느끼실 수밖에 없었습니다. 그리고 예수님만이 이 상황을 판단하고 계셨습니다. 누군가가 나서서 이 사람들을 돌봐야 했습니다. 목자 없이 이리저리 방황하는 양 떼를 책임질 사람이 필요했습니다. 그러자 예수님께서는 그들을 여러모로 가르치기 시작하셨습니다. 예수님께서는 단순한 목동이 아니라 가르침을 베푸는 목자, 스승이셨기 때문입니다.

아무런 계획도 뜻도 없이 몰려다니는 군중에게 필요한 것은 가르침이었습니다. 가르침이 그들을 하나의 백성으로 만들어 줄 것입니다. 말씀이 하나의 공동체를 만들어낼 것입니다.

2. 말씀 공감

■ 이게 제 보고서입니다

> "사도들이 예수님께 모여와,
> 자기들이 한 일과 가르친 것을 다 보고하였다"(마르 6,30).

제자들은 예수님의 얼굴을 보고 벌써 두근두근했을 것입니다. 주님 주신 그 능력으로 맺은 값진 열매들을 얼마나 말씀드리고 싶었을까요.

문득 나를 돌아봅니다. '나는 이담에 예수님 만나면 무엇부터 보고하지?'

속으로 '아차!' 싶은 분들, 속으로 '아싸!' 외치는 분들…. 제 눈앞에 벌써 그려지는 듯합니다.

언제나 그렇지만 우리에게는 충분한 시간이 있습니다. 여기 아직도 머뭇머뭇대는 우리에게 작은 성찰을 일깨워 주는 한 사람을 소개해 봅니다.

들꽃이 먼저 봄을 알리는 3월. […] 요셉 성인의 달.

비록 80이 넘은 나이지만, 어린이 같은 순수함과 주님을 향한 열정으로 가난한 이웃을 위해 헌신하는 서울 '요한의 집' 김 사도 요한 원장을 만나 보았다. 그는 […] 부모가 없거나 가정 해체로 버려진 아이들의 아버지가 되어 그들을 사랑으로 보살피고 있다. […]

1990년 과수원에서 귤을 선물받은 그는, 너무 많아서 나눠 먹어야겠다는 생각으로 서울역을 찾아갔다. 그곳 노숙자들에게 귤을 나눠 주는데 별로 좋아하지 않더란다. 그 이유를 물어 보니, 자신들에게 필요한 것은 과일이 아니라 밥이라는 대답이 돌아왔다. 그는 그 일을 계기로 노숙자 무료 급식을 시작했다. 집에서 밥과 반찬을 해서 승용차로 실어 날랐다. 그게 입소문이 퍼지면서 식사를 하러 오는 사람이 500명이 넘고, 많은 날은 1,000명이나 되었다. […]

그러던 중 2006년 그의 부인이 하느님의 품으로 갔다. 그 뒤, 무료 급식은 어쩔 수 없이 중단되었다. 무료 급식을 위해 밥과 반찬을 해 줄 사람도 마땅히 없었고, 무엇보다 새로 세운 청소년 시설 '요한의 집' 아이들을 부인 없이 그 혼자 온전히 돌봐야 했기 때문이다. […]

김 원장은 요한의 집이 생긴지 30년이 되었지만, 아이들을 사회의 따가운 시선에서 보호하기 위해 그 어디에도 간판을 붙이지 않았다고 한다. 시설임에도 가정집처럼 꾸민 이유도 그래서다. 아무리 아이들을 이해한다고 해도, 부모 없이 살아 보지 않은 이상 아이들의 아픔을 그들처럼 알 수 없기에, 그들에게 상처가 되지 않도록 최대한 배려해 주고 있다고. […]

주님께서 건강을 주신 만큼 할 수 있는 날까지 아이들을 위해 살겠다고 하는 그. […] 그의 바람대로 아이들이 성장해서 잘 자립하기를, 또한 우리 모두 어려운 사람을 돕는 일에 동참해서, 이 세상에 불우한

이들이 줄어들기를 희망해 본다.[41]

단 한 방의 감동보다 슬그머니 스며드는 감동으로 우리의 심금을 움직이는 이야기였습니다.

"사도들이 예수님께 모여 와, 자기들이 한 일과 가르친 것을 다 보고하였다"(마르 6,30).

모르긴 몰라도 요한 원장의 보고는 그 자신이 아니라 그의 돌보심으로 허기를 견뎌낸 숱한 증인들이 대신해 주지 않을까요.

■ 진정한 휴식

> "너희는 따로 외딴곳으로 가서 좀 쉬어라"(마르 6,31).

본디 쉼의 문화는 구약성경의 안식일에서 왔습니다. 쉼의 철학이라든가, 쉴 권리라든가 하는 모든 것이 안식일 개념에서 파생된 것입니다. 알다시피 6일간 일하고 7일째 쉬는 일주일 개념은 하느님의 창조에서 기원한 것입니다. 다른 어느 종교에도 일주일 단위의 주기 개념은 없었습니다.

어쨌든 주일을 중심으로 한 공휴일 제도가 인류의 공동 문화가 된 것은 좋은 일입니다. 그런데 공휴일 개념에서 '주일' 개념이 제거되다 보니까 주일을 지켜야 한다는 생각이 오히려 엷어지는 요즘입니다.

휴식의 측면에서는 발전인지 모르겠으나, '주일'의 측면에서는 일탈의 빌미라고 보는 것이 옳겠습니다. 왜냐하면 점점 길어지는 주말 문화가 주일에 대한 엄격한 준수 정신을 이완시키는 성향을 띠기 때문입니다. 휴일이 길어지니까 '안식일' 또는 '주일'을 지킬 수 있는 여건이 훨씬 좋아졌는데, 실상은 휴일의 재미에 빠져 미사 참례를 거르고 싶어지는 유혹이 더 커진 꼴입니다.

진정한 휴식은 과연 어디에서 어떻게 이루어지는 것일까요?
"너희는 따로 외딴곳으로 가서 좀 쉬어라"(마르 6,31).
주님께서 제자들에게 권유한 그 외딴곳은 어떤 곳이었을까요? 풍광이 뛰어난 곳일까요? 공기가 맑은 곳일까요? 어디가 되었건 호젓하게 주님의 아늑한 품을 느낄 수 있는 곳이 아니었을까 여겨집니다.

꼭 주일이 아니라도 휴식이 필요할 때 주님의 품에 안기는 지혜가 필요하겠습니다. 『가톨릭평화신문』에 소개된 한 형제의 이야기입니다.

그 형제는 새벽 시장에서 일하고 있었습니다. 한때 경기가 좋던 시절도 있었습니다. 장사가 너무나 잘 돼 돈을 일일이 셀 시간이 없었던 때도 있었습니다.

하지만 안타깝게도 경기가 너무 좋지 않아 현상을 유지하기에도 급급하게 되었습니다. 그래도 한밤중에 물건을 구매하러 올라오는 지방 상인들을 맞이하려 저녁 무렵 출근하여 새벽까지 가게를 본다고 했습니다. 여명이 밝아올 쯤, 잠시 가게 문을 닫아 건답니다.

피곤에 지친 몸을 이끌고 향하는 곳은 침대도 아니요, 사우나도 아니요, 성당이랍니다. 새벽 미사가 시작되기 전 그 어둠을 뚫고 몇몇 신자 상인들은 성당으로 모인답니다. 그 이른 새벽녘에 미사 전까지 성체조배를 한답니다.[42]

그전에는 제가 신자들에게 이런 미담을 전해 줄 때, 서로 공감을 많이 했습니다.

"그렇지, 그렇지, 성체조배가 최고지. 그게 진짜 쉼이고 충전이지!"

이런 식으로 맞장구를 쳤습니다. 하지만 안타깝게도 점점 이런 신앙을 찾아 만나기가 쉽지 않습니다. 그런 신앙을 가진 이는 '희귀종' 소리 듣기에 딱 알맞습니다.

이럴수록 우리는 꾸준해야 합니다. 옛날에는 성인이 되기가 참 어려웠습니다. 다들 열심했기 때문입니다. 하지만 요즈음엔 꾸준함만으로도 성인 소리 들을 수 있습니다.

조금 더 세월이 흐르면 성당에 나가는 것만으로도 귀빈 대접 받는 날이 올지도 모르겠습니다.

■ **주님의 돌보심**

> "예수님께서는 배에서 내리시어 많은 군중을 보시고 가엾은 마음이 드셨다"(마르 6,34).

애써 쉬러 온 그들 앞에 또다시 군중들이 기다리고 있었습니다. 휴식은커녕 사생활도 보장받지 못하는 것입니다. 보통 사람 같으면 화가 났을 것입니다. 그런데 예수님께서는 달랐습니다. 당신을 쉴 틈도 없게 만드는 그들을 조금도 귀찮아하지 않으셨습니다.

예수님께서 행하시는 특별한 역사는 언제나 가엾이 여기는 마음, 곧 '연민'에서 비롯됩니다. 알다시피 '연민'은 성경에서 내장 또는 창자가 끊기는 아픔을 뜻하기도 하고 자궁의 모성애를 뜻하기도 합니다. 이는 예수님의 모든 구원 활동, 특히 기적과 치유 행위의 내적 동기였다고 말해도 과언이 아닙니다.

때로 예수님께서는 우리를 통해 "가엾은 마음"을 품기도 하십니다.

오늘날에는 누구나 그 혜택을 누리고 있는 마취제. 이것이 없던 시절, 환자에게 수술은 얼마나 큰 공포이며 고통이었을까요. 이를 보다 못한 한 의사가 기도와 연구로써 개발한 것이 바로 마취제입니다.

산부인과 의사였던 제임스 심프슨 경Sir. James Young Simpson(1811-1870)은 당시 많은 환자를 수술하면서, 수술 중 환자가 받는 고통에 대하여 매우 가슴 아파 했습니다. 그러던 어느 날 그는 성경을 읽다가 창세기 2장 21절의 말씀에 감명을 받았습니다.

"주 하느님께서는 사람 위로 깊은 잠이 쏟아지게 하시어 그를 잠들게 하신 다음, 그의 갈빗대 하나를 빼내시고 그 자리를 살로 메우셨다"(창세 2,21).

심프슨은 하느님께서 아담을 잠재우시듯 환자를 깊이 잠재워 놓으면 고통 없이 수술을 무사히 끝낼 수 있을 것이라고 생각했습니다. 그는 기도하며 수술용 마취제 개발에 노력하였습니다. 1847년, 그가 그의 조수인 커즈 박사와 함께 클로로포름이란 액체를 시험하던 중, 증발된 기체를 맛보고 완전한 마취제를 발견하게 되었습니다. 이후 1853년, 빅토리아 여왕이 왕자를 분만할 때 이 클로로포름을 사용하여 수술에 성공함으로써 경(Sir)의 칭호를 받았습니다.

'병마와 싸우는 고통'과 '수술 중 느끼는 고통'의 이중고를 겪는 모든 환자들을 향해 느꼈던 한 의사의 "가엾은 마음", 그 이상으로 예수님께서는 오늘 우리들의 애환을 바라보고 계십니다.

함께 기도하시겠습니다.

주님, 우리가 힘들고 고통 중에 있을 때, 주님은 우리에게 가엾은 마음을 품으십니다. 주님의 연민은 찬미 받으소서.

주님, 우리가 죄 짓고 잘못했을 때, 주님은 우리에게 자비의 마음으로 용서해 주십니다. 주님의 자비는 감사 받으소서.

주님, 우리가 헐벗고 굶주렸을 때, 주님은 우리에게 돌보심의 마음으로 필요를 채워 주십니다. 주님의 돌보심은 영광 받으소서.

우리 주 예수 그리스도를 통하여 비나이다. 아멘!

연중 제17주일: 요한 6,1-15

감사 기도

"예수님께서는 눈을 드시어 많은 군중이 당신께 오는 것을 보시고"(요한 6,5)

1. 말씀의 숲

시작부터 요한 복음사가는 이 기적이 파스카 축제 무렵에 일어났음을 부각시킵니다(요한 6,4 참조). 아마도 예수님께서 제정하신 성체성사에 대한 가르침(요한 6,51-58 참조)을 염두에 둔 신학적 의도가 반영된 상황 묘사라고 여겨집니다.

이야기는 산 위에서 펼쳐지고 있습니다. 군중이 예수님께 몰려오는 곳도 산 위고 예수님께서 사람들에게 먹도록 하는 곳도 산 위입니다. 뜻하지 않았던 식사가 벌어지는 이곳에서 예수님께서는 새로운 세계, 하느님의 세계를 보여 주실 것입니다. 예수님께서는 넌지시 필립보에게 물으셨습니다. "저 사람들이 먹을 빵을 우리가 어디에서 살 수 있겠느냐?"(요한 6,5)

필립보와 안드레아의 대답은 실망스러웠습니다. 거의 아무것도 아닌 빵 다섯 개와 물고기 두 마리로 무엇을 할 수 있겠는가? 그들은 절망적이었습니다. 엘리사의 시종처럼 말입니다(2열왕 4,43 참조). 게다가 이번에는 더 엄청난 차이가 나는 처지이기 때문입니다. 장정만도 오천 명이나 되는데 고작 빵 다섯 개라니 말입니다. 더욱이 제자들에게는 이백 데나리온이나 되는 돈도 없었습니다. 어린아이가 가지고 있는 것이 고작인데 별 도움이 안 될 것 같았습니다. "여기 보리 빵 다섯 개와 물고기 두 마리를 가진 아이가 있습니다만, 저렇게 많은 사람에게 이것이 무슨 소용이 있겠습니까?"(요한 6,9)

그러자 예수님께서는 사람들을 앉히도록 명령하셨습니다. 여기서 군중이 앉아서 빵을 먹었던 곳에 풀이 많았다는 구체적인 상황 묘사(요한 6,10 참조)는, 우선 야훼께서 목자로서 당신의 백성을 인도하는 "푸른 풀밭"(시편 23,2)을 연상케 해 주고, 삭막한 광야와 대조되는 상황 묘사로서 축제 분위기를 돋우어 줍니다.

예수님께서는 빵을 들고 감사의 기도를 드리신 다음 자리 잡은 이들에게 나누어 주셨습니다. 생선도 나누어 주셨습니다. 어떻게 된 일일까요? 빵은 어떻게 많아졌을까요? 그리고 생선은? 그러나 이야기는 이 사실에 대해서 아무것도 말하지 않았습니다. 단지 그 결과만을 밝혀 주었습니다. 모두들 배불리 먹었고 남은 것은 버리지 않고 거두어 들였다고 말입니다. 사람들이 보리 빵 다섯 개를 먹고 남긴 조각으로 열두 광주리를 채웠습니다. 앞에서 엘리사는 사람들이 먹고도 남을 것이라는 주님의 말씀이라도 들려주었지만, 예수님께서는 아무것도 말씀하시지 않았습니다.

군중에게 빵이 필요하다고 말씀하신 분은 예수님이셨습니다. 군중도 제자도 아무도 예수님에게 빵을 청하지 않았습니다. 표징을 보고 여기까지 왔던 군중들은 두 가지 반응을 보였습니다. 첫 번째 반응은 예수님을 예언자로 보는 것이었습니다. 그리고 두 번째 반응은 예수님을 왕으로 삼고자 하는 것이었습니다. 그러나 예수님께서는 이를 거부하며 산으로 물러가셨습니다. "내 나라는 이 세상에 속하지 않는다"(요한 18,36).

예수님께서 산으로 가신 이유는 사람들이 그를 왕으로 삼으려 했기 때문입니다.

여기서 공관복음서에 나타나는 유혹 사화가 떠오릅니다. 예수님께 세상의 권력과 명성을 권하는 것은 유혹입니다. 더구나 그가 그토록 사랑하는 '사람', 즉 그가 그토록 모으고 싶어 하는 양 무리가 그에게 모여와서 바라며 요구하는 것, 그것은 분명 유혹이었을 것입니다. 당신을 지도자로 모시고 싶어 하는 무리들의 청을 들어 주며 하느님 나라를 교육할 수는 없었을까? 예수님께서는 그들이 표징의 뜻을 깨달은 것이 아니라 배불리 먹었기 때문에 당신을 찾는 것을 알고 계십니다.

하지만 예수님께서는 속지 않으십니다. 그분은 사람들의 움직임을 보시며 그 속의 근본 원인을 꿰뚫어 보십니다. 바로 그 자리에 생명을 넣고 싶어 하십니다.

2. 말씀 공감

■ 필립보식 사고와 안드레아식 사고

> "이는 필립보를 시험해 보려고 하신 말씀이다"(요한 6,6).

예수님께서 시험해 보시려고 군중의 저녁거리 조달 방안을 묻자 필립보와 안드레아는 전혀 다른 태도를 보였습니다.

먼저 필립보 사도가 다음과 같이 응답했습니다. "저마다 조금씩이라도 받아 먹게 하자면 이백 데나리온어치 빵으로도 충분하지 않겠습니다"(요한 6,7).

필립보 사도는 현실적으로 대답하였습니다. 상황을 객관적으로 인식하고 어떻게 해야 옳을지 상식적이고 인간적인 방안을 제시하였습니다. 아직 그는 철저히 세상의 사람이었습니다. 사회 논리와 경제 논리에 충실하였던 것입니다. 필립보는 '도저히 안 되는 일'이라고 단정하고 있습니다. 필립보의 대답은 일리가 있지만 해답은 아닙니다.

그때 베드로의 동생 안드레아가 불쑥 나섭니다. "여기 보리 빵 다섯 개와 물고기 두 마리를 가진 아이가 있습니다만, 저렇게 많은 사람에게 이것이 무슨 소용이 있겠습니까?"(요한 6,9)

안드레아 사도는 신앙적으로 응답하였습니다. '남자만 오천 명 가량'이 되는 군중임을 감안할 때 "도대체 그걸 누구 입에 붙이려고!"라는 핀잔을 듣기에 딱 알맞은 고작 '물고기 두 마리와 빵 다섯 개'를 가지고 와서 뭔가를 막연하게 기대하는 미련한 태도를 보였던 것입니다. "혹시 이거라도 쓸모가 있으면 어떻게 좀 해 보시겠습니까?"라는 그야말로 판단력 부족의 무모한 의탁이었던 것입니다. 놀랍게도 예수님께서는 이런 믿음을 해결의 실마리로 삼으셨습니다.

같은 문제를 바라보는 두 사람의 시각은 크게 차이가 있었습니다. 필립보는 누구나 공감할 수 있는 합리적인 말을 했지만 그것이 해답은 아닙니다. 안드레아는 이성적으로 말하지 않았지만, 주님께서 원하시면 어떤 기적이 일어날 것을 믿고 가능한 최선을 드렸습니다. 하느님께서는 우리에게 할 수 없는 일을 하라고 강요하지 않으십니다. 우리가 가진 시간, 환경, 능력 안에서 최선을 다하라는 것이 주님의 뜻입니다. 우리가 '최선의 것'을 드리면 예수님께서는 그것을 사용하셔서 기적을 일으키십니다.

필립보는 비관적이고 부정적인 생각을 가졌고, 안드레아는 희망적이고 긍정적인 믿음을 가졌습니다. '안 되는 일이지만 주님께서는 하실 수 있습니다.'라는 생각을 가졌습니다. 필립보는 예수님의 결정을 알아차리지 못했지만, 안드레아는 예수님의 의도를 읽고 있었습니다. 기적은 하느님의 뜻과 말씀으로 일어나는 것이지, 인간이 계획한다고 일어나는 것이 아닙니다. 예수님께서는 허기진 무리를 먹일 것을 결정하셨고 안드레아는 그 의도를 충분히 읽었습니다. 따라서 예수님께서는 안드레아가 내놓은 최선의 것을 매개로 해서 큰 기적을 베푸십니다.

오늘의 기적 이야기에서 우리가 주목해야 할 또 한 사람이 있습니다. 우리는 소년을 그냥 지나칠 수 없습니다. 그가 바친 것은 많은 것이 아니었습니다. 그러나 그가 가진 것에서 예수님께서는 기적의 소재를 찾아내신 것입니다. 만일에 그 소년이 오기를 거절하고 빵과 물고기를 숨기고 있었다면 역사상에 하나의 위대하고도 찬란한 행위는 일어날 수 없었을 것입니다. 예수 그리스도는 우리가 그분께 바칠 수 있는 바를 필요로 하신다는 것은 사실입니다. 우리가 드릴 것이 많지 못해도 그분께서는 우리가 가지고 있는 것을 필요로 하십니다.

만일 우리가 있는 그대로를 예수 그리스도의 봉사의 제단에 바친다면 그리스도께서는 우리를 가지고 그리고 우리를 통하여 어떤 기적을 행하실지 모릅니다. 우리는 가지고 갈 것을 많이 가지고 있지 못하다고 하여 유감으로 생각하거나 곤란하게 생각하고 있을지도 모릅니다. 분명히 그렇기는 합니다. 그러나 그것은 우리가 가지고 있는 것과 우리 있는 그대로를 바치지 못한다거나 바치기를 거절할 만한 타당한 이유가 못됩니다. 그리스도의 수중에서는 언제나 적음도 많음인 것입니다.

■ 부끄럽더라도

> "여기 보리 빵 다섯 개와 물고기 두 마리를 가진 아이가 있습니다만, 저렇게 많은 사람에게 이것이 무슨 소용이 있겠습니까?"(요한 6,9)

안드레아는 확신이 없었습니다. 스승님의 능력이 대단하신 줄은 알고 있었지만, "보리 빵 다섯 개와 물고기 두 마리"는 오천 명이라는 숫자에 비할 때 게임이 될 리 없어 보였던 것입니다.

인간의 머리를 아무리 굴리고 계산을 해봐야 소용없는 일! 하지만 안드레아가 만일 예수님께 아이가 가진 것을 보고조차 안 했더라면, 빵의 기적은 이루어질 수 없었겠지요.

이처럼 일말의 희망이라도 갖고 주님께 의탁하는 자세, 또는 매달리는 자세…. 사실 이는 오늘을 사는 우리 그리스도인들의 전매특허라 할 수 있는 신앙생활의 모습일 터입니다. 그 믿음의 크기가 100퍼센트 전적인 믿음이라면 좋으련만, 때론 반신반의하기도 하고, 때론 아예 기대조차 저버립니다.

하지만 오늘 복음에서 보듯 0퍼센트의 믿음은 결국 아무런 변화를 일으키지 못합니다. 안드레아처럼 아주 작은 믿음이라도 우리에게 있을 때, 주님은 움직이십니다. 물론 그 믿음이 100퍼센트라면 100을 주십니다.

어떤 자매의 고백입니다. 그 자매는 오랜 시간 신앙생활을 충실히 해왔습니다. 그 자매의 남편 역시 교우였습니다. 그런데 그들에게 뜻하지 않은 시련이 갑작스럽게 닥쳐왔습니다. 남편이 뇌출혈로 쓰러진 것입니다. 자매는 남편을 황급히 병원으로 데려갔고, 다행스럽게도 즉시 수술이 시작될 수 있었습니다.

수술은 두 시간 남짓 진행되었습니다. 수술이 끝나고 남편은 중환자실에 입원하게 되었습니다. 안타깝게도 상태는 나아지지 않았고, 반신불수 상태와 더불어 마비 증세까지 찾아왔습니다. 수차례 반복되는 재활 치료에도 호전되지 않았습니다.

물 한 모금도 넘길 의욕이 없을 정도로 큰 절망에 빠진 자매가 할 수 있는 것은 오직 기도뿐이었습니다. 매일 병원 성당과 남편의 침대를 오가며 묵주기도를 바쳤습니다. 자매의 소식을 들은 본당 교우들과 딸들, 조카들, 언니도 함께 기도했습니다.

남편의 침대 머리 위에는 십자고상이 있었습니다. 자매는 그 십자고상을 보고 남편의 얼굴을 바라보며 '그래도 주님께서 우리를 지켜 주신다'는 믿음을 가질 수 있었다고 합니다. 남편은 중환자실에 15일 정도 있다가 일반 병실로 옮겨졌고, 여전히 차도는 없었습니다.

그러던 어느 날, 남편을 휠체어에 앉혀 병원 로비로 산책을 나갔는데, 자매가 남편에게 "당신 성모님 못 뵌 지 오래 됐지? 성모님 한 번 봐."라고 말했습니다. 그런데 그때 기적이 일어났습니다. 고개도 하나 까딱 못하던 남편이 미세하게 고개를 움직여 성모님을 본 것이었습니다.

의사는 그 자매에게 '남편은 회복하기 어려울 것이며, 회복하더라도 휠체어 신세를 면치 못할 것'이라고 말했습니다. 그런데 그 자매가 성모님에 대한 공경심을 가지고 도움을 요청한 순간 남편에게 기적이 일어난 것입니다. 그 후 남편에게 점차 재활 치료의 효과가 나타나더니 석 달 뒤에는 완전히 회복하여 퇴원까지 하게 되었다고 합니다. 이 자매는 말로 다 할 수 없는 감사를 표하며 글을 마쳤습니다.[43]

누군가는 이 체험이 읽혀지는 동안, 이런 생각이 불쑥 들었는지도 모

르겠습니다. '묵주기도 5단을 꼬박 바쳐 댔다지만, 과연 그것이 전신마비가 풀리는데 소용이 될까?'

답은 들으신 그대로입니다. 그리고 모든 가능성의 문은 언제나 열려 있습니다. 여러분은 그 기회를 100으로 만드시겠습니까? 0에서 머무르시겠습니까?

"여기 보리 빵 다섯 개와 물고기 두 마리를 가진 아이가 있습니다만, 저렇게 많은 사람에게 이것이 무슨 소용이 있겠습니까?"(요한 6,9)

■ **군말 없이 감사합니다**

> "예수님께서는 빵을 손에 들고 감사를 드리신 다음"(요한 6,11)

제 기도의 99%는 감사 기도입니다. 사실 100%라고 말해야 옳을 것입니다. 1%의 공차를 둔 것은 혹시 무의식중에 놓쳤을지도 모르는 순간을 감안해서입니다.

"어떻게 그것이 가능한가?"

혹자는 물을지도 모릅니다. 답은 명료하고 간단합니다. 어떤 기도를 바치건 그 마지막을 감사로 장식하는 것입니다.

청원 기도를 바친다고 해 봅시다. 청원을 아뢴 후 저는 다음과 같이 끝을 맺습니다.

"아빠 아버지, 제 기도를 이미 들어 주셔서 감사드립니다. 아멘!"

탄원 기도를 바칠 때도 마찬가지입니다. 저는 감사로써 마감하는 것을 잊지 않습니다.

"아빠 아버지, 제 한탄에 귀 기울이시며 제 구시렁을 들어 주시고, 제게 자비를 베풀어 주셔서 감사드립니다. 아멘!"

말 그대로 감사 기도를 바칠 때는 그 자체로 리얼한 감사의 표현이 되지만, 감사의 밀도는 외려 밍밍할 따름입니다.

고백하거니와, 감사 기도의 축복은 그 어떤 기도보다도 큽니다. 원하는 바를 누리게 해 줄 뿐 아니라 이미 누리고 있는 것을 몇 갑절로 부풀려 줍니다. 저는 30년을 채워 가는 제 사제직 수행에서 이 사실을 확인했습니다. 이런 의미에서 저는 감사 기도의 즐거운 홍보대사입니다.

오늘 복음은 예수님께서 빵 다섯 개와 물고기 두 마리로 오천 명을 먹이고도 남는 기적을 행하실 때, 감사 기도를 먼저 바치셨다고 전합니다.

예수님께서는 "빵을 손에 들고 감사를 드리신 다음"(요한 6,11) 빵을 나누게 하셨습니다. 여기서 '감사를 드리다'를 뜻하는 그리스어 에우카리스테오_eucharisteo_가 감사 기도의 중요성을 크게 강조해 주고 있습니다.

감사 기도의 힘은 우리의 일상에서도 발휘됩니다.

바오로 사도는 우리에게 이렇게 권고합니다.

"언제나 기뻐하십시오. 끊임없이 기도하십시오. 모든 일에 감사하십시오. 이것이 그리스도 예수님 안에서 살아가는 여러분에게 바라시는 하느님의 뜻입니다"(1테살 5,16-18).

감사하는 사람에게는 어떤 일이 생깁니까? 어떤 상황에서도 하느님의 은총을 느끼게 됩니다. 내가 어떤 비참한 지경에 빠지더라도 하느님의 구원을 믿을 수 있고, 지금 느끼는 이 불행을 하느님께서 친히 복으로 바꿔 주시리라는 희망을 가지고 살 수 있게 됩니다. 그러면 불행은 곧 축복이 됩니다. 이미 받은 복에 복을 더하는 것입니다.

이러한 이유에서 감사 기도는 의무가 아니라 비밀스런 즐거움이고, 감사 기도를 모르는 것은 무례가 아니라 어리석음입니다.

함께 기도하시겠습니다.

주님, 감사합니다. 지금 이대로 감사합니다.
주님, 감사합니다. 지금 저희의 이 처지 군말 없이 감사합니다.
주님, 감사합니다. 지금 저희의 이 결핍 믿음으로 감사합니다.
우리 주 예수 그리스도를 통하여 찬미드리나이다. 아멘!

연중 제18주일: 요한 6,24-35

영원한 생명을 누리게 하는 양식

"나에게 오는 사람은 결코 배고프지 않을 것이며,
나를 믿는 사람은 결코 목마르지 않을 것이다"(요한 6,35).

1. 말씀의 숲

오늘 복음을 기점으로, 우리는 4주간 요한 복음 6장에 나타난 예수님 말씀의 깊은 의미들을 짚어 봅니다.

오늘 예수님께서는 당신의 기적만을 보고 따라 다니는 군중들에게 "썩어 없어질 양식을 얻으려고 힘쓰지 말고, 길이 남아 영원한 생명을 누리게 하는 양식을 얻으려고 힘써라."(요한 6,27)라는 말씀을 주십니다.

이 대목은 공관복음서에서 예수님께서 공생활을 하시기 전 광야에서 받은 40주야간의 유혹에 나온 악마와의 대화 중, "사람은 빵만으로 살지 않고 하느님의 입에서 나오는 모든 말씀으로 산다."(마태 4,4)를 떠오르게 합니다.

예수님의 이 말씀과 오늘 말씀을 비교해 보면, "썩어 없어질 양식"과 "빵"이 대조되고, "영원한 생명을 누리게 하는 양식"과 "하느님의 입에서 나오는 모든 말씀"이 대조되면서 각각의 의미가 상통함이 드러납니다. 그러기에 "하느님의 입에서 나오는 말씀", 곧 '로고스'이신 예수님께서는 "영원한 생명을 누리게 하는 양식"으로서 당신 자신을 우리에게 내어 주십니다. 그러기에 당신을 "생명의 빵"(요한 6,35)이라 말씀하십니다.

2. 말씀 공감

■ 세상 사람들이 알지 못하는

> "너희는 썩어 없어질 양식을 얻으려고 힘쓰지 말고, 길이 남아 영원한 생명을 누리게 하는 양식을 얻으려고 힘써라"(요한 6,27).

지난주 복음 말씀에서 우리는 예수님께서 빵 다섯 개와 물고기 두 마리로 오천 명을 먹이신 기적 이야기를 들었습니다. 이렇게 빵을 배불리 먹은 군중은 점점 더 예수님께 몰려듭니다.

그때 예수님께서는 이렇게 말씀하십니다.

"너희는 썩어 없어질 양식을 얻으려고 힘쓰지 말고, 길이 남아 영원한 생명을 누리게 하는 양식을 얻으려고 힘써라"(요한 6,27).

여기서 "영원한 생명을 누리게 하는 양식"은, 예수님께서 공생활 직전 광야에서 악마의 유혹을 받으셨을 때 예수님께서 하신 논박을 떠올리게 해 줍니다.

"사람은 빵만으로 살지 않고 하느님의 입에서 나오는 모든 말씀으로 산다"(마태 4,4).

믿는 이들인 우리는 말씀이 어떻게 영원한 생명을 주는 양식이 될 수 있는지 잘 알고 있습니다. 아무리 육신의 양식으로 배를 채워도 여전히 허전함을 느낄 때가 많습니다. 아무리 몸을 잘 가꿔서 육신이 튼튼하더라도 무엇에도 의욕이 나지 않을 때가 많습니다. 이럴 때 복음 말씀 한

마디가 우리 마음을 충만케 해 주고, 희망의 사람이 되도록 힘을 준다는 사실을 우리는 이미 매주 체험하고 있는 것입니다. 이는 구약의 현자도 증언하는 바입니다. "그리하여 주님, 당신께서 사랑하시는 자녀들이 사람을 먹여 살리는 것은 여러 가지 곡식이 아니라 당신을 믿는 이들을 돌보는 당신의 말씀임을 배우게 하셨습니다"(지혜 16,26).

이처럼 하느님의 말씀이 양식이 될 수 있는 것은 하느님의 말씀에는 하느님의 뜻이 담겨 있기 때문입니다. 그러기에 주님께서는 요한 복음에서 이렇게 밝히셨습니다.

"내 양식은 나를 보내신 분의 뜻을 실천하고, 그분의 일을 완수하는 것이다"(요한 4,34).

갑자기 여러 낱말이 꼬리에 꼬리를 물고 빙빙 도는 듯하여 다소 혼란스러울지도 모르겠습니다. 하지만 논지는 명료합니다.

성경의 모든 말씀은 결국 하느님 아버지의 뜻을 드러내 줍니다. 성경 말씀과 하느님의 뜻은 동의어인 셈입니다. 이 뜻에는 하느님의 모든 선하신 계획과 지혜가 내포되어 있습니다. 그러기에 그것이 우리에게 진정한 생명과 기운과 희망을 북돋우는 양식이 될 수 있다는 얘기입니다.

세상에서도 우리는 이 이치를 실감 있게 터득하여 살고 있습니다.

우리가 사랑하는 누군가가 원하는 바를 이뤄 주겠노라고 결심했을 때 뭔가 모를 기쁨과 엔돌핀이 용솟음침을 우리는 숱한 체험으로 알고 있습니다.

세상의 이치가 이러하다면 하물며 주님을 사랑하는 우리가 주님의 말씀, 곧 그분의 뜻을 따르고자 할 때, 얼마나 큰 열정이 샘솟겠습니까.

■ 제 빈털터리 손으로

> "하느님의 일을 하려면 저희가 무엇을 해야 합니까?"(요한 6,28)

이는 유다인들이 예수님께 던진 질문입니다.

여기에서는 "하느님의 일"이라고 단수로 표기되어 있지만, 원문에서는 그것의 복수, 곧 "하느님의 일들"로 기록되어 있습니다.

이렇게 복수형으로 질문을 한 것은 그들이 하느님 나라를 획득하기 위하여 많은 일을 할 필요가 있다고 생각했기 때문입니다.

하지만 예수님께서는 일부러 "하느님의 일들"을 "하느님의 일"이라고 단수형으로 고쳐서 답변하십니다.

"하느님의 일은 그분께서 보내신 이를 너희가 믿는 것이다"(요한 6,29).

제자들이 궁금해한 것은 "일들"이었습니다. 예수님께서 강조하시고자 했던 것은 "그분께서 보내신 이를 너희가 믿는 것", 곧 믿음으로 예수님과 관계를 맺는 것이었습니다.

이렇게 예수님께서는 '일' 중심의 사고를 '관계' 중심의 사고로 전환시켜 주시는 말씀을 하십니다.

명심해야 할 메시지입니다. 성당에서 우리는 일에만 치중하여 분주하게 활동할 수 있습니다. 하지만 예수님께서는 그것보다 중요한 것이 당신을 진정 그리스도로 믿고, 우리가 매 순간 그리스도께서 원하시는 바가 무엇인지 그것을 식별하고 따르는 것임을 우리에게 일깨워 주십니다.

가톨릭 복음 삼덕은 '청빈, 정결, 순명'입니다. 순명에 대해 어떤 영성신학 교수 신부님께 들은 말씀이 아직도 기억에 남습니다.

"순명이란 배추를 땅에 거꾸로 심으라고 해도 그렇게 하는 것이다."

상식적으로 이 말을 듣는 사람은 어떤 생각을 할까요. 아마 이렇게 불평할 것입니다.

"배추를 왜 거꾸로 심으라는 거야? 키우려면 제대로 심어야지, 이런 걸 왜 시키는 거야?"

그러나 순명의 정신으로 사는 사람은 기꺼이 자기 뜻과 자기 생각을 접고 배추를 거꾸로 심을 수 있다는 것입니다.

우리가 지나치게 일 중심으로만 신앙생활을 생각해 왔다면 아마 배추를 거꾸로 심으라는 명령을 듣고 불순명할지도 모릅니다. 하지만 일 중심이 아니라 하느님께서 원하시는 것에 "예!" 하고 따르겠다는 관계 중심의 사명감을 지니고 있다면 기꺼이 배추를 거꾸로 심을 수 있을 것입니다. 우리 모두가 주님께서 요구하시는 일이라면 무엇이든지 따르겠다는 바로 그런 마음을 늘 품고 사는 그리스도인이기를 바랍니다.

■ 더 가까이

> "내가 생명의 빵이다"(요한 6,35).

복음서의 수많은 예수님 말씀 가운데, 오늘 당신을 통하여 직접 발설된 저 말씀이야말로, 그 누구보다 '가톨릭 신자'인 우리들에게 주어진, 헤아릴 수 없는 은총임을 다시금 깨닫습니다.

언제든 우리가 미사에 참여하기만 하면 그 "생명의 빵"을 받아 모실 수 있으니까요. 곧 성체를 모심으로써 우리 집도 내 방도 아닌 바로 내 안에 예수님께서 거하시게 되기 때문입니다.

이보다 더 큰 일치와 사랑은 세상 그 어디에서도, 그 누구에게서도 찾아볼 수 없을 것입니다. 그러기에 이 사랑은 절로 우리를 무릎 꿇게 만듭니다. 졸저인 『통하는 기도』(위즈앤비즈 2008)의 일부를 인용합니다.

제게 가끔 신자들이 이렇게 묻습니다.
"성체조배실에서는 어떻게 기도해야 효과가 있나요?"
저는 오히려 되묻습니다.
"찜질방에 가면 어떻게 하세요?"
"그냥 가만히 앉아 있죠."
"바로 그겁니다. 성체조배는 원적외선을 쬐는 거예요. 아무것도 하려 하지 말고 그냥 성체의 원적외선을 쬐세요. 그럼 사랑받고 땀나는 겁니다. 그거 쬐고 집에 가시는 거예요."
제 말을 들은 어떤 형제가 맞장구를 쳤습니다.
"신부님, 맞습니다. 제가 그 체험을 했어요."
다음은 그의 말입니다.
"언젠가 사업이 망해 동네 성당의 성체조배실을 찾았습니다. 사실 그곳이 뭐하는 곳인지 몰라 그냥 멍하니 뒤에 앉아 있었죠. 기도를 하려는데 입이 열리지 않았습니다. 그렇게 한 시간을 앉아 있다가 다음 날 또 찾아갔죠. 이제 뭔가 좀 하소연을 하려고 하니 도저히 입이 붙어서 안 열리는 거예요. 그다음 날 또 가고, 또 그다음 날 가고…. 저는 생각했습니다. '이거 주님께서 무슨 뜻이 있구나. 나보고 여기 좀 앉아 있으라는 얘기구나.' 그렇게 앉아 있기를 습관이 되어 7년 동안을 왔다 갔다 했습니다. 그랬더니 제 안에 하느님을 사랑하는 마음이 커지고 그곳에 앉아 있는 시간을 즐기게 됐지요. 더욱 놀라운 사실은 그 7년 동안 망했던 사업을 차츰 다 회복했다는 것입니다. 한 번도 주님께

달라고 기도한 적 없는데도 말입니다."

형제의 은총 체험은 여기서 끝이 아닙니다.

"그런데 최근 제가 아주 기가 막힌 체험을 했습니다. 그날도 제가 성체조배실에 앉아 있는데 하도 피곤해서 눈을 감고 한참을 잤어요. 일어나 보니 한 시간이 금세 지났더라구요. 집에 돌아온 저는 양심에 가책을 느껴 주님께 기도했습니다. '맨날 조배실에서 잠만 자서 죄송해요, 하느님.' 그랬더니 하느님의 음성이 이렇게 들렸답니다. '얘야, 네가 내 품에 안겨 잠을 자는 게 얼마나 좋은 줄 아느냐? 나는 네가 잠을 자는 동안에도 너를 어루만지고 있단다. 너의 상처를 어루만지며 너를 감싸 안고 있단다. 그러니까 걱정하지 말고 푹 쉬어라.'"[44]

나는 오늘 생명의 빵이신 주님 앞에 어떠한 마음과 자세로 나아오고 있는지요?

"내가 생명의 빵이다"(요한 6,35).

함께 기도하시겠습니다.

주님, 저희가 육신적으로는 결핍된 것이 많을지 몰라도 '영원한 생명을 누리게 하는 양식'만큼은 꾸준히 챙겨서 섭생하였으니, 저희는 복됩니다.

주님, 저희가 오늘도 주님께서 차려 주신 말씀의 밥상과 성체의 밥상을 푸짐히 먹고 힘내며 살고 있으니, 저희는 복됩니다.

주님, 이것이 세상 사람들이 알지 못하는 믿는 이들의 특권이니, 저희는 복됩니다.

우리 주 예수 그리스도를 통하여 감사드리나이다. 아멘!

연중 제19주일: 요한 6,41-51

하늘에서 내려온 빵

"누구든지 이 빵을 먹으면 영원히 살 것이다"(요한 6,51).

1. 말씀의 숲

우리들도 매 미사 때마다 영성체를 하고 있습니다. 하지만 늘 습관처럼 대하던 것이 전혀 새롭게 느껴질 때가 있습니다. 경이의 환희, 경탄의 기쁨은 발견하는 자, 깨닫는 자, 깨어 있는 자의 몫입니다. 어느 날 문득 눈이 열리면 이 마리아님의 체험담에 공감하게 될 것입니다.

세례받은 지 30년 후, 로버트 드그란디스 신부님의 '미사를 통한 치유'를 번역하고 나서야 미사를 치유의 전례로 알게 되었습니다. 대구대교구 은혜의 밤에서 말씀 봉사를 마친 후 파견 미사에서였습니다. 거양된 성체를 우러르며 강렬한 주님 현존감 때문에 "예수다!" 하며 땅에 엎드렸습니다. 사제가 성체 분배를 마치시고 내 앞으로 오시어 "마리아! 고개 드세요!" 하셨습니다.
"이 죄인 감히 고개를 들 수 없습니다."라고 답하였습니다.
30년을 "성체는 예수래." 하며 겁 없이 모셨는데 "예수님이시다!" 하고 고백하자, 송구하여 성체를 모실 수 없었던 것입니다. 사제가 다시 "순명하세요." 하시어, 나는 "예수님! 순명하기 위해 고개를 드오니, 이 죄인을 용서하소서." 했습니다.

그때 분명히 가슴에서 피어올라 세포 알알이 퍼져 나가는 말씀을 들었습니다.

"마리아야! 네가 더러우니 나를 먹고 너를 정결하게 하는 것이지, 네가 정결하다면 나를 먹을 필요가 없다. 나는 죄인을 위하여 세상에 왔노라." 그날, 나는 전 생애적이고 총체적인 치유를 받았습니다. […]

미사는 치유의 공간이요 예수님을 만나는 시간입니다. 성체를 모신 사람들이 그리스도와 한 피붙이요 살붙이가 되는 기적의 식탁입니다.[45]

그동안 열심히 성체를 모셨음에도 하느님의 현존과 미사의 은총을 못 느꼈을 수도 있습니다. 그리고 금방 이런 체험과 치유를 경험하지 못할지도 모릅니다. 그러나 성체를 영함으로써 계속 하느님을 만나고 있는 것임을 명심해야 합니다.

"성체는 예수래."와 "예수님이시다!"는 전혀 다른 것입니다. 미사를 의례적으로 참례하다 보면 성체를 모시는 일이 무덤덤해져서 "성체는 예수래."에서 더 나아가지 못하기 십상입니다. 물론 그래도 우리의 영육에 예수님께서는 들어오십니다. 우리가 의식하지 못하더라도 예수님께서는 우리 안에서 살아 움직이시고 우리를 거룩함에로 이끌어 주십니다.

하지만 불현듯 "예수다!", "예수님이시다!" 하며 성체를 모시게 될 때 여러분 안에서 이 마리아 자매의 증언처럼 "전 생애적이고 총체적인 치유"가 일어납니다. 눈앞에 실제로 존재하시는 예수님께 대한 갈망과 경탄이 여러분의 마음을 열어 성체의 생명력이 더욱 크게 발현되도록 이끌어 주는 것입니다.

오늘 복음에서 이야기는 예수님께서 당신을 가리켜 하늘에서 내려온 빵이라고 하신 선언을 두고 벌어지고 있습니다. 이에 유다인들은 수군거리기 시작했고 예수님께서는 그들에게 대답하셨습니다.

이야기를 자세히 읽기 위해 두 부분으로 나누어 보겠습니다. 첫 번째 부분은 요한 복음 6장 41절부터 46절까지입니다. 유다인들은 예수님께서 요셉의 아들이라고 이야기하는데 예수님께서는 하느님을 당신 아버지라고 부르셨습니다. 유다인들이 알고 있는 예수님의 아버지와 예수님께서 말씀하시는 아버지는 달랐습니다. 그리고 두 번째 부분인 47절부터는 다시 빵에 대해 말씀하시기 시작했습니다. 만나가 아닌 또 다른 빵에 대해서 말입니다.

유다인들은 예수님께서 누구인지 잘 알고 있었습니다. 바로 이 사실이 문제였습니다. 유다인들은 예수님을 하늘에 계신 아버지의 아들로 믿을 수 없었습니다. "저 사람은 요셉의 아들 예수가 아닌가? 그의 아버지와 어머니도 우리가 알고 있지 않은가? 그런데 저 사람이 어떻게 '나는 하늘에서 내려왔다.'고 말할 수 있는가?"(요한 6,42) 그러니 누군들 믿을 수 있겠습니까? 모두 예수님의 아버지와 어머니를 알고 있으니 말입니다. 그의 아버지는 요셉이었습니다. 요셉은 결코 하늘에서 내려오지 않았습니다. 그의 부모들이 바로 이 사실을 증명해 주었습니다.

그러나 예수님께서는 유다인들의 이 수군거림에 대해 당신 아버지와 어머니가 아닌 다른 분이 계심을 밝히셨습니다. 그분은 당신을 보내신 분이었습니다. "나를 보내신 아버지께서 이끌어 주지 않으시면 아무도 나에게 올 수 없다"(요한 6,44).

그리고 예수님께서는 하늘에서 내려온 살아 있는 빵, 생명의 빵이었습니다. 세상에 생명을 주기 위해 내려온 빵이었습니다. 마치 엘리야 예언자가 하느님의 산인 호렙 산에 도착하기까지 40일 밤낮을 걸어갈 수 있었던 그 빵, 예언자가 그 빵을 먹고 힘을 얻어서 죽지 않고 살 수 있었던 것처럼 사람들은 생명을 얻게 될 것입니다(1열왕 19,5-8 참조). 생명의 빵은 지상에서 천상으로 가는 양식이 될 것입니다.

예수님께서 당신 자신을 '하늘에서 내려온 생명의 빵'이라고 증거하셨을 때, 당시 함께 있던 낡은 종교인들은 부정적인 반응을 보이며 적개심까지 드러냈습니다.

어찌 보면 무신론자들보다 더 복잡하고 강퍅한 사람이 종교인들인 것 같습니다. 각종 편견과 오류를 범하면서도 자신들의 잘못은 알지 못하고 인정하지도 않으며 수정하려 들지도 않기 때문입니다. 그래서 예수님도 당시 종교인들에게 서로 수군거리지 말라고 하십니다.

"예수님께서 그들에게 대답하셨다. '너희끼리 수군거리지 마라. 나를 보내신 아버지께서 이끌어 주지 않으시면 아무도 나에게 올 수 없다. 그리고 나에게 오는 사람은 내가 마지막 날에 다시 살릴 것이다'"(요한 6,43-44).

이 말씀 안에 구원의 해답이 들어 있습니다. 구원이란 '예수님을 이 땅에 보내신 하느님 아버지께서 사람들을 예수님께로 이끄시는 것'입니다. 하느님 아버지께서 이끄시지 않으면 어느 누구도 예수님께로 올 수 없습니다.

2. 말씀 공감

■ 무지의 죄

> "예수님께서 '나는 하늘에서 내려온 빵이다.' 하고
> 말씀하셨기 때문에, 유다인들이 그분을 두고
> 수군거리기 시작하였다"(요한 6,41)

유다인들은 예수님의 말씀을 듣고 수군거리기 시작했습니다. "나는 하늘에서 내려온 빵이다."라는 예수님의 말씀을 이해하지 못했기 때문입니다. 그러기에 그들은 자기들끼리 수군거리며 "저 사람은 요셉의 아들 예수가 아닌가?"(요한 6,42)라고 예수님의 출신을 들먹거리며 그 말씀을 거부하고 있습니다. 결국 이들은 "이 말씀은 듣기가 너무 거북하다. 누가 듣고 있을 수 있겠는가?"(요한 6,60)라고 말하며 예수님을 떠나갔습니다.

유다인들이 수군거리기 시작한 것은 예수님께 잘못이 있어서가 아니라 유다인들이 선입견에 사로잡혀 있었기 때문이었습니다. 이 선입견은 그들이 무지의 상태에 머물도록 그들의 발목을 잡았습니다. 결국 유다인들의 이러한 잘못된 인식은 그들이 예수님을 통해 영원한 생명을 얻을 절호의 기회를 빼앗고 말았습니다. 그들은 예수님의 말씀을 잘못 판단했기 때문에 굴러온 복을 차버렸던 것입니다.

잘못된 판단은 자신을 죽음에로 몰아갈 뿐 아니라 남을 죽일 수도 있습니다. 다음의 예가 이를 잘 드러내 주고 있습니다.

뱀의 머리와 꼬리가 이야기를 나누고 있었습니다. 꼬리는 언제나 머리가 이끄는 방향으로 따라가야만 한다는 사실이 못내 불만이었습니

다. 그래서 머리에게 말했습니다.

"딱 하루만 내가 머리 역할을 할 테니, 내가 이끄는 대로 네가 따라와."

머리는 황당했지만 평생 자기를 따라다니느라 고생했을 꼬리가 불쌍했던 나머지 그렇게 하자고 했습니다. 신이 난 꼬리는 그날 여기저기를 돌아다니기 시작했습니다.

꼬리가 처음 간 곳은 바위산이었습니다. 그런데 눈이 없는 꼬리가 바위를 타고 올라가지 않고 자꾸만 직진해서 몇 번이고 바위에 부딪혔습니다.

다음으로 간 곳은 가시밭이었습니다. 바닥에 있는 가시를 잘 보고 피해야 하는데, 꼬리는 그것도 피하지 못해 온몸에 상처를 입었습니다.

마지막으로 간 곳은 산불이 난 곳이었습니다. 꼬리는 뜨거운 불에 닿자 놀라 피하려 했지만, 직진밖에 모르는 꼬리는 불길을 향해 더 들어갔고, 마침내는 머리와 함께 타 죽었습니다.

다소 억지스러운 이야기이지만 이 예화는 예수님의 말씀을 떠오르게 합니다.

"눈먼 이가 눈먼 이를 인도하면 둘 다 구덩이에 빠질 것이다"(마태 15,14).

남 얘기 같지만, 신흥 영성이나 뉴에이지에 빠진 사람이 신앙생활 잘하고 있는 다른 신자들을 꾀어내는 것이 꼭 이 꼴입니다.

혹시 우리는 그릇된 정보를 가지고 올바른 정보를 밀어낸 적은 없는지 반성해 봐야 하겠습니다. 또 우리는 나의 그릇된 정보를 남에게 강요한 적은 없는지, 그 정보로 남을 인도하지는 않았는지 성찰해 봐야 합니다.

■ 더욱 성장하고 있습니다

> "아버지의 말씀을 듣고 배운 사람은 누구나 나에게 온다"(요한 6,45).

유럽 가톨릭 교회에서 성 아우구스티노St. Augustinus가 끼친 영향은 대단합니다. 그는 1,000년에 한 번 나올까 말까 하는 대학자로 추앙받아 왔습니다. 그의 어머니가 성녀 모니카St. Monica라는 사실도 익히 알려져 있습니다. 젊은 시절 그는 로마에서 탁월한 문학적 소양으로 명성을 얻어 수사법 전공 교수로 활동했습니다. 하지만 그는 방종한 생활에 빠졌는가 하면 영적으로도 마니교 이단에 빠져 있었습니다.

그의 회개를 위해 어머니 모니카는 근 20년 가까이 눈물로써 기도하기를 멈추지 않았습니다. 때가 되었을 때 하느님께서는 어머니의 기도에 응답하시어 그를 그리스도교 신앙에로 회두시키셨습니다.

이후 성 아우구스티노는 성경을 연구하면서 방대한 저술을 남겼습니다. 하지만 그 핵심은 단순했습니다. 이에 대해 다음의 이야기가 전해집니다.

깊은 밤, 성 아우구스티노가 성경을 묵상하다 잠이 들었습니다. 꿈속에서 주님의 천사가 나타나 물었습니다.

"그대는 무엇을 원하는가?"

비록 깊은 꿈속이었지만 그는 자신의 의식과 신앙을 지배하는 고백을 했습니다.

"아니요, 저는 아무것도 원하지 않습니다. 주님밖에는요."

아우구스티노를 이런 신앙에 이끈 인물이 바로 암브로시오 성인St. Ambrosius이었습니다. 영적 방랑자 아우구스티노는 정통으로 성경 말씀을 풀어서 설명하는 암브로시오 성인의 명강론을 들으며 주 예수 그리스도의 복음에 눈뜨기 시작했습니다. 그러던 어느 날 그는 '집어서 읽으라Tolle, lege' 하시는 음성을 듣고 성경을 읽다가 가톨릭 신앙에 귀의할 것을 결심했습니다.

아우구스티노를 그리스도의 복음에로 이끈 것은 한마디로 말해서 성경 말씀이었습니다. 그러기에 훗날 그는 구약과 신약의 관계를 이렇게 요약했습니다.

"구약에 신약이 숨어 있고, 신약에서 구약이 드러난다."[46]

그의 이 말은 오늘 예수님께서 하신 말씀과 일맥상통합니다.

"아버지의 말씀을 듣고 배운 사람은 누구나 나에게 온다"(요한 6,45).

여기서 "아버지의 말씀"은 크게 구약의 말씀을 가리키며, "나" 곧 예수님께서는 사실상 복음과 불가분의 관계에 있습니다.

■ 매 순간의 믿음

> "믿는 사람은 영원한 생명을 얻는다"(요한 6,47).

우리 주변에는 "착하게 살면 됐지, 종교가 무슨 소용이야?" 하는 사고방식을 지닌 이들이 많습니다. 이들이 바로 사도 바오로가 말한 '양심'과 '율법'의 단계에 머무는 이들입니다.

사도 바오로는 로마서 2장과 3장에서 '하느님 구원의 3단계'가 '양심 - 율법 - 믿음'의 단계로 진화하고 있음을 다음과 같이 체계화하였습니다.

첫째로 '양심'의 단계는 아직 율법도 모르고 그리스도도 모르는 사람들을 향한 하느님 구원 활동의 단계입니다. 여기서 중요한 것은 말 그대로 '양심'을 올바르게 지키는 것입니다. 오늘날 종교를 갖고 있지 않은 사람들이 이 단계에 속합니다.

둘째로 '율법'의 단계는 '율법'을 알고 지키긴 하지만, 아직 그리스도를 모르던 사람들을 향한 하느님 구원 활동의 단계입니다. 이는 아직도 '자력 구원' 곧 양심의 단계와 마찬가지로 자신의 힘으로 구원받는 단계입니다. 오늘날 유다교 및 소위 고등 종교라고 불리는 종교가 여기에 속할 가능성이 있습니다.

셋째로 '믿음'의 단계는 비로소 복음이 전해진 단계입니다. 사람의 노력이 아니라 예수님께서 십자가에서 흘리신 피의 공로를 믿는 것만으로도 구원받는 시대가 되었다는 것입니다. 그리스도교인들이 여기에 속합니다.

양심으로 사는 것도, 율법으로 사는 것도 자신의 능력에 의지하는 삶이기에 한계와 문제에 봉착했을 때, 그 해결책은 스스로 해결하는 수밖에 없습니다. 하지만 '믿음'으로 사는 그리스도인은 그럴 때 예수님께 도움을 청할 수 있습니다.

주님께 신뢰를 둔 사람은 얼마나 행복합니까? 우리가 어떤 난관에 빠졌을 때, 믿음이 없는 사람은 주님께 청할 수 없습니다. 세상이 모두 내게 등을 돌린 듯 사면초가에 빠졌을 때, 믿음이 없으면 아무에게도 도움을 청할 수 없습니다.

하지만 믿음을 가진 사람은 어떻습니까? 믿는 사람은 가장 든든한 '빽'에게 바로 SOS 신호를 보낼 수 있습니다. 그러면 그 '빽'은 틀림없이 도움을 주고야 말지요. 그 '빽'이 누구일까요? 바로 예수 그리스도입니다.

우리는 그러한 사례를 수도 없이 알고 있습니다. 정말로 간절하게 도움이 필요할 때, 하느님께서 보내 주셨다는 확신이 들만큼 시의적절한 도움이 왔었던 사례들을 말입니다. 하느님께서 우리를 도우신다는 믿음은 교회 공동체 안에서 그렇게 셀 수도 없이 많이 확증되어 왔습니다.

어느 자매의 이야기입니다. 우리네 평범한 사람들처럼 열심히 일하고, 가정생활과 신앙생활에도 충실했습니다. 하지만 왠지 모를 공허함을 달랠 수가 없었다고 합니다. 그러던 어느 날, 갑자기 깨질 듯한 두통에 곧장 응급실로 향했습니다. 병명은 뇌출혈이었습니다.

고통과 두려움에 사로잡힌 자매가 떠올린 것은 며칠 전 읽었던 "주님을 신뢰하고 그의 신뢰를 주님께 두는 이는 복되다."(예레 17,7)라는 말씀이었습니다.

"아, 주님께서 이 말씀을 내게 주셨구나! 그래, 주님을 신뢰하자."

한 치 앞도 예상할 수 없는 상황에서 이 자매는 바로 주님께 신뢰를 두고 찬양과 감사를 드렸다고 합니다. 참으로 놀라운 신앙입니다. 평안하던 일상이 산산이 깨져 버린 상황에서 주님을 원망하기보다 찬양을 드리기를 선택하는 이 모습이 우리 신앙인이 갖출 자세가 아닐지요.

이 자매는 수술을 받고 잘 회복하게 되었는데, 이번에는 병원비가 문제였습니다. 생활이 넉넉하지 않았던 터라 회복하면서도 걱정이 이만저만이 아니었습니다. 하지만 자매는 주님을 신뢰하기를 멈추지 않았고, 주님께서는 아무 걱정 말라는 듯 교회 공동체를 통해 그 자매의 병원비를 해결해 주셨습니다.

그 후 자매는 순조롭게 회복하며 날마다 주님께서 자신에게 해 주신 일들을 찬양하는 삶을 살고 있다고 합니다. 이것이 바로 주님께 신뢰를 두는 사람이 받을 복이 아니겠습니까.

오늘 복음에서 예수님께서는 말씀하십니다.

"믿는 사람은 영원한 생명을 얻는다"(요한 6,47).

이 확실한 약속의 말씀이, 이 놀라운 구원의 은총이 여러분 모두에게 함께하기를 빕니다.

함께 기도하시겠습니다.

주님, 저의 믿음은 결코 추상적이지 않습니다.

주님, 저의 믿음은 단지 만져지지 않는 예수님을 그리스도로 고백만 하고 죽어서 천당 가기 위한 믿음이 아닙니다.

주님, 저는 저의 삶의 매 순간 주님을 믿습니다. 저에게 먹을 것, 마실 것, 입을 것을 공급하시는 주님을 믿습니다. 저를 지켜 주시고, 돌보아 주시고, 구해 주시고, 채워 주시는 주님을 믿습니다.

우리 주 예수 그리스도를 통하여 비나이다. 아멘!

연중 제20주일: 요한 6,51-58

세상에 생명을 주는 나의 살

"내가 아버지로 말미암아 사는 것과 같이,
나를 먹는 사람도 나로 말미암아 살 것이다"(요한 6,57).

1. 말씀의 숲

예수님께서는 더 이상 아무것도 감추지 않으셨습니다. 예수님께서는 당신의 살과 피를 마시는 잔치에 사람들을 초대하셨습니다. 하느님의 지혜 안에서만 이해할 수 있는 이 잔치로 인해 현자들이 아닌 사람들, 곧 현자인 척하는 사람들은 서로 다투고 토론을 벌였습니다. "저 사람이 어떻게 자기 살을 우리에게 먹으라고 줄 수 있단 말인가?"(요한 6,52)

유다인들은 예수님의 말씀을 도저히 이해할 수 없었습니다. 자신들과 똑같은 사람이 자신의 살을 음식으로 내놓다니 말입니다. 그들에게 부조리였고 모순이었습니다. 그런데도 예수님께서는 이들의 항의에 아무런 응답도 하지 않으셨습니다.

오히려 예수님께서는 더 강력하게 말씀하셨습니다. "내가 진실로 진실로 너희에게 말한다. 너희가 사람의 아들의 살을 먹지 않고 그의 피를 마시지 않으면, 너희는 생명을 얻지 못한다"(요한 6,53). 영원한 생명을 얻기 위해서는 이것 외에 다른 길이 없습니다. 분명히 이 음식은 단순히 지상적인 이익을 위한 것이 아니라 영원한 생명을 위한 것입니다. 그러므로 이 음식을 거부하는 자는 마지막 날에 영원한 생명을 위해서 깨워지지 않을 것입니다.

"세상에 생명을 주는 나의 살"(요한 6,51)이라는 표현은 "많은 사람을 위하여 흘리는 내 계약의 피"(마르 14,24ㄴ)라는 표현과 함께 예수님의 십자가상 죽음을 가리킵니다. 예수님의 이 헌신적인 죽음을 통해서 세상에 생명을 주고자 하는 하느님의 뜻(요한 6,33 참조)이 인간 가운데 구체적으로 실현된 것입니다.

그런데 영원한 생명을 얻기 위해서는 참된 음식과 음료인 사람의 아들의 살과 피를 먹고 마셔야만 합니다(요한 6,53-56 참조). 살과 피가 별도로 언급된 것은 십자가상에서 피 흘린 예수님의 죽음을 강조하기 위해서입니다.

예수님의 살과 피를 먹는 사람은 예수님 안에 머무를 것입니다. 그것은 마지막 신비, 최후의 신비, 곧 아들이 아버지를 통해 사는 것과 같습니다. 스스로 현자들이라고 자처하는 사람들은 이 삼위일체의 신비에 걸려 넘어지고 말았습니다. 이 신비를 파악할 수 없었기 때문입니다. 그러나 요한 사도는 이를 잘 증언해 주었습니다. "하느님의 아드님을 믿는 사람은 이 증언을 자신 안에 간직하고 있습니다. 하느님을 믿지 않는 자는 하느님을 거짓말쟁이로 만들어 버렸습니다. 하느님께서 당신의 아드님에 관하여 하신 증언을 믿지 않았기 때문입니다. 그 증언은 이렇습니다. 하느님께서 우리에게 영원한 생명을 주셨고 그 생명이 당신 아드님에게 있다는 것입니다. 아드님을 모시고 있는 사람은 그 생명을 지니고 있고, 하느님의 아드님을 모시고 있지 않는 사람은 그 생명을 지니고 있지 않습니다. 내가 여러분에게, 곧 하느님의 아드님의 이름을 믿는 이들에게 이 글을 쓰는 까닭은, 여러분이 영원한 생명을 지니고 있음을 알게 하려는 것입니다"(1요한 5,10-13).

하늘에서 내려온 살아 있는 이 빵, 만일 누가 먹는다면 영원히 살게 되는 이 빵은 사람의 아들의 살과 피였습니다. 그리고 영원한 생명을 약속하는 이 사람의 아들의 살과 피는 하느님의 낙원에 있던 생명나무였습니다. 동산 한가운데서 자라나고 있던 생명나무, 사람을 영원히 살게 하는 생명나무, 커룹들과 번쩍이는 불 칼을 세워 다가가지 못하게 막혀 있던 그 생명나무였습니다(창세 2-3장 참조). 그 나무의 수액, 살과 피로 영원한 생명을 얻게 되었습니다. "자기들의 긴 겉옷을 깨끗이 빠는 이들은 행복하다. 그들은 생명나무의 열매를 먹는 권한을 받고, 성문을 지나 그 도성으로 들어가게 될 것이다"(묵시 22,14).

예수님께서는 바로 신적인 생명의 전달자로서 성체 안에 현존합니다(요한 6,57 참조). 따라서 성체성사는 구원의 원천으로서 예수님의 십자가상 죽음(요한 19,34; 1요한 5,6-8 참조)과 육을 취해 인간 가운데 온 하느님의 외아들(요한 1,14 참조), 곧 세상의 구원자로서 예수님(요한 4,42 참조)을 증언하고, 십자가상 제사를 재현합니다.

여기서 먹고 마시는 그 자체가 중요한 것이 아니라, 먹고 마심으로써 예수 그리스도와의 인격적인 일치를 이루는 내적인 결속 관계가 더 중요하고 의미가 있는 것입니다. 이런 의미는 포도나무 비유 이야기(요한 15,1-17 참조)에서도 잘 나타나 있습니다.

그리스도인들은 성체를 받아 모심으로써 예수님과 영원히 변치 않는 불가분의 결속 관계를 맺고 하느님 자신의 생명을 나누어 받습니다. 그러므로 우리 그리스도인들은 성체성사 안에서 예수님 그리스도가 우리 구원의 양식이요 생명의 원천이라고 믿어 고백합니다.

2. 말씀 공감

■ 성체의 비밀

> "그러자 '저 사람이 어떻게 자기 살을 우리에게 먹으라고 줄 수 있단 말인가?' 하며, 유다인들 사이에 말다툼이 벌어졌다"(요한 6,52).

유다인들은 예수님께서 하신 말씀, 곧 "나는 하늘에서 내려온 살아 있는 빵이다. 누구든지 이 빵을 먹으면 영원히 살 것이다. 내가 줄 빵은 세상에 생명을 주는 나의 살이다."(요한 6,51)라는 말씀을 듣고 육적인 관점에서 그 말을 받아들였습니다. 그렇기에 예수님께서 말씀하신 진짜 의미를 깨닫지 못하고 서로 말다툼을 하기에 이릅니다.

예수님께서 어떻게 당신 살을 우리에게 내어 줄 수 있는가? 이 의문은 그 이후에도 많은 사람이 품어 왔습니다.

약 700년 경 이탈리아 란치아노 지방 바실리오 수도회 소속의 한 수사 신부가 성체聖體 안에 그리스도가 실재實在하신다는 사실에 대해 큰 의문을 품고 있었습니다. 그는 사제가 미사 중에 빵과 포도주 위에 손을 얹어 기도하면 그것들이 그리스도의 몸과 피로 변한다는 성변화聖變化의 교리에 대한 확신이 없었습니다. 그러나 그는 교회의 가르침에 따라 이 성사를 집전하면서 하느님께 그 의심에서 벗어나게 해 달라고 간청하였습니다.

어느 날 그가 성변화를 위한 성찬의 기도를 바친 후 성체를 나누어 주려 하는데, 그의 눈앞에서 정말로 빵은 살로, 포도주는 피로 변했습니다. 그 경이로움에 얼마동안 말문을 잃고 있던 그는 평정을 되찾은 후 그 자리에 있던 신자들을 제대 앞으로 나오게 하여 주님께서 무슨 일을 하셨는지 보게 하였습니다.

수도회에서는 그것들을 값비싼 상아 그릇에 보관해 오다가, 1713년 다시 정교한 은제 그릇 안에 보존해 왔다고 합니다. 오늘날에도 그것들은 란치아노의 성 프란치스코 성당에 안치되어 있습니다.

현대에 와서 교회는 그것들의 진짜 성분 검사를 과학자에게 의뢰하기에 이르렀습니다. 1970년 11월, 의학 전문가 팀이 조사에 착수하기 위하여 소집되었습니다. 오도아르도 리놀리 교수가 그 팀의 리더가 되었는데, 그는 그 조사를 시작할 무렵 이 일에 대단히 회의적이었습니다.

마침내 1971년 3월 4일, 완전한 보고서가 마련되었습니다. 그 분석은 다음과 같이 증거하였습니다.

"이 살은 진짜 살이며, 이 피는 진짜 피이다. 이 살은 심장 부위의 근육 조직으로 되어 있다. 이 살과 피는 사람의 것이다. 이 살과 피는 다섯 조각 모두 동일한 혈액형(AB형)을 가졌다. 이 살과 피는 어떠한 화학적 방부 처리 없이 1,200년간 자연 상태로 대기 중에 노출되어 있었으나, 특이현상으로 남아 있다. 검증에 응한 현대 과학은 란치아노의 성체 기적의 확실성에 대해 분명하고도 일관되게 응답하고 있다고 결론지을 수 있다."[47]

란치아노의 성체의 기적 이야기는 제가 오랫동안 품고 있던 수수께끼를 풀어 주었습니다.

저는 미용실 자매님들에게서, 또는 택시 기사님들에게서 천주교 신자에게서는 뭔가 남다른 인간미가 풍긴다는 말을 곧잘 들어 왔습니다.

이는 천주교 신자들이 비교적 성경 말씀을 자주 접하지 못한다는 점을 감안할 때 이해가 안 가는 칭찬이었습니다. 그러던 중 이 란치아노의 성체 이야기를 듣고 난 어느 날 미사를 드리다가 불현듯 "아하, 그 비밀이 '성체'에 있었구나!" 하고 깨닫게 되었습니다.

사람들에게는 체질體質이라는 것이 있습니다. 체질은 여러 가지 방법으로 구분됩니다. 타고난 체질이 있는가 하면, 후천적으로 형성되는 체질이 있습니다. 그런데 후천적인 체질에 결정적으로 영향을 끼치는 것이 음식입니다. 그 사람이 먹은 음식이 그 사람의 후천적인 체질을 형성하는 것입니다. 그래서 채식이냐 육식이냐, 건강식이냐 아니냐에 따라서 몸짱형이냐 비만형이냐, 느긋형이냐 조급형이냐 등등이 결정됩니다. 우리의 심신은 먹은 음식에 의해서 결정적인 영향을 받게 되는 것입니다.

육적 양식이 저러하건대, 저 란치아노의 성체 기적에서 의학적으로 예수님의 심장 조직으로 검증된 성체가 우리 안에 들어와 끼치는 영향력은 과연 얼마나 더 크겠는가 하는 조심스런 발상이 가능한 것입니다.

요컨대, (매일) 성체를 모시고 사는 우리는 이미 성체 체질聖體體質로 변해 있습니다. 예수님의 성품, 예수님의 가없는 희생적 사랑이 어느덧 우리 안에 배어 있는 것입니다. 그래서 자기도 모르게 예수님의 향기를 풍기고 있는 것입니다.

■ 언제나 맑음

> "내 살을 먹고 내 피를 마시는 사람은 내 안에 머무르고,
> 나도 그 사람 안에 머무른다"(요한 6,56).

예수님께서 우리 안에 머무르시면 실제적으로 무슨 일이 일어날까요? 인터넷 다음 카페 '가톨릭 사랑방' 운영자 수풀孝在(효재) 님이 실감나는 증언을 하고 있습니다.

수년 전, 화요일 미사 시간이었지요. 늘 그 시간엔 젊은 보좌 신부님께서 집전해 주셨습니다.

그런데 몇 주째 매일, 도무지 신부님의 강론을 소화할 수가 없었지요. 저로서는 […] 용납하기 어려운 정치적인 내용의 강론을 매일 […] 말씀하시는 것에 화가 치밀었습니다. […] 복음 말씀을 열심히 강론하셔도 […] 모자라는 […] 이 귀한 시간이 너무나 아깝기 그지없었습니다. […] 그렇게 화를 내다가 문득 다시 또 정신을 차리고는 기도했습니다.

"주님, 제가 자꾸만 죄를 짓습니다. […] 아무리 애를 써도 분노에서 도무지 헤어나지를 못하고 있습니다. 진심으로 속죄하오니 이 죄인을 용서하여 주십시오."

그러면서도 지금 이런 죄 속에 있으니 오늘 영성체는 할 수 없음을 깨닫고는 덧붙여서 억울해합니다. […] 그러다 문득 아주 중요한 것을 깨달았습니다. […] 훗날 묵상했지요. […] 그랬습니다. 미사 시간에 회개해도 자꾸만 도로 분노하게 되니 이것을 극복하고 마음에 평화를

얻는다는 것은 이미 내 선을 떠났음을 그제야 깨달았던 것입니다. 그런 깨달음은 지혜의 성령께서 이끌어 주셨는지 모르겠습니다. 암튼 그래서 이번에는 다른 각도로 주님께 기도하기 시작했습니다.

"주님, 도와주십시오. 이 분노에서 해방될 수 있도록 도와주십시오. 그런데 제가 노력해도 더 이상 되지 않음을 깨달았으니 오직 주님 당신만이 저를 해방시키고 저를 상처에서 치유시키실 수 있음을 믿나이다. 이제 당신께서 직접 치유시켜 주십시오. 오직 주님 자체이신 성체께서만이 지금 이 순간 저를 해방시킬 수 있을 것이나이다. 그러므로 이제 저는 저의 죄로 오늘 영성체를 하지 못하는 것이 아니라 아무리 노력해도 분노의 찌꺼기가 남는 제 안에 맑고 깨끗한 새로운 마음의 평화를 위해 환자의 신분으로 성체를 청하겠습니다. 치료자이신 성체께서 저를 이 분노에서 해방시켜 주실 것을 확신하오니 주님 부디 역사하여 주십시오."

그렇게 기도의 방향을 바꿔 정말 간절히 바쳤습니다. […]

그런데 […] 정말로 놀라운 기적이 벌어졌습니다! […] 성체를 영하고 돌아서는 그 순간에 마음의 분노와 갈등이 한 순간에 그렇게 금방, 한 순간에 눈 녹듯 사라져 버린 것이었습니다. […]

그 마음의 평화를 어떻게 설명해야 좋을지 모르겠습니다. 따뜻한 감성과 미소와 평화와 안온함이 가슴 가득 들어찼습니다. 몇 초 전까지 그리도 마음에 들지 않아 괴로워하던 제 눈에 이제는 젊으신 우리 보좌 신부님이 그렇게 귀엽고 장해 보일 수가 없었습니다.

"그래, 젊은 혈기에 충분히 그러실 수 있는 것이지. 그리고 신부님 같은 분이 계셔야 우리나라가 제대로 잘 가지!" 등등.

그렇게 신부님이 예뻐 보이기 시작하니 온통 모든 것이 다 사랑스럽고, 모든 것이 이해가 되었습니다. […] 그뿐만 아니라 가슴 가득 신부님에 대한 애정과 포근한 마음의 평화가 물밀듯 밀려왔으니 얼마나 놀라운 성체의 위력인지요!

저는 이 일을 십 년이라는 세월이 흘렀는데도 마치 어제처럼 환히 기억하면서 저에게 주신 놀라운 성체성사의 기적으로 가슴에 꼬옥 담고 있습니다.[48]

주님께서 이 형제 안에 머물러 주시니 비로소 그는 용서할 힘을 얻었습니다. 그 용서가 다시 그 형제의 마음을 평화로 인도하여 주었습니다.

"내 살을 먹고 내 피를 마시는 사람은 내 안에 머무르고, 나도 그 사람 안에 머무른다"(요한 6,56).

오늘 우리가 청하는 바로 그 예수님께서 우리 안에 오실 준비를 하고 계십니다.

■ 꿈틀거리는 욕구

> "이것이 하늘에서 내려온 빵이다. 너희 조상들이 먹고도 죽은 것과는 달리, 이 빵을 먹는 사람은 영원히 살 것이다"(요한 6,58).

때로 지나치게 성공과 행복을 지향해 온 이들이 말년에 허무와 한계에 부딪치는 경우가 의외로 많습니다.

강의 차, 광주의 한 성당에 갔을 때 그곳 주임 신부님으로부터 직접 들은 이야기입니다.

저는 언젠가 콜로라도에 있는 한 수도원에 머물게 되었습니다. 그곳은 익히 들어 알고 있는 영성가 토마스 머튼Thomas Merton이 생활했던 트라피스트 봉쇄 수도원이었습니다. 그곳에선 <성소자 식별 프로그램>을 6개월 단위로 하고 있습니다. 저는 수도 생활 체험과 영적 피정을 위해 그곳에 참여하게 되었습니다.

프로그램은 구체적으로 1년에 2명씩을 선별하여 받은 후, 그곳에서 머무르며 자신의 성소를 확인하게 되는 것으로 이루어집니다. 당시 저와 함께 참여했던 친구는 뉴욕 증권가에서 성공한 펀드 매니저였습니다. 나름대로 세상적인 부로 성공한 사람이었던 것입니다. 그런데 그는, 살다보니 세상의 명예와 부가 아무것도 아니라는 생각이 들었다고 합니다. 그래서 이 프로그램을 통해 자신의 성소를 발견하고 싶어서 지원을 하게 된 것이었습니다.

그곳 담당 신부의 말을 따르면 이곳 12개의 수도원엔 항상 지원자들이 넘쳐난다고 합니다. 또한 대부분 나이가 많고 신기하게도 세상에서 성공한 사람들인데, 이들은 하나같이 이렇게 말한다고 합니다.

'세상의 명예와 부는 아무것도 아니구나. 이런 것을 얻어도 나는 늘 영적인 갈망을 느낀다. 내 삶은 공허하고 허무할 뿐이다. 진정한 행복은 무엇인가? 어디에 있는가?'

그렇게 하여 몰려든 대부분 많은 사람들이, 프로그램을 마친 후에는 아예 그곳에 들어와 살기로 작정한다는 것입니다.

왜 사회적으로 더 이상 바랄 것이 없을 것 같은 이들이 굳이 말년에 와서 하느님을 찾고, 신앙 안에서 단순한 삶을 추구하게 되는 것일까요? 그들은 바로 영의 양식에 굶주릴 대로 굶주려 있기 때문입니다. 결국 세상적인 그 어떤 부도, 성공도, 행복도 영의 양식 공급 없이는 온전할 수 없습니다.

세상의 잣대로 보면 부러울 것이 없는 부를 만끽한 저들이지만, 신앙의 잣대로 보면 한없이 가난한 영혼들이었던 것입니다. 그들은 필경 오늘 복음을 통해 말씀하시는 예수님의 음성을 듣고 마음 깊숙이 외면당하고 있었던 영적 욕구가 꿈틀거리는 것을 느꼈을 터입니다.

"이것이 하늘에서 내려온 빵이다. 너희 조상들이 먹고도 죽은 것과는 달리, 이 빵을 먹는 사람은 영원히 살 것이다"(요한 6,58).

함께 기도하시겠습니다.

주님, 저희에게 육의 양식에 만족하지 않는 허기를 주심에 감사드립니다.

주님, 저희 안에 영원을 향한 소진되지 않는 그리움을 주심에 감사드립니다.

그 허기와 그리움이 바로 저희가 하루하루 살아가는 힘이 되도록 해 주시나이다.

우리 주 예수 그리스도를 통하여 감사드리나이다. 아멘!

연중 제21주일: 요한 6,60ㄴ-69

영원한 생명의 말씀

"너희도 떠나고 싶으냐?"(요한 6,67)

1. 말씀의 숲

예수님께서는 제자들에게 결단을 내릴 것을 요구하셨습니다. 제자들의 반응은 60절에서 66절까지 나옵니다. 많은 제자들이 생명의 빵에 대한 말씀을 듣고 적지 않은, 아니 상당한 충격을 받았습니다. 당신의 몸을 가리켜 하신 스승의 말씀이 너무나 냉혹하고 잔인하게 들렸기 때문입니다. 제자들은 더 이상 스승을 따를 수가 없었습니다. 많은 제자들이 떠나가기 시작했습니다.

또 다른 제자들의 반응은 그와 반대였습니다. 67절부터 예수님께서는 열두 제자에게 준엄하게 또 단호하게 물으셨습니다.

"너희도 떠나고 싶으냐?"(요한 6,67)

그러나 열두 제자는 떠나지 않을 것입니다. 그렇다면 왜 어떤 제자들은 떠나고 어떤 제자들은 남는 것일까요? 그 차이는 무엇 때문일까요?

그것은 바로 예수님의 말씀 때문이었습니다. 떠나는 이들의 반응은 다음과 같았습니다. "이 말씀은 듣기가 너무 거북하다. 누가 듣고 있을 수 있겠는가?"(요한 6,60)

그리고 남는 제자들의 반응은 "주님, 저희가 누구에게 가겠습니까?

주님께는 영원한 생명의 말씀이 있습니다. 스승님께서 하느님의 거룩하신 분이라고 저희는 믿어 왔고 또 그렇게 알고 있습니다."(요한 6,68-69)라는 베드로의 고백이었습니다. 예수님의 말씀은 하나였는데 제자들은 서로 다른 길을 선택했습니다. 왜 이런 일이 일어났던 것일까요?

진정 하느님의 말씀은 살아 있고 힘이 있으며 어떤 쌍날칼보다 날카로워 혼과 영, 관절과 골수를 갈라놓기까지 꿰뚫으며 마음의 생각과 의향을 판단하기 때문입니다. 하느님의 말씀 앞에서 숨겨지는 것이란 아무것도 없습니다. 모든 것이 벌거숭이로 드러나는 법입니다(히브 4,12-13 참조).

그래서 제자들도 물러가서 멸망할 사람들과 믿어서 생명을 얻을 사람들로 나뉘게 되었습니다. 말씀은 제자들을 갈라놓습니다.

예수님께서 하시는 말씀은 영이며 생명이었습니다. 육은 아무 소용이 없었습니다. 예수님께서는 이미 제자들 사이에 일어나는 이 분열을 알고 계셨습니다. 예수님의 말씀 앞에서 어떤 이들은 믿음 속에서 따를 것이지만 어떤 이들은 배반을 선택했습니다. 선택은 둘 중에 하나였습니다. 많은 제자들이 돌아서서 떠나가고 예수님과 함께 다니지 않았습니다. 그러므로 유다 혼자 믿지 않았던 사람이거나 배반자가 아니었습니다. 예수님께서는 제자들이 몇 명인지를 문제 삼지 않으셨습니다.

결국 믿음의 말씀에 충실하게 남아 있기로 결정한 작은 무리를 대표해서 베드로는 또 한 번 이렇게 증언할 것입니다.

"성경에 이런 말씀이 있습니다. '보라, 내가 시온에 돌을 놓는다. 선택된 값진 모퉁잇돌이다. 이 돌을 믿는 이는 부끄러운 일을 당하지 않을 것이다.' 그러므로 믿는 여러분에게는 이 돌이 값진 것입니다. 그러나 믿지 않는 이들에게는 '집 짓는 이들이 내버린 돌 그 돌이 모퉁이의 머릿돌이 되었네.' 하는 그 돌이며, 또한 '차여 넘어지게 하는 돌과 걸려 비틀거리게 하는 바위'입니다. 그들은 정해진 대로, 말씀에 순종하지 않아 그 돌에 차여 넘어집니다. 그러나 여러분은 '선택된 겨레고 임금의 사제단이며 거룩한 민족이고 그분의 소유가 된 백성입니다'"(1베드 2,6-9).

2. 말씀 공감

■ 이해할 수 없는 예수님

> "제자들 가운데 많은 사람이 예수님께서 말씀하시는 것을 듣고 말하였다. '이 말씀은 듣기가 너무 거북하다. 누가 듣고 있을 수 있겠는가?'"(요한 6,60)

'듣기가 너무 거북해서 더는 못 듣겠다!'

예수님을 따르던 제자들의 입에서 이런 말이 나오게 된 것은 "내 살을 먹고 내 피를 마시는 사람은 내 안에 머무르고, 나도 그 사람 안에 머무른다. […] 이것이 하늘에서 내려온 빵이다. 너희 조상들이 먹고도 죽은 것과는 달리, 이 빵을 먹는 사람은 영원히 살 것이다."(요한 6,56.58)라는 말씀 때문이었습니다.

사실 이 말씀은 이 말씀만 놓고 본다면 오늘 우리에게도 알아듣기 힘든 말씀입니다.

그렇다고 이 말씀이 사실무근의 터무니없는 말씀이냐 하면 또 그렇지도 않습니다. 이 말씀은 예수님의 십자가에서의 죽음, 거기서 흘리신 피, 그리고 그 이후의 부활을 연결시키면 그 의미가 드러나는 말씀인 것입니다.

그러므로 이해할 수 없다고 해서 그 말씀을 거부하는 것은 어리석은 선택입니다. 이해할 수 없을 때는 이해하게 될 때까지 인내하며 기다릴 줄 알아야 합니다.

일반적으로 인간은 자기 이성과 경험으로 이해되지 않는 것에 일단 거부 반응을 보입니다. 그 거부감은 불쾌감으로 발전하고 더욱 발전하면 반항하게 됩니다. 예수님께서는 이런 제자들의 마음을 너무나 잘 아셨습니다.

"예수님께서는 제자들이 당신의 말씀을 듣고 투덜거리는 것을 속으로 아시고 그들에게 이르셨다. '이 말이 너희 귀에 거슬리느냐?'"(요한 6,61)

진리는 항상 인간의 이성에 걸리게 마련입니다. 그래서 예수님께서는 제자들에게 진리의 말씀이 "거슬리느냐?" 하고 물으십니다.

진리가 인간에게 걸림이 되는 이유는 인간 존재의 한계와 죄성 때문입니다. 인간은 죄와 불의와 미움으로 가득하기 때문에 하느님의 거룩하심과 의로우심과 사랑하심을 이해하지 못합니다. 미움은 사랑을, 불의는 의를, 죄는 거룩함을 이해하지 못하고 걸림이 됩니다. 예수님의 육화와 십자가의 죽음과 부활 승천을 믿기에는 인간의 본능과 이성과 세속의 것들이 걸림으로 작용합니다. 인간이 어떻게 하느님을 이해할 수 있겠습니까! 이성은 영을 이해할 수 없습니다. 인간은 항상 현실에 주목하고 천국에 대해 잘 알지도 못합니다. 죄인은 하느님을 상상조차 할 수 없습니다.

제자들이 이해하지 못하자 예수님께서는 다시 물으십니다.

"사람의 아들이 전에 있던 곳으로 올라가는 것을 보게 되면 어떻게

하겠느냐?"(요한 6,62)

이렇게 친절히 안내를 해 주셔도 제자들의 닫혀 있는 명오는 열리지 않았습니다.

인간적인 관점, 물질의 관점, 3차원의 관점에 갇혀 있었기 때문이었습니다.

불행하게도 오늘 복음 말씀은 이들의 이야기를 이렇게 결론짓습니다.

"이 일이 일어난 뒤로, 제자들 가운데에서 많은 사람이 되돌아가고 더 이상 예수님과 함께 다니지 않았다"(요한 6,66).

구약성경에서도 사람들이 하느님의 마음을 이해하지 못하는 일이 자주 있었습니다. 특히 심판의 하느님에 대한 고정 관념을 가지고 있던 부류의 사람들에게 하느님의 자비는 이해할 수가 없었습니다. 그래서 하느님께서는 이를 깨우쳐 주기 위하여 특단의 조치를 취하셨습니다. 호세아 예언자의 인생을 통하여 당신의 사랑을 비유적으로 드러내신 것입니다.

호세아라는 예언자가 있었습니다. 호세아가 별 어려움 없이 잘 지낼 때 그에게 다음과 같이 물어보십시오.

"하느님은 죄인들을 불쌍히 여기시는 분이라고 믿습니까?"

호세아가 뭐라고 대답할까요?

"물론이지."

그러나 그는 하느님이 죄인을 불쌍히 여기신다는 것을 뼈저린 체험을 통해서 배워야 했습니다.

호세아의 아내 고메르는 어떤 사람이었습니까? 바람난 여자였습니다.

그래서 "하느님, 이혼할까요?" 했더니 "아니다. 그 여자와 함께 살아라. 그리고 자식을 낳아라."라고 말씀하십니다. 그래서 아들을 낳았습니다.

그다음에 고메르가 또 바람이 났습니다.

"이번에는 참을 수 없습니다. 갈라져야지요?"

"아니다. 데리고 살아라."

그래서 같이 살면서 또 자식을 낳았습니다. 이번에는 딸을 낳았습니다. 딸의 이름을 '불쌍히 여김을 받지 못한다'는 뜻의 '로 루하마'라고 지었습니다. 하느님은 호세아에게 이렇게 바람피우고 불성실하고 부정한 아내를 계속해서 끌어안고 살라고 말씀하십니다. 호세아가 "하느님, 이 지경이 된 여자를 데리고 살아야 합니까?"라고 했을 때 하느님이 어떻게 말씀하십니까?

"이제야 내 심정을 이해하겠니? 오늘날 이 백성의 모습이 네 아내의 모습과 똑같다. 그들은 나를 섬기고 사랑하는 대신에 나를 떠나서 세상과 우상을 향해서 마음을 드리고 있단다. 그러나 내가 인내하지 않느냐? 내가 참고 불쌍히 여기지 않느냐? 너도 그렇게 해 보렴."

호세아는 자기 가정의 불행한 사건을 통해서, 한 죄인의 범죄에도 불구하고 그를 불쌍히 여기시는 하느님의 마음을 비로소 배우게 됩니다. 이 사건을 통해서 그는 하느님을 알게 된 것입니다. 호세아 예언자가 어느 정도 그 정황을 견디고 이길 만한 상태에 도달했을 때 다음과 같은 놀라운 고백을 합니다.

"그러니 주님을 알자. 주님을 알도록 힘쓰자"(호세 6,3).

■ 육적 믿음, 영적 믿음

> "영은 생명을 준다. 그러나 육은 아무 쓸모가 없다.
> 내가 너희에게 한 말은 영이며 생명이다"(요한 6,63).

예수님을 따르던 많은 무리들은 예수님께서 빵을 불리시는 기적을 보고 환성을 질러 댔습니다. '이 사람을 임금으로 삼으면 적어도 배는 곯지 않겠구나.'라고 생각했습니다.

이 소문은 삽시간에 퍼져 나갔습니다. 그래서 더 많은 군중들이 몰려들었습니다. 이들은 실제로 빵을 원했습니다. 육체의 욕구를 채워 줄 빵을 원했습니다. 이때 예수님께서는 영적인 빵에 대해서 말씀하셨습니다.

"나는 하늘에서 내려온 생명의 빵이다. 조상들은 만나를 먹고 죽었지만 내가 주는 산 빵을 먹으면 영원히 죽지 않을 것이다"(요한 6,49-51 참조).

이 말씀에 제자들은 실망감을 감추지 못하고 고개를 갸우뚱하고 수군거렸습니다.

이에 대해 예수님께서는 "영은 생명을 준다. 그러나 육은 아무 쓸모가 없다."(요한 6,63)라고 말씀하셨던 것입니다. 이 말씀으로 예수님께서는 사람들이 갈구하고 있는 육적 관심, 그 너머에 영적 세계가 있음을 분명히 밝히셨습니다. 육적 생각, 육적 호기심, 육적 믿음을 넘어서 영적 생각, 영적 호기심, 영적 믿음을 가지라는 권고인 것입니다.

그런데 사실 군중들로 하여금 육적 믿음을 갖도록 동기를 제공한 것은 예수님이셨습니다. 예수님께서 먼저 그들의 배를 불려 주셨고, 그들의 육체적 질고를 치유해 주셨던 것입니다. 하지만 예수님께서 베푸신 이런 육적 차원의 기적은 그 자체를 목적으로 하지 않았습니다. 이를 통해서 영적 차원에 대한 열망을 불러일으키고자 하셨던 것입니다. 예수님의 궁극적인 목적은 사람들을 영적인 믿음에로 인도하는 것이었습니다.

우리는 이 사실을 명심해야 합니다. 오늘날도 예수님께서는 같은 방법으로 우리의 눈을 뜨게 해 주십니다. 육적 차원에 대한 관심을 충족시켜 주시면서 우리를 영적 차원에로 이끌고자 하시는 것입니다.

처음부터 영적 믿음을 입고 교회에 나와 신앙생활을 하는 사람은 없습니다. 보통 인간적인 믿음으로 시작하게 마련입니다. 문제 해결을 위해 기도하고, 하는 일이 잘되도록 축복을 청하기도 하고, 인간적인 재미에서 열심히 모임에 참석도 하고 봉사 활동도 합니다. 그 와중에 기뻐하고 감사하며 눈물도 흘립니다. 그러나 언제까지나 육적인 믿음에 머물러 있을 수는 없습니다.

하느님의 말씀을 듣고 기도하며 주님께로 더 가까이 나아가야 합니다. 그러면 육적 생각을 버리고 영적 믿음으로 도약할 수 있습니다. 그럴 때 갈등이 생기고 시험이 찾아와 여러 고통을 겪을 수도 있습니다. 그동안 자기 편한 대로 살다가 하느님 중심으로 바꾸려 하니 몸과 마음이 따라 주지 않아 자신의 경험으로 자꾸 거부하기 때문입니다. 이 시기는 그저 교회만 왔다 갔다 하는 단계입니다. 육적 믿음이 영적 믿음으로 바뀌는 과정은 자아를 깨고 포기하며 죽이는 훈련입니다. 결코 쉽지 않은 것입니다.

최양업 신부님의 서간 모음집 『너는 주추 놓고 나는 세우고』(바오로딸 ^{2}2021)에 영적 믿음이 어떤 것인지 잘 설명해 주는 대목을 소개합니다.

조 씨라는 매우 지체 높은 양반이 입교한 사정은 다음과 같습니다.

그는 천주교에 대해서 어떤 이야기를 들은 적이 있으나, 그때에는 지극히 사악하고 반란을 선동하는 종교로만 알았답니다.

그런데 그의 마을에서 멀지 않은 멍에목이라는 한 산골에 천주교 신자들이 살고 있었습니다. 그 양반이 신자들이 사는 근처 골짜기에 살고 싶어서 집을 지으려고 그곳에 왔습니다. 그때 마침 신자 마을이 몽땅 화재로 타 버리는 사건이 벌어졌습니다.

조 씨는 즉시 그 마을에 가서 화재를 당한 신자들을 위로하였습니다. 그런데 조 씨가 보기에 신자들은 조금도 근심하거나 마음이 동요하는 것처럼 보이지 않았습니다. 이처럼 엄청난 재난을 당하고도 평온한 낯으로 태연하게 있는 것을 조 씨는 매우 이상히 여기며 탄복하였습니다. 그는 신자들이 왜 그러한지 그 이유가 몹시 궁금하여 견딜 수가 없었습니다. 그래서 신자들에게 물었더니 신자들은 여러 가지 말로 대답은 하였으나 신앙에 대한 것은 털어놓지 않았습니다. 그래서 대답이 신통치 않았습니다.

조 씨는 도무지 납득이 되지 않아서 마음속으로 이 사람들이 무슨 도를 믿는구나 하고 생각했습니다. 그렇지 않고서야 화재를 당하고도 그렇게 태연할 수가 없을 것이기에 다시 꼬치꼬치 캐어물었습니다. 그때서야 신자들은 어쩔 수 없이 실토를 했습니다. "과연 우리는 천주교를 믿습니다. 우리는 좋은 일이나 궂은 일이나 모든 일은 하느님의 뜻에 따라 일어난다고 믿습니다. 그러므로 우리는 지극히 좋으신 하느님께 항상 의탁하며 그분의 측량할 수 없는 안배를 칭송할 뿐입니다."라고 대답하였습니다.

조 씨가 이 말을 듣고서 크게 기뻐하고 만족하여 곧 천주교를 믿기 위해 기도문과 교리문답을 배우며 천주교회 법규를 실천하기 시작하였습니다. 그러나 넘어야 할 태산이 너무나 험준했고, 깨뜨려야 할 장벽이 너무나 두터웠습니다. 그는 조상들의 위패를 많이 모시고 있었고 친척들과 친지들도 많았습니다. 그는 이 모든 것에서 떠나야 했습니다. 그런데 여기에 최후의 악이 도사리고 있었습니다.

그런데도 그는 흔들림 없이 모든 것을 버리고 오직 하느님만을 섬기기로 결심하였습니다. 우선 온 집안 식구들을 이런 핑계 저런 구실을 대어 여러 곳에 분산시키고 나서 자기는 산골에 지은 그 집에 혼자 남았습니다. 그리고 밤중에 몇몇 신자들을 데리고 자기가 전에 살던 집에 갔습니다. 그리고 외교인들이 보기에 우연히 화재가 발생한 것으로 믿게끔 꾸미고 그 집과 우상들을 불 질러 버렸습니다.

그러고 나서 조 씨는 마치 실성한 것처럼 굴며 사회생활을 떠나 친척과 친구들과의 교제를 모두 끊어버렸습니다. 그리고 "나는 이제부터 이 세상에서 죽은 사람이나 진배없게 되었으니 여러분도 모두 나를 죽은 사람으로 간주해 주시오." 하고 선언하였습니다.

제가 그 교우촌에 가서 조 씨에게 바오로라는 세례명으로 세례를 주었습니다. 그러고 나서 "바오로 사도가 처음에는 그리스도교를 박해하였으나 개종하여 주님의 사도가 되고, 특히 이방인들을 가르친 뛰어난 스승이 되셨습니다. 당신도 온 집안과 친지들 중에 가능한 사람들에게는 천주교 교리를 가르치십시오." 하고 책임지웠습니다.[49]

최양업 토마스 신부님의 육필 서간 한 대목이었습니다마는 참 신앙이 무엇인지 감동적으로 설명해 주는 글이었습니다.

그렇습니다. 영적인 믿음은 차원이 다릅니다. 인간적인 동기에서 생긴

육적 차원의 믿음은 환난이 올 때 금세 휘청거리지만, 말씀에 기초한 믿음, 성령님의 역사로 인한 영적 믿음은 절대 흔들리지 않습니다. 아무리 어려운 시험을 당해도 결코 요동하지 않습니다.

■ 정 때문에

> "주님, 저희가 누구에게 가겠습니까?
> 주님께는 영원한 생명의 말씀이 있습니다"(요한 6,68).

지난 4주간에 걸쳐 예수님께서 우리에게 끊임없이 말씀하신 '생명의 빵' 이야기. 그 진한 사랑의 말씀에 대한 우리의 응답이 오늘 베드로의 입을 빌려 고백됩니다. 그렇습니다. 베드로의 저 고백이야말로 지금 복음을 함께 묵상하는 우리 모두의 고백입니다.

배 루치아 자매의 증언에 함께 귀 기울여 보겠습니다.

> 예전에는 형식적으로 미사 참례를 했는데, 요즘에는 하느님과 관련된 얘기만 하려고 해도 눈물이 나오려고 합니다.
> 최근에 영성체를 하면서 생각지도 못했는데 순간 제3자의 입장에서 바라보듯 제 모습이 눈앞에 펼쳐졌습니다. 걱정거리 하나 없는 사람처럼 주변 사람들과 함께 활짝 웃는 밝은 모습… 주님께서 저에게 '아, 저런 모습으로 살아가라고 하시나 보다.' 하고 생각했습니다.
> 사실 저는 불교 신자였습니다. 결혼하고 시어머니를 한 3년 모셨는데, 서로 맞지 않아 너무 힘들었습니다. 당시 시어머니께서 제게 성당에 다닐 것을 권유하셨는데, 지푸라기라도 잡는 심정으로 저는 성당

문을 두드렸습니다. 그렇게 하여 교리를 받고 세례를 받았습니다.

하느님의 현존을 처음 느낀 건 우연히 따라간 성지 순례에서였습니다. 십자가의 길을 하다가, 어떤 신비한 빛을 보는 체험을 한 것입니다. 그 이후 유아세례만 받고 냉담했던 남편이 다시 성당에 나왔고, 시어머니와 남편, 저 셋이 견진성사도 함께 받게 되었습니다.

언젠가 하늘 나라에서 꼭 예수님을 만났으면 좋겠습니다. 그러려면 이 세상에서 정말 잘 살아야겠다 다시금 다짐합니다.

시작은 지푸라기와도 같았지만, 빛으로 말씀으로 성체로 자신에게 다가와 주신 하느님, 그 하느님에 맛 들이면 맛 들일수록 점차 긍정과 희망으로 바뀌어 가는 삶.

그 누구도 아닌 주님 안에서만이 누릴 수 있는 축복임을 압니다.

"주님, 저희가 누구에게 가겠습니까? 주님께는 영원한 생명의 말씀이 있습니다"(요한 6,68).

함께 기도하시겠습니다.

주님, 주님 말씀의 달콤함 때문에 저희는 주님을 못 떠납니다.

주님, 주님 말씀의 족집게 같은 지혜 때문에 저희는 주님을 못 버립니다.

주님, 주님 말씀과 쌓은 정 때문에 저희는 결코 주님과 헤어질 수 없습니다.

우리 주 예수 그리스도를 통하여 비나이다. 아멘!

연중 제22주일: 마르 7,1-8.14-15.21-23

하느님의 계명

"그들은 사람의 규정을 교리로 가르치며 나를 헛되이 섬긴다"(마르 7,7).

1. 말씀의 숲

오늘 이야기는 손을 씻지 않고 빵을 먹은 제자들 때문에 일어나는 논쟁을 그리고 있습니다. 자세히 읽기 위해 두 부분으로 나누어보겠습니다. 첫 부분은 1절에서 8절까지입니다. 여기서는 예수님과 바리사이들과 예루살렘에서 온 율법 학자들의 대화가 진행되고 있습니다. 그리고 두 번째 부분인 14절부터는 예수님께서 군중을 향해 따라 하시는 말씀입니다.

바리사이들과 특별히 수도의 권위와 명성을 가진 예루살렘에서 온 율법 학자들이 예수님께 몰려왔습니다. 예수님의 제자들이 씻지 않은 손, 부정한 손으로 빵을 먹는 것을 보았기 때문입니다. 이와 동시에 이야기는 제자들의 행동이 그들에게 얼마나 충격적이었는가를 구체적으로 말했습니다.

"본디 바리사이뿐만 아니라 모든 유다인은 조상들의 전통을 지켜, 한 움큼의 물로 손을 씻지 않고서는 음식을 먹지 않으며, 장터에서 돌아온 뒤에 몸을 씻지 않고서는 음식을 먹지 않는다. 이 밖에도 지켜야 할 관습이 많은데, 잔이나 단지나 놋그릇이나 침상을 씻는 일들이다"(마르 7,3-4).

이들의 눈에 띈 제자들의 행동은 결코 그냥 지나칠 수 있는 일이 아니었습니다. 단순히 씻지 않았다는 사실 이상으로 조상들의 전통을 어겼기 때문입니다.

그러자 예수님께서는 즉시 이사야 예언자의 말씀을 읊으셨습니다.

"이사야가 너희 위선자들을 두고 옳게 예언하였다"(마르 7,6).

입술로만 하느님을 섬기는 어리석은 백성들, 오히려 하느님을 기만하는 헛된 백성들이 하느님의 계명을 접어 두고 한낱 사람의 계명만을 가르치기 때문이었습니다.

예수님께서는 여기서 말씀을 그치지 않고 군중들을 가까이 불러 덧붙이셨습니다.

"너희는 모두 내 말을 듣고 깨달아라"(마르 7,14).

사람을 더럽히는 것은 유다인들이 생각하는 것처럼 씻지 않은 손으로 먹는 음식이 아닙니다. 음식은 사람을 더럽힐 수 없습니다. 성경에 씌어 있듯이 하느님이 깨끗하게 하신 것을 더럽다거나 속되다고 할 수 없기 때문입니다(사도 10,15 참조). 문제는 사람한테서 나오는 나쁜 생각이었습니다. 사람 안에서 나오는 모든 악이 사람을 더럽히는 원인이었습니다. 불륜, 도둑질, 살인, 간음, 탐욕, 악의, 사기, 방탕, 어리석음 등 말입니다. 예수님께서는 사람의 근본적인 본성을 가르쳐 주셨습니다.

전체적으로 이 단락은 유다교 율법과 투쟁했던 초대 교회의 넓은 전망에서 바라보면 더 잘 이해할 수 있습니다. '정결한 음식과 부정한 음식의 구분'(사도 10,9-16; 11,5-10; 로마 14,13-23; 갈라 2,11-14 참조), '우상에게 바친 제물을 먹는 문제'(1코린 8장; 10장 참조) 등은 초대 교회에서도 아주 큰 논란을 일으켰습니다. 베드로와 바오로가 대판 싸우는 등의 논란을 통해 점차로 예수님의 가르침을 분명히 알아듣고 정리하게 되었을 것입니다. 실로 율법에 관한 신약성경의 입장은 다양합니다. 마태오(마태 5,17-38 참조)와 야고보(야고 1,25 참조), 바오로(갈라 3-5장 참조)가 각기 다릅니다. 마르코의 입장에서 예수님께서는 율법을 모두 폐기하지 않으십니다. 단지 그분은 율법의 근본 의도 그 밑바닥까지 내려가 하느님의 뜻을 헤아리라고 촉구하는 한편, 그 뜻을 왜곡하는 기존의 관행과 규칙과 전통들을 비난하십니다.

사실 어떤 목표를 달성하기 위한 수단이 점차 목표보다 더 중시되는 예는 역사나 사회에서나 흔히 보는 현상입니다. 마찬가지로 내용을 담는 형식이 점차 고정되어 마침내는 지배 문화로 등장하는 경우도 자주 나타납니다. 종교에서도 목표와 수단, 내용과 형식, 정신과 제도, 개혁과 보수, 전통과 쇄신 등의 민감한 갈등은 실로 오래 되었고 또 치열합니다. 이 둘 사이의 균형을 취하는 일은 본질에 대한 바른 이해를 끊임없이 추구하면서, 그 이해관계의 속셈을 진실하게 들여다보는 것입니다. 개인의 경우, 자기 '마음'을 숨김없이 응시하며 말과 행동을 일치시키는 것입니다. 예수님께서는 어느 경우이든 자기 보존, 자기 절대화, 인간의 자유를 억압하는 금기와 규정에 대하여 가차 없이 부정하십니다. 그 자유야말로 인간에게 주고자 하시는 지독한 당신 사랑의 선물입니다.

2. 말씀 공감

■ 허리와 무릎이 먼저

> "이 백성이 입술로는 나를 공경하지만
> 그 마음은 내게서 멀리 떠나 있다"(마르 7,6).

"입술"과 "마음". 예수님의 저 말씀 한 단어 한 단어를 곰곰 묵상하며 그 말뜻을 새겨 봅니다.

입술의 결실은 언어입니다.

마음의 결실은 행동입니다.

그러기에 제아무리 숱한 미사여구로 주님을 공경한다 하더라도 결국 그것은 '말뿐인' 것에 지나지 않습니다. 비록 서툴다 하더라도 행동으로 주님을 공경하는 것, 그것이 참 공경인 것입니다. 이는 그 어떤 주장으로 입증되는 것이 아니라 삶으로 드러나는 것이기 때문입니다.

그 삶을 더욱 격조 있게 그리고 절도 있게 만들어 주는 가톨릭 미풍 가운데 하나가 바로 '장궤' 아닐까 싶습니다. 그런데 오늘날 본당에서는 여러 현실적인 이유들로 이 장궤틀을 찾아보기가 쉽지 않지요. 이를 안타깝게 여기던 차에 저와 비슷한 생각을 품고 글을 쓴 한 사람을 만났습니다. 한 아나운서의 글입니다.

얼마 전 천주교 신자의 어깨를 으쓱하게 만드는 조사 결과가 나왔다. 더 고무적인 것은 불교 측에서 발표한 연구 보고서라 공정성과 객관성이 담보되었다는 점이다.

조계종 불교사회연구소가 우리나라 국민 만 16세 이상 1,500명을 대상으로 '2014 한국의 사회·정치 및 종교에 관한 대국민 여론 조사'를 실시했는데, […] 천주교 신뢰도가 […] 가장 높게 나타났다고 밝힌 것이다. […] 천주교는 각 종교가 사회에 미치는 영향력 크기에서도 […] 가장 높은 것으로 조사됐다. […]

물론 작년 […] 프란치스코 교황의 방한이라는 거대한 사건을 마주한 우리 국민들이 한국 가톨릭 전체에 대한 선순환 국면을 시나브로 의식했으리라 짐작된다.

그럼에도 가톨릭에 대한 우리 사회의 호의好意는 분명 몇 가지 원인이 있을 텐데, 그중 '미사라는 제의식의 강고한 형식미'를 꼽지 않을 수 없다. 십자가, 제단, 사제, 신자의 구성으로 천 년을 넘게 이어온 이 고요한 스펙타클이야말로 어떤 이에게는 숨 막히는 답답함이지만, 누군가에게는 비로소 나 자신을 온전히 맡기는 무게 있는 안식처로서 기능하는 것이다. […]

요즘 도회지 성당에서 아쉬운 대목은 신자들의 긴 의자에 장궤틀이 사라지고 있다는 점이다. 『표준국어대사전』에는 '장궤하다'라는 동사도 엄연히 있다. "몸을 세운 채 꿇어앉는 자세로 존경을 나타내다. 가톨릭에서 미사를 볼 때에 신자들이 하는 자세이다."

무릎이 좋지 않은 노인들을 위한 배려임을 모르지 않는다. 그러나 가톨릭의 '매력적 형식'을 놓치고 있는 게 더 크다는 생각이다. 어르신들은 장궤 상황에서 예외적으로 앉아 계시면 된다. 가톨릭 노인은 이해하실 것이다.[50]

그렇습니다. 몸이 불편한 경우야 어쩔 수 없겠지만 그런 분들은 마음으로 동참하면 될 것입니다.

해외 성지 등을 방문해 보면 여전히 많은 유럽의 가톨릭 미사에서는 자연스레 무릎을 꿇는 신자들의 모습을 볼 수 있습니다. 그들은 심지어 성당에 들어서면서도 한쪽 무릎을 굽히고 감실 안 예수님을 향해 인사 드리고, 성체를 모실 때도 무릎을 꿇고 두 손을 모은 채 사제를 기다리기도 합니다.

자신의 할 수 있는 최선을 다해서 하느님께 예를 갖추는 것이지요.

하느님 앞에 무릎 꿇는 행위는 신자 된 이의 기본 중의 기본이라 할 것입니다. 그러기에 '장궤'라는 이 아름다운 전통이 소중히 이어지길 바라봅니다. 그리하여 오늘 예수님의 이 말씀이 정녕 우리들에게는 해당사항 없기를 희망합니다.

"이 백성이 입술로는 나를 공경하지만 그 마음은 내게서 멀리 떠나 있다"(마르 7,6).

■ 차고 넘치게 하소서

> "너희는 하느님의 계명을 버리고
> 사람의 전통을 지키는 것이다"(마르 7,8).

광주대교구의 어느 신부님이 한센병 환우 공동체, 곧 나환우촌에 지원하여 다년간 사목 활동을 펼쳤습니다. 부임한 지 얼마 되지 않아 그는 그곳에서 이상한 사실을 발견했습니다. 천주교 공동체가 자리 잡은 그 인근에 개신교 공동체가 있었는데, 생활 수준의 격차가 심하더라는 것이었습니다.

듣기로는 그런 공동체들이 생겨난 것은 떠도는 한센병 환우들의 정착을 돕기 위해 나라에서 땅을 확보하여 마련해 준 것이 계기였고, 그랬기에 우선 가톨릭 교우들과 개신교 신도들에게 인구 비례로 공평하게 부지를 분배했고 지원도 공평하게 했다 합니다. 곧 가톨릭 마을에는 공소 건물이, 개신교 마을에는 교회가 세워졌답니다. 물론 사제와 목사들이 각각 양 떼를 돌보았겠죠.

그렇게 세월이 십여 년 이상, 곳에 따라서는 수십 년 흘렀습니다. 그간의 변화 양상은 확연히 달랐습니다. 한마디로 개신교 마을은 평균적으로 잘 사는데 반해, 천주교 마을은 생활 수준이 열악했습니다.

신부님은 그 이유가 궁금했습니다. 신중하게 여러 가지를 관찰한 결과 그 이유를 나름대로 찾아냈답니다. 생활 태도에서 개신교와 두 가지 뚜렷한 차이를 보이고 있더라는 것이었습니다.

첫째는 주일에 대한 태도였습니다. 개신교 마을 사람들은 주일이 되면 모두가 일손을 놓고 교회에서 예배드리기를 거르지 않았답니다. 반면 천주교 마을 사람들은 주일이 되어도 농사일 핑계로 공소 예절이나 미사를 거르거나 농번기 때는 아예 공소가 한산할 지경이었답니다.

둘째는 헌금과 교무금에 대한 태도였습니다. 개신교 마을에서는 무척 궁핍했던 초기 때부터 십일조를 꼬박꼬박 내는 전통을 지켜 왔답니다. 반면에 천주교 마을에서는 초창기 때부터 가난한 나환우들이라는 이유 하나로 본당의 지원을 당연한 것으로 여기고 봉헌이나 교무금 내는 것을 아깝게 여기는 분위기였답니다.

성격이 화끈한 그 신부님께서는 이 두 가지에 변화를 꾀했습니다. 신자들에게 개신교 수준의 열심과 봉헌을 요구했습니다. 강력한 반발에 부딪혔지만, 교육과 설득 그리고 강행을 병행하여 차츰 생활 태도를 바꿔 갔습니다. 사실 신부님께서 추구했던 것은 개신교 모방이 아니라 성경에 명시된 '하느님 계명'의 철저한 준수였습니다.

몇 년 되지 않아, 천주교 마을에 엄청난 변화가 찾아왔습니다. 기도하는 공동체, 감사드리는 공동체, 그리하여 은총을 누리는 공동체로 둔갑해 있었던 것입니다.

저는 개인적으로 그 신부님을 존경합니다. 그리고 같은 사제의 입장에서 그 신부님을 응원합니다.

위의 이야기에서 변화를 겪기 전 천주교 마을 교우들이 지니고 있었던 폐습은 오늘 복음 말씀에서 예수님께서 지적하신 문제와 일치합니다.

"너희는 하느님의 계명을 버리고 사람의 전통을 지키는 것이다"(마르 7,8).

현실적인 사유들을 이유로 들면서 사람의 편의나 관행을 앞세우려는 모든 저의를 우리는 "사람의 전통"이라고 볼 수 있습니다. 바리사이나 율법 학자들에게는 기득권을 유지하려는 모종의 인간적 규율들이 "사람의 전통"을 이뤘습니다.

하지만 예수님께서는 그들에게 이런 것들을 청산하고 "하느님의 계명"으로 회귀할 것을 권하십니다. 그래야 본래의 선하신 하느님 계획과 축복이 회복되기 때문입니다.

"하느님의 계명"은 그 목적과 결과가 선합니다. 곧 하느님의 계명을 충실히 지키는 사람에게는 예방, 해방, 복구 등의 좋은 일이 일어나는 것입니다.

반면에 "사람의 전통"은 그 목적과 결과가 왜곡되어 있습니다. 그리하여 소외, 거짓, 불안 등 부작용의 악순환이 초래되는 것입니다.

■ 말씀의 백만 촉광 빛

> "사람 밖에서 몸 안으로 들어가 그를 더럽힐 수 있는 것은 하나도 없다. 오히려 사람에게서 나오는 것이 그를 더럽힌다"(마르 7,15).

예수님의 저 말씀은 졸린 눈도 번쩍 뜨이게 할 만큼 의외이며 충격적이기까지 합니다. 나를 더럽히는 것의 근원이 외부가 아닌 내 안에 있다니 말입니다.

그런데 내 안에 있는 이 더러움을 드러내 주는 것이 있습니다. 바로 '빛'입니다.

그리스도라는 빛, 말씀이라는 빛, 성령이라는 이 빛의 조명을 받으면 내 안에 어떤 악한 것들이 존재하는지 깨달아 알게 되는 것입니다. 그리하여 그 악한 것들을 빼내어 버릴 수 있는 은총을 입게 되는 것입니다.

빛은 드러냅니다. 만일 어느 집안에 어떤 어둠이 있는데 빛들이 꺼졌을 경우 사람들은 관리 소홀과 불결함을 감지하지 못합니다. 빛이 들어오면 이제 더러움은 불편을 자아내기 시작합니다.

우리들의 여정은 빛 아래에서만 참되게 성찰될 수 있습니다. 불결한 것들이 끼어들 수 없기 때문입니다.

서로 맞은편에 살던 두 가족의 이야기가 있습니다. 그 한 집의 남편은 매일 퇴근길에 그의 아내가 이웃집에 걸려 있는 더러운 옷을 바라보고 있는 것을 보았습니다. 그녀는 화가 잔뜩 났습니다. 그녀는 이웃이 왜 옷들을 깨끗이 빨지 않는지 그리고 그 지저분한 것을 왜 빨랫줄에 널어놓는지 알 수 없다고 푸념했습니다. 그리고 그녀는 이웃이 부주의하고 청결하지 않다고 성급하게 그러나 확신하면서 결론지었습니다. 얼마 후 아내의 불평에 짜증이 난 남편은 아주 간단한 제안을 하였습니다. 그는 아내에게 더러워진 거실 창문을 닦으라고 말했습니다. 그럼으로써 더러웠던 것은 이웃의 옷이 아니었다는 사실을 그녀가 볼 수 있었기 때문이었습니다.

이는 매우 중요한 교훈을 담고 있는 단순한 이야기입니다. 문제는 밖에 걸려 있는 빨래가 아니었습니다.
문제는 그것을 바라보는 창이었고, 그 창에 기대어 삐딱하게 이웃을 바라보려 했던 여인의 마음보였습니다. 이렇듯이 사람 안에 있는 것이 악한 것이고, 또한 안에서 밖을 내다보는 마음의 창이 불결한 것이 문제인 것입니다.
그리고 이런 문제들을 있는 그대로 볼 수 있도록 해 주는 것이 빛인 것입니다.

함께 기도하시겠습니다.
주님, 저희로 하여금 "하느님의 계명", 곧 말씀을 대신하여 저희의 인간적인 해석이나 논리를 내세우지 않게 하소서.
주님, 저희로 하여금 사람의 전통에 매여 저희들의 잣대로 의인과 죄인을 가르는 삶을 살지 않도록 저희를 지켜 주소서.
주님, 오늘 이 시대에 주님 말씀의 권위가 저희를 통하여 회복되고 그로 인하여 저희에게 그 은혜가 차고 넘치게 하소서.
우리 주 예수 그리스도를 통하여 비나이다. 아멘!

연중 제23주일: 마르 7,31-37

에파타!

"저분이 하신 일은 모두 훌륭하다"(마르 7,37).

1. 말씀의 숲

이야기는 예수님의 여행 경로를 밝히면서 시작되었습니다. 예수님께서는 티로 지역을 떠나 시돈을 거쳐 갈릴래아 호숫가로, 데카폴리스 지역 한가운데로 가셨습니다. 예수님께서는 이방인들의 땅을 두루 거치면서 머무르고 계셨습니다.

그런데 사람들이 두 가지 장애를 함께 가진 사람을 데려왔습니다. 귀먹은 반벙어리였습니다. 그가 이방인인지 유다인인지는 명시되지 않았지만, 이방인 지역 데카폴리스에 대한 언급은 그가 이방인이었음을 암시합니다. 그는 귀가 먹은 후유증으로 심한 언어 장애를 겪고 있었습니다. 벙어리 병은 많은 경우 귀가 먹은데 기인합니다. 그를 예수님께 데리고 온 사람들은 이미 예수님께서 데카폴리스에서 행하신 악마 추방의 기적(마르 5,1-20 참조)에 대해 듣고 그분이 치유의 힘을 가지고 계신 분임을 안 사람들이었을 것입니다.

사람들은 손을 얹어 주십사고 간청했습니다. 그러자 예수님께서는 손을 얹는 정도가 아니라 여러 가지 복잡한 행동을 하기 시작하셨습니다. 우선 그를 군중으로부터 떼어 놓았습니다. 사람들이 그를 데려왔는데도 말입니다. 그런 다음 당신 손가락을 그의 두 귀에 넣었다가 침을 뱉어 그의 혀를 만지셨습니다. 그리고 하늘을 우러러 보며 한숨을 쉬셨습니다.

치유 이야기 가운데서 보기 드문 장면입니다. 숨을 내쉬셨다는 것은 예수님께서 성령으로 가득 차 계심을 의미했습니다. 그리고 아버지가 계신 하늘을 우러러 보셨습니다. 예수님께서는 혼자서 이 귀먹은 반벙어리를 고치게 계신 것이 아니었습니다. 예수님께서는 아버지를 향한 호소와 성령의 힘으로 외치셨습니다. "에파타!", 곧 "열려라!"라고 하셨습니다. 그러자 그의 귀가 열리고 혀가 풀려 말을 제대로 했습니다.

들을 수 없기 때문에 말할 수 없었던 그 사람이 듣고 말을 제대로 하게 되었습니다. 이야기가 여기서 막을 내리더라도 아무런 문제가 없었을 것입니다. 그러나 예수님께서는 이 일을 누구에게도 말하지 말라고 엄명하셨습니다. 이 일이 비밀에 부쳐지기를 원하셨기 때문입니다. 그러나 사람들은 엄히 명하실수록 더욱더 널리 알렸고 흥분하며 감탄을 금치 못했습니다.

끝 대목의 "저분이 하신 일은 모두 훌륭하다."(마르 7,37)라는 말은 "하느님께서 보시니 손수 만드신 모든 것이 참 좋았다."(창세 1,31)는 진술을 연상하게 합니다. 예수님께서는 파괴된 창조 질서를 온전히 회복하시는, 새로운 창조를 이루시는 메시아이십니다.

새로운 창조에 참여하기 위한 조건은 믿음입니다. 이렇게 예수님께서는 데카폴리스의 한가운데서 귀머거리를 듣게 하고 벙어리가 말을 하도록 하신 메시아로 임하시어 이사야 예언자를 통해 약속된 구원의 날, 이스라엘의 영광스러운 미래(이사 35,5-6 참조)를 실현하셨습니다.

이 치유 이야기는 이스라엘 백성을 상징했습니다. 그리고 이스라엘은 인류 전체를 대표했습니다. 예언자들이 셀 수 없이 말했던 것처럼 이스라엘은 하느님의 말씀을 듣지 못하는 귀머거리였습니다. 그들의 귀가 막힌 이상 그들이 하느님의 말씀에 제대로 응답할 수 없었던 것은 자명한 이치였습니다. 그들은 결국 벙어리였습니다. 그래서 예수님께서는 이스라엘 백성을 상징하는 이 귀먹은 반벙어리를 어렵게 고치셨습니다. "에파타!"는 단순히 귀가 열리고 혀가 풀리는 치유가 아니라 이스라엘과 인류를 위한 은총이었습니다.

"주 하느님께서는 나에게 제자의 혀를 주시어 지친 이를 말로 격려할 줄 알게 하신다. 그분께서는 아침마다 일깨워 주신다. 내 귀를 일깨워 주시어 내가 제자들처럼 듣게 하신다"(이사 50,4).

구원자이신 주님이 오심으로써 세상 전체가 완전히 바뀔 것을 의미했습니다. 마치 묵시록에 기록된 대로 말입니다. "나는 또 새 하늘과 새 땅을 보았습니다. […] '하느님 친히 그들의 하느님으로서 그들과 함께 계시고 그들의 눈에서 모든 눈물을 닦아 주실 것이다. 다시는 죽음이 없고 다시는 슬픔도 울부짖음도 괴로움도 없을 것이다. 이전 것들이 사라져 버렸기 때문이다.' 그리고 어좌에 앉아 계신 분께서 말씀하셨습니다. '보라, 내가 모든 것을 새롭게 만든다'"(묵시 21,1.3-5).

2. 말씀 공감

■ 오늘의 티로와 시돈

> "예수님께서 다시 티로 지역을 떠나 시돈을 거쳐, 데카폴리스 지역 한가운데를 가로질러 갈릴래아 호수로 돌아오셨다"(마르 7,31).

　예수님께서는 단지 유다인들 중 소외받은 사람들만을 찾아가셨던 것이 아닙니다. 오늘 예수님께서는 유다인들이 이방인의 지역이라 부르는 티로와 시돈, 데카폴리스 지역을 두루 다니셨습니다. 이방인들은 유다인의 입장에서 보면 부정한 사람들이었습니다. 그렇기 때문에 유다인들은 이방인들을 멸시를 받고 있었습니다. 그런데 예수님께서는 직접 그들의 마을로 들어가셨던 것입니다. 하느님의 복음은 모든 사람들에게 전해져야 하는 것이었습니다. 특히 부유하고 기득권에 있는 사람들보다는 소외당하고, 주변으로 밀려난 이들에게 먼저 복음을 전하고자 하셨던 것입니다.

　이들은 특히 우상 숭배와 운명론에 빠져 있던 사람들이었습니다.

　그러므로 오늘 우리는 이 말씀을 묵상하면서 이 시대의 티로, 시돈, 데카폴리스를 떠올릴 줄 알아야 합니다. 이 시대의 티로, 시돈, 데카폴리스는 다름이 아닌 팔자와 운명론에 빠져서 헤어 나오지 못하는 사람들의 지역을 말한다고 볼 수 있을 것입니다.

　강의 차 어느 본당에 갔을 때의 일입니다. 한 자매가 다가와 제게 말했습니다.

"신부님, 저는 원래 불교인이었어요. 관상도 곧잘 볼 줄 알았죠."
"그랬는데요?"
그런 자매가 어떻게 성당에 오게 됐을까? 저는 그게 궁금하였습니다.
"저는 사주도 풀 줄 알았어요. 그게 딱딱 맞더라구요. 그래서 사람들은 관상과 사주팔자대로 살게 되어 있다고 믿고 살아왔죠. 그런데 안 맞는 사람들이 있는 거예요. 왜 그럴까? 그 이유를 찾다가, 그런 사람들이 모두 성당에 다니는 사람들이라는 것을 알게 되었어요."
"아, 그랬어요? 거 참 멋있는 말이네요."
자매는 신이 나서 말을 이었습니다.
"그래서 저는 깨달았어요. '사람의 팔자를 이기는 것이 예수님이시구나, 예수님을 믿는 신앙이구나' 하고 말이에요. 그래서 제 발로 성당을 찾게 된 거예요."

그 자매와의 대화는 저에게 아침 이슬 같은 영감을 주었습니다.
"맞아, 맞아, 맞아!"
그렇습니다. 예수님께서는 팔자까지도 고칠 수 있습니다. 그 피할 수 없다는 운명의 장난도 극복하게 해 주는 것이 예수님께 대한 신앙인 것입니다.

우리는 안 좋은 일이 일어나면 습관적으로 팔자타령을 합니다. 그리고 그 밑바탕에는 '사람은 팔자대로 살아간다'는 운명론이 짙게 깔려 있습니다. 이런 사고방식은 옛 속담 속에서도 쉽게 찾아집니다.
'팔자는 독에 들어가서도 못 피한다', '이 도망 저 도망 다 해도 팔자 도망은 못한다' 등의 말이 바로 그것입니다. 이 말 속에는 다른 것은 몰라도 팔자는 어떤 방법을 써도 피하지 못한다는 체념이 깔려 있습니다.

여기에서 더 나아가 우리에게 직격탄을 날리는 속담이 있으니, 바로 '뒤로 오는 호랑이는 속여도 앞으로 오는 팔자는 못 속인다'라는 말입니다. 이는 우리의 운명은 우리 자신 마음대로 할 수 없음을 극명하게 보여 주는 속담입니다.

이렇듯 우리는 알게 모르게 많은 속담들 속에서 피할래야 피할 수 없는 '팔자'를 만나 왔으며, 그만큼 일상에서도 의식적이나 무의식적으로 팔자에 얽혀 살아가고 있는 것입니다. 그런데 정말 그럴까요?

청주 모 본당에 강의를 갔을 때, 쉬는 시간을 이용하여 한 자매님이 상담을 요청하였습니다. 일자리를 못 찾고 놀고 있는 아들이 하나 있는데 하도 답답하여 처음으로 점집을 찾아가 아들 사주팔자를 알아 보았다는 것입니다.

"그래서 어떻게 되었는데요?"

"점쟁이가 하는 말이 아들 사주가 아주 안 좋다는 거예요. 하는 일마다 꼬이고 안 된대요."

"그랬는데요?"

"그래서 제가 무슨 방법이 없냐고 물었죠. 그랬더니 100만 원만 가져오면 액운을 없애고 운이 트이는 방법을 가르쳐 준다는 거예요."

"100만원을 갔다 줬나요?"

"집에 와서 생각하니까 그건 아닌 것 같아서 고해성사를 보고 정신 차렸죠 뭐. 근데 그다음이 문제예요."

"뭐가 문젠데요?"

"그 점쟁이가 해 준 말이 제 머리에서 떠나지 않는 거예요. '아들 사주가 아주 안 좋다'는 말이 머리에서 뱅뱅 돌아요."

저는 바로 그거다 싶었습니다. 사주팔자가 운명을 결정짓는 것이 아니라, '내 사주가 그렇다던데…' 하는 생각이 운명을 결정짓는 것이 아닐까 싶었던 것입니다. 필자는 자매님을 위로하며 단단히 일러 주었습니다.

"자매님, 바로 그 안 좋다는 생각이 자매님에게 안 좋은 영향을 끼쳐서 자매님을 팔자의 굴레로 옭아매는 거예요. 예수님을 믿으면 팔자 그런 거 다 이길 수 있어요. 봐요. 세리, 죄인, 창녀, 이런 사람들이 다 인생을 비관하고 '팔자타령'만 하다가 예수님 만나서 새로운 인생을 살았잖아요."

"그냥 예수님께 맡기고 기도하면 되겠죠?"

"그럼요. 포기하지 말고 계속 기도하세요. 적절한 때가 오면 응답이 있을 거예요."

그렇습니다. 오늘 예수님께서 데카폴리스라는 미신의 지역에서 듣지 못하고 말하지 못하는 이를 고쳐 주신 사건은 숱한 이야기 가운데 하나일 따름이었습니다. 예수님을 만난 이들은 하나 같이 불행한 운명에서 행복한 인생의 주인공으로 변화하는 대반전을 체험하였습니다. 문둥병자가 치유되었고, 악령 들린 자들이 풀려났고, 절름발이가 걷게 되었고, 12년간 하혈병을 앓던 여인이 낫게 되었고, 그밖에도 신나는 일들이 도처에서 발생했습니다.

■ 성령의 온유로

> "예수님께서는 그를 군중에게서 따로 데리고 나가셔서,
> 당신 손가락을 그의 두 귀에 넣으셨다가 침을 발라
> 그의 혀에 손을 대셨다"(마르 7,33).

"귀먹고 말 더듬는 이"는 '스스로' 주님을 찾아오지 않았습니다. "사람들"이 그를 주님께 데려와 그에게 손을 얹어 주십사고 청합니다. "청하였다"로 번역된 그리스어 원형 '파라칼레오parakaleo'가 '호소하다'라는 의미를 지니고 있음을 볼 때, 의사소통이 안 되는 그의 딱한 처지에 대한 '사람들'의 안타까움이 느껴집니다.

그런데 두 가지 장애를 함께 가진 이 사람, 곧 "귀먹고 말 더듬는 이"는 이방인인지 유다인인지는 명시되지 않았지만, 굳이 이방인 지역 데카폴리스에 대한 언급과 함께 그가 등장하는 것은 그가 이방인이었음을 암시합니다. 그를 예수님께 데리고 온 사람들은 이미 예수님께서 데카폴리스에서 행하신 악마 추방의 기적(마르 5,1-20 참조)에 대해 듣고 그분이 치유의 힘을 가지고 계신 분임을 안 사람들이었을 것입니다.

사람들은 손을 얹어 주십사고 간청했습니다. 그러자 예수님께서는 손을 얹는 정도가 아니라 여러 가지 복잡한 행동을 하기 시작하셨습니다. 우선 그를 군중으로부터 떼어 놓았습니다. 사람들이 그를 데려왔는데도 말입니다. 그런 다음 당신 손가락을 그의 두 귀에 넣었다가 침을 뱉어 그의 혀를 만지셨습니다.

이 일련의 행위들 속에는 예수님의 지혜 어린 사랑이 숨겨져 있습니다. 먼저, 상황을 십분 파악한 주님께서는 '그'를 따로 데리고 나가십니다.

왜 그러셨을까요? 두 가지 깊은 뜻이 유추됩니다.

첫째로, 하느님에게서 오는 치유의 은총이, 사람들에게 놀라운 볼거리를 제공하고 치유하는 이의 능력을 드러내는 '전시용 이벤트'가 아님을 확실히 하시기 위해서입니다. 주님께서는 유다인 지도층이 기적적인 '표징'을 요구할 때는 일절 들어주지 않으셨지만, 고통이나 애환을 겪는 당사자들에 대한 '연민'에서는 언제든 사적으로 기적을 행하셨음을 상기할 일입니다.

둘째로, 장애를 가진 '그'에게 일대일로 친밀감을 느끼게 해 주시기 위해서였다고 여겨집니다. 주님의 이러한 세심한 배려는, 그로 하여금 당신을 받아들이도록 믿음을 불러일으켜 줍니다.

다음으로 주님께서는 친밀히 당신의 손으로 그의 귀와 혀를 만져 주십니다. 이는 이방인인 그의 마음을 열고 그와 동시에 믿음과 희망도 자극하기 위한 사랑의 배려였을 터입니다. 결정적인 장애를 가진 신체 기관에 대한 스킨십이었으니 얼마나 감동스럽고 고맙게 느껴졌겠습니까.

이런 행위를 통해서 그 사람의 마음과 믿음과 희망은 조금씩 조금씩 그러다가 이윽고 활짝 열리게 되었을 터입니다. 그에게는 내심 이런 생각이 들었을 것입니다.

'아, 이분이 내 부끄러움과 수치를 아시는구나. 그러기에 나를 이렇게 사람들의 시선에서 격리해 주시어 따로 대해 주시는구나.

어, 귀를 만지시네. 손길이 유난히 따뜻한 걸 보니 나를 무척 사랑하시나 봐.

응, 혀도 만지시네. 당신의 침을 내 혀에 발라 주시는데 왜 불결하단 느낌이 들지 않지. 이 부정 탄 혀가 마치 깨끗해진 것 같아.

그래, 지금 나는 벌써 구원된 느낌이야. 이 죄스런 귀와 혀에 불같은 하늘의 손길이 임한 거야.'

이렇게 "귀먹고 말 더듬는 이"는 금세 자발적인 기대감을 갖게 됩니다. 여태까지 그는 사람들에게만 의존해서 그들이 전해 주는 주님을 단편적으로 알아 왔지만, 이제부터는 직접 주님을 체험하게 되었음에 설렘이 고조되었을 터입니다.

■ 열려라, 참깨

> "에파타!"(마르 7,34)

"귀먹고 말 더듬는 이"를 고치신 예수님의 짧고도 강력한 저 한마디는, 결국 우리 인생길에 닫혀 있는 모든 것을 열어 주실 구원의 말씀임을 깨닫습니다. 물론 중요한 것은 그분께로 나아오는 우리의 믿음과 의지 또한 있어야 한다는 사실입니다.

이 말씀 속에 머무르자니 오래전 아는 신자가 겪은 은총 체험 하나가 문득 떠오릅니다. 저와도 관련이 있는데, 말씀드리자면 이렇습니다.

아녜스 자매는 국내 모 항공사 직원입니다. 제가 서품받고 곧바로 한 본당에 보좌 신부로 부임했을 때 그 자매는 본당 신자였습니다. 자매는 자신의 직장일을 단순하게 생각하지 않았습니다. 직업의 이점을 십분 살려 신부님들의 비행기 표를 가장 최적의 조건으로 끊어 주는 것을 자신의 사명으로 여겼던 것입니다. 알든 모르든 성직자의 일이라면 나서서 봉사와 도움을 자처했지요.

이후 저도 오스트리아 비엔나로 유학 발령을 받았을 때 자매 덕분에 비행편만큼은 신경 쓰지 않아도 되었습니다. 하여간 그렇게 저는 유학 길에 올랐습니다.

한편 그 뒤 어느 해 아녜스 자매가 휴가 차 유럽 배낭여행을 하면서 오스트리아 비엔나를 경유하게 되었습니다. 제 비엔나 연락처나 거처 등은 아무것도 모르는 상태였지요. 그저 속으로만 '아, 이곳이 우리 보좌 신부님 유학 온 곳이구나.' 하며 '만나 뵐 수 있으면 좋겠다.'라고 생각했다 합니다. 비엔나로 향한 기차 안에서 아녜스 자매는 자신의 바람을 기도로 바쳤답니다.

"주님, 비록 연락처도 전화번호도 없지만, 신부님을 어떻게든 만나게 해 주세요!"

놀랍게도 막무가내로 바친 이 기도를 하느님께서는 들어 주셨습니다. 공부를 열심히 하고 있던 저는 어느 순간 갑자기 '서부역'에 가서 어떤 교통정보를 알아 봐야겠다는 충동을 느꼈습니다. 서부역은 비엔나에서 제일 큰 역으로 그곳에 가면 모든 교통 정보를 알아 볼 수 있습니다. 그렇게 충동적으로 서부역에 가서 계단을 걸어 올라가는데 누군가 계단 위에서 화들짝 놀라면서 저를 부르는 것입니다. 바로 아녜스 자매였습니다.

저 역시 놀라 자초지종을 물었고, 들으신 대로 앞뒤 이야기가 맞춰졌던 것입니다. 서부역은 작지 않은 규모에 늘 인파로 북적거려서 일부러 약속을 해도 지나쳐 버리기 십상인 공간이었는데, 여러 길목 중 같은 계단에서 거짓말처럼 딱 만나게 된 것이지요. 놀란 것은 아녜스 자매 뿐 아니라 저 자신이기도 했습니다. 그렇게 급한 일도 아니었는데 꼭 그 시간에 나가고 싶은 충동을 일으켜 타이밍을 절묘하게 맞춰 주신 주님의 선한 개입!

비엔나에 다다르며 아녜스 자매가 드린 저 소박한 기도가 '열려라 참깨!'가 된 것입니다. 이는 필경 자매가 그간 쌓은 성직자들에 대한 공로를 기특하게 여기신 주님의 반짝 선물이었을 것입니다.

함께 기도하시겠습니다.

주님, 저희가 평소 쌓은 덕행을 터럭만한 것까지 셈해 주시어, 저희가 기도할 때에 "열려라, 참깨!" 하시며 확실히 보상해 주시니 감사받으소서.

주님, 저희가 평소 저축한 작은 봉헌을 동전 한 푼까지 헤아려 주시어, 저희가 급히 청할 때에 "열려라, 참깨!" 하시며 이자까지 후하게 쳐서 갚아 주시니 감사받으소서.

주님, 저희가 평소 복음 전파에 기울인 노력을 땀 한 방울까지 쳐 주시어, 저희가 필요할 때에 "열려라, 참깨!" 하시며 알아서 내려 주시니 감사받으소서.

우리 주 예수 그리스도를 통하여 비나이다. 아멘!

연중 제24주일: 마르 8,27-35

주님을 따르는 길

"누구든지 내 뒤를 따르려면 자신을 버리고
제 십자가를 지고 나를 따라야 한다"(마르 8,34).

1. 말씀의 숲

마르코는 이 사건을 의도적으로 중간에 놓이게 하였습니다. 왜냐하면 이것이 복음서의 최고의 시점에 오기 때문입니다.

이제 우리는 마르코 복음의 고개턱에 이르렀습니다. 예수님의 활동 무대가 갈릴래아에서 예루살렘으로 바뀌는 부분이 여기입니다. 또 앞에서는 예수님께서 말씀과 행적으로 하느님 나라를 선포하셨다면, 이제부터는 당신이 수난당하는 그리스도이심을 드러내십니다. 앞의 오르막에서는 예수님의 권위와 능력이 화려하게 부각되었다면, 이제부터 시작되는 내리막에서는 그분의 배척당하심과 죽음이 강조될 터입니다. 이 고갯마루를 넘으면서 예수님께서는 세 차례의 수난 예고를 통해 당신을 따르는 제자들의 본질도 밝히십니다. 예수님이 누구이며 그가 하려는 일이 무엇인가 하는 점은 필연적으로 그분을 따르는 제자들은 누구이며, 그들에게 요구되는 것이 무엇인가와 밀접하게 연결되어 있기 때문입니다. 나아가 그리스도인에게 예수님을 아는 것은 곧 나를 아는 것입니다. 디트리히 본회퍼 Dietrich Bonhoeffer 라는 개신교 신학자는 다음과 같이 자기 본질을 고백했습니다.

"나는 누구인가? 고독한 물음이 나를 조롱한다. 내가 어떤 사람이
든, 당신은 나를 아십니다. 나는 당신의 것입니다. 오, 하느님!"[51]

오늘의 이야기는 두 부분으로 나뉩니다.

첫 번째 부분은 마르코 복음 8장 27절에서 30절까지입니다. 예수님께서는 이교인들의 땅인 필리피의 카이사리아 지역으로 제자들을 이끌고 가셨습니다. 예수님께서는 느닷없이 당신에 대한 여론 조사를 실시하셨습니다. 사람들이 당신을 어떻게 생각하는지 말입니다.

"사람들이 나를 누구라고 하느냐?"(마르 8,27)

대답은 매우 다양했습니다. 세례자 요한이라고도 하고 엘리야라고도 하고 예언자 가운데 한 분이라고도 했습니다(마르 8,28 참조). 예수님에게 이 대답은 불확실하고 분명하지 않았습니다. 그러자 예수님께서는 당신의 질문에 좀 더 명확한 대답을 듣길 원하셨습니다.

"그러면 너희는 나를 누구라고 하느냐?"(마르 8,29)

베드로의 대답은 뚜렷했습니다.

"스승님은 그리스도이십니다"(마르 8,29).

그러나 예수님께서는 당신에 관해 아무에게도 말하지 말라고 경고하셨습니다. 그리고 즉시 그리스도로서 당신의 일을 밝히기 시작하셨습니다. '그리스도'라는 말이 갖는 뜻은 애매모호했기 때문입니다. 많은 사람들이 그리스도를 기다리고 있었습니다. 그리스도는 이스라엘을 로마인들의 멍에에서 해방시키는 기적을 이룰 사람이었기 때문입니다. 예수님께서는 이런 정치적 구원자가 아니었습니다.

두 번째 부분인 31절부터 35절까지는 예수님의 가르침을 담고 있습니다. 제자들과 군중을 향해 예수님께서는 당신에게 곧 닥칠 운명과 사람들이 각자 져야 하는 십자가를 이야기하셨습니다. 십자가는 당신이 져야 하는 것인데도 예수님께서는 누구든지 당신을 따르기 위해서는 져야 한다고 하셨습니다.

그러나 열두 제자의 우두머리인 베드로는 자신이 고백한 그리스도와 너무나 다른 이 사실에 충격을 감출 수가 없었습니다. 그는 예수님을 잡아당기며 책망하기 시작했습니다. 그러나 베드로는 뒤로 물러서야 했습니다. 예수님께서는 다른 제자들 앞에서 그를 사탄이라고 강하게 비난하셨기 때문입니다. 사탄, 그는 곧 반대자였습니다.

"사탄아, 내게서 물러가라. 너는 하느님의 일은 생각하지 않고 사람의 일만 생각하는구나"(마르 8,33).

어찌하여 예수님께서 베드로를 그같이 격렬하게 책망하셨을까요? 그것은 마침 그때 예수님에게 다가온 유혹 바로 그것이 베드로의 말을 통하여 표현되었기 때문입니다. 예수님께서는 죽음을 바라지 않았습니다. 예수님께서는 자신이 정복하는 데 필요한 힘을 가지고 있는 것도 알고 계셨습니다. 이 순간 예수님께서는 광야에 있어서의 유혹과의 싸움을 되풀이하고 있었습니다. 이것은 악마가 하느님의 길 대신에 악마의 길을 택하여 엎드려 절하라고 다시 그를 유혹하고 있는 것이었습니다.

유혹자가 선의의 친구의 음성 가운데서 우리들에게 말해 오는 것은 기묘한 일이며 또 때로는 무서운 일입니다. 바른 길이기는 하나, 동시에 곤란과 손해와 인망이 없음과 희생을 수반한 길을 택할 경우가 있습니다. 그리고 이럴 때 호의를 가진 친구가 와서 최선의 의도에서 만류하는 경우가 있습니다.

2. 말씀 공감

■ 더욱 반가운 이름

> "스승님은 그리스도이십니다"(마르 8,29).

예수님의 물음에 대해 "스승님은 그리스도이십니다."(마르 8,29)라고 고백한 베드로의 대답에서, 우리는 우리의 질문을 떠올리게 됩니다. "나의 삶에 '예수 그리스도'는 어떤 의미인가?"

"그리스도", 곧 '메시아'라는 대답은 신앙인이 하느님에게서 기다리고 바라던 모든 것을 함축해서 드러내는 고백입니다.

알다시피 '그리스도'는 '기름부음받은 자'라는 뜻의 히브리어 '메시아'를 그리스어로 번역한 단어입니다. 이 단어는 정치적으로는 인류를 제패할 '왕'을 가리키고 종교적으로는 '구원자'를 가리킵니다. 실질적으로 '메시아'는 이 두 가지 의미를 다 포괄하고 있습니다. 그런데, 베드로가 예수님을 '메시아'라고 고백했을 때, 그는 정치적인 의미에서 온전히 자유롭지 못했습니다. 그랬기에 이어지는 예수님과의 대화에서 혼쭐이 나는 해프닝이 일어났던 것입니다.

그러므로 우리에게 다시 중요한 물음은 '나의 삶에 예수 그리스도는 어떤 의미인가?'가 됩니다. 이 물음은 내가 열심히 신앙생활을 할 때는 물론, 생활고에 시달릴 때, 내가 의기소침해 있을 때, 내가 길을 잃고 헤맬 때, 내가 난제에 봉착했을 때 등에도 여전히 '그리스도'는 내 삶 안에서 어떤 '실질적인 도움'이 되어 주신다는 희망을 전제로 하는 물음입니다. 그래야 '죽은' 그리스도를 믿는 신앙이 아니라 '산' 그리스도를 믿는 신앙이 되는 것입니다.

이 믿음은 오늘을 사는 우리들에게도 크고 작은 구원의 열매를 맺습니다.

예전에 저희 연구소 직원이 실제로 겪은 짧은 체험담입니다. 연구소에서 발행하는 잡지 편집을 진행하면서 표지 사진으로 124위 시복식 한 장면을 쓰기로 되어 있었습니다. 그런데 사진의 저작권이 바티칸에 있던 터라 허가와 사용료 지불을 위한 메일을 주고받아야 했습니다. 순조롭게 메일이 오고 가던 중 마지막 결제 시도에서 바티칸 측에서 보내 준 인터넷 결제창이 자꾸 에러가 나는 것이었습니다. 결국 잡지의 다른 모든 부분이 완료되고 인쇄소에 넘겨야 하는 시점에 이르기까지 결제창이 계속 말썽이었습니다.

무슨 영문인지 결제 시도는 번번이 실패로 돌아갔습니다. 그 단순한 작업은 마침내 꼬박 하루를 잡아먹고도 해결이 되지 않는 씨름이 되었습니다. 이렇게 하루 종일의 사투는 한여름날의 잊을 수 없는 짜증으로 마무리되었습니다.

다음 날 아침, 하루를 더 망치면 잡지의 발행과 발송이 늦어지는 사태에까지 갈 수 있던 터라 담당 직원은 심각하게 마음을 가다듬고 먼저 기도를 올렸다고 합니다.

"주 예수 그리스도님, 지금 결제가 안 되면 오늘 제가 해야 할 일 다 지장을 받고요, 잡지 마감의 모든 일정에도 크게 차질이 생길 판이에요! 꼭 좀 도와주세요."

기도를 마치고 결제창을 열어 봤더니, 꽉 닫혀 있던 창이 잠깐 다시 열리더랍니다. 기회다 싶어 시도를 했는데, 이번에는 놀랍게도 순식간에 성공! 똑같은 순서를 따랐을 따름인데 영 딴판으로 결과가 나오다니. 예기치 않은 이 반짝 기적에 이 직원은 그저 주님께 감사와 찬미만을 드릴 뿐이었다는 것입니다.

"스승님은 그리스도이십니다"(마르 8,29).

이 고백이 더욱 빛을 발하는 것은 아주 사소한 일상의 문제들에서가 아닐까 하는 영감이 드는 순간입니다.

■ 하느님의 일을 생각하되

> "너는 하느님의 일은 생각하지 않고
> 사람의 일만 생각하는구나"(마르 8,33).

윌리엄 캐리William Carrey라는 선교사가 있습니다. 그는 시골에서 태어났습니다. 비록 시골에서 태어났지만, 그는 어린 시절부터 학문에 뜻을 두어 글을 깨우치고 라틴어와 그리스어도 공부했다고 합니다. 하지만 그의 아버지는 그에게 구두 수선공이 될 것을 강요했습니다. 당시에는 구두를 많이 신고 다녔기 때문에 유망직종이라고 생각했던 것이지요.

그는 어느 날 성경을 읽고 묵상하던 도중 "예수님께서도 당신의 피로 백성을 거룩하게 하시려고 성문 밖에서 고난을 받으셨습니다. 그러니 진영 밖으로 그분께 나아가 그분의 치욕을 함께 짊어집시다."(히브 13,12-13)라는 구절을 읽고 자신을 해외 선교의 길로 이끄시는 주님의 뜻을 체험하게 되었습니다.

선교사로서의 삶을 시작하기 전부터 고난은 많았습니다. 캐리의 아버지는 자신의 뜻을 전해 온 캐리에게 '미친 놈'이라는 답변을 내놓았다고 하고, 캐리의 아내는 처자식을 두고 어딜 가느냐며 만류했다고 합니다. 하지만 캐리는 하느님께서 주시는 사명을 자기의 안락한 삶보다 우선하였기에 기꺼이 인도로 떠났고, '세계 선교의 문을 연 인물'이라는 수식어가 붙을 정도로 위대한 선교사가 되었습니다.

1834년 그는 세상을 떠났지만 그가 인도에 끼친 영향은 여러 분야에서 두드러집니다. 언어학적, 교육적, 사목적인 공로뿐만 아니라 과부의 화형이나 영아 살해 같은 인도의 나쁜 관습을 폐지하는 데까지 일조한 것입니다.

"너는 하느님의 일은 생각하지 않고 사람의 일만 생각하는구나"(마르 8,33).

베드로 사도에게 떨어진 이 질책은 사실 우리 그리스도인들이 오늘 이 시대에도 매일 겪는 유혹을 미리 내다본 질책이기도 합니다.

우리에게는 '하느님의 일'은 생각하지 않고 '사람의 일'에만 골몰하게 하는 유혹이 매일 다가옵니다.

'하느님의 일' 대신에 나의 일, 내 가정의 일, 내 직장의 일, 우리 편의 일에만 집착하게 하는 유혹이 수시로 찾아옵니다.

'하느님의 일'을 생각하고 있는 그 순간에도 내 본당, 내 교구, 내 나라에만 나의 열정을 가두는 유혹도 순간순간 찾아오는 것입니다.

그러므로 '하느님의 일'을 항시 먼저 생각할 줄 알아야 하되, 늘 하느님의 자비와 안목과 지평에 제약을 가하지 않도록 깨어 있어야 하는 것입니다.

■ 목숨을 살리는 길

> "정녕 자기 목숨을 구하려는 사람은 목숨을 잃을 것이고,
> 나와 복음 때문에 목숨을 잃는 사람은 목숨을 구할 것이다"(마르 8,35).

　로마는 손가락 안에 꼽히는 세계 최고의 관광 명소입니다. 로마의 볼거리 가운데 관광객들이 꼭 들러야 할 곳으로 권장되는 것으로 선두 다툼을 하는 것이 성 베드로 대성전과 콜로세움입니다.
　만일 누가 제게 이 둘 중에서 하나만 고르라고 한다면 저는 망설임 없이 콜로세움을 꼽을 것입니다. 그리스도교 역사의 관점에서 봤을 때 성 베드로 대성전보다 콜로세움이 훨씬 큰 의의를 지니기 때문입니다.
　알려져 있듯이 콜로세움은 원형 경기장으로서 그 규모와 웅장함은 건축술의 불가사의로 여겨집니다. 다양한 경기와 볼거리들이 그곳에서 제공되었습니다만, 검투사들의 목숨 놀이와 그리스도인들을 몰살하기 위하여 사자들의 밥이 되는 순교의 장면이 연출된 현장으로도 유명합니다.

　이런 의미에서 콜로세움은 인간이 얼마나 잔인할 수 있는지를 증거해 주는 인류의 유적이라 할 수 있습니다. 이 콜로세움에서 이런 비인륜적인 참상을 종식시킨 인물이 있습니다. 바로 텔레마코스Telemachus입니다.
　그는 4세기 말경 동방의 수도승이었습니다.
　그는 속세를 떠나 오직 혼자 기도와 명상과 단식으로써 영혼을 구원하고자 결심하였습니다. 그는 고독한 생활 속에서 하느님과의 일치를 이루는 것 이외에는 아무것도 원하지 않았습니다. 그러나 그는 무엇인가 잘못되어 있는 것 같이 느껴졌습니다. 어느 날 기도가 끝난 후 일어

섰을 때, 자기의 이런 생활은 사심없는 데서 기인된 것이 아니라 하느님에 대한 이기적 사랑에 기인하고 있었다는 것을 인식하게 되었습니다.

그는 봉사의 삶을 살기로 작심하고 홀연히 일어나 로마로 가고자 했습니다. 그때 로마는 공식적으로 그리스도교 국가였습니다. 그랬기에 콜로세움에서 순교를 당하는 일은 더 이상 지속되지 않고 있었습니다.

하지만 콜로세움에서는 여전히 시민들에게 볼거리를 제공할 목적으로 검투사들의 목숨 건 결투가 자행되고 있었습니다.

전쟁에서 잡혀온 포로들은 로마의 휴일에 대중을 즐겁게 하기 위해서 아직도 검투장에서 서로 싸우며 죽이지 않으면 안 되었습니다. 로마 시민들은 검투극을 보면서 피 흘리는 장면을 동물처럼 즐겼습니다.

오랜 여정 끝에 텔레마코스는 8만 명의 군중이 모인 검투장에 도착하였습니다. 마침 검투사들이 싸울 준비를 하고 있었기에 군중 속에서는 일종의 긴장이 가득했습니다. 검투사들의 싸움이 시작되자 텔레마코스는 소름이 끼쳤습니다. 그리스도는 우리들을 위해 돌아가셨는데, 그리스도인이라고 주장하는 사람들은 오락거리로 서로 죽이는 시합을 즐기는 것이었습니다. 텔레마코스는 울타리를 타고 넘어 경기장 안에 들어가 검투사들 사이에 섰습니다. 그 순간 검투사들이 멈추어 섰습니다.

"경기를 계속하라."

군중은 울부짖었습니다. 검투사들은 텔레마코스를 옆으로 밀어냈습니다. 그는 아직 은수자의 옷을 입고 있었습니다. 다시 텔레마코스는 검투사들 사이에 끼어들었습니다. 군중은 그를 향하여 돌을 던지며 검투사들에게 방해물을 제거하라고 고함을 쳤습니다. 경기의 지휘관은 명령을 내렸습니다. 이에 한 검투사가 검을 들어 텔레마코스를 찔렀습니다. 그는 죽어 넘어졌습니다. 그러자 갑자기 군중은 조용해졌습니다.

군중은 거룩한 수도자가 그와 같은 방법으로 죽었다는 것에 돌연 충격을 받았습니다. 정말 갑자기 대중은 이 살인이 무엇이었는가에 대한 각성을 시작했습니다. 그날 경기는 중단되었습니다. 그리고 두 번 다시 행해지지 않았습니다. 텔레마코스는 죽음으로써 이 경기를 종식시켰습니다.[52]

그는 목숨을 잃는 것으로 광야의 고독한 명상 속에 살아가는 것보다 많은 것을 행했던 것입니다.

이로써 정확히 오늘 복음에서 예수님께서 말씀하신 바가 이루어졌습니다.

"정녕 자기 목숨을 구하려는 사람은 목숨을 잃을 것이고, 나와 복음 때문에 목숨을 잃는 사람은 목숨을 구할 것이다"(마르 8,35).

함께 기도하시겠습니다.

주님, 주님께서 그리스도이심을 저희가 믿습니다.

주님, 주님께서 오늘도 제 삶 가운데, 문제 가운데, 고난 가운데, 살아 있는 그리스도이심을 제가 믿습니다.

주님, 주님께서 오늘 이 시간도 저의 손을 붙들고 깊은 수렁에서 건져주시는 분이심을 제가 믿습니다.

우리 주 예수 그리스도께 감사드리나이다. 아멘!

연중 제25주일: 마르 9,30-37

꼴찌의 역설

"누구든지 첫째가 되려면,
모든 이의 꼴찌가 되고 모든 이의 종이 되어야 한다"(마르 9,35).

1. 말씀의 숲

예수님께서는 갈릴래아를 지나가시는 동안 아무에게도 알려지기를 원치 않으셨습니다. 사람들에게 당신이 드러나기를 바라지 않으셨습니다. 그리고 제자들에게 당신에게 닥칠 운명을 알려 주셨습니다. 사람들 손에 넘겨져 죽임을 당했다가 사흘 뒤에 다시 살아날 사람의 아들의 운명을 말입니다.

여기서 '사람의 아들의 죽음'이 사람들의 손에 '넘겨질 것이다'라는 수동태로 서술되었는데, 그것은 이 죽음이 하느님의 뜻에 기인한 것임을 암시합니다. 하느님이 당신의 메시아를 원수들의 손에 넘겨 죽게 하시는 것은 대단한 역설입니다. 그러나 하느님은 그분을 사흘 후에 죽은 사람들 가운데서 부활하게 하심으로써 그의 편을 들고 그가 간 길이 옳음을 증명하실 것입니다.

그러나 제자들은 이 말씀을 알아듣지 못했고 또 묻기조차 두려워했습니다. 그리고 일행은 카파르나움에 도착했습니다. 예수님께서는 이곳에서 주로 시몬 베드로의 집에 계셨는데(마르 1,29; 2,1 참조), 아마 이번에도 제자들과 함께 그의 집에 머무신 것 같습니다.

집에 이르렀을 때 예수님께서 제자들에게 물으셨습니다. "너희는 길에서 무슨 일로 논쟁하였느냐?"(마르 9,33) 제자들은 아무도 대답하지 않았습니다. 길에서 자기네 가운데 제일 큰 사람이냐를 두고 서로 다투었기 때문이었습니다. 제베대오의 두 아들은 하느님의 나라에서 첫째 자리를 달라고 예수님께 청했습니다(마르 10,37 참조). 참고로 라삐들은 천상 낙원에 일곱 등급의 자리가 있다고 상상했습니다.

어쨌든 사람들 손에 넘겨져서 어처구니없이 죽는 그리스도의 부드러움과 인내와는 정반대로 제자들은 큰 사람, 명예와 권세를 가진 권력가, 권위와 영화를 누리는 위대한 사람이 되기를 원했습니다. 그들은 그런 환상을 버리지 못했습니다. 망상가들은 자신이 더욱더 커지기를 원했습니다.

그러나 바로 이런 질투와 경쟁이 있는 곳에 생기는 것은 혼란과 온갖 악행뿐이었습니다. 다툼이 생기고 싸움이 일어나는 것은 이런 질투심과 경쟁심 때문이었습니다. 많은 사람들이 탐을 내어도 가지지 못하고 질투해도 성공하지 못하기 때문에 끝내 싸우고 다투는 것이었습니다(야고 3,16; 4,1-2 참조).

예수님께서는 선생님의 자세로 자리에 앉으시고 참으로 첫째가 되려 하면 모든 사람들 가운데 말째가 되어 모든 사람을 섬기는 사람이 되어야 한다고 가르치심으로써 그들의 다툼을 끝내셨습니다(마르 9,35 참조). 이 가르침은 역설입니다. 그러나 그것은 섬김을 받으러 오지 않고 섬기러 오시어 당신 목숨을 속죄의 제물로 바치시는 예수 메시아의 신비로 설명됩니다(마르 10,45 참조).

그리고 나서 예수님께서는 한 어린이를 품에 껴안으셨습니다. 그것은 우리에게는 정상적이지만 어린이들을 방자하고(2열왕 2,23-24 참조) 미련하고(지혜 12,24 참조) 가련한(지혜 15,14 참조) 존재로 과소평가한 당대의 경향을 염두에 둔다면 그분의 태도는 파격적입니다.

이로써 한 가지 진리를 보여 주십니다. 가장 위대한 하느님은 당신을 어린이처럼 낮춤으로써 당신의 위대함을 드러내고, 또 모든 이들의 종처럼 가장 낮은 자리에 가서 낮음으로써 그 한없는 위대함을 다시 한번 드러내신다는 사실을 말입니다. 보호와 사랑을 받아야 하는 어린이, 사람들 중에 가장 연약한 이 어린이가 바로 하느님의 현실적인 상징이었습니다. 그러므로 이런 어린이를 받아들이는 사람은 곧 하늘에 계신 아버지를 받아들이는 것이었습니다.

예수님을 받들어 모시는 사람은 약자들을 존경하고 사랑해야 합니다. 또 예수님께서는 당신을 받아들이는 사람은 곧 당신을 파견하신 하느님을 받들어 모시는 사람이라고 말씀하심으로써 약자들을 향한 사랑이 예수님을 파견하신 하느님의 주권을 승복하라는 것이라고 가르치셨습니다.

2. 말씀 공감

■ 모든 것은 때가 있다

> "그들이 그곳을 떠나 갈릴래아를 가로질러 갔는데, 예수님께서는 누구에게도 알려지는 것을 원하지 않으셨다"(마르 9,30).

예수님께서는 때를 잘 가리셨습니다.

기다려야 할 때는 기다리셨습니다. 예수님께서는 단 3년의 공생활을 위하여 30년간 진득하게 기다리셨습니다.

광야에서 유혹을 견디셔야 할 때는 40일을 꼬박 채우시며 견디셨습니다.

제자들을 모아 공동체를 형성해야 할 때는 단 12명의 제자들에게 공을 들이셨습니다.

군중들을 섬겨야 할 때는 또 그렇게 하셨습니다.

기도해야 할 때는 언제나 단호하게 군중을 떠나 따로 한적한 곳으로 가시어 밤샘 기도를 하셨습니다.

피하고 은둔해야 할 때는 사람들의 눈을 피해 다니셨습니다.

오늘 예수님께서는 아무 방해도 받지 않고 오로지 제자들과만 향후 진로에 대하여 고민해야 할 때임을 아셨습니다. 그래서 예수님께서 갈릴래아를 가로질러 가시면서 이 사실이 누구에게도 알려지지 않기를 원하셨던 것입니다.

우리는 오늘 우리의 영성생활에서 이 지혜를 배워야 합니다. 일찍이 솔로몬은 모든 일에 적절한 때가 있음을 다음과 같이 설파했습니다.

"하늘 아래 모든 것에는 시기가 있고 모든 일에는 때가 있다.

태어날 때가 있고 죽을 때가 있으며 심을 때가 있고 심긴 것을 뽑을 때가 있다.

죽일 때가 있고 고칠 때가 있으며 부술 때가 있고 지을 때가 있다.

울 때가 있고 웃을 때가 있으며 슬퍼할 때가 있고 기뻐 뛸 때가 있다.

돌을 던질 때가 있고 돌을 모을 때가 있으며 껴안을 때가 있고 떨어질 때가 있다.

찾을 때가 있고 잃을 때가 있으며 간직할 때가 있고 던져 버릴 때가 있다.

찢을 때가 있고 꿰맬 때가 있으며 침묵할 때가 있고 말할 때가 있다.

사랑할 때가 있고 미워할 때가 있으며 전쟁의 때가 있고 평화의 때가 있다"(코헬 3,1-8).

우리는 자신의 삶에서 이 '때'를 잘 알아야 합니다.

특히 기도하면서 기다릴 때와 응답받을 때를 잘 알아야 합니다.

우리는 스피드 시대에 살고 있습니다. '빠른 것이 아름답다.' 이것이 마치 현대인의 구호처럼 돼 버렸습니다. 각종 통신 기기들은 빠른 것을 자랑합니다. 자동차도 비행기도 기차도 우리는 빠른 것을 선호하고 있습니다.

그러나 늘상 빠른 것이 좋은 것만은 아닙니다. 아이는 어떤 경우에도 엄마의 뱃속에서 10개월이 되어야 세상에 나올 수 있습니다. 8개월 만에 분만했다면 우리는 그 아이를 '조산아'라고 부르고 인큐베이터에서 그 일수를 채우게 합니다.

어떤 이들은 하느님께 드리는 기도의 응답도 디지털 시대의 핸드폰처럼 빨리 터지기를 기대합니다. 그러다 보니 기다리지 못하는 것이 우리의 특징입니다. 모두가 조급해하고 불안해합니다.

시편 13편 2절에서 이런 우리의 심정이 잘 나타나 있습니다.

"주님, 언제까지 마냥 저를 잊고 계시렵니까? 언제까지 당신 얼굴을 제게서 감추시렵니까?"

여기서 "언제까지"라는 탄식이 계속 반복되고 있습니다. 우리 역시 곧잘 우리가 당면한 고통이 빨리 해결되지 않아 몹시 안타까워하고 있습니다. 언제까지 이 문제로 고난을 당해야 하느냐고 호소하는 것이 바로 우리 인생의 모습입니다.

우리는 너무 오랫동안 기도하고, 오랫동안 밭을 갈고, 오랫동안 믿고, 오랫동안 기다렸기 때문에 '너무 오래되었다'는 생각 속에 무력화될 수 있습니다. 그러다 환멸을 느끼고, 믿음은 사라져 버립니다.

하지만 그렇다고 '응답이 없다'고 결론 내리고 포기해서는 안 됩니다. 단지 아직 때가 안 되었을 따름이라고 믿고 기다릴 줄 알아야 합니다.

우리는 시간을 잃거나 허비하는 것이 아니고 시간을 투자하고 있는 것입니다. 그리고 성실하게 수행한다면 변화는 반드시 일어날 것입니다.

누구에게나 시련의 시간은 길게 느껴집니다. 하지만 그 시련을 견디고 나면 그만큼의 영광이 있습니다.

"시련을 견디어 내는 사람은 행복합니다. 그렇게 시험을 통과하면, 그는 하느님께서 당신을 사랑하는 이들에게 약속하신 생명의 화관을 받을 것입니다"(야고 1,12).

이스라엘 사람들이 이집트의 속박을 받고 있을 때 집단으로 부르짖었습니다. 1-2년을 부르짖은 것이 아닙니다. 몇십 년을 부르짖었습니다. 아니 몇백 년을 부르짖었는지도 모릅니다.

때가 찼을 때 마침내 하느님의 응답이 내렸습니다.

"나는 이집트에 있는 내 백성이 겪는 고난을 똑똑히 보았고, 작업 감독들 때문에 울부짖는 그들의 소리를 들었다. 정녕 나는 그들의 고통을 알고 있다. 그래서 내가 그들을 이집트인들의 손에서 구하여, 그 땅에서 저 좋고 넓은 땅, 젖과 꿀이 흐르는 땅, […] 데리고 올라가려고 내려왔다"(탈출 3,7-8).

그렇습니다. 하느님은 들릴 듯 말 듯한 우리의 신음 소리까지도 '들으시고', '알고' 계십니다. 그리고 때가 차면 구원의 손길을 내미십니다.

하느님의 때를 기다리는 믿음을 가져야 합니다. 하느님은 모세를 사용하시기 전에 이집트 궁중에서 40년, 미디안 광야에서 40년을 기다리게 하셨습니다.

기다림의 때, 시련의 때를 견디어 내면 마침내 결실의 때를 맞이하게 될 것입니다. 그때에는 우리도 요셉처럼, 그리고 바오로처럼 이렇게 고백할 수 있게 될 것입니다.

"하느님을 사랑하는 이들, 그분의 계획에 따라 부르심을 받은 이들에게는 모든 것이 함께 작용하여 선을 이룬다는 것을 우리는 압니다"(로마 8,28).

■ 저희들 차례입니다

> "누구든지 첫째가 되려면, 모든 이의 꼴찌가 되고
> 모든 이의 종이 되어야 한다"(마르 9,35).

이 말씀은 저들끼리 '누가 제일 잘 나가나'를 두고 입씨름하던 제자들에게 주신 예수님의 경고였습니다.

여기서 "종"에 해당하는 그리스어는 '디아코노스$_{diakonos}$'로, 우리말로 옮겨 보자면, '봉사자', '일꾼', '섬기는 사람' 등에 해당합니다.
 문득 이 단어를 보자니 제 맘속에 떠오른 한 분이 있습니다. 진정 이 시대 모든 이의 모든 것이 되어 주셨던 분, 바로 故 김수환 추기경님이십니다.

 사실 저는 김 추기경님의 주옥과 같은 생전 말씀 모음집에 빠져 있습니다. 돌이켜 보면 추기경님과의 인연이 제법 있었음에도 불구하고, 그분의 진면목을 남겨진 이야기들을 통해 곱씹게 되니 어느새 아쉬움과 그리움이 제 마음속에 깊숙이 배었습니다.
 언론을 통해 많이 알려진 그분 모습 이외의 모습에서 저는 또 다른 그리스도의 모습과 인간적인 모습을 보았습니다. 그 일면을 여러분과도 나누고 싶어, 이번과 다음에 걸쳐 소개해 봅니다.

 김 추기경께서 남기신 글 가운데 이런 고백이 있습니다.

> 46년간의 사제 생활을 돌아보고 성찰해 볼 때, 일편단심 주 그리스도만을 따르면서 살아왔느냐고 묻는다면 나는 자신 있게 그렇다고 답할 수는 없습니다.
> 나는 본래 사제 되기를 스스로 원해서 신학교에 들어간 사람이 아닙니다.
> 지금까지 신문 인터뷰나 또는 어떤 기회에 '왜 신부가 되었느냐?'는 질문을 받을 때 '나 자신은 속으로는 원치 않으면서도 '너는 신부가 되어야 한다'는 어머니의 말씀을 거역할 수 없어서 신학교에 갔다.'고 말했습니다.
> 13살에 신학교에 들어가서 대구에서 예비과 2년(초등학교 5,6학년), 서

울 소신학교 5년, 일본 상지대학 3년, 일본군 학병 생활과 해방 후 걸친 만 2년간의 공백, 1947년 신학교로 복귀, 그리하여 1951년 9월 15일에 사제로 서품되기까지 18년 가까운 세월이 걸렸습니다.

이 세월 동안 나는 여러 번 사제 성소에 대한 회의를 느꼈고, 몇 차례 신학교를 떠나고 싶은 마음에서 규칙도 고의로 거스르고 꾀병을 앓으면서 한 학기 쉬기도 하고, 또 사제 성소를 두고 상담도 몇 차례씩이나 하고 9일 기도도 바치는 등, 참으로 사제로 서품되기까지 안팎으로 우여곡절이 많았습니다.

대구 계산동성당에서 제대 앞바닥에 엎드릴 때, 나는 하느님께 이렇게 말씀드렸습니다.

"주님, 저는 사실 보통 사람들과 같은 인생길을 가고 싶었습니다. 그런데 주님께서는 제게 그 길을 보여 주시지 않고 사제의 길만을 보여 주시니 주님의 부르심에 부복俯伏하겠습니다."[53]

수많은 번민과 방황은 그의 겸손을 넘어서는 자기 낮춤 때문이었을 터입니다.

또 다른 책에서 추기경님은 이런 서슴없는 고백도 드러내십니다.

"나는 늘 도망갈 궁리를 하면서 살아왔다 해도 과언이 아니다. 소신학교 입학 때도 그랬고, 주교로 서품될 때도 그랬다. 우스운 얘기지만 주교품을 받기 직전에 주교 서품식 전례서 맨 끝 장에 나와 있는 주교 직위 박탈 사유와 절차를 유심히 읽어본 적이 있다."[54]

이미 한 자리 차지했다면 더 높은 자리에로의 열망은 당연한 것일지도 모릅니다. 하지만 그분에게는 달랐습니다. 그저 위로 올라갈수록 '모든 이에게 모든 것'이 되고자 하셨을 뿐입니다.

그리하여 모든 이의 꼴찌, 모든 이의 종이 되시어 오늘도 우리 가슴속에 첫째로 남아 계십니다.

■ 누구든지 이런 어린이 하나를

> "누구든지 이런 어린이 하나를 내 이름으로 받아들이면 나를 받아들이는 것이다"(마르 9,37).

애니라는 소녀가 있었습니다. 이 소녀는 어릴 적에 트라코마라는 병에 걸려 시각을 잃어버렸습니다. 애니의 어릴 적 삶은 불행했습니다. 어머니는 애니가 여덟 살일 때 결핵으로 죽었고, 어머니가 죽은 후 아버지는 애니와 동생들을 버렸습니다. 남동생까지도 4개월 뒤에 결핵으로 죽었다고 합니다. 그런 애니는 여러 수용 시설을 전전하며 살았고, 우연한 기회를 통해 시각장애인 학교인 퍼킨스 학교에 입학하게 되었습니다.

그런데 바바라라는 신부님이 그 아이의 시력 회복 수술을 돕고자 나섰습니다. 첫 수술은 성공적이지는 못했습니다. 의사의 실수로 수술이 실패로 돌아가 버린 것입니다. 그 후 조력자들에 의해 몇 번의 수술을 더 받게 되었고, 애니는 짧은 시간이나마 독서를 할 수 있을 만큼 시력을 회복할 수 있었습니다. 그리고 그녀는 20세의 나이로 퍼킨스 맹인 학교Perkins School for the Blind를 수석으로 졸업하기까지 했습니다.

그러던 어느 날, 퍼킨스 학교의 교장 선생님에게 한 부부가 찾아오게 됩니다. 그들은 자기 딸을 가르칠 선생님을 찾고 있었습니다. 딸은 어릴

적 뇌척수막염을 앓고 시각과 청각을 모두 잃어버린 아이였습니다. 교장 선생님은 그 아이를 맡을 적임자로 애니를 떠올리고 그녀에게 제안을 하게 됩니다. 애니는 그 제안을 받아들여 그 아이 곁에서 수십 년을 동고동락하게 됩니다. 그 아이는 바로 인류 역사에 위대한 업적을 남긴 헬렌 켈러 Helen Keller 입니다. 그리고 애니의 본명은 앤 설리번 Anne Sullivan 입니다.

헬렌 켈러는 시각장애와 청각장애를 극복하고 수많은 업적을 남겼습니다. 그녀가 그렇게 할 수 있었던 첫 시작은 오직 하나, 설리번 선생님을 만난 것이었습니다. 이에 헬렌 켈러는 자기 인생을 돌아보며 『나의 스승 설리번 Teacher: Anne Sullivan Macy』(1955)이라는 책을 따로 쓸 만큼 스승 설리번을 존경하고 따랐습니다.

그렇습니다. 불우한 아이 앤 설리반 속에 예수님께서 계셨습니다.
그리고 그 예수님께서는 보지 못하고, 듣지 못하고, 말하지 못하는 삼중고에 시달리던 헬렌 켈러 속에도 계셨습니다.
그래서 그들을 통하여 이 세상에 사랑과 희망을 더해 주셨습니다.

함께 기도하시겠습니다.
주님, 진실로 주님은 우리 곁에 작은 자로 계십니다.
진실로 주님은 우리 곁에 도움이 필요한 부족한 자로 계십니다.
그러심으로써 이 세상에 사랑과 희망이 철철 넘쳐나도록 흐르게 하십니다.
주님 저희가 이 흐름에서 이탈하지 않게 하소서. 오늘 저희를 통해서도 그 사랑과 희망이 유통하게 하소서.
우리 주 예수 그리스도를 통하여 비나이다. 아멘!

연중 제26주일: 마르 9,38-43.45.47-48

주님 편에 서는 자

"내 이름으로 기적을 일으키고 나서,
바로 나를 나쁘게 말할 수 있는 사람은 없다"(마르 9,39).

1. 말씀의 숲

오늘 제1독서의 말씀은 복음 말씀 전반부와 연관이 있습니다. 하느님께서는 모세와 함께 이스라엘 백성을 책임질 원로 일흔 명을 세우라고 명하셨습니다(민수 11,16-17 참조). 그리고 그들에게 당신의 영을 부어 주셨습니다. 그런데 명단에 들어 있었지만 천막으로 나가지 않고 있던 두 사람도 진영에서 하느님의 영을 받고 예언을 하였던 것입니다.

이 보고를 받은 여호수아가 그들을 막아야 한다고 모세에게 진언했을 때 모세는 그를 달래며 이렇게 말했습니다.

"차라리 주님의 온 백성이 예언자였으면 좋겠다. 주님께서 그들에게 당신의 영을 내려 주셨으면 좋겠다"(민수 11,29).

오늘 복음의 전반부(마르 9,38-41 참조)도 이와 비슷한 이야기가 전개됩니다. 이야기는 사도 요한과 예수님의 대화로 이루어집니다.

요한은 제자들을 따르지 않는 어떤 사람이 예수님의 이름으로 마귀를 내쫓는 것을 보고 자신들이 막았다고 자랑스럽게 말합니다. 하지만 예수님께서는 말씀하셨습니다.

"막지 마라. 내 이름으로 기적을 일으키고 나서, 바로 나를 나쁘게 말할 수 있는 사람은 없다. 우리를 반대하지 않는 이는 우리를 지지하는 사람이다"(마르 9,39-40).

이는 누가 예수님의 공동체에 속하지 않는다 해도 그가 예수님의 이름으로 좋은 일, 유익한 일을 한다면 그것은 좋은 일이라는 것입니다. 그가 예수님을 반대하거나 예수님께 저항하는 사람이 아니기 때문입니다.

복음 말씀의 후반부(마르 9,42-43.45.47-48 참조)에서 예수님께서는, 죄를 단호히 끊어 버릴 것을 당부하십니다. 그런데 이는 하나의 이미지일 뿐, 그 목적은 오로지 온갖 악행과 죄를 피하고 하늘 나라에 들어가는 것이었습니다.

그런데 하늘 나라를 찾아가는 우리에게는 이정표가 필요합니다. 어딘지도 알 수 없는 광야에서 길을 잃었을 때 우리를 인도하는 것은 누구입니까? 하늘 나라의 주인이 아닐까요?

하늘 나라의 주인은 바로 우리 주님이고, 수많은 성인들은 하늘 나라의 주민들입니다. 우리는 이분들이 알려 준 것들을 이정표로 삼아 하늘 나라로 뚜벅뚜벅 걸어갈 수 있는 것입니다.

가톨릭 교회의 신앙은 이렇듯이 가장 확실한 이정표입니다. 주님의 가르침을 가장 온전히 보존하고 있고, 그 가르침을 따라 살면 이토록 복된 삶을 살 수 있다는 것을 하늘 나라의 주민들이 또한 증명하고 있지 않습니까? 어느 방향으로 가야 할지 도무지 알 수 없을 때 오직 주님의 말씀을 이정표로 삼는 여러분이 되시길 바랍니다.

2. 말씀 공감

■ 노선은 없다

> "그가 저희를 따르는 사람이 아니므로,
> 저희는 그가 그런 일을 못 하게 막아 보려고 하였습니다"(마르 9,38).

하느님의 사람으로 존경받던 한 라삐가 있었습니다. 라삐의 집에는 항상 그의 충고나 치유, 혹은 축복을 받기 위해서 많은 사람들이 모여들었습니다.

그런데 청중 중에는 기분 나쁜 사람이 하나 있었습니다. 그는 잠시라도 라삐에게 반박할 틈을 놓치지 않았습니다. 약점을 주시하는가 하면, 실수를 비웃곤 하여 제자들을 당황하게 만들었던 것입니다. 마침내 제자들은 그 사람을 '악의 화신'이라고 여기기에 이르렀습니다.

몇 해 뒤 어느 날, 그 '악의 화신'이 병들어 죽게 되었습니다. 라삐를 따르는 이들은 하나같이 안도의 숨을 내쉬었습니다. 이제야 스승의 영감 어린 설교가 방해받지 않고 스승의 행위가 비난받지 않게 되었다고 생각했기 때문입니다. 그런데 스승은 그 사람의 장례식에서 진심으로 슬퍼하며 눈물을 흘리는 것이었습니다. 그 모습을 보고 한 제자가 조심스레 여쭈었습니다.

"불쌍한 그의 영혼이 딱하여 우시는 것입니까?"

스승이 대답했습니다.

"아니다. 이제 그 사람은 천국에 있을 텐데 그의 영혼을 위해 울 필요가 어디 있겠느냐? 나 자신이 불쌍해서 우는 것이다. 그는 유일한 나의 친구였다. 나는 항상 나를 존경하는 사람들에게 둘러싸여 있었고, 내게

도전한 사람은 유일하게 그 사람뿐이었다. 이제 그가 떠났으니 내게 도전할 사람이 없지 않느냐? 나는 앞으로 더 이상 성장하지 못할 것이다."

스승은 참았던 눈물을 또다시 터뜨렸습니다.

이 이야기에서 라삐를 비난하던 '나쁜' 사람은 세상 사람의 눈에는 라삐의 적처럼 보였습니다. 하지만 라삐의 눈에는 그가 그에게 진실되고 유익한 조언을 주는 '유일한 친구'로 보였던 것입니다.

이와 흡사한 관점의 차이가 오늘 예수님과 제자들 사이에서 발견됩니다.

"그가 저희를 따르는 사람이 아니므로, 저희는 그가 그런 일을 못 하게 막아 보려고 하였습니다"(마르 9,38).

제자들은 '저희를 따르는 사람이 아니므로'를 이유로 걸고 그가 하는 일을 못하게 하였습니다. 하지만 예수님의 눈에는 '따르지 않는 것'과 '반대하는 것' 사이의 차이가 분명하게 보였던 것입니다.

이런 일은 우리들 사이에도 비일비재하게 일어납니다. 멀리 볼 것 없이 바로 저에게도 일어납니다. 교회에서 열심히 일하는 사람들 사이에 소위 '노선'이라는 것이 있습니다. 흔히 진보다 보수다 하며 편을 가르는 것입니다. 하지만 저는 노선의 차이가 결코 편가름이나 분열의 이유가 될 수 없다고 생각합니다. 노선의 차이는 단지 주님께서 잠정적으로 허락하신 역할 분담인 것입니다. 그러므로, 노선보다 우선인 것이 그리스도인으로서 똑같이 지니는 정체성인 것입니다. 이 정체성을 중심으로 우리는 각자 어떤 노선에 몸담고 있건 동료 의식을 지녀야 하는 것입니다. 서로를 이해하고 용납하고 연합할 줄 알아야 하는 것입니다.

■ 귀하디 귀한 양 떼

> "우리를 반대하지 않는 이는 우리를 지지하는 사람이다"(마르 9,40).

사도 요한은 제자들을 따르지 않는 어떤 사람이 예수님의 이름으로 마귀를 내쫓는 것을 보고 자신들이 그를 막았다고 자랑스럽게 말합니다.

"그가 저희를 따르는 사람이 아니므로, 저희는 그가 그런 일을 못 하게 막아 보려고 하였습니다"(마르 9,38).

여기서 "그"는 예수님의 제자들이 모르는 어떤 이입니다. 그는 예수님의 이름으로 마귀도 쫓고 병도 고치는 기적을 행하고 있었습니다. 제자들은 '저희를 따르는 사람이 아니므로'를 이유로 걸고 그가 하는 일을 못하게 하였습니다. 하지만 예수님의 눈에는 '따르지 않는 것'과 '반대하는 것'은 별개의 사안이었습니다. 그러기에 명료하게 선을 그어 주셨습니다.

"막지 마라. 내 이름으로 기적을 일으키고 나서, 바로 나를 나쁘게 말할 수 있는 사람은 없다. 우리를 반대하지 않는 이는 우리를 지지하는 사람이다"(마르 9,39-40).

여기서 우리의 특별한 주의를 요구하는 구절이 "우리를 반대하지 않는 이는 우리를 지지하는 사람이다."(마르 9,40)라는 말씀입니다. 왜냐하면, 예수님께서는 다른 기회에 문장의 구조상 이와 정반대되는 선언을 하시기 때문입니다.

"내 편에 서지 않는 자는 나를 반대하는 자다"(루카 11,23 참조).

얼핏 들으면 헷갈리기 십상입니다. 오늘의 복음 말씀에서는 비록 공개적으로 당신을 지지하지 않아도 반대하지만 않으면 지지하는 셈이라고 말씀하셨습니다. 그런데 지금 이 말씀에서는 공개적으로 지지하지 않으면 결국 반대하는 자라는 취지로 말씀하십니다. 상반된 입장들입니다.

이 두 말씀은 다 옳습니다. 다만 각각의 상황 속에서 옳을 뿐입니다.

오늘 말씀은 예수님께서 아직 호의적인 반응을 얻고 있을 때, 곧 잘 나가실 때에 발설하셨습니다. 하지만 뒤엣것은 예수님께서 점점 공공의 적이 되어갈 때를 상정하고 있습니다. 어쩌면 오늘날과 같이 예수님의 위상이 점점 상대적으로 추락하고 있는 시점에서는 나중 말씀이 더욱 비중 있게 유효할지도 모릅니다.

"내 편에 서지 않는 자는 나를 반대하는 자다"(루카 11,23 참조).

이는 이념을 신앙보다 더 우선시 여기고 사리사욕을 위해 믿음 내팽개치기를 다반사로 여기는 요즈음의 세태에 우리에게 변심을 모르는 충성을 촉구하시는 주 예수님의 호소일 수 있습니다.

묵상에 균형을 기하기 위하여 이제 다시 오늘의 복음에로 돌아가 봅니다.

"우리를 반대하지 않는 이는 우리를 지지하는 사람이다"(마르 9,40).

이 말씀의 취지를 정확히 이해하기 위해서는 이 말씀의 발단이 된 요한 사도의 보고를 다시금 상기할 필요가 있습니다.

"그가 저희를 따르는 사람이 아니므로, 저희는 그가 그런 일을 못 하게 막아 보려고 하였습니다"(마르 9,38).

이 말은 제자들이 공유하고 있었던 동지 의식을 여실히 반영해 줍니다. 곧 '이 사람이 우리 동지냐 아니냐'를 폐쇄적인 태도로 따져 묻는데 익숙했던 것이 제자들의 분위기였던 것입니다.

"우리를 반대하지 않는 이는 우리를 지지하는 사람이다"(마르 9,40).

이 명쾌한 말씀으로 예수님께서는 제자들의 계파적·폐쇄적 사고방식을 바꾸어 주십니다. 이 말씀은 오늘 우리들로 하여금 냉엄한 성찰을 하도록 초대해 줍니다.

사실 파벌은 어디에나 있습니다. 이와 더불어 파벌을 조장하는 이간질꾼도 공동체가 있는 곳에는 꼭 있습니다. 추기경님들 사이에는 없을까요. 주교님들 사이에는 없을까요. 사제들 사이에는 없을까요. 수도자들 사이에는 없을까요. 정말로 그럴까요.

■ 원조 후원자

> "너희가 그리스도의 사람이기 때문에
> 너희에게 마실 물 한 잔이라도 주는 이는,
> 자기가 받을 상을 결코 잃지 않을 것이다"(마르 9,41).

강의를 다니다 보면 마음이 찡해지는 일들이 곧잘 있습니다. 가는 곳마다 그 지역 신자들이 제게 정성 어린 선물들을 한아름씩 안겨 주시는 것입니다. 엄마 손 잡고 따라온 어린아이부터 아흔 넘은 할머니까지, 저를 생각해 주시는 그 마음 씀씀이에 그저 감사할 따름입니다.

한 번은 강의를 마치고 나왔는데 초등학교 3학년쯤 되는 유 소화 데레사라는 아이가 도도하게 말을 걸어 왔습니다.

"나 신부님 알아요! 목소리가 똑같네요."

평상시 엄마가 틀어 놓는 평화방송 TV를 통해 저를 봐왔던 것입니다. 소화 데레사는 제게 선물이라며 노란색 편지를 건네 주었습니다. 편지를 펴 보니 제 얼굴이 꽤 그럴듯하게 그려져 있고, 그 밑에 이렇게 쓰여 있었습니다. "무스 바른 올백 머리 신부님."

"신부님, 이거 보세요. 제가 그린 거예요."

편지지 한 귀퉁이엔 이런 글귀도 함께 적혀 있었습니다.

"신부님께 주고 싶은 선물 '목캔디', 너무 많이 말을 해서 목이 아프다."

그 순간 저는 예수님께서 왜 어린이들이 당신께 오는 것을 막지 말라 하셨는지 충분히 공감되었습니다. 돌아오는 길 내내 얼굴에 미소가 가시지 않았음은 물론입니다.

할머니들은 유난히 제게 밥 사 주시겠다는 분들이 많습니다. 어느 성당에 갔을 때의 일입니다. 한 할머니께서 저를 보더니 덥석 손을 잡으시며 말씀하셨습니다.

"인물도 참 훤하시고, 말씀은 또 어찌나 잘 하시는지…."

그러고는 잡은 손에 꼬깃꼬깃한 흰 봉투를 쥐어 주셨습니다.

"맛있는 거 사드리고 싶은데 뭘 잡술지 몰라서 말야, 받으셔요."

거절할 겨를도 없이 인파 속에 묻힌 할머니의 뒷모습에 괜스레 코끝이 찡했습니다.

후에 알게 된 사실인데, 그 할머니는 다른 본당 신자라 오는 길에 한참을 헤매셨다고 합니다. 길을 정확히 몰라 타고 있던 버스에서 내려 택시를 탔는데, 택시 기사마저 길을 몰랐던 것입니다. 다행히 지나가는 사람에게 물어 강의 장소까지 찾아오셨던 것입니다.

오늘 복음에서 예수님께서는 말씀하십니다.
"너희가 그리스도의 사람이기 때문에 너희에게 마실 물 한 잔이라도 주는 이는, 자기가 받을 상을 결코 잃지 않을 것이다"(마르 9,41).
저는 신자들이 제 손에 꼭 쥐어 주는 저 마음들이 제게 뭉클한 감동을 일으킬 때마다 이 말씀을 떠올리며 기도해 드립니다.
"주님, 오늘도 주님 덕에 물 한 잔 얻어 마셨사오니, 그에게 가장 요긴하고 합당한 상을 내려 주소서."

함께 기도하시겠습니다.
주님, 주님의 종인 저희에게 이미 말씀 한마디로 먹을 것, 마실 것, 입을 것을 몸소 챙겨 주셨음에 감사드립니다. 주님께서는 저희 사명의 원조 후원자이십니다.
주님, 저희의 사명과 비전에 동참할 동지들과 그것을 응원할 응원 부대를 보내 주심에 감사합니다.
눈물로써 감사드리오며, 그에 힘입어 오늘도 힘차게 평생을 가야 할 복음 전파 여정을 떠나겠습니다.
우리 주 예수 그리스도를 통하여 비나이다. 아멘!

연중 제27주일: 마르 10,2-16

서로 사랑해야 할 이유

"하느님께서는 사람들을 남자와 여자로 만드셨다"(마르 10,6).

1. 말씀의 숲

오늘 복음은 두 부분으로 나뉩니다. 첫 번째 부분은 마르코 복음 10장 2절에서 9절까지 바리사이들과 예수님의 대화입니다. 그리고 10절부터는 제자들과의 대화입니다.

바리사이들은 예수님을 떠보기 위해 물었습니다. "남편이 아내를 버려도 됩니까?"(마르 10,2) 그러자 예수님께서는 되물으셨습니다. "모세는 너희에게 어떻게 하라고 명령하였느냐?"(마르 10,3) 바리사이들은 모세를 내세워 이혼이 정당하다고 대답했습니다. 모세는 말했습니다. "어떤 남자가 여자를 맞아들여 혼인하였는데, 그 여자에게서 추한 것이 드러나 눈에 들지 않을 경우, 이혼 증서를 써서 손에 쥐어 주고 자기 집에서 내보낼 수 있다"(신명 24,1). 그러나 모세는 사람들의 마음이 모질기 때문에 이 계명을 적어 남겼습니다. 바리사이들은 이 법이 만들어진 이유에 대해서는 상관하지 않았습니다.

예수님께서는 모세를 넘어서 창조의 본래 질서, 곧 하느님의 법으로 거슬러 올라가셨습니다. 이 질서는 변하지 않는 법으로 인간의 본성에 새겨진 법입니다. 하느님은 남자와 여자를 처음부터 동등하게 만드셨으니 그들은 똑같이 하느님을 닮은 사람들입니다. 아버지와 어머니를 떠나 아내와 하나가 된 사람을 갈라놓을 수는 없습니다.

집에 돌아와 예수님께서는 이 사실의 엄격함과 중요성을 제자들에게 가르치셨습니다. 남편과 아내 사이의 신뢰와 충실성을 깨는 것은 간음을 범하는 것이었습니다. 하느님이 짝지어 주신 계약을 깨뜨리는 것은 간음하는 것이었습니다.

예수님의 질문은 이혼에 대한 하느님의 계명에 대한 것이라기보다 하느님의 뜻이 무엇인지에 대한 것입니다. 바리사이들은 모세가 아내에게 수치스러운 것이 발견될 경우 이혼장(마태 19,7 참조)을 써 주고 아내를 소박할 수 있다고 허용했다고(신명 24,1-4 참조) 대답했습니다(마르 10,4 참조). '수치스러운 것'이라는 말의 뜻이 애매해서 라삐들은 서로 달리 해석했습니다. 힐렐은 관대하게 그것이 사소한 잘못을, 샴마이는 엄격하게 간통을 가리킨다고 해석했습니다. 고대 이스라엘에서는 이혼이 법정에서 취급되지 않고 남편이 사사로이 해결할 수 있는 것이었습니다.

이 대목은 예수님께서 수난당하시고 죽으시기 위해 예루살렘으로 가시던 도중에 주신 가르침으로, 십자가에 비추어서 받아들여야 할 말씀입니다. 곧 참으로 살기 위해 죽어야 할 그리스도인의 삶의 모범을 일깨워 주기 위해 주신 가르침이기에 그 비중은 한층 큽니다. 이 대목에서 주목되는 '보잘것없는 이'는 바로 여성입니다. 법률과 실제에서 우리 각자의 의식과 교회 안에서 여성에 대한 존중과 평등이 실제로 정립되어야 할 필요성은 항상 절실합니다. 가족 해체 시대라는 요즈음에 그분의 가르침은 여전히 어려운 말씀으로, 한층 더 생명의 말씀으로 들려옵니다.

2. 말씀 공감

■ 적개심 반 방어 본능 반의 심사

> "바리사이들이 와서 예수님을 시험하려고"(마르 10,2)

바리사이들은 율법 가운데 이혼법의 골칫거리를 주님께 가져옵니다. "바리사이들이 와서 예수님을 시험하려고, '남편이 아내를 버려도 됩니까?' 하고 물었다"(마르 10,2).

질문 목적은 주님을 "시험하려"는 것이었습니다. 이 물음은 올가미였습니다. 복음서에서 "시험"이라는 단어는 악의를 품고 올가미를 씌우려는 음모를 가리킵니다. "남편이 아내를 버려도 됩니까?"라는 물음은 '안 된다'고 답해도 신변에 위험이 되고, '그렇다'고 답해도 곤란한 처지에 빠뜨리는 물음이었습니다.

만일, '안 된다'고 답하면 이미 본처를 버리고 동생 필리포스의 아내 헤로디아와 재혼한 상태에 있었던 헤로데 왕으로부터 무슨 봉변을 당하게 될지 모릅니다. 일찍이 세례자 요한은 이 사안을 놓고 헤로데의 부정함을 질책하다가 외려 죽임을 당했던 터였습니다. 바리사이들은 이를 노렸던 것입니다.

그렇다고 '된다'고 단순히 답변해도 예수님께서는 그다음의 논쟁에 휘말리게 되어 있었습니다. 왜냐하면 당시 율법의 권위자 사이에는 이 문제를 놓고 두 입장이 팽팽하게 대립하고 있었기 때문입니다. 즉 음행을 행한 이유 없이 이혼할 수 없다는 견해와 음행 이외의 이유로도 이혼할 수 있다는 견해가 격하게 맞서고 있었는데, 이들 둘 가운데 어느 한쪽 입장을 취해도 그 반대편으로부터 심한 반발을 살 것이 뻔했습니다. 결과적으로 예수님에 대한 율법 학자들과 라삐들의 적대감을 자극하면 이는 연쇄적으로 예수님의 신상에 큰 타격이 될 것이 당연했습니다. 이 역시 바리사이들의 노림수였습니다.

요컨대 바리사이들은 질문을 하면서 어떤 답변이 나와도 쾌재를 부를 준비가 되어 있었습니다.

이 대목에서 "바리사이"들이 왜 이런 고약한 질문을 가지고 왔는지 그들의 속생각을 성찰할 필요가 있습니다.

바리사이는 스스로 거룩한 사람들임을 자처했습니다.

그들은 마케도니아 왕국의 임금 에피파네스가 율법을 말살하려고 대박해를 단행했을 때 죽음을 불사하고 끝까지 율법을 지켜낸 조상들의 후예였습니다.

그러기에 율법에 대해서는 자신들이 권위자였습니다. 그런데 자신들이 보기에 목수의 자식에 지나지 않고 영 배움이 일천하기만 한 예수라는 작자가 감히 율법을 해설하며 자신들의 영역을 침범해 오고 있는 것이었습니다. 게다가 군중들에게는 입에 발린 소리를 하여 인기를 독차지 하고 자신들에게는 비난만 일삼는다고 보였으니, 예수님의 일거수일투족이 그들의 비위를 건드리기에 충분했던 것입니다.

이런 맥락에서 봤을 때 바리사이들이 자꾸 예수님을 시험하고자 했던 것은 '적개심 반 방어 본능 반의 심사'에서였지 않았나 싶습니다.

그렇다면 우리의 성찰은 다시 우리 자신에게로 향해집니다. 혹여 우리 자신은 '적개심 반 방어 본능 반의 심사'에서 그릇된 행동을 선택한 적은 없는지, 꼼꼼히 따져 봐야 할 때입니다.

■ 없다

> "따라서 그들은 이제 둘이 아니라 한 몸이다"(마르 10,8).

한참 활동할 때 가끔 부부를 함께 만나는 경우가 있었습니다. 대화가 자연스러워지고 공감대가 폭넓게 느껴질 즈음이면, 둘 중 하나가 상대방의 허물을 농담 삼아 고자질하며 제게 묻곤 했습니다.

"신부님, 이 사람 참 나쁘죠. 그쵸. 신부님은 어떻게 생각하세요?"

이런 질문을 받으면 저는 잠시의 망설임도 없이 즉각 답해 줍니다.

"저는 말이에요, 부부 사이에는 절대로 끼어들지 않기로 제 신부 생활 1년차 보좌 신부 때 결심했습니다. 이 결심은 지금도 유효합니다."

그러면 상대방은 궁금해져서 바로 되물어 옵니다.

"왜요?"

물론, 저는 그 내막을 친절히 밝혀 줍니다. 그 속사정은 이렇습니다.

신부 생활 초짜 때 저는 부부 사이라는 것이 무엇인지 전혀 몰랐습니다. 그랬기에 뭣도 모르고 부부 사이의 한쪽이 상대방에 대해서 불평을 해 대는 것을 사실적으로 받아들였습니다. 그리고 충고도 아끼지 않았습니다. 또한 거르지 않고 이것은 이래서 옳고 저것은 저래서 그르고를 분명하게 말해 주었습니다.

그런데 그게 아니었습니다. 대체로 한쪽의 진술은 자신의 입장과 바람만 강조했을 뿐이기에 객관적이지 못했습니다. 설령 객관적이었다고 하더라도 상황은 바로 다음날 바뀌곤 했습니다. 그래서 제가 내린 결론은 이것입니다.

"부부지간의 일은 두 사람 말고는 아무도 모르는 것이다. 이것이 부부의 신비다."

오늘 예수님께서는 부부에 대해서 오늘의 젊은이들에게는 참 이해하기 어려운 표현을 하셨습니다.

"'그러므로 남자는 아버지와 어머니를 떠나 아내와 결합하여, 둘이 한 몸이 될 것이다.' 따라서 그들은 이제 둘이 아니라 한 몸이다. 하느님께서 맺어 주신 것을 사람이 갈라놓아서는 안 된다"(마르 10,7-9).

이로써 주님께서는 창세기 1장 27절과 2장 24절을 인용하여 이른바 '혼인의 불가해소성' 곧 이혼 불가를 선언하십니다.

주님께서는 혼인을 정의함에 있어 바리사이들처럼 모세의 법에서 시작하지 않으십니다. 남여의 창조 질서부터 이 문제를 말씀하십니다.

부부가 "한 몸"이 된다는 것은 '인격적 결합'을 가리키고 있습니다. 혼인은 하느님께서 세우신 제도로서 생물학적으로는 종족 번식과 그 영속화를 도모하는 한편, 인간으로 하여금 자연적 존재로서의 동물적 삶을 초월하여 도덕적 존재가 되게 하며, 영적으로는 그리스도와 교회와의 관계를 표상합니다.

결혼은 자연의 섭리이자 또한 그것 이상의 초월적 의미를 지닙니다. 그러기에 바오로 사도는 혼인 관계에 대해 이렇게 말합니다.

"이는 큰 신비입니다. 그러나 나는 그리스도와 교회를 두고 이 말을 합니다. 여러분도 저마다 자기 아내를 자기 자신처럼 사랑하고, 아내도 남편을 존경해야 합니다"(에페 5,32-33).

성경 시대의 상황을 모르는 이들은 사도 바오로의 이 말에도 시비를 겁니다. "어째서 '남자는 여자를 사랑하라' 하고 '아내는 남편을 존경하라' 하는가! 성차별이다!"

남존여비의 사상이 극에 달하여 여자가 사람 취급도 못 받고 물건 취급받는 시대에 사도 바오로는 여자를 사람으로 보았고, 심지어는 교회의 소명자로 보았습니다. 이는 당시 혁명적인 발상이었고 조치였습니다. 이런 사고를 적용할 때 '아내는 남편을 존경해야 한다'는 표현 속에는 이미 '남편도 아내를 존경해야 한다'는 표현이 내포되어 있다고 볼 수 있겠습니다.

어떤 난관에도 상호 사랑, 상호 존중이 부부에게 내리시는 하느님의 명령이심을 잊지 말아야 하겠습니다.

■ 아직도 당신이에요

> "하느님께서 맺어 주신 것을 사람이 갈라놓아서는 안 된다"(마르 10,9).

하느님이 맺어 주신 가정.
서로 헤어져야 할 이유를 굳이 찾자면 하루에도 몇 건씩 생길 것입니다.
서로 사랑해야 할 이유를 찾자면 또 수없이 많습니다.
우리 주변에는 가정이 깨어져서 우리를 슬프게 하고 안타깝게 하는 일도 꽤 많지만 우리의 가슴을 찡하게 하는 아름다운 사연도 많습니다.

영화 〈슈퍼맨Super Man〉을 기억하십니까? 1980년대 어린이들의 영웅 '슈퍼맨' 역을 맡았던 크리스토퍼 리브Christopher Reeve를 모르는 사람은 아마 없을 것입니다. 당시 그는 그 인기가 하늘로 치솟아 영화 속에서뿐만 아니라 대중문화 속에서도 정말 슈퍼맨 그대로의 이미지를 가지고 살았습니다.

그런데 어느 날, 그는 낙마 사고로 경추가 상하여 남에게 전적으로 의존하여 살아가야 하는 전신마비 장애인이 되었습니다. 사고 당시 온몸에 주삿바늘이 꽂아진 채 산소 호흡기를 끼고 혼수상태에서 깨어난 리브는 너무나 고통스러운 나머지 다음과 같이 생각했다고 합니다.

'차라리 죽는 것이 나을 것이다. 이 험한 꼴로 어떻게 처자식을 만나보겠는가? 이럴 줄 알았으면 유언장에 어떤 경우에도 나에게는 산소 호흡기를 사용하지 말아 달라고 써둘 것을…'

그러한 모습으로 가족 중에 제일 먼저 만난 사람이 어머니였습니다. 리브는 어머니에게 '이렇게 생명을 유지하느니 차라리 산소 호흡기를 빼고 죽는 것이 낫겠다'는 의사 표시를 했고, 괴로워 견디지 못하는 자식의 모습을 본 어머니도 그의 생각에 동의하셨습니다. 이제 아내 데이나(Dana Reeve)의 동의만 받으면 세상 모든 사람들에게 이 추한 꼴을 더 이상 보일 필요가 없다는 생각을 하고 있을 때, 아내가 입원실에 도착했습니다.

리브는 어머니에게 했던 말을 아내에게 다시 했습니다. 그랬더니 아내 데이나는 뜻밖의 말을 해 주었습니다.

"아직도 당신이에요"(Still you).

그녀는 전신이 마비되어 숨조차 혼자 못 쉬고 온몸에는 각종 주삿바늘이 꽂혀 있는 남편의 모습을 보고서도, 남은 인생이 얼마나 될지 모르지만 그런 모습으로 살아야 하는 그의 뺨을 두 손으로 만지면서 이렇게 말하였습니다.

"두뇌가 살아 있는 한 당신은 아직도 그대로 당신이니, 제발 살아만 주세요."

데이나의 이 한마디는 슈퍼맨을 다시 살렸습니다. 이후 그는 사람들에게 희망과 용기를 주는 상징이 되었습니다. 위로가 필요한 곳이면 그는 기꺼이 연사가 되어 주었습니다. 그는 매년 유엔 본부에서 시상하는 '루스벨트 국제 장애인 시상식'에서 코피 아난(Kofi Annan) 유엔 사무총장과 루스벨트(Franklin Roosevelt) 대통령 가족과 함께 빠지지 않고 단골손님으로 연설을 했습니다. 쟁쟁한 여러 연사들 가운데 단연 리브가 가장 큰 감동을 자아내는 연설을 할 수 있는 것은 불가능을 극복하고 미래를 창조하는 비전을 제시해 주었기 때문입니다.

무엇이 위대한 인간 크리스토퍼 리브를 만들었습니까. 그것은 아내의 변치 않는 사랑이었습니다. 산소 호흡기에 연명하고 있는 자신의 남편에게 "아직도 당신이에요. 두뇌가 살아 있는 한 당신은 아직도 그대로 당신이니, 제발 살아만 주세요." 이렇게 말할 수 있었던 한결같은 사랑이었습니다.

함께 기도하시겠습니다.
주님, 오늘의 부부들이 서로 헤어져야 할 이유를 찾지 않고 죽기까지 서로 사랑해야 할 이유를 발견하게 하소서.
주님, 그 어떤 장애도 사랑을 나누는 데는 한계가 될 수 없음을 저희가 숭고한 사랑으로 깨닫게 하소서.
우리 주 예수 그리스도를 통하여 비나이다. 아멘!

연중 제28주일: 마르 10,17-30

가장 큰 보물

"가서 가진 것을 팔아 가난한 이들에게 주어라. […]
그리고 와서 나를 따라라"(마르 10,21).

1. 말씀의 숲

예수님께서 예루살렘을 향해 가시는 길에 어떤 부자 청년(마르 10,22 참조)이 뛰어와서 극진한 존경의 표시로 그분 앞에 꿇어 엎드렸습니다. 그는 예수님을 유다인들의 관례에서는 찾아볼 수 없는 "선하신 스승님"(마르 10,17)이라는 말로 부르면서 환심을 사려는 자세로 영원한 생명을 상속받기 위해 무엇을 해야 하는지를 물었습니다(마르 10,17 참조).

예수님께서는 영원한 생명을 상속받기 위한 길을 물은 부자에게 십계명의 제5계명(살인 금지), 제6계명(간음 금지), 제7계명(도둑질 금지), 제8계명(거짓 증언 금지), 십계명에 나오지 않는 "가난하고 궁핍한 품팔이꾼을 억눌러서는 안 된다."(신명 24,14)와 제4계명(부모 효도)에 제시된 하느님의 뜻을 지켜야 한다고 대답하셨습니다(마르 10,19 참조). 위의 계명들은 생명과 가정의 존엄성과 소유권을 보호하고 정직한 사회를 건설하는데 필수적 규정들로서 사회생활을 근본적으로 파괴하지 말라는 중대한 금명의 순서에 따라 제시되었습니다. 예수님께 영원한 생명의 길을 물은 부자는 이 모든 계명들을 어릴 때부터 다 지켰다고 말했습니다(마르 10,20 참조).

예수님께서는 그 부자를 사랑스러운 눈으로 보시면서 그에게 한 가지가 부족하다고 말씀하셨습니다. 예수님의 시선은 그가 계명들을 다 지켰다는 것을 인정하셨다기보다는, 그에게 부족한 것을 채우라고 회유하시기 위함입니다. 예수님께서는 그에게 천상의 보화를 받기 위해 가지고 있는 모든 것을 팔아 가난한 사람들에게 주고 그다음 당신을 따르라고 분부하셨습니다(마르 10,21 참조).

예수님을 전적으로 믿고 따르기 위해서는 소유로부터 자유로워야 합니다. 그것은 가난하고 죽음의 길을 가시는 예수님과 운명을 같이 하는 것입니다. 그 부자가 간청한 영원한 생명의 길은 계명을 지킴으로써 획득할 수 있는 것이 아니라 예수님과 운명을 같이 하는 데 있습니다. 그것은 계명 준수를 초월한 파격적이고 새로운 구원의 길입니다.

그러나 그는 예수님의 이러한 부르심에 대해 자기의 많은 재물에 대한 집착 때문에 영원한 생명의 길을 거절하고 고개를 떨구고 침통한 표정으로 떠나갔습니다(마르 10,22 참조). 예수님께서 그에게 요구하신 것은 모든 사람에게 적용되는 것이 아니라 특수한 제자직으로 부르심을 받은 사람에게 해당되는 생활 양식입니다. 이러한 특수 소명을 받지 않은 그리스도인들은 재산을 간직한 채 그리스도를 믿고 따릅니다. 그러나 그들도 하느님과 맘몬 가운데 맘몬을 버리고 하느님을 받들어 모시고 가난하신 예수님을 닮아야 합니다.

부자가 재물 때문에 영원한 생명의 길을 제시하신 예수님의 부르심을 거절하고 떠나간 다음, 그분은 당신 제자들에게 재물에 집착하면 영원한 생명, 즉 하느님의 나라에 들어가기 어렵다고 가르치셨습니다(마르 10,23 참조).

예수님께서는 제자들이 당신의 가르침에 놀라자 재물의 해악을 거듭

경고하면서 부자가 하느님의 나라에 들어갈 수 없다는 것을 낙타가 바늘귀로 빠져나갈 수 없다는 상징적이고 격언적 비유로 강조하셨습니다(마르 10,24-25 참조). 제자들은 다시 예수님의 가르침에 더욱 경악하여 '도대체 구원받을 사람이 있겠는가?' 하고 불평했습니다(마르 10,26 참조).

베드로와 제자들은 불안하고 걱정스러웠습니다. "보시다시피 저희는 모든 것을 버리고 주님을 따랐습니다"(마르 10,28).

이 모든 것이란 무엇일까요? 예수님께서는 무엇을 포기해야 하는지 나열하셨습니다. 집과 형제와 자매, 어머니와 아버지, 자녀와 토지 등을 말입니다. 바로 당신과 당신의 복음을 위해서 버려야 하는 것입니다. 아무렇게나 목적 없이 버리는 것이 아니라 바로 당신과 당신의 복음을 위해서입니다. 그러나 이 모든 것을 버리고 예수님을 따랐다고 해서 모든 안전이 보장되는 것은 아닙니다. 현세에서는 박해도 뒤따를 것입니다. 그러나 백 배의 보상이 내세에서 기다리고 있습니다. 이렇듯이 예수님을 따른다는 것은 현세에서는 십자가를 지는 것이고 내세에서는 부활하는 것입니다.

그러므로 이 부자처럼 땅에 보물을 쌓을 필요가 없습니다. 땅에서는 좀과 벌레가 갉아 먹고 도둑이 뚫고 들어와 훔쳐 가지 않습니까? 보물을 쌓아야 할 곳은 하늘입니다. 그곳에는 도둑이 들어와 훔쳐 갈 수도 없기 때문입니다. 모름지기 보물이 있는 곳에 마음도 있는 법입니다(마태 6,19-21 참조). 이야기에서 보았듯이 구원이란 십계명을 충실히 지킨다는 것만으로 주어지지 않을 것입니다. 과연 십계명의 의로움보다 한결 넉넉하지 않으면 하늘 나라에 들어가지 못할 것입니다(마태 5,20 참조).

2. 말씀 공감

■ 어디를 가든 저희 인생의

> "예수님께서 길을 떠나시는데 어떤 사람이 달려와 그분 앞에 무릎을 꿇고, '선하신 스승님, 제가 영원한 생명을 받으려면 무엇을 해야 합니까?' 하고 물었다"(마르 10,17).

자고로 나라를 다스리는 통치자는 백성의 생활상을 파악하기 위하여 민정 시찰이라는 방편을 꾀했습니다. 자주 그리고 은밀히 민원을 살피는데 공을 들일수록 훗날 훌륭한 통치자로 기록되는 것이 역사 기록의 철칙으로 남아 있습니다.

이와 비슷한 이치에서 저는 제 소임인 미래 사목의 연구를 위하여 잠재적인 그리고 포괄적인 양 떼인 국민의 신앙 상태를 살피는 것을 우선적인 과제로 여깁니다.

'요즈음 사람들은 무엇을 아파하고 무엇을 기뻐할까?', '도대체 무엇이 현대인의 최고 관심사이며 희망일까?' 등등. 저는 그때그때 달리 물음들을 던져 봅니다. 그리고 이 물음들에 대한 답변을 얻기 위해 가장 우선적으로 택한 것이 신간 서적들의 동향을 파악하는 것입니다. 이는 대체로 인터넷으로도 충분히 충족될 수 있습니다. 하지만 저는 아날로그적인 접근을 꾀하기를 더욱 좋아합니다. 다름 아닌 서점가 산책 말입니다.

서점가에 가 보면 현대인들이 도대체 무엇을 추구하며 사는지를 금세 파악하게 됩니다. 왜냐하면 책들은 각각 어떤 물음들에서 출발하기 때문입니다. 근래 던져진 물음들은 사실 우리들의 일반적인 관심거리를 벗어나지 못하고 있습니다.

'어떻게 하면 돈을 많이 벌 수 있을까?'
'어떻게 하면 성공할 수 있을까?'
'어떻게 해야 말을 잘 하는 사람이 될 수 있을까?'
'어떻게 하면 이성에게 매력적으로 보일 수 있을까?'
거의 모두가 처세술에 관한 물음들인 것입니다.

여기에 더해져서 최근에 쏟아져 나온 물음들은 살아남는 지혜와 관련된 보다 구체적인 물음들입니다.

곧 공무원 시험 합격 필살기, 토익 영어 점수 올리기 전략, 창업 아이디어, 망하지 않는 투자법, 제2의 인생 설계, 솔로들의 천국 등등에 관한 물음들이 대세를 이루고 있습니다.

이 물음들은 모두가 일정한 가치를 지닙니다. 결코 무시되어서는 안 되는 것들입니다. 하지만 이런 물음들만 집착하고 그것들에 매몰되는 것도 바람직하지 않습니다. 왜냐하면 우리의 인생은 우리가 던지는 질문 주변에서 맴돌기 마련이기 때문입니다.

질문을 잘 던져야 합니다.
질문은 그 사람의 관심사와 수준을 드러냅니다.
오늘 복음의 청년은 인생에서 가장 중요한 질문을 던졌습니다.
"영원한 생명을 받으려면 무엇을 해야 합니까?"
인생 최후에 관한 물음, 궁극적인 물음을 제기했던 것입니다. 예수님께서는 이를 대견히 여기셨습니다.

곧바로 답을 얻지는 못하더라도 우리 역시 이따금 자신에게 물어야 합니다.

'영원한 생명을 얻으려면 나는 무엇을 해야 할까?'

여러분, 살면서 가장 큰 보물을 발견했다고 느낀 때가 있으십니까? 누구는 사랑하는 연인, 누구는 자녀 출산, 누구는 좋은 직장을 꼽을 수도 있을 것입니다. 하지만 그 기쁨을 주는 존재가 누구인지 발견할 수도 있어야 할 것입니다. 저는 제 삶에서 가장 소중한 발견이 무엇이냐고 묻는다면 이렇게 말할 것입니다.

"내 삶에 가장 소중한 발견은 바로 예수 그리스도요!"

예수님이야말로 죽을 운명을 지닌 제게 영원한 생명을 약속해 주시는 유일한 분이십니다. 이분과 함께 있기 때문에 저는 두렵지 않고, 제 서품 성구처럼 "내가 세상을 이겼다."(요한 16,33)고 외치며 제 어려움들을 모두 극복할 수 있습니다.

■ 고마워요, 엄마

> "스승님, 그런 것들은 제가 어려서부터 다 지켜 왔습니다"(마르 10,20).

젊은 세대 가운데 주일 미사를 꼬박 챙기는 신자를 찾기가 거의 하늘의 별따기인 요즈음 신앙 세태입니다. 그러던 중 반가운 이야기를 들었습니다. 주위에 그런 청년이 있다는 희소식에 흥분되는 마음에서 자술 체험담을 청했습니다. 기꺼이 응해 준 데레사라는 청년의 글은 이랬습니다.

요즘 대부분의 20-30대 직장인이라면 신자라도 '무늬만 신자'인 경우가 허다할 것입니다. 본당 청년회 활동을 열심히 하다가도 막상 외인과 결혼하여 냉담하는 친구도 많고요, 바쁜 업무로 인해, 또는 여가 활동으로 인해 주일 미사를 아무렇지 않게 빠지기도 하니까요.

그들 틈에서 저는 어쩌면 '특이한' 청년일지도 모르겠습니다. 지금까지 주일 미사를 빠진 기억이 손에 꼽을 정도이고, 단 하루의 여유가 생기더라도 가까운 성지로 '힐링 여행' 계획을 세웁니다. 점심 이후 다른 동료들이 그들만의 방법으로 휴식을 취할 때 저의 달콤 휴식은 '묵주기도'입니다.

사실 저의 이런 습관은 모두 제가 만들어 낸 것이 아니라 물려받은 것뿐입니다. 저의 어머니로부터 말이지요.

엄마는 지금껏 단 한 번도 힘든 모습을 저희들에게 보이신 적이 없습니다. 미신을 굳게 믿었던 친가 분위기에서도, 십수 년 전 아버지가 갑자기 돌아가셨을 때도…. 지금까지 크고 작은 숱한 어려움 속에서도 엄마의 찡그린 모습을 본 적이 없습니다.

대신 엄마는 늘 묵주를 손에 쥐고 계셨습니다. 심지어 운동을 하실 때도 말이죠.

어렸을 적 시골 공소 근처에서 살았던 우리 가족이 서울로 이사 왔을 때, 성당이 집 앞에서 정말 딱 1분 거리였습니다. 그때부터 엄마의 신앙 교육은 본격적으로 시작됐습니다. 저희 형제들이 주일 미사를 빠지는 것은 상상조차 할 수 없었습니다. 그런데 엄마의 강요는 딱 거기까지였습니다. 그 외 나머지는 모두 '본보기 교육'이셨습니다.

기도회나 피정 같은 데를 다녀오시면 저희들을 앉혀 놓고 그때 느낀 감사, 행복 등을 가슴 벅차도록 기쁜 표정과 말투로 얘기해 주셨습니다. 그럼 속으로 저는 궁금해지는 겁니다. '도대체 어떤 곳이길래 엄마가 저렇게 기뻐할까?' 그러면 자연스레 다음번 기도회나 피정에 저도 따라가게 되는 거죠.

만약 제가 대다수 다른 사람들처럼 기쁠 땐 웃으시고 슬플 땐 우시는 엄마의 모습을 보았더라면 그렇게까지 동요되지는 않았을 것입니다. 하지만 엄마는 기쁠 때나 슬플 때나 늘 주님을 찾았고 그 안에서 행복해하셨습니다.

그 신앙교육이 이제 저를 지탱하고 있습니다. 저 역시 미래를 생각하면 불안할 수밖에 없는 이 시대의 청춘이지만 언제나처럼 주님과 함께 걷는 삶임을 믿어 의심치 않기에 기쁘게 오늘을 살아갑니다. 신앙은 엄마가 이미 제게 물려 주신 최고의 유산입니다.

엄마가 물려준 최고의 유산으로 '신앙'을 꼽은 그 자체가 훌륭한 신앙입니다. 데레사 자매의 신앙은 만들어진 신앙, 빚어진 신앙입니다. 그 일등 공신은 엄마이구요. 하느님께서 보시기에 얼마나 흐뭇하실까요.

"스승님, 그런 것들은 제가 어려서부터 다 지켜 왔습니다"(마르 10,20).
이런 고백이 다른 젊은이들 입에서도 자동적으로 튀어나왔으면 좋겠습니다.

■ 슬퍼하며 떠나갔다

> "그러나 그는 이 말씀 때문에 울상이 되어 슬퍼하며 떠나갔다. 그가 많은 재물을 가지고 있었기 때문이다. 예수님께서 주위를 둘러보시며 제자들에게 말씀하셨다. '재물을 많이 가진 자들이 하느님 나라에 들어가기는 참으로 어렵다!'"(마르 10,22-23)

재산을 쌓기는 쉬워도 재산을 좋은 데 쓰기는 어렵습니다.

저는 강의 차 전국 성당을 다닙니다. 다니면서 한 법칙을 발견했습니다. 나눔이나 베풂이 부의 정도에 비례하지 않는다는 사실이었습니다. 대체로 분위기를 보면 나눔이 풍요로운 본당인지 인색한 본당인지 느낌이 옵니다. 강원도 산골을 가면 그렇게 풍요로울 수가 없습니다. 물 한 그릇 떠 주는 것도, 고구마, 감자, 옥수수를 대접하는 것도 마음이 담겨 있습니다.

온 세계인이 기억하는 거부 록펠러의 이야기는 우리가 우리의 재산을 어떻게 사용해야 할지를 잘 가르쳐 줍니다.

록펠러John Davison Rockfeller는 세계 최고의 부자로 유명했던 사람입니다. 30대에 이미 백만장자, 50대에는 억만장자가 된 사람입니다. 돈을 많이 가진 사람이니 무조건 행복했을까요? 그렇지는 않았던 것 같습니다.

그는 50대에 병에 걸려 1년도 살지 못한다는 선고를 받았습니다. 그가 가진 부는 그 불행을 해결해 주지 못했습니다. 세상에서 가장 돈이 많은 사람이었지만, 그의 삶은 그날로 나락에 빠져들었습니다. 낮이고 밤이고 근심과 고뇌가 그를 짓눌렀던 것입니다.

근심에 휩싸인 어느 날, 그는 도무지 견딜 수가 없어 기도를 하기 시작했습니다. 세상의 부귀영화를 모두 벗어던지고 하느님 앞에 벌거벗은 한 인간으로 무릎을 꿇은 것입니다. 그날부터 록펠러의 삶은 부자의 삶이 아닌 신앙인의 삶으로 바뀌었습니다. 또 마침 록펠러의 어머니가 그에게 이런 말을 했습니다.

"아들아, 곧 주님 앞에 서게 될 텐데, 하느님께 너를 봉헌하고 자선 사업에 힘쓰거라."

록펠러는 이때 가슴이 뻥 뚫린 느낌을 받았다고 합니다. 신실한 신앙인으로 살며 이웃을 위해 헌신하게 된 것이지요. 그는 이때부터 자기 재산을 쏟아 부어 록펠러 재단을 만들어 의료 자선 사업에 매진했습니다. 그리고 교회도 세웠습니다. 그 교회는 뉴욕에 있는 리버사이드 교회입니다.

록펠러는 미국 사회에 기부 문화를 정착시키는데 크게 기여하였습니다. 그래서 오늘날도 미국의 거부들은 세계를 깜짝 놀라게 할 만큼 통 크게 기부합니다.

빌 게이츠Bill Gates는 자신과 아내의 이름을 따서 세운 '빌 앤드 멜린다 게이츠 재단'을 통해 전 세계의 보건 의료·교육 문제 해결에 더 많은 시간을 할애하기 위해 2년 후 경영 일선에서 물러나겠다고 발표했습니다.

또한 워렌 버핏Warren Buffett은 빌 게이츠 재단 등에 자신의 전 재산의 85%에 해당하는 370억 달러 상당의 돈을 기부하기로 했습니다.

사건은 여기서 그치지 않습니다. 게이츠와 버핏의 발표 이후, 이들을 뒤따르려는 기부 문화가 확산되고 있다는 것입니다. 우리나라에서도 이런 인물들이 많이 나왔으면 좋겠습니다. 기부 문화의 확산은 우리나라를 축복의 나라로 변모시킬 것입니다.

함께 기도하시겠습니다.

주님, "제가 영원한 생명을 받으려면 무엇을 해야 합니까?"라는 물음이 저희의 첫 번째 물음이게 하소서.

주님, "제가 영원한 생명을 받으려면 무엇을 해야 합니까?"라는 물음이 어디를 가든 저희 인생의 길잡이가 되게 하소서.

주님, "제가 영원한 생명을 받으려면 무엇을 해야 합니까?"라는 물음이 제 마지막 순간 회개의 잣대가 되게 하소서.

우리 주 예수 그리스도를 통하여 비나이다. 아멘!

민족들의 복음화를 위한 미사 - 전교 주일: 마태 28,16-20

천국 시민의 에티켓

"너희는 가서 모든 민족들을 제자로 삼아"(마태 28,19)

1. 말씀의 숲

오늘 우리는 전교 주일을 맞이하고 있습니다. 교회는 1926년부터 전교 사업에 종사하는 선교사나 선교 지역의 교회를 돕고자 10월 마지막 주일을 '전교 주일'로 정했습니다. 또한 이날은 신자들에게 교회 본연의 사명인 '선교'에 대한 의식을 일깨우는 날이기도 합니다.

제1독서의 이사야서 말씀은 장차 도래할 메시아 왕국에 대하여 예언하고 있습니다. "환시로 받은 말씀"(이사 2,1)이라는 말은 이 예언이 이사야 예언자의 개인적인 생각이 아닌 계시를 통해 받은 말씀이라는 것을 알려 줍니다.

사실 예루살렘 성전은 올리브 산보다 아래에 있습니다. 그런데 그날이 오면 주님의 성전이 있는 산이 모든 산들보다 높아진다고 말합니다. 이는 영적 우월성을 의미하는 것입니다. 그리고 그 산으로 모든 민족이 몰려들 것입니다. 이제 예루살렘 성전은 이스라엘 민족의 성소가 아니라 만민의 성소가 된다는 것입니다. 이는 야훼 하느님의 종교가 유다교적 편협성을 버리고 보편성을 지니게 된다는 점을 의미합니다.

"자, 주님의 산으로 올라가자. 야곱의 하느님 집으로!"(이사 2,3)

이 예언은 예수님께서 세우신 교회를 통하여 실현되었습니다. 예수님께서 세우신 교회는 세계만방으로 퍼져 나가 모든 민족을 부르게 될 것입니다.

오늘 복음 말씀이 바로 그 점을 우리에게 알려 줍니다. 복음의 내용은 마태오 복음서의 끝 부분입니다. 부활하신 예수님께서는 제자들에게 모든 민족을 가르쳐 당신의 제자가 되게 하고, 그들에게 세례를 베풀라고 말씀하십니다(마태 28,19 참조). 이것이 교회의 강령입니다.

예수님께서는 '하늘과 땅의 모든 권한'을 가지신 분의 권위로 이 명령을 내리셨습니다. 그러기에 이를 우리는 지상 사명至上使命이라 부르는 것입니다.

오늘 우리가 받은 선교의 사명은 천상천하의 모든 주재권主宰權을 지니신 분으로부터 받은 사명입니다. 이 권한을 우리가 온전히 수용할 때, 우리 삶은 최선이라는 접근선에 가까워질 것입니다.

한 가난한 과부가 자식들을 키우느라 매일 열여덟 시간씩, 네 가지 직업을 오가며 일해야 했다. 그녀에게 낙이라고는 자식들이 보여 주는 극진한 애정밖에 없었다. 자식들은 어머니가 자기들을 위해 희생하고 있다는 것을 잘 알고 있었기에 그만큼 더 효심이 깊었다.

어느 날 밤, 여인은 거의 자포자기한 상태에서 주님께 부르짖으며 기도드렸다.

"주님, 그토록 오랜 세월 기도드렸건만 왜 아직도 응답을 주시지 않나이까? 제발 가난을 면하게 해 주소서. 그래야 저와 자식들이 고통에서 해방될 테니까요."

그러자 하늘에서 목소리가 들려왔다.

"네가 지금 당하고 있는 고통이 너에게는 가장 유익한 것이니라. 내 뜻을 그대로 받아들이려무나."

그러나 여인은 수긍하지 않았다.

"주님, 제게 가장 유익한 것이 무엇인지는 제가 더 잘 알고 있습니다. 저를 부자로 만들어 주세요."

다음날 여인이 눈을 떠 보니, 집은 대저택으로 변해 있었고 그녀 앞에는 수많은 금궤가 놓여 있었다. 하느님께서 그녀를 어마어마한 부자로 만들어 준 것이다.

큰 부자가 된 여인과 자식들은 인생을 즐기기 시작했다. 그런데 갈수록 자식들은 여인에게 신경을 쓰지 않기 시작했다. 항상 밖으로만 나돌면서 온갖 쾌락을 즐기는 데 몰두했기 때문이다. 머지않아 그녀의 아들 둘은 폭행죄로 감옥에 갇혔고, 외동딸은 유부남과 눈이 맞아 도피해 버렸다.

여인은 걱정과 근심으로 몸져누웠다. 그러던 어느 날 밤, 그녀는 자신이 죽어 가고 있음을 깨달았다. 주위에는 하인들만이 있을 뿐, 그녀의 자녀는 아무도 없었다.

여인은 침대에 누운 채로 주님께 또다시 기도드렸다.

"주님, 몇 해 전에 저를 부자로 만들어 달라고 청했을 때 제 청을 들어 주시지 않았더라면 얼마나 좋았겠습니까?"

목소리가 대꾸했다.

"이제야 아는구나, 내가 모든 기도를 다 들어 주지 않는 것은 바로 이런 까닭이었느니라. 딸아, 믿어라. 너에게 가장 유익한 것이 무엇인지 아는 사람은 바로 나란다."[55]

2. 말씀 공감

■ 별난 방법들

> "너희는 가서 모든 민족들을 제자로 삼아"(마태 28,19)

예수님께서 주신 이 지상 명령은 꼭 전문 선교사들만을 위한 말씀이 아닙니다. 우리 그리스도인 한 사람 한 사람을 위한 예수님의 간곡한 유언인 것입니다.

여기 독특한 콘셉트로 선교 활동을 실천하는 이들이 있어 여러분에게 소개합니다. 『가톨릭평화신문』의 기사 한 토막입니다.

킬리만자로와 안데스 산맥 등 세계 고봉 산악 지역을 오르며 복음을 전하는 등반대가 있다. 미국 스포츠 전문기자 출신인 가리 폴센 씨가 이끄는 '예수님을 위한 등반대'(www.climbingforcrist.org, 약칭 C4C)는 선교사들이 접근하기 쉽지 않은 고산 지대 오지를 찾아다니며 선교 활동을 벌인다. [⋯]

회원들은 그동안 팀을 꾸려 탄자니아, 알레스카, 하이티, 네팔, 멕시코 등지로 선교 등반을 다녀왔으며, 현재 필리핀과 중국, 터키 고산지대 등반을 준비 중이다.

아프리카 킬리만자로 산을 등반한 뒤 주변 마을에서 4주간 머물며 선교 활동을 벌인 몰리 올슨(26) 씨는 이렇게 회고한다.

"고생은커녕 산악지대 원주민들에게 복음을 전하는 동안 신앙심이 믿기 힘들 정도로 깊어졌습니다."

C4C 창설은 가리 폴센 씨가 킬리만자로 산 등반 도중 착안했다. 당

시 산악 선교 활동을 구상하며 등반을 했지만 주변에 가톨릭 신자는 한 명도 없었다 한다. 폴센 씨는 말한다.

"중국에 사는 티베트인 600만 명 가운데 그리스도인은 고작 150명이라고 합니다. 이러한 정보는 우리를 높은 산으로 부르는 하느님의 초대장 같습니다. 반드시 정상까지 올라야 한다는 생각은 없습니다. 그저 등반 도중, 우리는 복음에 대해 한 번도 들어 보지 못한 산 마을 주민들을 만나면 그 즉시 선교사가 되는 것뿐입니다."[56]

자신이 좋아하며 즐기는 일에 복음적 사명을 더하여 몸소 행동으로 실천하는 이들의 기지가 돋보이는 대목입니다.

한편, 우리는 각자 주어진 위치에서 자신의 역할에 최선을 다함으로써, 그분의 영광을 증거하고 선교의 기회로 삼을 수도 있습니다.

미국 풋볼 역사상 최고의 수비 선수라 일컬어지고 있는 '레지 화이트Reginald Howard White'에 관한 이야기입니다. 풋볼 챔피언십에 세 번이나 올랐던 그의 화려한 경력 이면에는, 또한 테네시Tennessee 주 한 교회의 목사라는 직분도 자리하고 있었습니다. 화이트가 시합 때마다 늘 예수님 이야기를 하자 한번은 참다못한 기자가 이렇게 응수했습니다.

"당신은 운동선수 아닙니까? 그러니 제발 예수 이야기 좀 그만하시오."

레지 화이트는 아랑곳하지 않고 말했습니다.

"여보시오, 기자 양반. 나는 단순히 풋볼 선수가 아니란 말이오. 나는 한 여자의 남편이요, 아이들의 아버지요, 목사요, 하느님의 자녀란 말이오."

기자는 더 이상 아무 말도 하지 못했습니다.

언젠가 다른 기자가, 어떻게 해서 그렇게 훌륭한 선수가 되었냐고 묻자 화이트는 이렇게 대답했다고 합니다.

"최고의 분을 모시고 사는 그리스도인이라면, 당연히 최고가 되어야 하지 않겠습니까?"

레지 화이트는 자신의 하느님을 최고이신 분으로 알았기 때문에 자신도 최고의 선수가 될 수 있었던 것입니다.[57]

가히 뻔뻔하다 싶을 만큼 틈만 나면 예수님을 증거했던 레지 화이트는 그 자체로 훌륭한 선교 모델인 것입니다.

최고의 분을 모신 우리 역시 각자의 자리에서 최고가 될 수 있습니다. 그 자체로 신앙의 증거자가 될 수 있는 것입니다.

■ 천국 시민의 에티켓

"내가 너희에게 명령한 모든 것을 가르쳐 지키게 하여라"(마태 28,20ㄱ).

예수님께서 제자들에게 마지막 작별에서 당부하신 이 말씀은 꼭 구약성경에서 하느님이 모세에게 내리신 분부 말씀과 닮았습니다. 말씀의 운율도 표현도 일치합니다. 차이가 있다면 내용에서일 것입니다. 구약에서는 성부 하느님 말씀이 신약에서는 예수님 말씀이 강조되고 있다는 얘기죠. 하지만 이 두 분이 성령과 더불어 삼위일체 한 하느님이시니 사실상 내용도 다르지 않다고 보는 것이 맞습니다.

그렇다면 어떻게 가르치는 것이 잘 가르치는 것인가? 그 출중한 모델은 모세입니다. 『가톨릭신문』에 연재했던 저의 글 "성경 안에서 만나는 기도의 달인"에 실린 내용을 따라 모세의 교육 지혜를 배워 보겠습니다.

약 40년에 걸쳐 영도자의 사명을 다한 모세의 마지막 역할은 교육자였다. 원조 라삐라 할까. 그의 교육 대상은 주로 이집트 탈출에 가담한 이스라엘 백성 1세대의 자녀들, 그러니까 탈출자 2세대였다. 그 교육 교안敎案이 바로 '신명기'다.

신명기는 세 번에 걸친 연설문의 형식으로 기록되어 있는데, 주로 역사의 회고 및 교훈 성찰, 십계명 및 계약의 정신 복습, 그리고 미래를 위한 당부 등을 핵심 내용으로 삼고 있다. 그 내용들을 바탕에 깔고서 모세는 신명기에서 다음의 3가지를 강조한다.

첫째, '미래 세대', 곧 오늘의 우리들도 하느님과 특별한 계약을 맺은 주인공들이라는 것이다. […] 이런 개념에서 모세는 오늘 우리의 행복을 위한 탁월한 인생 공식을 다음과 같이 제시한다.

"보아라, 내가 오늘 너희 앞에 생명과 행복, 죽음과 불행을 내놓는다. 내가 오늘 너희에게 명령하는 주 너희 하느님의 계명을 듣고, 주 너희 하느님을 사랑하며 그분의 길을 따라 걷고, 그분의 계명과 규정과 법규들을 지키면, 너희가 살고 번성할 것이다. 또 주 너희 하느님께서는 너희가 차지하러 들어가는 땅에서 너희에게 복을 내리실 것이다"(신명 30,15-16).

둘째, 부모 세대들이 불평불만과 잘못으로 인해 겪었던 호된 시련의 교훈을 "잊지 말라"는 것이다. 단 몇 개월이면 족했을 사막 행군 여정이 꼬박 40년 걸렸어야 했던 까닭은 무엇인가? 이것을 모세는 주제화했다. 모세가 탈출 2세대에게 전한 교육 요지는 이랬다.

"너희 조상들은 결국 가나안 땅 코앞까지 갔다가 다시 38년 이상을 사막에서 뺑뺑이 돌아야 했다. 가나안 땅에 살고 있는 거인족에 겁먹고 하느님을 온전히 믿지 못하여 자초한 불행이었다. 너희들은 적을 보지 말고 하느님만을 보아야 한다. 눈 딱 감고 그분의 권능만을 믿어야 한다."

셋째, 하느님께서 지난날 어떻게 돌보아 주셨는지 그 은혜를 항상 "기억하라"는 것이다. 믿음은 과거에 받은 은총을 기억함으로써 성장한다. 그러니 야훼 하느님께서 어떻게 이집트 땅에서 선조들의 울부짖음을 들어 주셨는지, 그 탈출 행로에서 어떻게 돌보아 주시고 먹여 주셨는지, 구름 기둥, 불기둥, 만나, 메추라기 등등을 하나도 잊지 말고 기억하라는 얘기다(신명 1,31-33 참조).

모세의 3가지 강조점은 모든 시대에 유효하다. 모세는 탁월한 라삐로서 오늘 우리들에게 빛나는 인생 공식을 전한다.

까마득한 내 후배, 미래 세대여,
따끈따끈한 실감實感으로 그대들에게 고하노니,
이제 더 이상 하느님의 존재를 추상적으로 논하지 말라.
그분은 존재하실 뿐 아니라,
우리 목전에 무소부재無所不在로 암중 활약하신다.
이제 더 이상 그분의 뜻이며 의향이며를 궁금히 여기지 말라.
그분께서 '구체 중 구체'인 돌판에 십계명을 새겨 주셨으니,
점치는 이들에게 그대들의 운명을 맡기지 말라.
말씀에 충성을 다하면 생명이고 행복이요,
그렇지 않으면 죽음이고 불행일 뿐이라.

아득한 나의 영적 혈육, 후손들이여,
단장斷腸의 연민으로 그대들에게 권하노니,
부디 기억하고 또 기억하라.
왜 나는 믿음의 선조들처럼 못 보고, 못 받고, 못 누리나?
왜 내게는 문제가 끊이지 않는가?
왜 나는 미래가 불안하기만 한가?
왜 우리에게는 구름 기둥과 불기둥, 만나와 메추라기가
전설 속 뜬구름 잡는 이야기여야 하나?
잊어버렸기 때문이다.
지난 날 받은 은혜를 몽땅 잊어버렸기 때문에,
마치 아무 일 없었던 듯이 하느님과 우리사이에
백지장만 덩그러니 남아 있는 것이다.
잊지 말라!
기억하라!
영적 치매에 걸리지 않도록 항상 기억을 되뇌어라.
그리하여 믿음을 회복하고 매사에 감사 올리라.
그리하면 모든 '왜'들이 혼비백산 날아가리라.[58]

심도 깊은 묵상을 위하여 줄이지 않고 그대로 읽었습니다. 차세대를 위한 모세의 가르침 내용에는 계명뿐 아니라 자신들이 체험한 역사의 교훈들도 포함되어 있었습니다. 그리하여 가르침이 생활 교육이 되었습니다. 오늘 우리들의 가르침과 배움에도 계명과 체험을 통한 깨달음은 분리될 수 없는 한 짝일 터입니다.

"내가 너희에게 명령한 모든 것을 가르쳐 지키게 하여라"(마태 28,20ㄱ).

■ 깜짝 방문

> "내가 세상 끝 날까지 언제나 너희와 함께 있겠다"(마태 28,20ㄴ).

주님께서 우리와 함께 계셔 주시는 방법은 참으로 상상 밖입니다. 때론 직접, 때론 말씀을 통하여 때론 사람을 통하여, 때론 느낌 있게 때론 느낌 없이, 때론 흥분으로 때론 고요로…. 주님께서는 우리에게 항상 서프라이즈, 즐거운 놀라우심입니다.

주님께서 가장 보편적으로 사용하시는 방편 가운데 하나가 주님의 일꾼들을 당신의 천사로 둔갑시키시는 것입니다.

저 역시 사람 천사를 통하여 숱하게 주님을 만났습니다. 한참 지난 다음에야 그때 그 일을 더듬으며 입술로 고백하곤 합니다.

"아, 그때 그 사람이 바로 주님께서 일부러 보내 주신 천사였구나! 그렇게도 주님께서는 나와 함께 해 주시는구나."

이런 깨달음은 증거할수록 더욱 빛납니다. 여군에 자원하여 장교로 복무한 김 실비아 자매는 자신이 체험한 주님의 함께하심을 이렇게 전합니다.

제가 군 생활 2-3년차인 여군 중위였고, 사실 군부대도 성당 그 어디에도 적응하기가 힘들었을 때였습니다. 군인이니까 군 성당을 나가야 된다고 생각해서 부대 내 성당에 나갔지만, 군인 가족인 자매님들과 계급 높은 현역 간부를 성당에서 만나면 어떻게 해야 할지도 잘 몰라 우왕좌왕했습니다. 그때 모 신부님께서 군인 가족분들과 잘 어울릴 수 있게 챙겨 주셨습니다. 덕분에 전에는 미사만 보고 도망치듯 나왔었는데, 끝나면 생도들 간식도 나눠 주고 차도 같이 준비하면서 자매님들과 친해졌습니다. 그렇게 어려웠던 초급 장교 시절을 무탈하게 보낼 수 있었던 건 하느님과 그 신부님 덕분이 아닌가 생각합니다.

사관학교 근무를 마치고 거의 6개월-1년 단위로 부대를 옮기고 있을 때도 느닷없이, 뜬금없이 신부님이 가끔 전화를 주셨습니다. 저는 연락도 잘 안하는데 꼭 1년에 한두 번씩은 전화를 주셨습니다. […]

그 당시가 초급 간부로서 힘들었던 시기였을 테지만, 그때 느낌상 꼭 힘든 시기에만 전화가 온 것 같았습니다. 그런 전화를 받으면 신부님이 힘들면 얘기할 수 있는 군생활의 든든한 백처럼 느껴졌습니다. 사실 신부님은 아시고 그랬을 수도 있을 텐데, 그런 전화 한 통이, 그리고 초급 장교들이 이래저래 어려움을 겪을 때 떠올릴 수 있는 사람이 신부님이라는 게 저는 얼마나 다행이었는지 모릅니다.

2007년도에 해외로 파병을 가게 되었습니다. 자리를 옮긴 지 2주도 채 안 되서 자살 사고가 있었습니다. 그 황량한 사막 한가운데 저는 너무 무서운 생각이 들어서 한동안 묵주를 꽉 쥐고 잠을 청했고, 그 사고가 수습되는 동안에도 무척이나 심적으로 힘들었습니다. 그때 신부님은 이 상황을 아셨는지 연락을 해 주셨습니다. 그게 전화 통화였는지 문자 메시지였는지조차 기억이 가물가물한데, 여느 때처럼 "괜찮냐? 지낼 만하고?"라는 말에 저는 그 자리에서 한참을 울었습니다. 그 몇 마디에 위로를 받았다는 느낌이었고, 그 몇 마디 말이 신부님을 통해 그 먼 타지에서 들려오는 저를 달래는 목소리라는 생각이 들었습니다.

고국으로 돌아와 육군사관학교를 지원했습니다. 육사 화랑대 본당에 그 신부님이 계시기도 했고, 수의병과에서 그 당시 유일하게 지휘관 견장을 달고 있는 군마대장이라는 보직도 나름 매력이었습니다.

신부님은 육군사관학교에서 소령으로 전역하셨지만, 동향 출신이라 전화가 가끔 옵니다.

"잘 사나? 니 지금은 어디 있노? 대구는 안 내려오나?"

그 평범한 한마디 한마디가 저는 늘 고맙습니다.[59]

이렇게 주님께서는 무뚝뚝한 경상도 사투리로 당신의 딸 김 실비아와 늘 함께해 주고 계십니다.

"내가 세상 끝 날까지 언제나 너희와 함께 있겠다"(마태 28,20ㄴ).

함께 기도하시겠습니다.

주님, 주님의 명은 억지로 지켜야 할 의무가 아니라 저희 삶을 행복에로 이끄는 지혜임을 저희가 깨닫게 하소서.

주님, 주님의 명은 구원받기 위한 방편이 아니라 이미 구원받은 천국 시민의 에티켓임을 저희가 깨닫게 하소서.

주님, 그리하여 주님의 명은 저희에게 기쁨이요 감사요 찬미임을 저희가 체험하게 하소서.

우리 주 예수 그리스도를 통하여 비나이다. 아멘!

연중 제29주일: 마르 10,35-45

수단 목적과 가치 목적

"사람의 아들은 섬김을 받으러 온 것이 아니라 섬기러 왔고,
또 많은 이들의 몸값으로 자기 목숨을 바치러 왔다"(마르 10,45).

1. 말씀의 숲

제베대오의 아들인 야고보와 요한은 죽음의 길로 올라가시면서 세 번째 수난 예고를 하신 예수님께 이 길과는 반대되는 청을 드렸습니다(마르 10,35 참조). 그들은 예수님께서 당신의 신비가 계시될 예루살렘으로 가까이 오자 그분이 영광을 띠실 때 그분의 오른쪽 자리와 왼쪽 자리에 앉게 해 달라고 간청했습니다(마르 10,36-37 참조).

예수님께 대한 제자들의 이해 결여는 예루살렘에 가까이 올수록 커져 갔습니다. 오른쪽 자리는 왼쪽 자리보다 더 영예스럽고 더 큰 권위를 상징합니다. 야고보와 요한은 예수님께서 예루살렘에서 십자가에 죽으시고 부활하신 후 인자로서 심판하러 오실 때(마르 8,38; 13,26 참조) 메시아적 잔치상에서 가장 중요한 권좌를 요구했던 것입니다. 그들은 그분의 죽음을 무시하고 부활의 영광만을 탐내는 잘못을 저질렀습니다.

예수님께서는 두 제자들에게 세 가지 대답을 주셨습니다. 첫째, 당신의 나라에서 앉는 자리를 얻기 위해 당신의 고난에 참여해야 합니다(마르 10,38-39 참조). 둘째, 그러한 자리를 결정하는 것은 당신의 특권이 아니라 하느님의 주권에 속합니다(마르 10,40 참조). 셋째, 당신 제자들의 모임에서 높은 자리는 봉사하기 위한 것입니다(마르 10,41-45 참조).

첫째 대답에서 예수님께서는 두 제자에게 당신이 마시고 계신 잔을 마시고 당신이 받고 있는 세례를 받을 수 있을지를 물으셨습니다. 이 잔은 예수님께서 하느님 나라의 복음 때문에 지금 마시고 계신 고통의 잔, 죄인으로 처형되실 죽음의 잔입니다. 예수님께서는 야고보와 요한에게 당신이 받으시는 고난의 잔과 죽음의 세례, 즉 하느님 나라의 복음을 선포하는 과정에서 환난과 박해를 겪을 각오가 되어 있는지를 질문하신 것입니다(마르 10,38 참조). 야고보와 요한은 고난의 잔과 죽음의 세례를 받을 수 있다고 대답했습니다. 그러나 그들은 겟세마니에서 예수님을 저버리고 도망가고 말았습니다. 예수님께서 그들이 당신과 같이 같은 잔과 세례를 받을 것이라고 말씀하셨는데(마르 10,39 참조), 이는 그들이 그분의 부활 후 순교했음을 가리킵니다. 야고보는 헤로데 아그리파(재임 시기: 서기 37-44년)의 손에 처형되었습니다(사도 12,2 참조). 요한도 순교했는지에 대한 역사적 증거를 제시할 수 없지만, 마르코 복음의 기록대로 그가 주님을 위해 생명을 바쳤다고 여기는 것이 타당하겠습니다.

둘째 대답에서 영예스러운 자리는 예수님께서 부여하시는 것이 아니라 준비된 사람들에게 주어지는 것입니다(마르 10,40 참조). 그것은 하느님이 원하시는 사람들에게 베푸시는 선물임을 암시합니다. 예수님의 권능은 하느님의 권능에 예속되는 것으로 보입니다.

셋째 대답의 뜻을 살펴보면, 예수님께서는 열 제자들이 야고보와 요한의 간청에 대해 분개하기 시작하는 것(마르 10,41 참조)을 보시고 그들 모두를 교육하십니다. 예수님께서는 영예스러운 자리에 대한 주제를 열두 제자단의 생활 규범으로 바꾸셨습니다. 이 생활 원칙은 이 세상의 통치자들이 권력을 남용하여 백성들을 억압하는 것과는 반대되어야 한다는 것입니다. 그것은 공동체 안에서 첫째가 되려는 사람이 자존심을 버리고 헌신적으로 모든 사람을 섬기는 종이 되어야 한다는 것입니다(마르 10,43-44 참조). 섬기는 것은 초대 교회에서 신도들을 보살피고(1코린 16,15; 로마 16,1 참조), 불우한 이웃을 돕고(로마 15,25 참조), 복음을 선포하는 일을 가리킵니다(콜로 1,25 참조). 그것은 오늘 우리들의 교회 공동체에서도 실행되어야 하는 은사입니다.

2. 말씀 공감

■ 주님 지혜로 응답하소서

> "내가 너희에게 무엇을 해 주기를 바라느냐?"(마르 10,36)

오늘 복음에서는 드러나지 않았지만, 야고보와 요한이 높은 자리를 청하기 바로 직전에 예수님께서는 당신의 세 번째 수난 예고를 하셨습니다.

그럼에도 그들은 스승이 겪으실 수난보다 영광에만 관심 있어 하며 어떻게든 옆자리를 차지하려 합니다. 이런 그들의 마음을 아시면서도, 예수님께서는 그들의 철없기 짝이 없는 한마디를 외면하지 않으시고 되물어 주십니다.

"내가 너희에게 무엇을 해 주기를 바라느냐?"(마르 10,36)

하지만 금세 제자들이 바라는 것과 주님께서 바라는 것 사이의 괴리가 드러납니다. 영광을 바라는 제자들이 주님께서 궁극적으로 바라신 수난의 깊은 뜻을 깨닫기까지는 아직 충분한 시간이 더 흘러야 했습니다.

어떤 남자가 있었습니다. 그는 어릴 때부터 병약하여 부모와 주변 사람들의 걱정이 이만저만이 아니었습니다. 툭하면 병에 걸려 골골거렸고, 두통을 달고 살았지요. 밥도 잘 못 먹어 몸은 바싹 말라 있었습니다. 그도 자신의 병약함에 불만이었지요. 하지만 무엇인가 바꾸려고 시도하지는 않았습니다. 그저 그렇게 태어난 자신과 부모를 원망하며 하루하루를 살아갈 뿐이었습니다.

그러던 어느 날, 이 남자의 불만은 극에 달했고, 마침내 하느님을 향해 불만을 터뜨리기 시작합니다.

"도대체 나는 왜 이렇게 태어나서 매일 아프기만 해야 합니까?"

그런데 하느님께서 그에게 답변을 주셨습니다.

"매일 집 앞 마당에 구덩이를 파고, 그것을 곧장 메우거라!"

그는 도대체 이해할 수가 없었습니다. 아프다는 사람한테 구덩이를 파고, 또 그것을 메우라니 헛수고도 이런 헛수고가 있을까요. 하지만 하느님께서 시키셨으니 일단은 해 보기로 합니다. 그렇게 첫날, 구덩이를 파고 메운 다음 그는 전신의 근육통으로 고생했습니다. 그다음날, 또 다음날, 그는 구덩이를 계속해서 파고 메웠습니다. 그렇게 몇 달을 구덩이와 씨름하다가, '도대체 이게 무슨 의미가 있나?' 하고 의문을 가진 그는 하느님께 다시 항의했습니다.

"하느님, 맨날 힘들어 죽겠습니다! 이걸 대체 왜 시키신 겁니까?"

그러자 하느님께서 또 응답을 주셨습니다.

"고생했다. 이제 너의 몸을 한번 돌아보렴."

그는 자기의 몸을 보고는 깜짝 놀랐습니다. 그러고 보니 어느새 밥맛도 좋아졌고, 밤에 잠도 잘 자며, 머리를 짓누르던 두통도 사라져 있었고, 매일 땅을 파고 메우는 동안 근육이 붙고 건강해졌던 것입니다. 그는 하느님께 감사드리며 말했습니다.

"하느님, 감사합니다. 제가 불만을 가진 것 용서해 주세요. 저는 구덩이만 생각했는데, 하느님께서는 그동안 저를 멋지게 바꾸어 주셨군요!"

하느님께서는 빙긋이 웃으셨습니다.

주님의 안목은 우리의 안목보다 훨씬 높고 멀리 닿아 있습니다.

그러기에 우리의 문제 해결을 위한 주님의 처방전은 매양 우리의 이해를 뛰어넘는 탁월함으로 내려집니다.

우리가 필요하다 생각했던 그 '허상'을 주님께서는 알아서 '진짜'로 바꿔 주십니다. 진짜로 내게 필요한 것이 무엇인지 다 아시고서 오늘도 주님은 우리에게 물어봐 주십니다.

"내가 너희에게 무엇을 해 주기를 바라느냐?"(마르 10,36)

■ 무엇을 추구하며 살 것인가

> "스승님께서 영광을 받으실 때에 저희를 하나는 스승님 오른쪽에, 하나는 왼쪽에 앉게 해 주십시오"(마르 10,37).

야고보와 요한은 높은 자리를 추구하였습니다. 사실인 즉슨 다른 열 제자도 마찬가지였을 것입니다. 나중에 이 사실을 두고 자기들끼리 화를 냈다는 내용을 보건대 그럴 개연성이 높습니다.

사정은 오늘의 우리도 다르지 않습니다. 오늘날 대부분의 사람들도 성공의 기준을 '돈을 얼마나 벌었느냐', '박사 학위를 얻었느냐', '사업이 얼마나 번창했느냐' 하는 데 두고 있습니다.

사실 이런 것들이 중요하지 않은 것은 아닙니다. 문제는 이런 것들은 수단 목적에 지나지 않는다는 점에 있습니다.

우리가 추구하는 목적에는 두 가지가 있습니다. 하나는 수단 목적이고 다른 하나는 가치 목적입니다. 돈, 지위, 학위, 자격증 등등을 우리는 '수단 목적'이라고 말합니다. 그것들을 통해서 어떤 가치를 성취할 수 있기 때문입니다. 사랑, 평화, 행복, 선, 이런 것들을 우리는 '가치 목적'이라고 말합니다.

비극은 사람들이 '수단 목적'만을 추구하며 사는 데 있습니다. '수단 목적'은 그것을 통해 '가치 목적'이 성취될 때 비로소 의미를 지니는데 말입니다.

오늘 야고보와 요한이 '높은 자리'를 구했던 것은 '수단 목적'에만 집착했던 데에 부족함이 있습니다. 그러기에 예수님께서는 그들에게 '가치 목적'을 일러 주십니다. 이 점에 대해서는 다음 묵상에서 알아볼 것입니다.

요한 사도는 말합니다.
"세상은 지나가고 세상의 욕망도 지나갑니다. 그러나 하느님의 뜻을 실천하는 사람은 영원히 남습니다"(1요한 2,17).

진정한 성공과 행복은 하느님의 뜻을 실천하려는 가치 목적을 추구하는 사람의 몫인 것입니다.

■ 내 잔을 마시고 내 세례를 받으라

> "너희는 너희가 무엇을 청하는지 알지도 못한다.
> 내가 마시는 잔을 너희가 마실 수 있으며,
> 내가 받는 세례를 너희가 받을 수 있느냐?"(마르 10,38)

'높은 자리'라는 수단 목적을 추구했던 야고보와 요한에게 예수님께서는 예수님께서 마실 잔과 예수님께서 받을 세례에 동참할 것을 초대하십니다. 남을 위해 희생하는 고난의 '잔'과 인류를 위해 대속을 바치는 피의 '세례'를 함께 받을 용의가 있느냐고 그들을 부르십니다. 사랑, 용서, 희생, 섬김의 '가치 목표'를 추구하라는 준엄한 촉구인 것입니다. 바로 이것이 궁극적인 생명과 기쁨을 가져다준다는 지혜의 명령인 것입니다.

한평생 '가치 목적'을 추구하며 행복하게 살았던 성인이 있습니다. 성 막시밀리아노 마리아 콜베St. Maksymilian Maria Kolbe 신부가 바로 그입니다. 폴란드 태생인 그는 프란치스코 수도회 사제였습니다. 해마다 8월 14일에 축일을 지내는 콜베 신부는 제2차 세계 대전 중 나치에 의해 아우슈비츠 강제 수용소에 감금됩니다. 47세의 나이로 죽음을 맞을 때까지 청빈과 겸손과 인내로 일관된 참으로 눈물겹도록 거룩한 삶을 살았습니다. 그는 하느님과 성모 마리아를 깊이 사랑했으며 어려서부터 순교에 대한 열망을 품었다고 합니다.

1941년 7월 어느 날, 콜베 신부가 갇혀 있던 감방에서 한 사람이 탈출을 했습니다. 그 때문에 한 방에 있던 수인 열 명이 아사형 감방에 보내져 잔혹한 죽음의 형벌을 받지 않으면 안 되었습니다. 콜베 신부는 그

명단에서 제외되어 있었습니다.

그런데 그중의 한 사람이 자기는 부인과 아이들이 있으니 제발 살려 달라고 울부짖기 시작했습니다. 어떻게 해서라도 살고 싶어 발버둥치는 사람들 가운데에서 콜베 신부가 그 사나이를 위해 대신 죽겠다고 앞으로 나섰습니다.

평소에도 자기 몫의 빵을 남에게 양보하곤 했던 바로 그 사람이었습니다. 마침내 명단 가운데 번호 하나가 지워지고 콜베 신부의 번호인 16670번이 대신 적혔습니다.

'지옥의 축소판'이라고까지 불리는 아사 감방에서 보름간 굶주린 후 끝내는 독약 주사를 맞고 숨질 때까지 콜베 신부는 한결같은 사랑으로 수인들을 돌보고 위로하며 기도하는 성자의 모습을 잃지 않았다고 전해집니다.

함께 기도하시겠습니다.

주님, 그저 하루빨리 벗어나고 싶기만 한 나의 고통, 나의 좌절, 나의 외로움, 나의 아픔…. 어느 누구에게도 털어놓을 수 없고 위로받을 수 없는 내 마음 깊은 곳 이야기를 당신께서는 다 알고 계십니다.

주님, 주님께서는 다 알고 계시면서 일부러 저희에게 "내가 너희에게 무엇을 해 주기를 바라느냐?"(마르 10,36) 하고 물어 주십니다.

하오나 주님, 여전히 저희는 영광을 청하는 것에 익숙하오니, 주님께서는 저희를 어여삐 보아 주시어 주님 지혜로 응답하소서.

우리 주 예수 그리스도를 통하여 비나이다. 아멘!

연중 제30주일: 마르 10,46ㄴ-52

다시 보게 되었다

"그가 곧 다시 보게 되었다. 그리고 그는 예수님을 따라 길을 나섰다"(마르 10,52).

1. 말씀의 숲

마르코 복음사가가 예리코의 소경 바르티매오를 치유하신 기적(마르 10,46-52 참조)을 예수님의 예루살렘 입성 바로 앞에 제시한 것은 독자들이 그분의 고난의 길에 대해 눈을 떠야 예루살렘에서 전개될 예수님의 고난과 죽음의 뜻을 이해할 수 있다는 것을 암시합니다.

예수님께서 제자들과 많은 군중들과 함께 예리코를 떠나가실 때 바르티매오라는 거지 소경이 길가에 앉아 있었습니다(마르 10,46ㄴ 참조). 군중들은 아마 예리코 시민들과 예루살렘으로 순례를 가는 사람들이었을 것입니다. 그는 나자렛의 예수님께서 지나가신다는 소문을 듣고 그분을 '다윗의 자손'이라고 부르면서 '자비를 베풀어 주십시오.'라고 외쳤습니다(마르 10,47 참조). 그는 분명히 예수님의 활동에 대해 들어 알고 있었습니다. 이 칭호는 온 이스라엘 백성을 구원하실 분으로 고대된 다윗 가문 출신의 왕적 메시아를 일컫는 말입니다.

많은 사람들은 자비를 호소하는 거지 소경에게 잠잠하라고 나무랐습니다. 그러나 그는 그들의 만류를 뿌리치고 더 큰 소리로 자비를 애걸함으로써(마르 10,48 참조) 예수 메시아께 대한 신뢰와 믿음을 저버리지 않앉습니다. 예수님께서는 그가 집요하게 도움을 호소하자 가시던 길을 멈추고 그를 부르라고 사람들에게 지시하셨습니다(마르 10,49 참조). 그러자 그들은 그를 불러 "용기를 내어 일어나게. 예수님께서 당신을 부르시네."(마르 10,49)라며 예수님의 자비를 받을 준비를 하라는 기쁜 소식을 전했습니다. 그는 겉옷을 벗어 던지고 벌떡 일어나서 예수님께 옴으로써 치유를 받으려는 간절한 마음과 기쁨을 드러냈습니다(마르 10,50 참조).

거지 소경 바르티매오는 예수님께서 무엇을 원하는지를 물어보신 것을 계기로 그분을 '라뿌니'(내 주인님)로 불러 그분의 치유에 대한 믿음을 고백했습니다(마르 10,51 참조). 이 칭호는 서기 1세기 말 팔레스티나의 율법 선생들에게 적용된 '라삐'(내 주님)(요한 1,38 참조)보다 더 큰 존경을 드러냅니다.

예수님께서는 그의 믿음이 그를 구했다고 말씀하심으로써 그를 치유하셨습니다(마르 10,52 참조). 이렇게 예수님께서는 하느님이 약속하신 메시아(이사 61,1 참조)로 임하셨습니다. 예수님의 치유의 결론은 바르티매오가 시력만 회복한 것이 아니라 예수님을 따르는 사람이 되었다는 것입니다. 그는 예수 메시아의 제자가 되고 그분을 통행해 예루살렘으로 가서 그분의 고난에 참여하게 되었습니다.

거지 소경이 육안과 믿음의 눈을 떠서 예루살렘으로 가시는 예수님을 따라갔듯이, 예수님께서는 오늘의 그리스도인들에게도 믿음의 눈을 뜨게 하여 당신의 십자가 길을 따라가게 하십니다.

전체 맥락에서 바르티매오의 이야기는 앞서 나온 맹인의 치유 이야기(마르 8,22-26 참조)와 비슷한 성격을 갖습니다. 즉 장면이 크게 전환되는 위치에 놓인 이 이야기들은 줄곧 예수님을 따르면서도 여전히 그분을 제대로 보지 못하고 있는 가까운 제자들의 모습과, 바깥 사람이었다가 새롭게 예수님을 보며 그분을 따르는 새 제자의 이야기를 선명하게 대조시켜 줍니다. 그럼으로써 예수님의 가르침대로 볼 수 없는 제자들의 눈멀음과 혼란과 몰이해를 고치기 위해서는 예수님의 도움과 믿음이 절실하다는 것을 일러 줍니다. 또한 눈멀고 길가에 버림받은 채 있는 누구든지 예수님께 '와서' 눈을 떠서 '보고' 그다음에 그분을 '따르도록' 초대하는 것입니다. 결국 이 바르티매오 이야기는 예루살렘 입성을 앞둔 이 중차대한 시점에, 바로 그 길목인 예리코에서 여전히 자아에 갇혀 눈이 어두운 제자들을 깨우치는 말씀인 것입니다.

아울러 이 대목의 바로 앞에서 부자는 예수님으로부터 직접 부르심을 받고서도 거부한 반면, 바르티매오는 '가거라'라는 주님의 말씀에도 불구하고 즉시 그분을 따랐습니다. 둘은 건강한 정상인과 눈먼 장애인, 부자와 걸인, 계명을 잘 지키는 경건한 이와 부정한 이, 사회의 '첫째'와 '말째'의 대조적인 모습으로 나타났습니다. 그러나 부자가 자신의 과거와 현재에 매여 벗어나지 못한 채 '되돌아간' 데 반해, 바르티매오는 과거를 단절하고(겉옷을 벗어 버림으로써) 밝은 미래를 향해 예루살렘으로 가는 길, 수난과 죽음의 길에 '오릅니다.' 둘 다 길에서 예수님을 붙잡았건만, 예수님의 진정한 모습을 보는지, 그 '길'의 정체를 바로 아는지 여부가 '따름'을 결정짓습니다. 부자는 '보지 못했고', 걸인은 '봅니다.' 실로 첫째가 꼴찌가 되고 꼴찌가 첫째 되는 순간입니다.

어찌 보면 그리스도인들은 끊임없이 "눈을 뜨게 해 주십시오."라는 기도를 드리고 있습니다. 그분을 올바르게 보고 따르게 해 달라는 청원입니다. 우리 안에 있는 눈멀고 귀먹고 벙어리 되게 하는 악령과 싸우면서 권력에 대한 갈망을 포기하고 자신이 눈먼 상태에 있음을 깨달아 그분께 와서 참된 시력을 구하는 이는 누구든지 그분께서 놀라운 권능으로 치유시켜 주십니다. 그래서 우리가 그분의 어려운 가르침을 듣고서도, 그분의 힘든 인생길을 알면서도, 그분의 제자로서 충실히 다시 뒤따라가게 도와주십니다. 그 길이 '생명의 길'임을 보았기 때문입니다.

2. 말씀 공감

■ 이러거나 저러거나 제 기도는

> "많은 이가 그에게 잠자코 있으라고 꾸짖었지만,
> 그는 더욱 큰 소리로 '다윗의 자손이시여,
> 저에게 자비를 베풀어 주십시오.' 하고 외쳤다"(마르 10,48).

꾸짖음과 만류에도 불구하고 더욱 큰 소리로 외친 바르티매오의 태도는 교양과 상식과 예의와는 거리가 멀었습니다. 적어도 이 순간만은 그랬습니다. 그만큼 그는 절박했던 것입니다.

그런데 이 절박함을 예수님께서 읽으시고 인정해 주셨습니다. 때로는 절박함이 교양, 상식, 예의보다 먼저인 것입니다. 그리하여 그는 "가거라. 네 믿음이 너를 구원하였다."(마르 10,52)라는 칭찬까지 받으며 눈을 뜨게 되었습니다.

구약성경에서도 바르티매오 이상으로 극한 처지에 몰려 절박한 기도를 바쳤던 이가 있습니다. 바로 히즈키야 왕입니다. 『가톨릭신문』에 연재한 "성경 속 인물들의 기도"에 실린 저의 글을 발췌하며 그에 얽힌 신앙의 지혜를 배워 보겠습니다.

히즈키야는 다윗 왕 이후, 솔로몬에 이어 가장 훌륭한 왕으로 꼽힌다. 그에 대한 열왕기의 기록은 찬란하다.

"그는 주 이스라엘의 하느님을 신뢰하였다. 그의 뒤를 이은 유다의 모든 임금 가운데 그만 한 임금이 없었고, 그보다 앞서 있던 임금들 가운데에서도 그만 한 임금이 없었다"(2열왕 18,5).

그가 이토록 전무후무한 왕으로 평가받게 된 이유는 명료하다.

"그는 자기 조상 다윗이 하던 그대로, 주님의 눈에 드는 옳은 일을 하였다"(2열왕 18,3). […]

하느님께서는 히즈키야와 예루살렘 백성들을 아시리아 왕 산헤립과 모든 적의 손에서 구원하셨다. 당시 아시리아 제국의 국제적 위용을 고려할 때, 히즈키야 왕의 승전담은 가히 전설적인 것이었다. 이 소문은 널리 퍼져 나가 히즈키야는 모든 민족들 앞에서 들어 높여졌다(2역대 32,23 참조).

하지만! 히즈키야는 결정적인 잘못을 범했다. 그는 그 전공戰功을 야훼 하느님께 돌리지 않고 자신의 업적으로 여기는 교만에 빠져, 받은 은혜에 보답하지도 않고 감사도 드리지 않았던 것이다. 그 결과를 역대기는 이렇게 기록한다. "그래서 주님의 진노가 그와 유다와 예루살렘에 내렸다. 히즈키야는 마음이 교만하였던 것을 뉘우치고 예루살렘 주민들과 함께 자신을 낮추었다. 그래서 히즈키야가 살아 있는 동안에는 주님의 진노가 그들에게 닥치지 않았다"(2역대 32,25-26).

모름지기 바로 저런 연유에서였으리라. 히즈키야 왕은 돌연 죽을병에 걸려 몸져누웠다. 그런 그에게 이사야 예언자가 절망적인 소식을 전했다. 하느님 말씀은 냉혹했다.

"너의 집안일을 정리하여라. 너는 회복하지 못하고 죽을 것이다"(2열왕 20,1).

그러자 그가 얼굴을 벽 쪽으로 돌리고 주님께 기도하였다. 이른바 '면벽 기도'였다.

"아, 주님, 제가 당신 앞에서 성실하고 온전한 마음으로 걸어왔고, 당신 보시기에 좋은 일을 해 온 것을 기억해 주십시오"(2열왕 20,3).

그러고 나서 히즈키야는 슬피 통곡하였다. 나는 그 대목을 전하는 성경 갈피에서 목소리 낭랑한 환청을 듣는다.

"너의 집안일을 정리하여라.
너는 회복하지 못하고 죽을 것이다"(2열왕 20,1).
무어라 말하리이까? 당신 몸소 제게 말씀하셨고
당신 친히 정하신 일인데!(이사 38,15 참조)
그저, 벽을 바라보며 슬피 통곡할 뿐.
낮이면 제비처럼 애타게 부르짖고
밤이면 비둘기처럼 구구구 울어댑니다(이사 38,14 참조).

제 순정을 어여삐 여겨 주소서, 오롯이 주님만 믿어온 생이었나니.
제 열정을 가상히 보아 주소서, 그 뒷심에 산당과 우상들을 훼파했나니.
제 수고를 후히 셈하여 주소서, 열매는 아니라도 선의 씨앗들을 뿌렸나니.
무엇보다도 제 지조를 참작하소서, 입때껏 주님 아닌 것에 마음 준 적 없나니.
비록 알량하고 초라하고 보잘 것 없사오나
이것이 제가 내어 보일 모든 것!
아아, 터럭 같은 저 선의善意 담보로 쳐주시어

부디 제게 날들days을 하사하소서.

정녕 "저를 낫게 해 주소서, 저를 살려 주소서"(이사 38,16).

기도는 하느님 심부를 건드렸다. 이사야 예언자를 통해 다시 내려 주신 응답의 말씀은 이랬다.

"나는 네 기도를 들었고 네 눈물을 보았다. 이제 내가 너를 치유해 주겠다. 사흘 안에 너는 주님의 집에 올라가게 될 것이다. 내가 너의 수명에다 열다섯 해를 더해 주겠다"(2열왕 20,5-6). [60]

참으로 진퇴양난 어찌할 바를 모를 때 바르티매오나 히즈키야처럼 오로지 주 하느님께만 매달리는 기도를 바쳐 응답을 들으시는 여러분이 되시기를 기도드립니다.

■ 사랑과 인정이 필요합니다

> "내가 너에게 무엇을 해 주기를 바라느냐?"(마르 10,51)

고전적인 천국 이야기 한 대목입니다.

존스라는 사람이 천국에 갔습니다. 베드로가 천국 투어를 시켜 주기 위해 천국 문에 있었습니다. 그래서 베드로의 안내를 따라 여기저기 탐방하는데, 이상하게 생긴 빌딩을 보게 되었습니다. 거대한 창고 같은데 창문은 없었고 문도 하나밖에 없었습니다. 그 안에 들어가 보자고 하니까 베드로가 '그 안에 있는 것은 안 보는 것이 좋다'고 했습니다. 그래서 발길을 돌리긴 했지만 못내 궁금했습니다. "아니, 천국에도 비밀이 있나? 도대체 무엇이 있을까?"

공식 투어가 끝나자 그 사람은 그 창고가 계속 궁금해서 베드로에게 그 빌딩을 보고 싶다고 청했습니다. 베드로는 할 수 없이 그의 요청대로 창고 문을 열어 주었습니다. 그러자 그 거대한 빌딩에 칸칸이 선반마다 거대한 흰 박스가 빨간색 리본에 묶인 채로 진열되어 있었습니다. 그리고 박스마다 알파벳 순서로 이름이 붙어 있었습니다. 존스는 자신의 이름이 적혀 있는 상자를 보자 "제 것을 보아도 되나요?" 하고 물었습니다. 그러자 베드로는 이렇게 말했습니다. "그렇게 해도 좋지만 내가 자네라면 그냥 돌아갈 거야."

그러나 존스는 베드로의 말을 듣지도 않고 곧바로 달려가 자기 박스를 끌러 보았습니다. 그 박스 안에는 그가 세상에서 사는 동안 하느님께서 그에게 주시기를 희망했던 모든 축복들이 들어 있었습니다. 존스는 입을 벌린 채 다물지 못했습니다. 그제야 그는 베드로가 만류한 이유를 깨달았습니다. 베드로는 창고를 찾는 사람마다 그 탄식 소리를 냈기 때문에 그곳을 보여 주지 않으려고 했던 것입니다.

지어낸 이야기 속에도 진실이 깃들어 있습니다. 이 이야기는 우리의 현실을 정확하게 그려 주고 있습니다. 오늘 우리의 문제는 구하지 않는 데 있습니다. 또 구해도 건성으로 잠깐 구하는 데 있습니다.

오늘 복음에서 예수님께서는 분명히 물으셨습니다.

"내가 너에게 무엇을 해 주기를 바라느냐?"

이는 오늘 우리를 향한 물음이기도 합니다. 우리는 망설이지 말고 소경처럼 대답해야 합니다.

"스승님, 제가 다시 볼 수 있게 해 주십시오"(마르 10,51).

하느님께서 우리에게 주시고자 하는 것은 참 많습니다. 그러나 세상에 매몰되어 사는 것이 너무 바빠서 하느님의 것을 간절히 추구하지 않는 사람들이 너무 많습니다. 하느님이 주시고자 하는 것은 우리가 생각하는 것보다 훨씬 큰 것입니다. 누가 그것을 얻습니까? 하느님을 간절히 추구하고, 하느님이 주시고자 하는 것을 간절히 추구하는 사람이 소중한 축복을 얻게 될 것입니다.

■ 은혜받은 자의 길

> "예수님께서 그에게 '가거라. 네 믿음이 너를 구원하였다.' 하고 이르시니, 그가 곧 다시 보게 되었다. 그리고 그는 예수님을 따라 길을 나섰다"(마르 10,52).

미국의 여자 배우 중에 오드리 헵번Audrey Hepburn이 있습니다. 세계적인 연기자입니다. 그녀가 유명하게 된 데에는 특별한 사연이 있습니다. 제2차 세계 대전 때였습니다. 그 소녀는 굶주리고 가난한 고아 소녀였습니다. 길거리에서 굶어 죽을 지경이 되었습니다. 길거리에 쓰러져 죽어 가고 있을 때 어떤 사람이 발견하여 겨우 살아났습니다. 그 후 불쌍한 그 소녀는 국제연합아동보호 기금인 유니세프UNICEF가 제공하는 빵을 먹으며 살았습니다. 그 덕에 유명한 배우가 되었습니다. 나중에 오드리 헵번은 유니세프를 자기 생명처럼 여겼습니다. 자기를 살린 기관이기 때문입니다. 일생 유니세프와 함께 살면서 수많은 굶주린 아이들을 도우며 살았습니다. 오드리 헵번은 늘 말했습니다.

"절망의 늪에서 나를 구해 준 분들을 위하여 이제 내가 봉사할 차례다."

그녀는 늘 굶주린 어린아이들을 섬기며 살았습니다. 그래서 배우로서 소문난 인격의 사람으로 존경받으며 살았습니다.

　은혜를 받았으면 보은의 삶을 사는 것이 인지상정입니다.
　평화주의자로 잘 알려진 간디Mahatma Gandhi의 일화가 있습니다. 간디는 인도의 분쟁 종식을 위해 오랫동안 힘써 왔습니다. 그런데 간디가 어릴 때부터 올바른 삶을 산 것은 아니었습니다. 그도 나약한 인간인지라 유혹에 빠져 잘못을 저지르기도 했습니다. 그가 훗날 인도의 비폭력주의 지도자로 거듭난 데는 어릴 적 아버지에게 받은 용서의 체험이 있었습니다.
　간디는 어린 시절 물건을 훔친 적이 있었습니다. 열두 살 때는 동전을 훔쳤고, 열다섯 살 때는 아버지의 금붙이를 훔쳐다 팔았습니다. 그런데 그 금붙이가 아버지에게는 특별한 의미가 있었던 것 같습니다. 아버지는 그것을 잃어버린 뒤에 망연자실하고 슬퍼했던 것입니다.
　아버지가 슬퍼하는 모습을 본 간디는 자책감에 빠졌습니다. 그래서 자기 죄를 솔직하게 고백하기로 마음먹고 아버지에게 드리는 편지를 쓰기 시작했습니다. 어떤 벌을 받더라도 좋으니 아버지가 더 이상 슬퍼하지 않기를 바라면서 말이지요.
　그런데 편지를 받아 든 아버지는 간디를 때리거나 벌하지 않았습니다. 그저 조용히 눈을 감고 눈물을 흘릴 뿐이었습니다. 그것은 소중했던 금붙이를 마음에서 떠나 보내는 눈물이었고, 아들의 자백에 고마워하는 부모의 눈물이었고, 용서의 눈물이었습니다. 아버지의 눈물을 본 간디도 그 의미를 알아듣고 함께 울었습니다. 그 후 간디는 평생 바르게 살기 위해 노력했다고 합니다.

　꼽아 보면 우리들도 예수님으로부터 너무나 많은 은혜를 받았습니다.

이제는 우리가 드려야 할 차례입니다. 내가 예수님께 드릴 가장 값진 선물은 무엇일까를 곰곰 생각해 봐야 할 차례입니다.

함께 기도하시겠습니다.

주님, 저희가 이미 받은 자임을 잊지 않게 하소서.

주님, 저희가 주님으로부터 받은 집채만한 용서를 결코 잊지 않게 하소서.

주님, 오늘 우리가 누리고 있는 모든 것이 주님의 은혜임을 저희가 깨닫게 하소서.

주님, 그 은혜에 대한 보답으로 주님 가신 길을 따르렵니다. 매양 모자라지만 저희의 노력을 가상히 보아 주소서.

우리 주 예수 그리스도를 통하여 비나이다. 아멘!

연중 제31주일: 마르 12,28ㄱㄷ-34

가장 중요한 것

"이보다 더 큰 계명은 없다"(마르 12,31).

1. 말씀의 숲

이야기는 매우 흥미롭게 짜여 있었습니다. 이야기 처음에 율법 학자 하나가 예수님께 다가와 질문을 했는데, 끝에 가서는 어느 누구도 감히 더는 질문하지 않았습니다. 또 복음서에서 보기 드물게 예수님께서는 "너는 하느님의 나라에서 멀리 있지 않다"(마르 12,34)며 율법 학자를 아낌 없이 칭찬하셨습니다. 율법 학자가 현명하게 대답했기 때문이었습니다. 율법 학자와 예수님께서는 서로를 존중하였고 서로의 생각이 옳다는 것을 인정해 주었습니다.

율법 학자가 물었습니다. "모든 계명 가운데에서 첫째가는 계명은 무엇입니까?"(마르 12,28)

율법 학자, 그는 율법 전문가였습니다. 그가 왜 이런 질문을 하는 것일까요? 적어도 예수님을 떠보려거나 함정에 빠뜨리려고 한 것은 아니었습니다. 예수님께서는 그의 질문에 즉시 응답하셨습니다. 예수님께서는 성경의 다른 두 책에 씌어 있는 계명을 인용하셨습니다.

첫 번째는 신명기에 기록된 말씀입니다. "이스라엘아, 들어라! 주 우리 하느님은 한 분이신 주님이시다. 너희는 마음을 다하고 목숨을 다하고 힘을 다하여 주 너희 하느님을 사랑해야 한다"(신명 6,4-5).

예수님 시대 유다인들은 매일 아침과 저녁에 위의 신앙 고백문을 기도로 바치면서 하느님의 사랑을 기억했습니다. 그들은 이 고백문을 적어 넣은 사각형의 가죽 상자(성구갑: 탈출 13,9.16; 신명 6,4-9; 11,13-21 참조)를 이마와 왼팔 위에 매어 달고 다녔습니다(마태 23,5 참조).

우리는 하느님의 사랑에 답하기 위해 마음과 영혼과 생각과 힘을 다하여, 즉 하느님이 주신 의지적, 이성적, 감성적 능력을 다해 전인적 차원으로 최선을 다해 하느님이신 주님을 사랑해야 합니다(마르 12,30 참조).

그리고 두 번째는 레위기에 나오는 말씀입니다. "네 이웃을 너 자신처럼 사랑해야 한다"(레위 19,18). 여기서 예수님의 독창적 가르침은 유다교와는 달리 원수나 이방인들까지 이웃에 포함시키신 데 있습니다(루카 10,30-37 참조).

예수님께서는 이 두 말씀을 동등하게 취급하셨습니다.

하느님은 한 분이십니다. 하느님은 당신의 종으로 이스라엘을 선택하시어 이스라엘이 당신을 믿고 당신이 유일한 하느님임을 깨닫도록 하셨습니다. 당신 이외에는 다른 신이 없다는 것을 알도록 가르치셨습니다. 주님은 오직 당신뿐입니다. 이스라엘은 온 마음과 온 영혼과 온 정신으로 당신을 사랑해야 했습니다. 당신께 대한 충실성이 첫째가는 계명이었습니다. 이에 버금가는 또 한 가지 계명은 이웃에게 봉사하고 베푸는 사랑이었습니다. 율법의 모든 조항들은 이것을 위한 것이었습니다. 예수님께서는 이보다 더 큰 계명, 이보다 더 새로운 계명은 없다고 선언하셨습니다.

그러자 율법 학자는 열의를 다해 동의했습니다. "훌륭하십니다, 스승님. […] 과연 옳은 말씀이십니다"(마르 12,32). 그리고 율법 학자는 훌륭한 결과를 이끌어 내었습니다. "'마음을 다하고 생각을 다하고 힘을 다하여 그분을 사랑하는 것'과 '이웃을 자기 자신처럼 사랑하는 것'이 모든 번제물과 희생 제물보다 낫습니다"(마르 12,33). 율법 학자는 하느님과 이웃에 대한 사랑이 모든 종교 의식보다 더 중요하다고 결론 내렸습니다. 과연 호세아 예언자가 말했듯이 하느님이 원하시는 것은 희생 제물이나 제사가 아니라 갈라지지 않은 믿음, 곧 신의였고 당신을 알아 뵙는 예지였습니다(호세 6,6 참조).

예수님께서는 총명하게 대답한 그 율법 학자가 당신을 믿고 따르지는 않았지만 하느님의 나라에서 멀리 떨어져 있지 않다고 칭찬하셨습니다(마르 12,34 참조).

2. 말씀 공감

■ 인생의 모든 것

> "율법 학자 한 사람이 […] 그분께 다가와, '모든 계명 가운데 첫째가는 계명은 무엇입니까?' 하고 물었다"(마르 12,28)

저는 서울 가톨릭대(현 가톨릭대학교 성신교정)를 다니던 중 교수 선발 유학생으로 뽑혀서 오스트리아 비엔나Wien 대학으로 유학을 갔습니다. 한국에서 약 6개월, 비엔나에서 약 6개월 배운 독일어로 수업을 듣기 시작했는데 도무지 귀가 열리지 않아 처음에는 거의 다른 학생들의 노트와 책에 의존하여 공부할 수밖에 없었습니다.

시험 때가 되었습니다. 식사 시간에 신학원 식당에서 동료들과 얘기를 나누다가 오늘 시험이 있다고 했더니 모두가 걱정하는 눈치였습니다. 떠듬거리는 발음을 듣고 있자니 '그래가지고 어떻게 시험을 치르겠는가?' 하고 염려들을 하였던 것입니다. 왜냐하면 그곳에서는 주로 구술시험을 보았던 것입니다.

시험을 치르러 가면 교수님 문 앞에 줄을 서서 차례를 기다려야 합니다. 차례가 되어 들어가면 시간은 길어야 5분 정도 주어집니다. 시험은 시험 범위 전체를 개관하는 질문과 특별한 주제를 집중적으로 묻는 질문에 답하는 형식으로 주어집니다. 먼저 들어가서 나오는 학생의 표정을 보면 대체로 점수를 짐작할 수 있습니다. 또 서로 물어보고 얘기해 주기도 합니다.

그런데 독일어가 제대로 안 되는 저에게는 오히려 구술시험이 필기시험보다 훨씬 편했습니다. 필기시험 때는 논리적으로 서술하는데 신경을 쓰느라고 핵심적인 내용을 좀 아껴 두었다가 적절한 곳에 배치해야 하는 어려움이 있지만, 구술시험에서는 전체 서술의 구성에 신경 쓰지 않고 핵심적인 단어와 문장을 그냥 첫마디에 내어놓으면 되었기 때문이었습니다.

저의 답변 방식에 교수들은 대만족이었습니다. '이놈이 공부한 놈인지 아닌지' 교수들은 한마디만 들으면 파악할 수 있었기 때문이었습니다. 저는 언제나 성적이 좋았습니다. 그랬더니 놀라운 일이 벌어졌습니다. 저에게 수업 노트를 빌려 주던 동료들이, 저의 어눌한 발음을 듣고 "너 그래 가지고 시험 치겠냐?" 하며 걱정하던 동료들이 이제는 하나씩 둘씩 저의 시험 준비 요약 노트를 빌리러 오는 것이었습니다. 제 요약 노트에는 교수들이 좋아하는 핵심이 잘 정리되어 있다는 소문이 퍼졌기 때문이었습니다.

여기에 인생을 지혜롭게 사는 비밀이 숨겨져 있습니다. 왜 독일어를 모국어로 구사하는 그들이 굳은 혀로 반토막 독일어를 구사하는 저에게 요약 노트를 빌리러 왔을까? 그 답은 거기에는 '가장 중요한 것, 곧 핵심'이 있었기 때문이었습니다.

그랬습니다. 저는 평소 책을 읽을 때 매 페이지마다 이 물음을 묻습니다.

'도대체 저자가 말하고자 하는 핵심은 무엇인가? 이 책에서 저자가 생각하는 가장 중요한 것은 무엇일까?'

저는 이렇게 물어 왔던 덕에 그 많은 정보로부터 자유로워질 수 있었습니다. 아무리 많은 분량의 정보 속에서도 저는 묻습니다. "이중에서 가장 중요한 것은 무엇인가?" 그 답을 발견하면 저는 나머지 정보는 그 정보를 기준으로 하여 서열을 배치하고 거기서 탈락하는 것은 가차 없이 버립니다.

나이를 먹으면서 저는 이런 물음을 던져 왔던 습관이 영성생활에도 도움이 되고 있음을 느낍니다. "도대체 인생에서 가장 중요한 것은 무엇인가?" 이렇게 물음을 던지면 그 답을 찾는 과정에서 쓸데없는 데에 시간과 정력을 허비하지 않게 되는 것입니다.

방금 읽은 복음 말씀에서 율법 학자가 던진 질문이 바로 그러한 류의 질문이었습니다.

"모든 계명 가운데에서 첫째가는 계명은 무엇입니까?"(마르 12,28)

답이 무엇이건 상관없이 이런 물음을 묻는 것은 이 율법 학자가 고수라는 것을 드러냅니다. 이런 물음을 던지는 사람은 비록 답을 당장 얻지 못하더라도 인생을 바르고 보람되게 살 수 있습니다.

이는 솔로몬이 전하는 인생 권고이기도 합니다.

그 지혜롭다는 솔로몬이 '행복이 무엇인지 알아 보려고' 백방으로 찾아 나섰습니다. 향락에 몸을 담가도 보고, 술에 빠져도 보고, 큰 사업도 해 보고, 이전에 예루살렘에서 왕 노릇한 어떤 어른보다도 큰 세력도 가져보았습니다. 보고 싶은 것을 다 보았고 누리고 싶은 즐거움을 다 누렸지만, 결국 모든 것은 바람을 잡듯 헛된 일이요 괴로움일 뿐이었습니다(코헬 2,1.3.4.9.10.17 참조).

솔로몬은 결론적으로 말합니다.

"마지막으로 결론을 들어 보자. 하느님을 경외하고 그분의 계명들을 지켜라. 이야말로 모든 인간에게 지당한 것이다"(코헬 12,13).

솔로몬의 이 말에서 '인생의 모든 것'이라는 말마디에 담겨 있는 의미를 알아들어야 합니다. 하느님을 공경하고 그분과 올바른 관계를 맺는 것, 이것이 전부이고, 이것이 가장 중요한 것이고, 이것이 영원한 것이라는 말입니다.

영성가 헨리 나우웬은 『마음에서 들려오는 사랑의 소리 The Inner Voice of Love』(1996)에서 이렇게 말합니다.

> 네 여정을 막는 사소한 일에 너무 신경을 쓰거나 꾸물거리지 말아야 한다. 그리고 삶의 굳건한 터전으로 돌아가려는 노력을 게을리하지 말아야 한다. 그렇지 않으면 이런 사소한 일들이 쌓이고 쌓여 너를 영원히 길에서 끌어내릴 것이기 때문이다.[61]

우리가 가는 길가에는 우리를 유혹하는 아름다운 꽃들이 있습니다.

아름다운 소리도 들려옵니다. 그러나 길가에 영혼을 빼앗기면 바른 영혼의 길을 가지 못합니다.

■ 마음과 생각과 힘을 다하여

> "이스라엘아, 들어라. 주 우리 하느님은 한 분이신 주님이시다. 그러므로 너는 마음을 다하고 목숨을 다하고 정신을 다하고 힘을 다하여 주 너의 하느님을 사랑해야 한다"(마르 12,29-30).

유다인 출신 중에는 세계에서 제일 우수한 석학, 비범한 예술가, 엄청난 부호들이 많습니다.

20세기를 주도한 최고의 지성 21명중 15명이 유다인입니다. 할리우드의 걸출한 영화감독들과 스타들이 대부분 유다인입니다. 미국 내 최고 부자 40명 중 절반이 유다인입니다. 1901년에서 1990년까지 90년간 물리, 화학, 의학 등 자연 과학 분야에서 노벨상을 받은 사람 404명의 종교 실태를 조사해 보니 유다교인이 22%를 차지했고, 그밖에 그리스도교 76%, 불교 0.9%, 회교 0.1%로 나타났습니다. 유다인이 소수 민족임을 감안할 때 대단한 성과라 아니할 수 없습니다. 이렇듯이 유다인은 세계에서 거의 전 부문에 걸쳐 두각을 나타내고 있습니다.

그렇다면 우리 한국인은 어떨까요?

한국의 교육열은 단연코 세계 1위입니다. 교육을 위해서라면 이산가족이 되는 것도 불사합니다. 교육 조건이 좋은 곳이라면 미국, 캐나다, 호주, 뉴질랜드, 중국 등 어디든지 유학을 보냅니다.

그럼에도 불구하고 한국은 아직 세계적인 위인을 배출하는 데는 그리 실적이 좋지 않습니다. 고등학교 때까지 '수재'들도 대학에만 가면 '둔재'가 되고 마는 게 한국 교육의 현실입니다.

이런 현상을 우리는 어떻게 설명해야 할까요? 도대체 유다인과 한국인 사이에는 어떤 차이가 있는 것일까요?

저는 그 비밀이 방금 읽은 이 말씀에 있다고 확신합니다. '이스라엘아 들어라'라는 말씀으로 시작되는 신명기 6장 4절부터 9절의 이 말씀을 모든 유다인들은 오늘도 매일 아침과 저녁에 이 말씀을 낭송해야 합니다.

이 말씀은 교육의 내용과 방법을 완벽하게 지시하고 있습니다.

먼저 교육의 내용을 명쾌하게 제시하고 있습니다. 한 분이신 하느님을 '마음'과 '목숨'과 '힘'을 다하여 사랑하는 것이 가장 중요한 삶의 원칙으로 제시하고 있습니다.

여기서 '마음_{kardia}'(카르디아)은 감성을 다하라는 말입니다. 곧 모든 정情을 합해서 하느님을 사랑하라는 말이다.

'목숨_{psyche}'(프쉬케)은 영혼을 다하라는 말입니다. 그런데 영혼의 핵심적인 기능은 '의지'입니다. 이는 곧 모든 의意를 다해서 하느님을 사랑하라는 말입니다.

'뜻_{dianoia}'(디아노이아)은 생각을 다하라는 말입니다. 곧 모든 지知를 모아서 하느님을 사랑하라는 말입니다.

결국, 정서와 의지와 지혜를 모아서 하느님을 사랑하라는 말로 종합할 수 있습니다. 이는 실제로 인간의 생사화복生死禍福과 역사의 흥망성쇠興亡盛衰를 쥐고 계신 하느님을 우리가 전인적으로 사랑할 때 복되고 성공적인 삶을 살 수 있게 된다는 지혜를 전해 줍니다. 이는 시편의 고백이기도 합니다.

"행복하여라! 악인들의 뜻에 따라 걷지 않고 죄인들의 길에 들지 않으며 오만한 자들의 자리에 앉지 않는 사람, 오히려 주님의 가르침을 좋아하고 그분의 가르침을 밤낮으로 되새기는 사람. 그는 시냇가에 심겨 제때에 열매를 내며 잎이 시들지 않는 나무와 같아 하는 일마다 잘되리라"(시편 1,1-3).

이렇듯이, 위의 명령은 '하는 일마다 잘 되게' 하는 원리, 곧 성공으로 이끄는 원리를 담고 있습니다.

다음으로 이 신명기의 명령에는 교육의 방법이 확실하게 제시되고 있습니다. 한마디로 말씀을 입에, 눈에, 귀에, 마음에, 살과 뼈에 심어 놓으라는 가르침입니다. 유다인들은 오늘날까지 이 가르침을 글자 그대로 실행하고 있습니다. 오늘날에도 말씀을 적은 쪽지를 그들이 쓰고 다니는 모자 속에 넣어 놓고, 가죽 팔찌와 옷 술단에 넣어 달고 다니며 하루에도 수시로 외우며 상기합니다. 이를 통해서 유다인들은 그들의 의식, 무의식, 그리고 잠재의식에서까지 하느님을 절로 사랑하게 되는 것입니다.

끝으로 이러한 처방에는 '습관'을 길들이는 것이 성공과 행복의 관건이 된다는 예지가 서려 있습니다. 평소 '마음'과 '영혼'과 '힘'을 다하여 하느님을 사랑하는 것이 습관화되면 이렇게 최선을 다하는 습관은 무슨 일을 하든지 발휘되게 되어 있습니다. 이런 습관을 몸에 익힌 사람은 어느 분야에서도 최선의 결과를 이끌어 낼 수 있습니다. 마음과 영혼과 힘을 다하는 습관을 지니고 있는 사람은 스포츠, 예술, 학문, 연구 등 어느 분야에서건 반드시 최고를 달성할 수 있게 되는 것입니다.

그러므로 '셰마 이스라엘'(이스라엘아, 들어라!)은 유다인들을 탁월한 민족으로 자리매김시켜 준 성공 원리라 할 수 있습니다.

■ 슬기로운 대답과 부족한 2%

> "예수님께서는 그가 슬기롭게 대답하는 것을 보시고"(마르 12,34)

예수님께서는 율법 학자가 슬기롭게 대답하는 것을 보시고 그를 칭찬하셨습니다. 하느님께서는 우리도 이런 슬기를 지니기를 원하십니다. 그런데 슬기는 어떤 모습으로 나타날까요?

탈무드에는 대화로써 슬기로운 사람과 바보를 구분하는 7가지 방법이 나와 있다고 합니다. 한번 배워봄직 합니다.

첫째, 슬기로운 자는 자신보다 지혜로운 사람 앞에서는 말을 하지 않는다.
둘째, 슬기로운 자는 상대방의 말을 중단시키지 않는다.
셋째, 슬기로운 자는 요점만을 물으며, 요점만을 대답한다.
넷째, 슬기로운 자는 먼저 말할 것은 먼저 말하고, 나중에 말할 것은 나중에 말한다.
다섯째, 슬기로운 자는 자신이 모르는 것은 모른다고 말한다.
여섯째, 슬기로운 자는 옳은 것은 옳다고 말한다.
일곱째, 바보는 그 반대이다.[62]

가만히 곱씹어보면 하나 하나 옳은 말입니다. 여기서 일곱째가 중요한 것 같습니다. '일곱째, 바보는 그 반대이다.' 깊이 음미하기 위하여 일부러 그 반대의 말을 완성해 보겠습니다.

첫째, 바보는 자신보다 지혜로운 사람 앞에서 말을 많이 한다.

둘째, 바보는 상대방의 말을 중단시킨다.

셋째, 바보는 요점이 없는 말을 물으며, 요점이 없는 말로 대답한다.

넷째, 바보는 먼저 말할 것을 나중에 말하고, 나중에 말할 것을 먼저 말한다.

다섯째, 바보는 자신이 모르는 것을 모른다고 말하지 않는다.

여섯째, 바보는 옳은 것을 옳다고 말하지 않는다.

일곱째, 슬기로운 자는 그 반대다.

재미있게도 오늘 복음에 나오는 율법 학자는 이 탈무드의 이야기에서 말하는 슬기로운 자의 조건에 맞아 떨어집니다.

첫째, 그는 예수님께서 자신보다 지혜로운 분이라는 것을 알고 예수님 앞에서 말을 하지 않았습니다. 곧 그는 공자 앞에서 문자를 쓰지 않았습니다. 우리도 그래야 합니다.

둘째, 그는 대화 중에 예수님의 말씀을 끊지 않았습니다. 그는 경청했습니다. 우리도 그래야 합니다.

셋째, 그는 요점만을 물으며, 요점만을 대답했습니다. 예수님께 질문을 드릴 때도 이것저것 구차한 설명을 늘어놓지도 않았습니다. "모든 계명 가운데에서 첫째가는 계명은 무엇입니까?"라고 요점만 물었습니다. 우리도 그래야 합니다.

넷째, 그는 말하는 순서를 알았습니다. 그는 예수님과의 대화를 통하여 핵심을 파악한 다음 "'마음을 다하고 생각을 다하고 힘을 다하여 그분을 사랑하는 것'과 '이웃을 자기 자신처럼 사랑하는 것'이 모든 번제물과 희생 제물보다 낫습니다."(마르 12,33)라며 자신의 평소 소신을 말할 줄 알았습니다. 우리도 그래야 합니다.

다섯째, 그는 모르는 것은 모른다고 말했습니다. 그가 예수님께 먼저 질문을 하였던 것은 바로 이를 시인한 셈인 것입니다.

여섯째, 그는 옳은 것을 옳다고 말했습니다. 예수님의 대답이 옳다고 생각하는 순간 감탄을 하며 "훌륭하십니다, 스승님. […] 과연 옳은 말씀이십니다."(마르 12,32)라고 확실히 동의하였던 것입니다.

함께 기도하시겠습니다.

주님, 하느님 나라가 '멀리 있지 않다'는 사실을 깨닫도록 저희에게 슬기를 주소서.

주님, 우리는 이곳에서 이미 평화, 행복, 부활을 체험하면서 하느님 나라를 누리고 있음을 깨닫도록 저희에게 슬기를 허락하소서.

주님, 그리하여 저희 궁극의 날 하느님 나라가 낯선 곳이 되지 않도록 매 순간 슬기를 발휘하게 하소서.

우리 주 예수 그리스도를 통하여 비나이다. 아멘!

연중 제32주일: 마르 12,38-44

모두 다 넣었다

"저 가난한 과부가 헌금함에 돈을 넣은
다른 모든 사람보다 더 많이 넣었다"(마르 12,43).

1. 말씀의 숲

예수님께서는 제자들에게 율법 학자들을 경계하라고 당부하십니다 (마르 12,38 참조).

이 짧은 단락의 열쇠는 '조심하라'는 단어입니다. 비판받는 종교 지도자들의 행실로 네 가지가 제시됩니다. 즉, 학문적 우월성을 드러내는 '긴 겉옷을 입고 나다니며 장터에서 인사받기', '공적인 예배 터인 회당에서는 높은 자리', '친교의 자리인 잔치 때에는 윗자리'를 즐기는 것입니다.

더욱이 율법 학자 중에는 경건함과 사회적 신뢰성을 바탕으로 과부들의 가산을 신탁받아서 등쳐먹거나(이사 10,1-2 참조), 성전에 많이 바치도록 은연중에 강제하며 그들의 삶을 핍박하는 이들도 있었습니다. 이러한 율법 학자들의 모습과 바로 앞 대목에서 사랑의 계명이 최고임을 고백한 율법 학자의 모습이 겹쳐지며 대조됩니다.

예수님께서는 예언자들의 심판 예언처럼 복음서에서 가장 심한 말로 율법 학자들을 꾸짖으십니다. "이러한 자들은 더 엄중히 단죄를 받을 것"(마르 12,40)입니다. 여기서 "받을 것"이라고 수동형을 쓰신 까닭은 마지막 때에 위선적인 종교 지도자들을 특별히 엄하게 심판하실 하느님의 행동을 완곡하게 표현한 것입니다.

그러나 과부는 달랐습니다. 과부는 누구보다도 자유롭게 자신을 포기하며 하느님께 대한 신뢰를 보여 주었습니다.

예루살렘 성전 안에 있는 '여자들의 구역'의 담 주위로 열세 개의 나팔 모양의 헌금함이 있었습니다. 이 헌금은 대개 하느님을 위해서만 흠 없는 제물로 바치는 번제의 값을 지불하기 위한 것이었습니다.

예수님께서는 헌금함 맞은쪽에 앉아서 사람들이 헌금을 하는 것을 보고 계셨습니다(마르 12,41 참조). 한 가난한 과부가 헌금함에 렙톤 두 닢을 넣었습니다. 이 돈은 로마 은전 한 데나리온(노동자의 하루 일당)의 64분의 1이었지만, 당대 사회에서 소외되고 극빈자인 그 과부에게는 생활비에 해당되는 것입니다. 그러자 예수님께서는 감탄을 금치 못하셨습니다.

"내가 진실로 너희에게 말한다. 저 가난한 과부가 헌금함에 돈을 넣은 다른 모든 사람보다 더 많이 넣었다. 저들은 모두 풍족한 데에서 얼마씩 넣었지만, 저 과부는 궁핍한 가운데에서 가진 것을, 곧 생활비를 모두 다 넣었기 때문이다"(마르 12,43-44).

예수님께서 이 과부에게서 보신 것은 무엇일까요? 과부는 자신의 목숨을 위해 써야 하는 돈을 전부 바쳤습니다. 과부는 아주 관대하게 자신의 전부를 바쳤습니다. 과부는 아무것도 바라지 않고 자신을 헌신했습니다. 과부는 예수님의 진정한 제자, 자신의 목숨을 버리는 제자였습니다. 다른 부자들은 모두 넉넉한 가운데 얼마씩을 넣었으므로 아무것도 손해 볼 것이 없었습니다.

이 장면은 예수님께서 하신 공적인 선교의 마지막 부분입니다. 그리고 "제자들을 가까이 불러 이르셨다."(마르 12,43)는 익숙한 마르코식 상투

구로 시작된 이 가르침 역시 교회에 명백히 주어진 것입니다. 우리가 예수 수난의 서곡으로 이 가르침을 읽을 때 그 남다른 의미가 두드러집니다. 과부는 가난함에도 불구하고 가진 모든 것을 남김없이 하느님께 바쳤기 때문에 칭찬받을 만합니다. 주장과 실천이 분리된 위선적인 이런 모습이야말로 예수님께서 제자들의 모습으로 강조하신 '섬기는 자, 말째'의 모습과는 정반대됩니다. 그래서 오늘날도 예수님의 이 말씀은 그리스도인임을 고백하는 교회 공동체 안에서 널리 읽혀져야 하는 당위성을 갖습니다. 실로 영적인 열심과 욕심의 경계선은 어디쯤일까요?

2. 말씀 공감

■ 네가 하느님을 믿느냐?

> "이 주님이 땅에 비를 다시 내리는 날까지,
> 밀가루 단지는 비지 않고 기름병은 마르지 않을 것이다"(1열왕 17,14).

오늘 제1독서에서는 예언자 엘리야와 과부 이야기가 등장합니다.

가난한 과부는 자신과 아들이 죽기 전에 먹을 마지막 음식을 준비하기 위해 나뭇가지를 줍고 있었습니다. 참으로 황당하게도 엘리야는 이 비참한 여인에게 다가와서 '마실 물 한 그릇'과 '빵 한 조각'을 청합니다 (1열왕 17,10-11 참조).

그러면서 엘리야는 주님의 말씀을 다음과 같이 전합니다.

"주 이스라엘의 하느님께서 이렇게 말씀하셨소. '이 주님이 땅에 비를 다시 내리는 날까지, 밀가루 단지는 비지 않고 기름병은 마르지 않을 것이다'"(1열왕 17,14).

여인은 그 어떤 갈등도, 의심도 없이 곧바로 엘리야의 말씀대로 행합니다. 결국 그녀의 밀가루 단지에는 밀가루가 떨어지지 않고 병에는 기름이 마르지 않게 되었습니다(1열왕 17,16 참조). 하느님을 전적으로 신뢰한 여인에게 주님의 약속 말씀이 그대로 성취되었던 것입니다.

오늘날도 곳곳에서 하느님은 당신을 철석같이 믿고 행하는 이들에게 응답해 주고 계십니다. 그 예를 굳이 멀리서 찾을 필요가 없습니다. 저 역시 이 법칙의 최대 수혜자입니다. 저는 가끔 저희 연구소 경리를 맡고 있는 자매에게 농담 삼아 묻습니다.

"마리아, 하느님 믿어 안 믿어?"

"믿어요!"

"뭘 보고 믿어?"

"월급날의 기적을 보고 믿어요!"

이런 식의 이야기는 이제 새롭지도 않습니다. 그래서 이번에는 아예 지시를 하였습니다.

"마리아, 너의 신앙 체험담을 한 번 글로 적어 봐! 다른 사람들도 듣고 은혜를 누리도록 말이야!"

그래서 어렵지 않게 얻은 이야기를 그대로 전합니다.

연구소에 와 경리부에서 일하기 시작했을 때, 마음고생을 참 많이 했습니다. 월급날이 돼서 직원들 월급을 줘야 하는데 통장엔 잔액이 거의 없었습니다. 그런데 신부님과 직원들은 아무도 걱정하지 않고 모두 태평해 보였습니다. 저만 물어볼 곳도 없이 혼자 가슴앓이를 해야 했습니다. 이런 생활의 반복으로 월급날만 다가오면 2-3일 전부터 불안했습니다. 월급 주는 당일까지 돈이 없던 적이 한두 번이 아니었던 것입니다.

그런데 이제는 더 이상 걱정하지 않습니다. 매번 어려운 고비마다 어떤 신비로운 힘이 작용하는 체험을 숱하게 했기 때문입니다. 신기하게도 늘 어떻게든 필요한 만큼의 돈이 채워졌습니다. 느닷없이 돈이 필요한 당일에 돈이 들어와 해결했던 적이 많았습니다.

신부님은 늘 걱정하지 말라고 하십니다. 오히려 월급 줄 돈마저 없는데도 힘든 사람들, 어려운 사람들을 위해 매달 후원금을 보내십니다. 이는 한 번도 거르신 적이 없습니다. 중간 중간 뜬금없이 계좌번호를 알려 주시면서 보내 주라고 하실 때도 있습니다. 그럴 땐 실무 책임자로서 정말 불안하고 마음이 편치 않았습니다. 그런데도 신부님은 늘 주님께서 채워 주실 거라고, 도와주실 거라고 걱정 말라고 하십니다. 희한한 것은 믿고 행하면 어떻게든 채워 주신다는 것입니다.

며칠 전에도 목돈 나갈 일이 있어 고민을 하고 있었습니다. 그런데 통장에 딱 필요한 만큼의 돈이 들어왔습니다. 알고 보니 세금환급금이었습니다. 연락도 없었는데 정말 뜻밖이었습니다. 주님의 일이라고 밖엔 생각되지 않는 일들입니다.

이런 일들이 계속된 이후, 돈은 제 영역이 아니란 걸 알게 되었습니다. 그저 사명감을 갖고 하느님의 도구로써 맡은 일을 열심히 하면, 어느 순간 다 채워 주신다는 것을 믿게 된 것입니다. 이렇듯 이제는 돈을 초월하는 힘이 생겼습니다. 물론 지금도 안 힘든 건 아니지만 이런 믿음이 있어서 저는 행복합니다.

심지어 아래 직원이 제게 와서 "돈 나가야 하는데요." 하며 걱정하면

"응, 들어와. 걱정 마!" 이렇게 바로 말이 나올 정도입니다. 이런 저의 변화는 이곳 연구소에 주님의 은총이 늘 함께하기에 가능한 일이라고 생각합니다.

■ 과부에 대한 특별한 배려

> "그들은 과부들의 가산을 등쳐 먹으면서
> 남에게 보이려고 기도는 길게 한다.
> 이러한 자들은 더 엄중히 단죄를 받을 것이다"(마르 12,40).

저는 개인적으로 저에 대한 하느님의 사랑을 과부에 대한 하느님의 사랑에서 확인합니다. 성경에는 은총을 받은 과부들의 이야기가 많이 나옵니다.

특히 루카 복음서에서는 과부에 대하여 관심을 두고 언급하는 대목이 많습니다. 그리스도 탄생 시에 구세주를 기다리던 과부 한나(루카 2,36-38 참조)가 있고, 심한 기근에서 구원받은 사렙타의 과부(루카 4,26 참조), 나인이라는 동네에서 예수님께서 어떤 과부의 죽은 외아들을 살려 주신 이야기(루카 7,11-17 참조), 사회적인 경멸 속에서 재판관을 찾아간 집요한 과부(루카 18,2-5 참조), 그리고 이번 이야기의 주인공인 헌금하는 과부 이야기가 나옵니다.

루카 복음서에서 과부에 대한 이야기가 여러 번 나오는 것은 과부들이 동정받아야 할 사람들 중 한 부류로서 하느님의 구원 계획에 들어 있다는 것을 말해 줍니다. 이 사상은 구약성경에도 나타나 있는 것으로, 율법의 본 취지인 과부들을 보호해야 한다는 규정이 들어 있습니다.

"너희는 어떤 과부나 고아도 억눌러서는 안 된다. 너희가 그들을 억눌러 그들이 나에게 부르짖으면, 나는 그 부르짖음을 들어줄 것이다. 그러면 나는 분노를 터뜨려 칼로 너희를 죽이겠다. 그러면 너희 아내들은 과부가 되고, 너희 아들들은 고아가 될 것이다"(탈출 22,21-23)

참으로 감동적인 약속입니다.

"주님께서는 이방인들을 보호하시며 고아와 과부를 돌보신다."(시편 146,9)라고 하였고, 그들에게 나쁜 짓을 하는 자들에게 그대로 갚아 주시는 판관이시며(탈출 22,21-23 참조), 그 악인들을 저주하십니다(신명 27,19 참조).

반대로 과부를 돌보는 사람은 하느님의 축복을 약속받습니다(예레 7,6-7 참조).

이렇게 하느님께서는 과부들을 특별히 돌보셨습니다. 예언서와 신명기 규정에 의하면, 과부들의 밭 경계선을 침범하는 것이 금지되어 있고(잠언 15,25 참조), 레위인들과 마찬가지로 십일조의 분배를 받으며(신명 14,29; 26,12 참조), 밭의 곡식, 올리브와 포도 수확 때 남은 이삭은 이방인, 고아, 과부의 몫으로 남겨 두도록 규정되어 있습니다(신명 24,19-21 참조).

그리고 그들은 초막절과 주간절 추수 축제 만찬(신명 16,11.14 참조)에 참석할 수 있도록 특별히 보장받았습니다.

여기서 '과부'는 상징적인 의미를 지닙니다. 우리 속담에 '과부가 찬밥에 곯는다'는 말이 있습니다. 남편이 죽고 혼자 몸이라고 해서 몸을 소홀히 하여 허약해지는 과부의 곤궁한 처지를 나타내는 말입니다. 성경에서 고아와 과부란 가장 불쌍한 사람을 지칭하는 대명사였습니다. 오늘날로 말하자면 고아와 과부는 가난이나 질병이나 신체장애, 사회 환경적 이유 등으로 생활 능력이 없는 모든 사람들을 가리킨다고 볼 수 있습니다.

성경에서 말하는 과부는 우선 경제적으로 빈곤한 사람, 남편이나 아들 등의 경제적 뒷받침이 전혀 없는 여성을 지칭합니다. 또는 법적 보호자나 후원자가 없는 여자를 일컫기도 했습니다. 이스라엘 사회는 과부를 고아와 함께 최우선적으로 보호받아야 할 약자로 규정했습니다. 과부가 억울한 일을 겪었을 때는 어디에도 호소할 데가 없기 때문이었습니다.

이러한 약자 보호법의 제정자는 하느님이셨습니다. 바로 이 점에서 하느님의 사랑이 극명하게 드러납니다. 눈물겹도록 감사하고 아름다운 사랑입니다. 과부에 대한 하느님의 집요하고 섬세한 사랑 속에 나를 향한 하느님의 사랑이 그대로 숨겨져 있습니다. 하느님께서는 과부를 사랑하듯이 나를 사랑하십니다. 어떤 처지에서도 나를 보호하시고, 억울한 소리를 들어주시고, 나를 대신하여 개입해 주십니다.

■ **주님 셈법은 후하십니다**

> "저 과부는 궁핍한 가운데에서 가진 것을,
> 곧 생활비를 모두 다 넣었기 때문이다"(마르 12,44).

한마디로 과부는 몽땅을 바치는 '하느님 사랑'을 보여 주었습니다. '자기애'나 '자기 과시'를 넘어선 이 '참사랑'은 곧 주님께 가장 위대한 행위로 인정받게 됩니다. 그리하여 다른 누구도 아닌 주님 손으로 '들어높여'집니다.

한국 수묵화의 거장 소산(小山) 박 바오로 화백 역시, 그 산증인이라 할 수 있습니다.

박 화백의 과거는 누구보다 참혹했습니다. 6·25 전쟁 당시 네 살이었던 박 화백은 아버지를 잃고, 왼팔을 잃었습니다. 이후 그의 삶은 철저한 가난과 고독 속에 파묻히게 됩니다. 중학교 졸업 후 그림만 죽어라 파서, 20대 때 국전에서 여덟 번이나 상을 받으며 서서히 주목받기 시작, 1979년 중앙 미술 대전에서 대상을 받으며 비상했습니다.

경주시의 첫 공립미술관인 '솔거미술관' 설립을 가능케 한 장본인도 박 화백입니다.

그런 박 화백은 젊은 시절 운명처럼 만난 한 신부님 덕택에 반강제로 세례를 받으며 신앙생활을 시작했지만, 스스로 다짐한 주님과의 약속 하나만큼은 철저히 지켰습니다. 그의 고백입니다.

세례받고 나서 나는 주변에 '가톨릭의 중심 기도가 뭐냐'고 물었습니다. 묵주기도라 하더군요. 묵주기도를 하면 여러 가지 은혜가 온다고…. '아, 그러면 할 만하다!' 첫마음은 이랬습니다. 물론 '종교를 가진 사람이 그거라도 해야 하지 않겠나'라는 마음이기도 했습니다. 그런데 그렇게 시작한 묵주기도를 지금까지 하루도 빼먹지 않고 있습니다. 그리고 어느새 진짜 가톨릭 신자가 되었습니다.

묵주기도를 통해 내게 기적도 많이 일어났습니다. 그중에서도 가장 큰 기적은 아주 보잘것없는, 몸이 불편한 화가인 내가 정부에서 미술관을 지어 주는 이례적인 혜택을 받으며 최고의 반열에 오른 것입니다.

나는 주변에 대놓고 '가톨릭 신자'라고 말하고 있진 않아도 은연중에 그들이 느끼게끔 행동합니다. 이번에 평생 작업한 회화와 글씨, 사용하던 먹과 벼루 830점을 경상북도에 기증한 것 역시 하느님께서 나의 중심에 계시기에 할 수 있던 일이었습니다.[63]

뜻하지 않게 주님의 자녀가 되었지만 그는 매일 주님과의 대화 시간을 가졌습니다. 열심하다 자부하는 신앙인도 지키기 어려울 법한 40년의 세월을 하루도 빼먹지 않고서 말입니다.

그렇게 자신만의 방식으로 하느님께 몽땅을 바친 박 화백에게, 주님은 '거장'의 타이틀을 주셨습니다. 세상적으로나 천상적으로나 말입니다.

"저 과부는 궁핍한 가운데에서 가진 것을, 곧 생활비를 모두 다 넣었기 때문이다"(마르 12,44).

함께 기도하시겠습니다.

주님, 저희의 정성을 저울에 올리실 때, 저희의 숨은 애로를 참작하여 가산점을 주시니, 주님의 판정은 항상 옳으십니다.

주님, 저희 마음의 순도를 측정하실 때, 저희의 약함과 부족을 함께 헤아려 주시니, 주님의 안목은 항상 자비로우십니다.

주님, 저희와 사랑을 거래하실 때, 저희의 하나를 때론 삼십 배로, 때론 육십 배로, 때론 백 배로, 때론 무한대로 쳐서 돌려주시니, 주님의 셈법은 항상 후하십니다.

우리 주 예수 그리스도를 통하여 감사드리나이다. 아멘!

연중 제33주일: 마르 13,24-32

결코 사라지지 않는 주님 말씀

"그때에 사람의 아들은 […] 자기가 선택한 이들을
땅끝에서 하늘 끝까지 사방에서 모을 것이다"(마르 13,27).

1. 말씀의 숲

오늘 복음에서 예수님께서는 사람의 아들의 재림에 대하여 말씀하고 계십니다. 사람의 아들이 오시기 전에 창조 이후로 없었던 재앙이 일어날 것입니다. 그것은 새로운 탄생을 알리는 진통과도 같았습니다.

우선 마르코 복음 13장 24절에서 27절까지는 사람의 아들의 오심에 대해서 말하고 있고, 나머지 28절부터는 사람의 아들의 오심을 강조하기 위해 무화과나무의 비유가 이어지고 있습니다.

먼저 예수님께서는 사람의 아들이 올 때 해와 달이 제 기능을 상실하고 별들이 하늘에서 떨어질 것이라고 말씀하고 계십니다(마르 13,24-25 참조). 해와 달의 기능 상실은 이사야가 주님의 날 바빌론이 멸망할 것을 예언한 것(이사 13,10 참조)을, "별들"의 추락과 흔들리는 "하늘의 세력"은 그가 바빌론과 에돔에 대한 하느님의 심판을 예언한 것(이사 34,4 참조)을 연상하게 합니다.

바로 이 혼란 속에서 사람의 아들이 오실 것입니다. 우주의 대변화, 새로운 탄생 가운데서 기쁜 소식이 눈에 보일 것입니다. 사람의 아들은 승리자로서 천상의 구름에 싸여 신비롭게 나타나실 것이기 때문입니다. 사람의 아들은 천사들을 보내어 땅끝까지 사방에서 뽑힌 이들을 모을 것입니다. 종말은 사람의 아들과 만나는 때이고, 구원은 영광을 받으신 사람의 아들 주위로 세상에서 뽑힌 모든 이가 모여드는 것입니다.

다음으로 예수님께서는 무화과나무의 비유를 통해 세말이 언제 오는지에 대한 질문에 대답하셨습니다(마르 13,28-29 참조). 가지가 부드러워지고 잎이 돋으면 여름이 다가온 줄을 알 수 있듯이 하늘에 여러 가지 징조가 보이면 사람의 아들이 오실 것입니다. 이와 같이 반그리스도의 출현(마르 13,14-23 참조)도 세말의 사건인 결정적 심판과 구원이 다가왔다는 것을 알리는 것입니다.

마르코 복음은 사람의 아들이 오시는 것을 당대의 세대가 체험하게 될 것임을 확실히 말해 주고 있습니다. "내가 진실로 너희에게 말한다. 이 세대가 지나기 전에 이 모든 일이 일어날 것이다"(마르 13,30).

그리고 예수님께서는 또 말씀하십니다.

"하늘과 땅은 사라질지라도 내 말은 결코 사라지지 않을 것이다"(마르 13,31).

이 말씀은 종말이 올 것이라는 예수님의 모든 말씀이 영속적으로 유효하다는 데 근거합니다. 하늘과 땅은 사라질 것이지만 이 말씀은 영원합니다. 그러나 종말이 당대의 세대 중 정확하게 언제 닥칠 것인지는 제시되지 않았습니다. 천사들도 외아들조차도 알지 못합니다. 오직 아버지만의 절대적인 비밀입니다. 그때와 시기는 아버지께서 당신 권능으로 정하셨으니 우리가 알 수 있는 것이 아닙니다(사도 1,7 참조).

이러한 종말의 불확실성은 그 시대 교회에 그리스도의 재림과 관련된 두 개의 위험을 남겨 두었습니다. 하나는 더 이상 그리스도의 재림을 기다리지 않는 사람들이 안고 있는 위험입니다. 그들은 종말론적 전망을 잃고 이 세상의 일에 열중하고 있었습니다. 또 하나의 위험은 종말이 바로 왔다고 생각하는 사람들이 안고 있는 위험입니다.

오늘 복음은 첫째 그룹의 사람들에게 이렇게 말합니다. "조심하고 깨어 있으시오. 지금 일어나는 일과 사람들의 행동거지가 종말론적 격동이 이미 시작하고 있음을 나타내고 있습니다."

복음서 저자는 두 번째 그룹에게 말합니다. "종말은 아직 오지 않았습니다. 하느님의 아들이신 예수 그리스도도 그날과 때는 모르셨습니다."

2. 말씀 공감

■ 지금이 바로

> "너희는 무화과나무를 보고 그 비유를 깨달아라"(마르 13,28).

이 말씀이 뜻하는 바를 실감나게 알아들으려면 이스라엘 지역의 농업 문화를 이해할 필요가 있습니다. 주님께서 비유 대상으로 '무화과나무'를 택하신 것은 팔레스티나에서 거의 모든 나무가 잎이 떨어지지 않는 데 비해 무화과나무만이 해마다 새로운 잎으로 변하기 때문입니다. 그리하여 수액이 위로 오르고, 마른 것처럼 보이던 가지가 연하게 보이면서 싹과 잎이 돋아나면 벌써 여름이 가까이 온 것임을 알려 줍니다. 이처럼 무화과나무 가지가 부드러워지고 잎이 무성해지면 사람들은 자연히 '아, 여름이 왔구나.'라고 인식합니다.

예수님께서는 거기서 그치지 말고 그 자연 현상이 암시하는 비유를 깨달으라고 일러 주십니다. 곧 자연에 때를 알리는 현상들이 있듯이 세상일에서도 똑같이 때를 알리는 현상들이 일어난다는 것입니다. 그러니 그런 징조들을 허투루 보아 넘기지 말고 마지막 때를 알리는 예고로 알아들어야 한다는 것입니다.

이 말씀을 우리는 폭넓게 알아들을 수 있습니다. 우리가 전조 현상을 미리 인지해야 하는 일은 비일비재합니다.

지진을 몰고 오는 지각 변동을 세밀하게 감지할 수 있어야 엄청난 재난을 피할 수 있습니다.

태풍을 몰고 오는 극심한 기후 변동의 향방을 정확히 읽어 낼 수 있어야 그 가공할 피해를 줄일 수 있습니다.

경기 침체를 초래하는 요인들을 정확히 진단해 낼 수 있어야 경제 재난을 피할 수 있습니다.

병을 유발하는 몸의 신호를 더 예민하게 알아들을 수 있어야 건강 악화를 피할 수 있습니다.

그렇다면, 이러한 징조들을 흘려 보거나 놓치지 않으려면 우리는 어떤 태도를 견지해야 할까요? 누군가가 만들어 낸 이야기 하나가 우리에게 슬기를 전해 줍니다.

어느 목수의 아들이 친구들을 데리고 아버지의 목공소에 갔습니다. 아이들은 처음 접한 기계톱 소리와 통나무가 잘려 나가는 광경에 마음이 들떴습니다. 그런데 한 소년이 목수가 책상 위에 풀어놓은 손목시계를 만지다가 그만 톱밥 속에 떨어뜨렸습니다. 톱밥을 샅샅이 뒤졌으나 톱밥이 너무 많아 시계를 찾을 수 없었습니다. 아이들은 어쩔 줄 몰라 했습니다.

이를 보다 못한 목수가 전기톱을 끄고 아이들을 불러 모았습니다.

"급할수록 마음을 가라앉혀라. 일단 무릎을 꿇어 보렴. 그리고 귀를 마룻바닥에 대 보아라. 무슨 소리가 들리니?"

목공소에 잠시 침묵이 흘렀습니다. 침묵을 뚫고 선명한 소리가 들려왔습니다.

'째깍, 째깍!'

하던 일을 멈추고 침묵 속에서 귀 기울여 보면 우리에게 때를 알려주는 신호음을 들을 수 있습니다. '째깍, 째깍, 째깍!'

"너희는 무화과나무를 보고 그 비유를 깨달아라"(마르 13,28).

■ 뽑으려야 뽑히지 않는 말씀의 씨앗

> "하늘과 땅은 사라질지라도
> 내 말은 결코 사라지지 않을 것이다"(마르 13,31).

주님의 말씀은 영원히 사라지지 않습니다. 이 당연한 진리는 한 사람의 인생 안에서도 유효합니다.

오래전 한 섬마을 소녀의 마음 안에 차곡차곡 새겨진 주님의 말씀이, 오늘날 수많은 대중과의 진심 어린 소통을 이끄는 힘이 되어 주고 있음에서 그 귀한 사실을 확인합니다.

뉴스 전문 TV 채널 YTN 방송국의 대표 앵커 안 레지나 자매의 고백입니다.

한창 사춘기였던 초등학교 고학년 시절, 저는 학교에서 동성 친구들과 사귀고 다투고 하면서 관계 안에서의 어려움을 많이 느끼고 있었습니다. 그런데 주일 미사만 보고 나면 속상했던 마음이 거짓말처럼 싹~ 풀어지는 것이었습니다. 신부님이 항상 어린이 눈높이에 딱 맞는 예를 들어 강론을 해 주셨거든요. 읽으셨던 재미난 책 이야기나 유머, 개그 프로그램 등에 빗대어서 말이지요. 그렇게 들은 강론 말씀은 또한 미사 후 친구들과 나눌 수 있는 이야깃거리가 되었습니다.

그런데 단순히 재미만 주셨던 건 아니었습니다. 그처럼 우리 마음을 활짝 여시고는 자연스레 그 안에 복음 내용을 심어 주셨지요. 그러면 뭔가 뭉클한 감동이 밀려오곤 했습니다. 얼어붙었던 마음이 녹아내리고 어느새 사랑 가득한 마음이 된 저를 만나는 거죠. 예수님께서 제 마음에 임하셨으니 당연한 결과였을 터입니다.

지금도 저는 되새깁니다. 눈높이 소통 그리고 진심 어린 메시지. 이는 매일 수천수만의 시청자와 마주하는 앵커로서 제가 가진 직업 철학입니다. […]

복음이 곧 굿 뉴스(Good News)라죠. 저도 시청자들에게 굿 뉴스 전달자가 되는 그날까지 힘을 내서 달려 보겠습니다.[64]

자칫 삐딱하기 쉬운 사춘기를 잘 이겨 내고 훌쩍 성장할 수 있었던 건 그 시절 매 주일 소녀의 마음 안에 찾아온 예수님 말씀 덕택이었습니다.

그 말씀을 먹고 자란 소녀는 이제 성년이 되어 복음의 정신으로 세상의 진리를 전하기 위해 노력하고 있습니다.

"하늘과 땅은 사라질지라도 내 말은 결코 사라지지 않을 것이다"(마르 13,31).

우리 인생에서 만난 모든 말씀은 그렇게 우리 안에서 살아 있습니다. 지금 이 시간 우리가 함께하는 이 묵상이 그래서 더욱 소중하고 그래서 더욱 감사한 이유입니다.

■ 그 날과 그 시간

> "그러나 그 날과 그 시간은 아무도 모른다.
> 하늘의 천사들도 아들도 모르고 아버지만 아신다"(마르 13,32).

어떠한 일을 할 때에 하느님께서 정하신 때와 우리들이 기대하는 때가 달라서 답답하게 느껴질 때가 곧잘 있습니다.

'이 일이 잘되기 위해서는 지금이 중요한 시기인데, 왜 하느님께서는 일이 잘되도록 도와주시지 않는 것일까?'라는 생각이 들 때가 누구에게나 있었을 것입니다. 또 우리가 원하는 바를 열심히 기도해 보았지만 기도의 응답을 받지 못하고 중도에 포기한 경우도 꽤나 있었을 것입니다.

이럴 때 우리는 믿음을 가져야 합니다. 아버지만 아시는 '그날과 그 시간'에 대한 확고한 신뢰가 있어야 합니다.

우리들의 때와 하느님의 때가 다른 것은 하느님께서 우리에게 더 좋은 것을 주시기 위함입니다. 하느님께서는 우리 자신들보다도 더 많이 우리들을 알고 계십니다. 그분께서는 우리가 보지 못하는 부분까지 보시며 '적절한 시기'에 우리에게 필요한 것을 주십니다. 그러므로 우리 기도가 응답을 받지 못했다고 낙심해서는 안 됩니다.

성녀 모니카St. Monica에게서 응답받을 때까지 끈질기게 기도하는 인내심을 배웁시다. 그녀는 아들 아우구스티노St. Augustinus의 회개를 위하여 오랜 기간 눈물로 기도를 했습니다.

그리스도교 집안에서 태어난 모니카 성녀는 파트리치우스Patricius라는 외교인과 결혼을 하였습니다. 그녀는 기도와 모범으로 시어머니와 남편을 370년에 그리스도교로 개종시켰습니다. 남편 파트리치우스는 세례를 받고 1년 뒤에 세상을 떠났습니다.

그 후 모니카 성녀는 큰아들 아우구스티노의 회개를 위하여 기도에 전념하게 됩니다. 파트리치우스가 세상을 떠났을 당시 아우구스티노는 17세로 카르타고Carthago에서 수사학을 공부하던 중에 마니교Manichaeism에 심취해 있었기 때문입니다.

모니카는 그런 아들을 위해 끊임없이 기도했으나 아우구스티노는 쉽게 달라지지 않았습니다. 이단 종교에 빠지고 또 방탕한 생활을 벗어나지 못하고 있던 그는 '회개하라'는 어머니의 호소가 귀찮게만 들렸습니다. 그래서 한번은 그가 고향인 북아프리카에서 로마로 가면서 어머니를 따돌리려고 출항 시간을 거짓말로 알려 주었습니다. 그러자 모니카는 다른 배를 잡아타고 그를 쫓아갔습니다. 그녀는 아우구스티노가 참다운 그리스도인이 될 때까지 귀찮을 정도로 아들을 따라 다녔습니다.

아들 때문에 늘 애태우며 노심초사하는 모니카에게 성 암브로시오St. Ambrosius가 했던 말은 아주 유명합니다.

"어머니가 많은 눈물을 흘리면서 기도한 자녀는 잘못되는 법이 없습니다."

그러한 눈물의 기도는 오랜 시간 계속되었습니다. 어머니는 아들을 위해 로마까지 쫓아갔고, 386년에는 밀라노까지 따라갔습니다.

마침내 아우구스티노는 어머니의 간곡한 기도와 성 암브로시오의 설교에 감화를 받아 그리스도교로 귀의하게 됩니다. 그리고 387년 부활절에 그는 성 암브로시오에게 세례를 받았습니다.

모니카 성녀의 기도가 응답으로 실현되기까지 16년이라는 시간이 걸렸습니다. 그렇다면 왜 하느님께서는 곧바로 응답해 주시지 않고 이토록 시간을 끄셨던 것일까요. 그것은 모니카 성녀는 단지 아들의 회개를 구하였으나 하느님께서는 더 큰 일을 계획하셨기 때문이었습니다. 곧 하느님께서는 그 기간 동안 한 사람의 위대한 영성가요 교부를 이단 문화권 속에서 담금질하며 양성하고 계셨던 것입니다. 만일 모니카 성녀가 기도의 응답을 못 받았다고 중간에 포기를 했다면, 그리스도교 역사상 1,000년에 한 번 나올까 말까 하는 위대한 신학자는 탄생하지 않았을 것입니다.

함께 기도하시겠습니다.

주님, 저희에게 결코 사라지지 않는 약속 말씀을 주심에 감사드립니다.

주님, 저희로 하여금 그 약속 말씀을 암송하려는 열심을 주소서.

주님, 저희가 암송한 그 약속 말씀들이 저희 생활 안에서 백 배의 열매를 맺게 하소서.

우리 주 예수 그리스도를 통하여 비나이다. 아멘!

온 누리의 임금이신 우리 주 예수 그리스도왕 대축일: 요한 18,33ㄴ-37

그리스도왕

"나는 진리를 증언하려고 태어났으며, 진리를 증언하려고 세상에 왔다"(요한 18,37).

1. 말씀의 숲

오늘은 그리스도왕 대축일입니다. 오직 한 분이신 주님이며 복된 주권자며 왕들의 왕이신 분, 주인들의 주인이신 예수님께서 어린양의 옥좌, 수난의 옥좌에 앉으시는 날입니다. 그러나 이 왕위를 올바로 이해하는 사람은 아무도 없었습니다.

이야기는 빌라도의 관저, 곧 유다인들이 들어오지 않는 이방인의 세계에서 펼쳐지고 있습니다. 예수님을 고발한 유다인들은 관저 밖에 있기 때문입니다. 빌라도는 관저 안에 있는 예수님과 관저 밖에 있는 유다인들 사이를 오가며 담판을 지으려고 한 것입니다.

그러나 이야기의 흐름을 자세히 보면 대화의 주도권은 예수님께서 쥐고 계십니다. 예수님께서는 당신을 단죄하여 죽이려는 유다인들에게 개의치 않고 빌라도에게 증언하실 것입니다. 마치 빌라도로 대표되는 이방인들의 세계에 복음을 전하려는 듯이 말입니다.

빌라도는 예수님에게 적용할 죄목을 찾아야 했습니다. "당신이 유다인들의 임금이오?"(요한 18,33) 왕은 유다인들에게나 로마인들에게나 모두 심각한 문제였습니다. 두 민족 간의 권력과 경쟁이 되기 때문이었습니다. 지배받는 유다인들이나 지배하는 로마인들이나 왕은 정치적으로 큰 위협이 되는 존재였습니다. 그래서 빌라도는 그 사실을 알고 싶어 했습니다.

사실 예수님께서 예루살렘에 입성하실 때 군중들이 그분을 보고 이스라엘의 왕이라고 환호하였습니다(요한 12,12-13 참조). 그러나 예수님께서는 세상의 왕직을 항상 거절하였습니다. 갈릴래아 사람들이 그분을 모셔다가 왕으로 삼으려 했을 때도 산으로 피해 가셨습니다(요한 6,14-15 참조).

예수님께서는 세상에서 권력을 장악하기 위해 아무것도 하지 않으셨습니다. 예수님의 대답은 부정적이었습니다. "내 나라는 이 세상에 속하지 않는다. […] 내 나라는 여기에 속하지 않는다"(요한 18,36). 그리고 그리스도의 왕국이 이 세상 것이 아니라는 뚜렷한 증거는 '군대'가 없다는 것입니다. "내 나라가 이 세상에 속한다면, 내 신하들이 싸워 내가 유다인들에게 넘어가지 않게 하였을 것이다"(요한 18,36).

빌라도는 예수님께서 당신을 왕이라 여기시는 것을 알았습니다. 그래서 그에게 분명한 확인을 받으려고 합니다. 그리고 예수님께서도 당신이 왕이라고 선언하십니다. 그리고 예수님께서는 당신의 왕국에 대해 권위 있게 말씀하셨습니다. 예수님께서는 하늘 나라의 진리를 증언하기 위해 오셨기 때문입니다. 이 땅에서 예수님께서는 진리의 증인이시고 다른 곳에서 예수님께서는 왕이셨습니다.

이 특별한 장면의 이야기는 무엇을 말하는 것일까요? 예수님께서는 진리의 증인으로서 이 세상의 법정에 서 계셨습니다. 겉으로 보기에는 빌라도가 예수님을 심문하는 것 같지만 실은 예수님께서 심문하고 계셨습니다. 빌라도는 진리의 법정에 출두해 있었습니다. 참으로 진리의 재판관 앞에 서 있는 사람은 빌라도였습니다. 빌라도는 가깝게는 로마

황제, 더 멀리는 믿지 않는 인류를 대변했습니다. 예수님께서는 바로 그에게 끝까지 당신의 왕국을 선포하셨습니다. 그러므로 빌라도는 예수님께 "당신이 유다인들의 임금이오?" 하고 물을 것이 아니라 "유다인들의 임금으로 태어나신 분이 어디 계십니까? 우리는 동방에서 그분의 별을 보고 그분께 경배하러 왔습니다."(마태 2,2)라고 물어야 했을 것입니다.

2. 말씀 공감

■ 상대주의의 유혹

> "당신이 유다인들의 임금이오?"(요한 18,33)

오늘 빌라도는 예수님께 물었습니다. "당신이 유다인들의 임금이오?"(요한 18,33)

오늘날 우리는 묻습니다. "예수님, 예수님, 당신은 진정 왕이십니까? 당신은 단지 유다인들의 메시아였습니까? 아니면 온 인류의 메시아이십니까? 당신은 수많은 메시아들 가운데 한 분 메시아이십니까? 아니면 오로지 한 분 메시아이십니까?"

이 물음은 대단히 중요한 물음입니다. 이 물음에 대한 답을 어떻게 기대하느냐에 따라서 우리의 신앙 노선이 결정되기 때문입니다.

오늘날 많은 사람들이 가치관의 혼돈 속에서 갈피를 못 잡고 있습니다. 좋은 것이 좋은 것이고, 이것저것 입맛 당기는 대로 구미에 맞추어 합쳐도 된다는 '혼합주의syncreticism'의 유혹이 엄청난 매력으로 확산되고 있습니다. '포스트모더니즘postmodernism'이 내세우는 '본능에 충실하라. 몸의 감각에 충실한 것은 모두 선한 것이다.'라는 사상으로 인해 절대적 가치 기준이 허물어지고 상대주의$_{relativism}$가 득세하고 있습니다. 이 세상에 절대적인 것은 없고 모든 것이 주관적인 신념이라는 것입니다. 그러니 네 말도 맞고 내 말도 맞다는 것입니다. 그리스도교만 옳은 것이 아니라, 불교도 옳고, 굿도 옳다는 것입니다. 신앙도 옳고 비신앙도 옳다는 것입니다. 유일신론唯一神論도 옳고, 무신론無神論도 옳고, 범신론汎神論도 옳다는 것입니다. 이는 인류를 혼돈으로 몰아넣을 공산이 큽니다. 혼합은 선과 악, 참과 거짓의 경계선을 없애 버립니다. 그렇다고 '진리'가 '거짓'과 동일시되는 것을 수수방관만 할 수는 없는 노릇입니다.

서점을 가보십시오. 얼마나 많은 오늘의 '메시아'들이 얼마나 그럴듯한 가르침으로 '심지 얕은' 신자들을 향해 손짓하고 있는지 보십시오. 그리고 신자들에게 물어보십시오. 그들이 최근에 감명 깊게 읽은 책들이 어떠어떠한 책들인지. 21세기를 살고 있는 우리는 사도 바오로의 다음 말씀이 무엇을 의미하는지 새겨들을 줄 알아야 할 것입니다.

"성령께서 분명히 말씀하십니다. 마지막 때에 어떤 이들은 사람을 속이는 영들과 마귀들의 가르침에 정신이 팔려 믿음을 저버릴 것입니다"(1티모 4,1).

실제로 많은 사람들이 거짓 임금들에 속아서 그들을 숭배하고 있습니다.

그러니 정신을 바짝 차리고 예수님을 진정한 임금님으로 고백할 수 있어야 할 것입니다.

어쩌면 처음에는 의심이 들고 믿음이 안 가는 것이 당연할 터입니다. 하지만 기왕에 물음을 던졌으면 그에 걸맞는 노력을 기울여야 합니다.

적어도 성경 말씀을 정성껏 읽는다거나, 관련 서적을 꼼꼼히 챙겨 읽는다거나 하면서 말입니다.

우리들의 문제는 물음만 달랑 던져 놓고 성의 없이 부정적인 견해만 반복적으로 토로한다는 사실입니다.

물음을 끝까지 붙잡고 진지하게 답을 청하면 반드시 주님을 만나게 되어 있습니다. 다른 주님이 아니라 그리스도왕, 만물의 절대 기준이신 주님 말입니다.

■ 세상에 속하지 않는 권능으로

> "내 나라는 이 세상에 속하지 않는다"(요한 18,36).

이 말씀은 로마의 이스라엘 관할 총독 빌라도가 예수님께 던진 "당신이 유다인들의 임금이오?"(요한 18,33)라는 물음에 대한 예수님의 답변 가운데 일부입니다.

빌라도는 가깝게는 로마 제국, 더 멀리는 믿지 않는 인류를 대변합니다. 예수님께서는 그러한 빌라도에게 끝까지 당신의 왕국을 선포하셨습니다.

이야기는 빌라도의 관저, 곧 유다인들이 들어오지 않는 이방인의 세계에서 펼쳐지고 있습니다. 예수님을 고발한 유다인들은 관저 밖에 있기 때문입니다. 빌라도는 관저 안에 있는 예수님과 관저 밖에 있는 유다인들 사이를 오가며 담판을 지으려고 한 것입니다.

빌라도는 예수님에게 적용할 죄목을 찾아야 했습니다. 고심 끝에 유다인들이 예수님에 대하여 고발한 내용을 종합하여 단도직입적으로 물었습니다.

"당신이 유다인들의 임금이오?"(요한 18,33)

만일 예수님께서 이 말에 수긍하시면 이는 정치적으로 큰 문제가 됩니다. 임금, 곧 왕은 유다인들에게나 로마인들에게나 모두 심각한 문제였습니다. 지배받는 유다인들에게나 지배하는 로마인들에게나 정치적으로 분쟁거리가 되었기 때문입니다. 빌라도는 그 진위를 알고 싶어 했습니다.

사실 예수님께서 예루살렘에 입성하실 때 군중들은 예수님을 보고 이스라엘의 왕이라고 환호하였다고 요한 복음 12장 12절에서 13절은 기록하고 있습니다. 그러나 예수님께서는 세상의 왕직을 항상 거절하였습니다. 갈릴래아 사람들이 그분을 모셔다가 왕으로 삼으려 했을 때도(요한 6,14-15 참조) 산으로 피해 가셨습니다.

하지만 오늘 예수님께서는 빌라도의 물음에 "아니다."라고 답변하지 않으십니다. 그리고 빌라도가 던진 물음의 동기, 배후, 그리고 저의에 대하여 되물으심으로써 '심문받는 자'의 입장에서 '심문하는 자'의 입장으로 국면을 뒤집습니다. 이렇게 주도권을 장악한 연후에 당신이 사실상 왕이심을 시사하는 답변을 하십니다.

"내 나라는 이 세상에 속하지 않는다. […] 내 나라는 여기에 속하지 않는다"(요한 18,36).

이 말씀으로 예수님께서는 이렇게 답변하신 셈입니다.

"나는 왕이다. 하지만 이 세상 어느 민족만의 왕은 아니다. 내 왕권은 이 세상 너머에까지 행사되고, 내 영토는 하늘과 땅이다."

빌라도는 이 말씀의 뜻을 온전히 알아듣지는 못했습니다. 다만 문제의 소지가 있는 "유다인의 왕"인지 아닌지의 여부는 어렴풋이 알아챘습니다. 곧 빌라도는 예수님께서 정치적으로는 무죄이심을 확인했습니다.

"내 나라는 이 세상에 속하지 않는다"(요한 18,36).

이 짧은 대답으로 예수님께서는 빌라도에게 기세로는 그를 압도하는 존재요 영적으로는 불가침의 권위이심을 능히 보여 주셨습니다.

이 세상에 속하지 않는 주님의 나라는 한마디로 이 세상을 쥐락펴락하는 하느님의 통치를 가리킵니다. 또한 주님께서 시간 속에서 덧없이 사라지는 그런 권세가 아니라 이제로부터 영원까지 세세에 유효한 그런 권능을 행사하심을 뜻합니다.

그러기에 이 나라의 시민권자인 우리 그리스도인은 불안해할 것 없고, 두려워할 것 없고, 소망하지 못할 것 없는 것입니다.

■ 열매를 맺겠습니다

> "진리에 속한 사람은 누구나 내 목소리를 듣는다"(요한 18,37).

2014년 9월, 프란치스코 교황님의 역사적인 쿠바·미국 사목 방문을 지켜보면서 저의 마음을 움직인 교황님의 아주 짧은 발언 하나가 있습니다. 낙태, 동성애, 이민자 문제, 기후 문제 등등 유독 국제적으로 민감한 사안들이 많았던 터라 국내외 모든 언론이 그 주제들에 초점을 맞추었지만, 제 인상에 깊이 박힌 말씀은 뜻밖의 것이었습니다.

교황님께서 미국 방문 후 바티칸으로 돌아가는 비행기 안에서 수행 기자단과 나눈 대화 중 한 기자가 이렇게 물었습니다.

"교황님은 미국에서 '스타'가 되셨던데요?"

그러자 프란치스코 교황님은 이렇게 답하셨습니다.

"교황(Pope)이란 호칭에 숨겨져 있는 뜻을 아세요? 하느님 종들의 종이라는 것입니다.

나는 한여름 밤에 별을 보는 것을 좋아합니다만, 얼마나 많은 별이 뜨고 지고 사라집니까. 이처럼 스타(의 인기)는 순식간에 덧없이 사라집니다."[65]

그야말로 우문현답의 표본이라 할까요?

이 세상 보이는 현상들에 좌지우지되지 않고, 자연 현상을 통해 말씀하시는 주님의 목소리, 내면에서 들려오는 깨달음의 소리에 귀를 기울이시는 프란치스코 교황님!

이는 교황님이 예수님 중심으로 늘 깨어 있는 삶을 사시기에 가능한 일일 터입니다.

그렇다면 우리 역시 이러한 삶을 살기 위해 어떤 노력이 필요할까요? 오늘 복음에서 예수님께서는 말씀하십니다.

"진리에 속한 사람은 누구나 내 목소리를 듣는다"(요한 18,37).

그렇다면 '진리에 속한 사람'이 되기 위한 조건은 무엇인지 곰곰 생각해 봅니다. 바로 주님 말씀 안에 머무르는 것! 그것이 아닐까 합니다. 왜냐하면 주님 자신이 "길이요 진리요 생명"(요한 14,6)이기 때문입니다.

성경이 풍요롭게 제공하는 주님 말씀에 귀 기울이지 않고는 말씀 안에 머무를 수 없습니다. 그러므로 말씀을 읽고 묵상하지 않으면서 '제자'니 '진리'니 운운하는 것은 사실상 실격입니다.

말씀을 더욱 가까이 하고, 주님의 참 제자가 되어 진리를 깨닫고, 그리하여 자유를 맘껏 누리는 것! 이것이야말로 참 그리스도인의 특권이라 하겠습니다.

함께 기도하시겠습니다.

주님, 세상의 통치자들은 허무하게 사라져도 주님의 통치는 영원하오니, 저희의 충성 먼저 주님께 두나이다.

주님, 세상의 나라들은 흥망을 거듭하여도 주님의 나라는 멸망하는 법이 없으니, 저희의 안전 몽땅 주님께 의탁하나이다.

그런즉 주님, 저희 생을 통치하시고 저희 생존의 둥지가 되어 주소서.

우리 주 예수 그리스도를 통하여 비나이다. 아멘!

주석

01 참조: 정길영, "기다림과 은혜", 『크리스찬저널』, 2015.12.24.

02 St. Hieronymus, Epistola XXII,17 - Ad Eustochium, Paulae Filiam, De custodia virginitatis, *Epistulae*, A.D. 384.

03 St. Hieronymus, Epistola CXXX,20 - Ad Demetriadem de servanda Virginitate, *Epistulae*, A.D. 414.

04 정약종, "천주 무궁히 능하시니라", 『주교요지 상편』, 11조.

05 참조: "전쟁터에까지 임한 성탄의 평화", 인터넷 홈페이지 '기독교 멀티미디어 사역자 커뮤니티', 2013.05.07.

06 참조: "오 베들레헴 작은 골", 인터넷 티스토리 블로그 '은혜로 믿음으로', 2012.12.11.

07 St. Hieronymus, *Epistola* XXII, 17, *Epistulae*.

08 참조: 송길원, "믿음·사랑·평화 깃든 '작은 천국'", 『국민일보』, 2002.12.11.

09 주영석, "숨 쉬는 것 자체가 감사하고 행복해", 『참 소중한 당신』(2008/10), 32-33.

10 한국천주교주교회의, 『가톨릭 성가 - 수정 보완판』, 100.

11 이동원, 『성령에 속한 사람』, 규장 2000, 187.

12 제임스 켈러, 『크리스토퍼의 하루에 3분 묵상』, 가톨릭출판사 2013, 68-69.

13 참조: "브라더 로렌스의 '섬김의 자세'", 인터넷 홈페이지 '전포성당', 2019.03.22.

14 이승임, "내 삶에 함께 하시는 하느님 ①", 『참 소중한 당신』(2015/1), 100; 102-103; 104.

15 참조: "야훼 경외함의 보응", 인터넷 웹사이트 '홀리바이블'.

16 기독교문사 편집부, 『교회사에서 골라낸 1,882가지 신앙이야기』, 기

독교문사 1998, 352-353.

17 캘빈 밀러, 전의우(역), 『영적 거장들의 불꽃 영성의 원동력』, 요단출판사 2003, 310-311.

18 "택시는 기쁜소식 전할 수 있는 최적 장소", 『가톨릭평화신문』, 2011.09.20.

19 차동엽, 차동엽 신부의 가톨릭 교회 교리서 해설(79): 8가지 참행복 - 지혜로 얻는 평화, 『가톨릭신문』, 2014.7.27.

20 "밥 한그릇의 사랑", 인터넷 홈페이지 '기독교 멀티미디어 사역자 커뮤니티', 2013.05.07.

21 차동엽, 『내 가슴을 다시 뛰게 할 잊혀진 질문』, 위즈앤비즈 2012, 289-290.

22 한국천주교주교회의 전례위원회, 『로마 미사 경본』, 한국천주교중앙협의회 2017, 207; 564.

23 차동엽, 『맥으로 읽는 성경 2』, 위즈앤비즈 2008, 137-138.

24 조엘 오스틴, 정성묵(역), 『긍정의 힘 - 믿는 대로 된다』, 긍정의힘 2009, 28-29.

25 "교황의 성탄 인사에 교황청 인사들 '뜨끔(?)'", 『가톨릭평화신문』, 2014.12.24.

26 "1달러 11센트의 기적", 인터넷 홈페이지 '희귀난치병 어린이사랑 공연단체 아이사모', 2005.11.01.

27 차동엽, "평신도 열전 2: 마리아 막달레나", 『참 소중한 당신』(2004/8), 98-99.

28 서정오, 『하나님만이 희망이다』, 진흥출판사 1999, 117.

29 차동엽, 『뿌리 깊은 희망』, 위즈앤비즈 2009, 184; 187-188.

30 참조: 가톨릭대학교 김수환추기경연구소, 『그리운 김수환 추기경』, 가톨릭대학교 김수환추기경연구소 2013, 24-25.

31 "성령에 대한 예화 모음", 인터넷 홈페이지 '웹바이블'.

32 차동엽, 『믿음 희망 사랑 - 향주삼덕』, 위즈앤비즈 2010, 210-213.

33 　최기산, "소신학교 입학 때의 첫 마음", 『참 소중한 당신』(2015/3), 8-10.

34 　Plato, *Symposion*, 179a.

35 　스테파노 M. 마넬리, 이 분도 상민(역), 『성체성사에서 만나는 예수님 사랑』, 가톨릭출판사 2008, 52-53.

36 　김복자, "주님은 멋쟁이(1)", 『참 소중한 당신』(2006/10), 76-80.

37 　정경임, "[나의 묵주이야기] 117. '묵주가 아니라 웬수야, 웬수!'", 가톨릭평화신문, 2015.03.25.

38 　앤서니 치폴로, 장말희(역), 『소화 데레사와 함께 기도하는 한 시간』, 성바오로출판사 2008, 31.

39 　전광, 『어린이 백악관을 기도실로 만든 대통령 링컨』, 생명의말씀사 2009, 118-120.

40 　박경득, "예수쟁이 기도가 다 망쳤네", 『가톨릭신문』, 2005.12.04.

41 　김선여, "우리 주변의 가장 가난한 이웃과 함께하는 '요한의 집' 김봉현 원장", 『참 소중한 당신』(2012/3), 39; 41-44.

42 　참조: 양승국, "부활 제5주일 - 든든한 지주이자 뿌리이신 주님", 가톨릭평화신문, 2006.05.11.

43 　참조: 손유정, "딸아, 용기를 내어라. 네 믿음이 너를 구원하였다", 『서울주보』(2000호), 천주교 서울대교구 문화홍보국, 2015.3.1.

44 　차동엽, 『통하는 기도』, 위즈앤비즈 2008, 356-357.

45 　이인복, "치유와 기적의 식탁", 『서울주보』(1414호), 2004.06.13.

46 　참조: 성 아우구스티노, 「구약 칠경 발췌 주해」, 2,73, PL 34,623; 『제2차 바티칸 공의회 문헌』, 한국천주교주교회의 1969, 계시 헌장, 16항.

47 　차동엽, 『밭에 묻힌 보물』, 미래사목연구소 2008, 99-100.

48 　수풀孝在, "놀라운 영성체의 기억!!", 인터넷 다음 카페 '가톨릭 사랑방', 2007.06.08.

49 　최양업, 정진석(역), 『너는 주추 놓고 나는 세우고』, 바오로딸 ^{2}2021, 83-85.

50 　강성곤, "형식이 내용을 이긴다", 『참 소중한 당신』(2015/7), 98-99;

101.

51 Dietrich Bonhoeffer, "Wer bin ich?", *Widerstand und Ergebung*, Kaiser Verlag, 1951.

52 참조: John Foxe, "The Last Roman 'Triumph'", *Foxe's book of martyrs*, John C. Winston Company, 1926.

53 김영애, 『김수환 추기경의 고해』, 다할미디어 2010, 42-43.

54 평화신문, 『추기경 김수환 이야기』, 평화방송·평화신문 2009, 228.

55 앤드류 마리아, 성찬성(역), 『이야기 속에 담긴 진실』, 성바오로출판사 1995, 66-68.

56 김원철, "산에 오르고, 복음도 전하고", 『가톨릭평화신문』, 2009.08.11.

57 배훈, 『인생에 너무 늦은 것은 없다』, 쿰란출판사 2002, 84-85.

58 차동엽, "성경 안에서 만나는 기도의 달인(16) - 교육자 모세(하)", 『가톨릭신문』, 2015.01.04.

59 김유진, "엔돌핀 목소리", 『사목정보』(2018/7·8), 76-77.

60 차동엽, "성경 안에서 만나는 기도의 달인(37) - 전설의 왕, 히즈키야", 『가톨릭신문』, 2015.06.07.

61 헨리 나우웬, 한정아(역), 『마음에서 들려오는 사랑의 소리』, 바오로딸 1998, 55-56.

62 이상각, 『인간관계를 열어 주는 108가지 따뜻한 이야기 3』, 들녘미디어 2001, 138.

63 박대성, "도둑 세례를 준 그분이 그리워", 『사목정보』(2015/11·12), 18-19.

64 안보라, "나를 앵커로 만들어준 사제의 눈높이 강론", 『사목정보』(2015/11·12), 21-22.

65 [프란치스코 교황의 말 말 말] "나는 '스타'가 아닙니다", 『가톨릭평화신문』, 2015.10.07.

Nihil Obstat:
Presbyter Raphael Jung
Censor Librorum

Imprimatur :
Ioannes Baptista JUNG Shin-chul, S.T.D., D.D.
Episcopus Incheonensis
die XXVI mensis Septembris, anno Domini MMXXIII

차동엽 신부의 주일 복음 묵상 나해

마음을 여시어 (루카 24,45)

2023년 9월 26일 교회인가
2023년 10월 23일 초판 1쇄 발행
2024년 3월 5일 초판 2쇄 발행

엮은이 김상인

펴낸이 (사)미래사목연구소 | **펴낸곳** 위즈앤비즈
편집 오민석
디자인 이건우
주소 경기도 김포시 고촌읍 신곡로 134 | **전화** 031)986-7141
출판등록 제409-3130000251002007000142호 2007년 7월 2일
홈페이지 miraesm.modoo.at

ISBN 979-11-980394-2-2 03230

값 25,000원

성경 · 전례문 · 교회 문헌 · 성가 가사 ⓒ 한국천주교중앙협의회, 2023.

· 이 책 내용의 일부를 재사용하려면 반드시 저작권자와 위즈앤비즈
  양측의 서면에 의한 동의를 받아야 합니다.
· 잘못 만들어진 책은 바꾸어 드립니다.